BIBLIOTECA MARIANA / EDIBESA • 1
Colección dirigida por José A. Martínez Puche, O.P.

JOSÉ-ROMÁN FLECHA • KLEMENS STOCK • JOSÉ A. MARTÍNEZ PUCHE

MARÍA, EN LA BIBLIA Y EN LOS PADRES DE LA IGLESIA

Tercera edición

EDIBESA
Madre de Dios, 35 bis.
Tel.: 91 345 19 92 - Fax: 91 350 50 99
E-mail: edibesa@planalfa.es
http:www.edibesa.com
28016 MADRID

Gracias a:

- **Klemes Stock** y **José-Román Flecha,**
  por su valiosa aportación

- **Federico Jiménez de Cisneros,**
  por sus acertadas correcciones

Primera edición: enero 2002
Segunda edición: mayo 2003
Tercera edición: mayo 2006

Cuadro de portada:
La Purísima Concepción, de José de Ribera (1591-1652).
Convento de MM. Agustinas, Salamanca.

© EDIBESA
Madre de Dios, 35 bis. 28016 Madrid
Tel.: 91 345 19 92
Fax: 91 350 50 99
E-mail: edibesa@planalfa.es
http:www.edibesa.com

ISBN: 84-8407-263-0
ISBN. Obra completa: 84-8407-275-4
Depósito legal: M. 22.238-2006

Fotocomposición, Preimpresión sistema Computer to Plate e impresión:
Impresos y Revistas, S. A. (IMPRESA)

ÍNDICE GENERAL

INTRODUCCIÓN GENERAL

Por tercer año consecutivo, Edibesa se propone ofrecer, a su cada vez más amplio sector de lectores, un libro por mes:

– En el año del gran Jubileo de Jesucristo (2000), el tema fue el mismo Jesús: **Doce vidas de Cristo**, de distintos autores, tiempos, procedencias y nivel, para que cada miembro de la familia, de la parroquia, de la comunidad, tuviese su propia Vida de Cristo.

– En 2001, se prolongaba la vida de Cristo en quienes hicieron vida propia el Evangelio de Jesús: el **Nuevo Año Cristiano**, que, aunque sigue el Año Litúrgico y las Jornadas eclesiales anuales, el grueso de los 12 tomos, uno para cada mes, lo ocupan los seguidores de Cristo a lo largo de los veinte siglos de cristianismo: santos, beatos, venerables, siervos de Dios.

– **2002 se dedicó a María**: está presente en las Vidas de Jesús, y lo está a lo largo del Nuevo Año Cristiano. Pero la importancia de la Virgen en la vida cristiana, en la historia de la Iglesia, en la vivencia cristiana de los pueblos, en la literatura y en el arte..., exigía una **BIBLIOTECA MARIANA** en sentido amplio, actualizada, que recogiera lo mejor que se ha dicho y hecho en torno a la Madre de Dios y de la Iglesia.

En esta **BIBLIOTECA MARIANA** intentamos ofrecer los distintos ámbitos del saber mariológico: desde lo doctrinal y literario (Biblia, Patrística, Magisterio de la Iglesia, Obras marianas), hasta lo litúrgico y devocional (Fiestas marianas, Rosario, Escapulario, Mes de mayo, etc.), pasando por las Advocaciones de Vírgenes Patronas, la literatura, la poesía y el arte, tan ricos en expresiones marianas. Y, para que nada importante quede fuera de la BIBLIOTECA MARIANA, la más completa y actual **Enciclopedia de la Virgen.**

PALABRA DE DIOS

María entraba en la historia de la humanidad por la puerta más grande: de la mano de la Palabra de Dios. Por eso, el primer libro de la BIBLIOTECA MARIANA comienza con un rastreo de la más alta categoría por la Biblia, para dar con las huellas marianas.

Primero, por **el Antiguo Testamento**. Es cierto que la aparición de María en el escenario de la historia de la salvación acontece en el Nuevo Testamento. Pero el profesor **José-Román Flecha Andrés**, de la Universidad Pontificia de Salamanca, que tanto sabe de los «Buscadores de Dios», en el Antiguo y en el Nuevo Testamento, ha encontrado los vestigios anunciadores de la futura Madre del Mesías en los personajes, vaticinios e imágenes del Antiguo Testamento. Porque, desde el protoevangelio en las primeras páginas del Génesis, el anuncio de la salvación del hombre caído va unido a la mujer que aplastará la cabeza de la serpiente envidiosa y tentadora. Y, a partir del Génesis, ya los Padres de la Iglesia supieron seguir las señales de pista que conducirían hasta la casita de Nazaret, donde el Verbo se hizo carne en las purísimas entrañas de la Virgen desposada con José, de la casa de David.

Luego, por las páginas del **Nuevo Testamento**. Seguramente, la obra más completa de mariología neotestamentaria –la auténtica historia de María de Nazaret a base de la Palabra de Dios que habla de ella– es la de Klemens Stock, S.J., que ha sido rector del Pontificio Instituto Bíblico de Roma, donde es profesor: **María, la Madre del Señor, en el Nuevo Testamento.** Siguiendo uno a uno los libros que hablan de la Virgen, interpretando sabiamente los pasajes menos claros y aportando los frutos de largos y fecundos años de investigación y docencia, el profesor Stock ofrece una visión completa de lo que los Evangelios, los Hechos, Pablo y el Apocalipsis dicen de María, la Madre del Señor. Contamos con la fiel y bella traducción de Francisco Pérez Herrero, un aventajado discípulo del profesor Stock en Roma.

LOS PADRES DE LA IGLESIA

Así como la Biblia es parca –aunque fundamental e insustituible– en alusiones marianas, los Padres de la Iglesia, desde los Padres Apostólicos tan cercanos a María y a los apóstoles, hasta el siglo VIII, abundan en homilías, sermones y tratados sobre la Virgen. Es absolutamente imposible recoger en las páginas de un solo libro –y menos, en parte de un libro– tanto y tan bueno que dicen de María los Padres. Se impone una labor de selección, siempre expuesta a las limitaciones del seleccionador.

Siguiendo los pasos históricos de María, y el orden cronológico de los Padres, la tercera parte de este libro viene a ser una vida de María, expuesta y comentada por los Padres de la Iglesia. Y se completa con las virtudes, las glorias y la intercesión de María por la Iglesia peregrina, desde su lugar privilegiado en la gloria, al lado de su Hijo.

Con este libro inicia su andadura la BIBLIOTECA MARIANA.

De María nunca es bastante lo que se dice. A María jamás se la ama demasiado. Por María no es posible hacer todo lo que se debiera. Nuestra BIBLIOTECA MARIANA es sólo un intento de acercarse a esos topes inalcanzables.

Ella sabe que voluntad no falta, ni en los que organizamos y hacemos esta Biblioteca, ni en los miles de lectores de sus doce tomos, que saben muy bien lo importante que es conocer mejor a María para amarla más, conscientes de que nunca llegaremos a amarla como la amó y la ama Jesús, el primogénito. Y conscientes también de que cuanto mejor se conoce y ama a María, más certero es el conocimiento de Jesús y más seguro y fiel es su seguimiento, a ejemplo de la que mejor *escuchó la Palabra de Dios, la guardó en su corazón y la cumplió en su vida*.

En sus manos de Madre ponemos este proyecto, que comienza a ser realidad con este primer libro. Que sea ella quien lo guíe y lo lleve con buena mano hasta el final. Nuestro proyecto es suyo.

JOSÉ A. MARTÍNEZ PUCHE, O.P.

JOSÉ-ROMÁN FLECHA ANDRÉS

1

MARÍA, EN EL ANTIGUO TESTAMENTO

INTRODUCCIÓN

«La Sagrada Escritura del Antiguo y del Nuevo Testamento y la venerable Tradición muestran, en forma cada vez más clara, el oficio de la Madre del Salvador en la economía de la salvación y, por así decirlo, lo muestran ante los ojos. Los libros del Antiguo Testamento describen la historia de la salvación en la cual se prepara, paso a paso, el advenimiento de Cristo al mundo.»

(Concilio Vaticano II, *Lumen gentium,* 55).

No hace falta detenerse aquí para tratar de demostrar que, en la fe cristiana, la figura de María juega un papel importante e insustituible. Su aceptación de la palabra de Dios, que se hace vida en su propia vida, la convierte en modelo para todos los cristianos, llamados a vivir de la fe y de la escucha de la palabra de Dios. Si María es proclamada por Isabel como «feliz por haber creído», sabemos que aquellas palabras no se aplican solamente al momento de la anunciación, sino que marcan y resumen toda la vida de la Madre de Jesús, como ha subrayado el Papa Juan Pablo II[1].

Naturalmente, la presencia de María en el plan de la salvación humana se encuentra esbozada en los textos neotestamentarios que nos dan cuenta de su figura y de su misión. Tanto los Evangelios como San Pablo han fijado en algún momento su

---

[1] JUAN PABLO II, *Redemptoris Mater,* 14b.

atención en aquella virgen desposada con un hombre llamado José, de la casa de David, cuyo nombre era María (Lc 1, 27). En la plenitud de los tiempos, el Hijo de Dios, enviado para rescatar a los que estaban bajo la Ley y para que los hombres recibieran la adopción de los hijos de Dios, nació precisamente de una mujer: de esta mujer (cf. Ga 4, 4).

Ahora bien, precisamente por el papel que desempeña María de Nazaret en el acontecimiento de Jesucristo, Verbo de Dios encarnado, la piedad cristiana ha tratado de verla de alguna forma preanunciada o sugerida ya en los escritos del Antiguo Testamento[2].

Es cierto que esa pretensión no puede ser asumida ni defendida de forma ingenua. Una fe ilustrada sabe que las antiguas tradiciones bíblicas no podían prever en la distancia de los tiempos la figura histórica concreta de María de Nazaret. Pero esa misma mirada de fe, puede descubrir *a posteriori* algunos pasajes veterotestamentarios que, en cierto modo, vienen a iluminar la peripecia humana de María y su puesto privilegiado en la historia de la salvación. Los principios de la exégesis bíblica y de una hermenéutica cuidadosa serán de una gran ayuda al que lee las páginas antiguas, desde la fe en Jesucristo, iluminada por su Espíritu.

En efecto, leer el Antiguo Testamento significa para el cristiano repasar las etapas de una búsqueda de Dios que atraviesa los siglos. En aquellas páginas redescubre su propia peripecia de fe. La suya y la de los otros miembros, ilustres o anónimos, que configuran la comunidad de los discípulos de Jesús. También la peripecia de María.

Un primer regalo se ofrece a quien se aventura en esa tarea de búsqueda. Al descubrir esos indicios de luz que iluminan la

---

[2] Para el tema que es objeto de esta reflexión es importante consultar la gran obra *Maria in Sacra Scriptura*, 6 vols. Roma, 1967, así como los números monográficos sobre María en la Sagrada Escritura y en la tradición, publicados por la revista *Estudios Mariológicos* en 1962 y 1963. Por lo que se refiere a las referencias a María que se encuentran en el Nuevo Testamento puede verse, a modo de introducción, A. SERRA, «Biblia», en *Nuevo Diccionario de Mariología*. Madrid, 1988, 300-385, con amplia bibliografía.

vocación y la misión de María, la madre de Jesús, se impone la necesidad y el gozo de recobrar la conciencia de una presencia gratuita y benévola sobre la historia humana. El cristiano sabe y cree que Dios no se ha desentendido del mundo. Vela sobre él. Quiere hacerse presente en él. Es más, se puede decir que la misma esencia de Dios es su presencia. Su ser-Dios consiste en su estar-ahí-para-sus-hijos. De hecho, la historia humana está salpicada por sus intervenciones. Intervenciones que son anuncio y promesa para la humanidad. Promesa de salvación, o, para ser más precisos, promesa de un Salvador.

Ya en los relatos primeros, en los que el hagiógrafo reflexiona sobre la naturaleza y la suerte del ser humano, aparece su inquebrantable certeza en la bondad y misericordia de un Dios que no permitirá que la aventura humana sea frustrada para siempre por la presencia del mal. En esa garantía situada en la alborada del mundo y de la historia adquiere un relieve especial la promesa del triunfo de la descendencia de la mujer.

A lo largo de la historia, Dios ha prometido a su pueblo que estará siempre con él. Dios no vive aislado en un inaccesible cielo de los cielos. Dios es un Dios-con-nosotros. El solo hecho de atreverse a pronunciar el nombre sagrado y misterioso del «Emmanuel» significa ya hacer una profesión de fe en un Dios cercano a la humana peripecia. El anuncio del Emmanuel es la revelación del ser y del querer de Dios.

Y ese anuncio pasa por una doncella, entrevista en el pasado, que la fe judía va identificando poco a poco con la madre del Mesías y la fe cristiana reconoce en María de Nazaret, la Madre del Hijo de Dios, enviado para salvar a los hombres.

Es más, la misma realidad del anuncio nos ayuda a repensar la historia de la salvación. Es necesario detenerse a meditar por un momento la riqueza de la «anunciación» dirigida al rey Acaz de Judá.

Por otra parte, la figura de María adquiere un relieve especial cuando se la compara con la silueta de algunas mujeres que recorren las páginas de la historia creyente de Israel.

A esos tres momentos, tan significativos en las páginas del Antiguo Testamento, ha de dirigirse sucesivamente esta breve reflexión que aquí se presenta. En ella podremos recordar, una vez más, que «María pertenece al tiempo de la preparación y tiene justamente por misión conducirla a su término», pero por otra parte, «es la primera en recibir la llamada a la fe que tiene explícitamente por objeto la persona de Jesús»[3]. Ella es el puente que une los dos momentos de la alianza de Dios con el pueblo de los creyentes.

---

[3] Estas palabras pertenecen a P. GRELOT, *La Bible, parole de Dieu*. París 1965 (2.ª de.), 289, donde el autor se pregunta por la situación de María en la historia de la salvación.

I

EL PROTOEVANGELIO

La tradición de la Iglesia ha entrevisto la figura y misión de María ya en las primeras páginas de la Biblia. Nos es de sobra conocido el relato de los orígenes de la humanidad atribuido a la tradición yahvista (Gn 2, 4a-4, 2). Más allá de la forma sugestiva y llena de sabiduría que reviste el relato, intuimos la presencia de un sabio que trata de explicarse y explicar las grandes preguntas que atenazan al espíritu humano.

Esas preguntas se presentan una y otra vez a toda persona, siempre acuciantes y nunca del todo resueltas. Revelan los profundos interrogantes del hombre sobre su origen y constitución, sobre su relación con lo otro, con los otros y con el absolutamente Otro. Tratan de escudriñar el misterio de la presencia del mal y de la muerte en la vida humana. Y, finalmente, se interrogan sobre la posibilidad de un futuro renovado, en el cual el recuerdo del paraíso no sea tan sólo una nostalgia paralizante.

Como se sabe, en el centro del relato bíblico aparece el drama del enfrentamiento de la libertad humana contra la libertad divina. El mal no es concebido como obra de Dios ni como una fuerza equiparable a él. El mal brota de un determinado uso de las opciones libres del ser humano que lo colocan en contradicción con el proyecto mismo de Dios.

1. LOS ACTORES

En el desarrollo de este drama principal se presentan como actores el varón, la mujer y la serpiente.

Como sabemos, el varón es llamado Adán, que, en realidad, significa «el hombre». Adán es el hombre, todo hombre, que por los caminos del mundo continúa buscando entre el barro y el viento. Adán es el hombre que, sin buscarlo, se encuentra un oasis en medio del desierto. Pero es también el hombre que, sin quererlo, se encuentra con un desierto a las puertas del oasis. Adán es el hombre encargado de guardar y cultivar el mundo en responsabilidad. Adán es el hombre que no puede vivir en la autonomía. Adán es el hombre de la soledad y la nostalgia. Adán es el hombre en una búsqueda bisexuada. Adán es el hombre que busca en la tentación. Adán es el hombre llamado a ser como Dios. Adán es el hombre, todo hombre, que se pasa la vida en la búsqueda de sí mismo, de lo mejor de sí mismo, de lo más profundo y definitivo de sí mismo. Adán es, finalmente, el que llega a aprender que el paraíso era más una actitud que un lugar[4].

Allí está también la mujer, que más tarde será llamada Eva. Eva es el primero de los nombres que la humanidad ha impuesto a un ser humano. La primera llamada. La primera que hace posible el diálogo interpersonal. Con ella amaneció el «nosotros». Con ella empieza la interpelación y el halago, el reproche y la caricia, la discusión y el acuerdo. Con su llegada, la palabra se hizo escucha. La palabra fue palabra. Eva es la mujer y la convivencia, la curiosidad y el riesgo, la caída y la esperanza, la maternidad y la muerte. En una palabra, la vida. Eva, seducida y seductora. La humanidad en ella se abandona a la molicie de la fatalidad y el desaliento, que el pecado no es «ser-más», sino aceptar resignados el «ser-menos»[5].

---

[4] J. R. FLECHA, *Buscadores de Dios*. 1. Madrid, 1997 (3.ª ed.), 13-18.
[5] J. R. FLECHA, *Buscadores de Dios,* 3. Salamanca, 1998, 14-19.

Y allí está también la serpiente. Un animal sinuoso y siempre sorprendente que, además, habla y parece conocer los secretos planes de Dios. La serpiente simboliza el misterio de una vida siempre tentadora. Evoca los cultos de la fertilidad. La posibilidad de diseñar la vida humana de acuerdo con otros proyectos que encierran una apariencia de ruptura y de libertad. Y, luego, el silencio y la vergüenza.

Dios parece ausente en el momento de la elección humana. Sólo después Dios vuelve a hacerse presente en el jardín que él mismo había diseñado. El que había de ser buscado por el ser humano se presenta como su buscador. El diálogo entre Dios y el varón culmina con una especie de juicio en el que Dios pronuncia una triple sentencia que implica a los tres actores del drama:

> «Yahvé Dios llamó al hombre y le dijo: "¿Dónde estás?" Éste contestó: "Te oí andar por el jardín y tuve miedo, porque estoy desnudo; por eso me escondí". Él replicó: "¿Quién te ha hecho ver que estabas desnudo? ¿Has comido acaso del árbol del que te prohibí comer?" Dijo el hombre: "La mujer que me diste por compañera me dio del árbol y comí". Dijo, pues, Yahvé Dios a la mujer: "¿Por qué lo has hecho?" Y contestó la mujer: "La serpiente me sedujo, y comí". Entonces Yahvé Dios dijo a la serpiente: "Por haber hecho esto, maldita seas entre todas las bestias y entre todos los animales del campo. Sobre tu vientre caminarás, y polvo comerás todos los días de tu vida. Enemistad pondré entre ti y la mujer, y entre tu linaje y su linaje: él te pisará la cabeza mientras acechas tú su calcañar"» (Gn 3, 9-15).

Por el momento, nuestro texto se detiene a considerar la primera parte de la sentencia, es decir, la que parece dirigirse contra la serpiente. Ya la misma presencia de la serpiente resulta inquietante. Pero todo el contexto nos está indicando que en la evocación de ese animal puede encontrarse la clave de interpretación de este pasaje, sólo aparentemente sencillo.

Tras la figura de la serpiente que ha seducido a la mujer se encuentra seguramente una velada alusión a los cultos cananeos[6]. Es más, las palabras que la serpiente dirige a la mujer pueden evocar las promesas que en aquellas celebraciones se dirigían a sus participantes. A este tema, cada vez más estudiado en los últimos tiempos, se ha referido con lucidez Edmund Jacob:

«Si el yahvista ha puesto el pecado en relación con la serpiente, no es sólo porque este animal simboliza, más que cualquier otro, la astucia y el misterio: en las religiones semíticas, la serpiente está asociada a las representaciones del caos y de la muerte; hostil a la vida, lleva consigo el veneno que mata; pero la serpiente estaba también mezclada con los cultos de la vegetación y de la fertilidad, en los cuales simbolizaba la fuerza vital de la tierra. Se puede, por tanto, decir que el pecado, tal como aparece en el relato paradisíaco, es a la vez una potencia de muerte que priva definitivamente al hombre de toda posibilidad de vida eterna y una fuerza de vida que momentáneamente asegura al hombre un conocimiento superior, en especial en el dominio de la inteligencia y de la sexualidad»[7].

Seguramente no es ésta la única causa del protagonismo que aquí adquiere la serpiente. El recuerdo de la serpiente de bronce, levantada por Moisés sobre un mástil (cf. Nm 21, 4-9) se unía a la memoria de un culto idolátrico con el que habría de terminar el rey Ezequías (cf. 2R 18, 4; Sb 16, 6-7).

Junto a la presencia de la serpiente, es preciso considerar la importancia que en el relato de la tentación y la caída adquiere

---

[6] Sobre el papel que juega la imagen de la serpiente en las diversas religiones, puede verse el artículo de J. CHEVALIER - A. GHEERBRANT, «Serpent», en *Dictionnaire des Symboles*. París, 1982, 867-879; véase también É. COTHENET, «Serpiente», en P. POUPARD (ed.), *Diccionario de las religiones*, Barcelona, 1997, 1641.

[7] E. JACOB, *Teología del Antiguo Testamento*. Madrid, 1969, 264-265. El autor anota justamente a continuación que en todas las sentencias pronunciadas por Dios sobre los primeros seres humanos la gracia y la misericordia atenúan siempre la dureza del castigo (p. 270).

la decisión de la mujer. Sin duda, entre las motivaciones que dieron lugar al subrayado de ese protagonismo se puede mencionar una referencia colectiva a la parte que las mujeres asumían en los ritos cananeos (cf. Dt 7, 3-4) y a la influencia de las mujeres paganas en la vida religiosa de Israel, especialmente en el caso de Salomón (1R 11, 1-8).

Todo hace suponer que la reflexión sobre la peripecia histórica de Israel, sus tentaciones y sus caídas, es entrevista aquí en términos universales y expresada por medio de algunos temas míticos, comunes a las diversas culturas del Oriente. Se ofrece aquí un material imaginativo que favorece la proyección de los acontecimientos históricos posteriores a un tiempo primordial. Tanto la referencia a la serpiente como la observación del papel jugado por la mujer podrían facilitar una lectura anticipatoria de lo que habría de acontecer un día en la historia religiosa de Israel[8].

2. EL RECELO ANTE LA SERPIENTE

La sentencia de Dios después del pecado afecta al varón, a la mujer y a la serpiente. En este caso, adquiere una especial importancia el versículo de Gn 3, 15. Gracias a la promesa que contiene, referida al triunfo de la estirpe humana sobre la ser-

---

[8] J. BLENKINSOPP, *The Pentateuch*. Nueva York, 1992, 66. El mismo autor subraya el paralelismo que se encuentra entre Gn 2, 4b-3,24 y la llamada Historia de Sucesión, que se encuentra en 2S 11-20 y 1R 1-2. A partir del adulterio de David (2S 12, 5), el mencionado relato presenta una serie de acontecimientos que, de una forma o de otra, tienen que ver con el abuso de la función sexual, como ocurre en el caso de la violación de Tamar (2S 13), en la usurpación del harén de David por parte de su hijo Absalón (2S 16, 20-23) y en el intento de Adonías de apropiarse de Abisag, la sunamita (1R 2, 15-17). Al menos en dos de estos casos, la presencia de consejeros, presuntamente sabios, como Jonadab (2S 13, 3) y Ajitófel (2S 16, 20-23) conduce fatalmente a la muerte. Hay, pues, una «sabiduría» que no sólo promete más de lo que puede conceder, sino que aparta a las personas de sus fuentes religiosas originales y no lleva más que al desastre y a la muerte. El paralelismo con los primeros relatos transmitidos por la tradición yahvista es más que sugerente.

piente, ha sido calificado como el «protoevangelio», es decir, el primer anuncio de la salvación.

Para muchos comentaristas bíblicos, el pasaje aquí mencionado no contiene una connotación de alcance escatológico[9]. El texto se limitaría a reflejar la experiencia habitual de los nómadas que, con frecuencia, se han visto enfrentados con el peligro que supone la presencia de una serpiente en el camino. El relato trataría de explicar la repugnancia que causa al ser humano un animal tan impredecible y peligroso. Estaríamos tan sólo ante una parábola del recelo humano ante la serpiente.

En todo caso, se podría admitir que en el texto se emplea la realidad de esa lucha entre el hombre y el animal como una metáfora de la desarmonía introducida en el mundo por la decisión humana. Pero tal referencia antropológica no deja posibilidad de imaginar en el texto la voluntad de anunciar un futuro marcado por el signo de la salvación de lo humano por obra de una fuerza o de una figura mesiánica.

Esta interpretación restrictiva tiene al menos el mérito de ayudarnos a revisar los prejuicios con los que nos hemos acercado al texto. Para comenzar, hemos de reconocer que una lectura superficial nos ha llevado a contraponer la figura de la mujer del paraíso a la imagen de la serpiente. En el texto original no es así: el antagonista de la serpiente no es una mujer singular, sino el linaje de la mujer. Así lo indican tanto el sujeto pronominal del verbo «aplastar», como la forma de este verbo y el objeto pronominal de «acechar», que es el calcañar de la estirpe de la mujer.

Es interesante recordar que a los verbos «aplastar» y «acechar», de nuestras traducciones, corresponde en hebreo la misma palabra (*shuf),* que admite efectivamente la doble acepción de «pisar» y «acechar». Los dos antagonistas —el linaje de la mujer y el de la serpiente— realizan, pues, la misma acción de poner en peligro al otro. Pero el término de la acción es llamativamente diferente: en un caso, el calcañar, y en el otro, la cabeza. Esa diferencia habría podido ofrecer una motivación para una

---

[9] E. A. SPEISER, *Genesis.* Garden City, 1964, 24.

lectura teológica que resulta seductora: el Mesías y los creyentes logran aplastar el poderío del mal, a pesar del alto riesgo al que se someten al intentarlo. Sin embargo, la observación no puede hacernos olvidar que la mordedura de la serpiente es también mortal.

El significado normal del verbo *shuf* es el de «aplastar». Junto a este verbo se recuerda que existe también el verbo *shaaf*, que significa eventualmente «aplastar», pero también puede significar *intentar atrapar, morder,* y de aquí *acechar.* Gracias a su semejanza fonética, fácilmente pudo tener lugar un intercambio de ambos verbos, que daría pie a un juego de palabras, a los que tan aficionado se muestra el autor de este pasaje bíblico.

Ese juego de palabras resultaría enormemente sugerente. Tanto que todos los traductores han intentado conservarlo y aun adaptarlo a una interpretación escatológica. Así la traducción griega, llamada de los LXX, emplea dos veces la palabra «acechar» (*têrêo, [ob]servare*) y en la referida al linaje humano emplea el pronombre masculino (*autós*) como sujeto del «aplastar» y como dueño del calcañar «acechado». Una referencia, que incluye un evidente color mesiánico. El representante del linaje humano es sugerido como un personaje masculino singular.

En su traducción latina, San Jerónimo usa dos veces la palabra «aplastar» (*conterere*, machacar). Curiosamente, la traducción latina Vulgata abandona el tradicional juego de palabras y refleja rectamente el sentido que la tradición cristiana ha dado generalmente a este pasaje: *«Inimicitias ponam inter te et mulieram, et semen tuum et semen illius; ipsa conteret caput tuum, et tu insidiaberis calcaneo ejus».* Tras haberse referido al linaje (*semen*) de la mujer y de la serpiente, introduce como sujeto del verbo «aplastar» el pronombre femenino «*ipsa*» que, evidentemente, se refiere a la mujer. Es muy probable que esta interpretación de la Vulgata sixto-clementina no pertenezca a la traducción original de San Jerónimo[10].

---

[10] H. RENCKENS, *Creación, paraíso y pecado original.* Madrid, 1969 (texto original *Israels Visie op het Verleden. Over Genesis 1-3 .* La Haya, 1960, 283).

3. LA BENEVOLENCIA DE DIOS

Sin embargo, frente a esta interpretación literal y restrictiva, se alza una larga tradición que invita a leer el texto desde otro punto de vista y a descubrir entre sus líneas el vislumbre de una esperanza de salvación para la estirpe humana. Como se sabe, el texto de Gn 3, 14-19 describe en conjunto el estado actual de la vida humana sobre la tierra. Están trastornados todos los órdenes de relación del ser humano: con Dios, con los demás hombres, con la creación infrahumana. En consecuencia, el mismo ser humano se encuentra perturbado en sus fundamentos últimos. Ha perdido el paraíso, es decir, la armonía original.

Los llamados a ser buscadores de Dios, han de ser por Dios buscados entre la espesura del follaje. El varón, que a la mujer descubriera con asombro, se vuelve ahora acusador. El paisaje del jardín se convierte en cardedal. El mundo era armonía y es aullido.

Pero en la sentencia punitiva que Dios pronuncia sobre los actores del drama se inserta en el v. 15 el llamado «protoevangelio». Se trata del primer anuncio bíblico de la posibilidad de una esperanza para el hombre y su destino. El juicio de Dios es siempre salvación. Sus oráculos, que es preciso repetir, anuncian un futuro de paz reconquistada:

«Enemistad pondré entre ti y la mujer,
y entre tu linaje y su linaje:
él te pisará la cabeza,
mientras acechas tú su calcañar» (Gn 3, 15).

La antigua tradición conserva cuidadosa este poema de la nueva esperanza prometida. No todo se ha perdido. En lontananza amanece el triunfo de lo humano. No era un pecado el endiosarse, que Dios mismo a los hombres levanta y glorifica. El pecado estaba en el desdén y en el desprecio al proyecto de Dios, en la sordera ante su voz y el coqueteo con todo lo inhumano de esta tierra.

Y, sin embargo, sólo entonces la mujer es llamada por su nombre. «El hombre llamó Eva a su mujer, por ser ella la madre de todos los vivientes» (Gn 3, 30).

Todo es drama. Pero en medio de la muerte, mil veces repetida, brilla el nombre de Eva y de la vida. Aún hay esperanza. Aún cabe la hermandad entre los humanos, engarzados al fin por ese nombre de Eva que es la vida y quien la alienta.

En efecto, desde aquella lamentable opción del hombre en el paraíso, su camino en esta tierra está marcado esencialmente por la enemistad y la lucha contra el poder demoníaco. Sin embargo, el débil está llamado a triunfar contra el fuerte. Al género humano se le nombra con la palabra «semilla de mujer» –expresión que en el Antiguo Testamento indica normalmente la debilidad humana–, pero, en esta ocasión, el resultado de la lucha será favorable a la humanidad. Las imágenes de «quebrantar la cabeza» y «acechar el calcañar» aluden inequívocamente, por su misma desproporción, a que el desenlace será favorable al linaje humano.

La enemistad y la lucha con el poder satánico caracterizarán en lo sucesivo el peregrinar del hombre sobre la tierra. La lucha habrá de durar cuanto dure el mundo. Pero el relato bíblico viene a recordar que Dios es fiel a su proyecto inicial. La sentencia punitiva de Dios contra el hombre caído contiene a la vez la promesa de nueva salvación. Gracias al nuevo camino salvífico que se inicia con Abrahán, la salvación anunciada se hará realidad plena en la plenitud del tiempo y al final de la historia. En el punto álgido de esta lucha aparecen Jesucristo el Mesías y su madre María. En ese momento único de la historia, la contienda se decidirá definitivamente a favor de la causa humana[11].

¿Cómo justificar esta interpretación? Sin duda, es preciso sumergirse en el tono general del texto. El relato trata de reflejar la situación presente de la humanidad. En ella existe el mal. Pero el mal no tiene la última palabra. Existe una salida para la esperanza. Es posible esperar la salvación. Dios se acerca al ser humano. Lo busca por entre la espesura de los árboles del jardín, le toma las medidas y le regala un vestido. Cada uno de

---

[11] H. GROSS, «Exégesis teológica de Génesis 1-3», en *Mysterium Salutis,* II. Madrid, 1969, 485.

estos detalles ha de ser entendido como un signo de reconciliación. Es verdad que Dios se comporta como un padre que ha de recriminar a su hijo por haberse juntado con algunos compañeros que pueden llevarle a la perdición. Pero la recriminación no puede ocultar su benevolencia fundamental y su interés por el hijo extraviado.

La actuación de Dios puede compararse a la postura de un padre. La sentencia contra el hombre y la mujer parece contener sólo una amenaza, pero en realidad la amenaza se dirige solamente contra la serpiente, el enemigo *común*. La totalidad de la sentencia nos ayuda a percibir el tono pedagógico de aquella amenaza. Si se comparan las tres sentencias pronunciadas por Yahvé, el texto de Gn 3, 15 no puede entenderse como la expresión de una ruptura definitiva de la armonía paradisíaca que Dios proyectó entre el ser humano y el mundo animal. La sentencia de Gn 3, 15 ha de entenderse de manera que afecte solamente a la serpiente:

> «La mujer no puede ser afectada del mismo modo. Se la nombra aquí porque ella, que fue la víctima de la serpiente, será el instrumento por cuyo medio la serpiente recibirá su castigo, como en la segunda sentencia es nombrado el hombre, porque él, que fue seducido por la mujer, será también el instrumento por cuyo medio la mujer recibirá su castigo, como finalmente, en la tercera sentencia, el hombre es castigado por medio del suelo, de cuyo fruto abusó»[12].

Si se analiza bien el texto, se descubre que en Gn 3, 15 la serpiente es presentada como una especie de camuflaje para velar y revelar, a la vez, el rostro del mal. De hecho, la referencia al reptil se diversifica gradualmente. En el versículo 15a están frente a frente la mujer y la serpiente del paraíso. En 15b quienes se enfrentan son la descendencia de una y la descendencia de la otra. En 15c viene a enfrentarse la descendencia de la mujer con la misma serpiente del paraíso. Este juego de roles sugiere al menos tres constataciones importantes:

---

[12] H. RENCKENS, *Creación, paraíso y pecado original*, 286-287.

1. Que la enemistad entre la humanidad y el mal culminará en una lucha definitiva, puesto que la cabeza de esta única serpiente sólo puede ser aplastada una vez.

2. Que, en la enemistad entre los dos linajes, la serpiente es el auténtico antagonista y, por tanto, ha de ser considerada como una potencia espiritual permanente, que trasciende al animal del paraíso.

3. Que el sujeto espiritual –individual o colectivo–, que se encuentra camuflado en la serpiente del paraíso, volverá a enfrentarse, en el duelo final y definitivo, con un adversario individual que encabeza y representa a una comunidad.

«El versículo ha de expresar, por tanto, algo más que el simple hecho de experiencia de que los linajes del hombre y la serpiente viven en pie de guerra el uno frente al otro. Igual que la sentencia contra el hombre, también la sentencia contra la serpiente acaba en un punto culminante: el protoevangelio debe expresar, respecto de la serpiente, un punto máximo de castigo, maldición y humillación; con otras palabras: *el conflicto debe terminar en desventaja de la serpiente.* En el paraíso, la serpiente venció al hombre, lo hizo enemigo de Dios; pero Dios interviene y cambia los papeles: la enemistad viene a recaer de nuevo sobre la cabeza de la serpiente, y el hombre la vencerá»[13].

De todo este pasaje se deduce una certeza plena de esperanza. La mujer morirá, pero, como madre de todos los vivientes, podrá celebrar un día su triunfo sobre el poder y las asechanzas de la serpiente, por medio de su descendencia.

4. DESCENDENCIA Y DESCENDIENTE

¿De su descendencia o de un descendiente? Es de sobra conocido el estilo de clan que configura el pensamiento de

---

[13] H. RENCKENS, *Creación, paraíso y pecado original,* 387.

Israel[14]. Los héroes epónimos antiguos encarnan y representan una tribu o un grupo social. La «descendencia» se refiere con frecuencia a un individuo (cf. Gn 4, 25), en conexión con una colectividad y como exponente de la misma. Compárese, por ejemplo, con lo que se dice sobre la descendencia de Abrahán (Gn 22, 18) y la de David (2S 7, 12).

El texto griego de los LXX traduce el sujeto del verbo «aplastar» por el pronombre masculino *autós,* aunque ése se refiere claramente a un antecedente neutro (*sperma*). Evidentemente, no se trata de un error gramatical. La traducción misma orienta al lector hacia la figura de un liberador. En este sentido, aquella traducción coincide con el pensamiento de San Pablo, que se refiere expresamente a la «descendencia» de Abrahán, identificándola con Cristo (Ga 3, 16). También el Evangelio de Mateo aplica a Jesús un texto («De Egipto llamé a mi hijo»: Mt 2, 15) que en el original se refería al pueblo de Israel (Os 11, 1). Mucho más claramente se ve esta transposición en los poemas relativos al Siervo paciente de Yahvé. Aquella figura misteriosa puede referirse a un individuo singular y a todo el resto fiel de Israel[15].

Ahora bien, si la referencia a la «descendencia» puede haber sido aplicada al Mesías, es fácil preguntarse si la alusión a la mujer no tendrá también un sentido mariológico. Algunos especialistas se inclinan por una respuesta en principio afirmativa, que después habrá de ser matizada. Así se expresa Renckens: «Teniendo en cuenta el conjunto de la revelación –y, como datos principales, el paralelo Adán-Eva/Cristo-Iglesia (María)–, difícilmente parece eliminable cierta tendencia mariológica del texto. Pero todavía no se ha logrado de modo satisfactorio unir con el Génesis este sentido mariológico, ni por el camino de la letra ni por el de la tipología»[16].

---

[14] Véase, a este respecto, J. SCHARBERT, *¿Pecado original?* Estella, 1972, 41-58: «Mentalidad clánica del antiguo Israel».

[15] Cf. J. R. FLECHA, *Buscadores de Dios. 1. Entre la ansiedad y la osadía.* Madrid, 1997, 173-178.

[16] H. RENCKENS, *Creación, paraíso y pecado original,* 289-290.

Seguramente esa unión será imposible si se tienen en cuenta exclusivamente los textos veterotestamentarios. La lectura mariológica del protoevangelio encuentra su fundamento en los textos específicamente cristianos.

5. LA MUJER LIBERADA

Parece que, en este caso, la luz sobre la eventual alusión a María ha de venir, entre otros datos, del texto de Apocalipsis 12. En ese escrito cristiano volvemos a encontrar las principales figuras del drama entrevisto en Gn 3.

Tenemos, en primer lugar, el gran Dragón, identificado con la serpiente antigua, que es llamada Diablo y Satanás, «el seductor del mundo entero» (Ap 12, 9).

Tenemos además la figura de la mujer que, como la Eva del Génesis, da a luz con dolor (Ap 12, 2).

Aparece su hijo, que corre el peligro de ser devorado por la serpiente (Ap 12, 4-5). Ese hijo varón es descrito con rasgos mesiánicos: ha de regir a todas las naciones con cetro de hierro y es arrebatado hasta Dios y hasta su trono. Junto a ese hijo, perseguido por la serpiente y glorificado por Dios, se menciona también el resto de la descendencia de la mujer, representada por esos «hijos que guardan los mandamientos de Dios y mantienen el testimonio de Jesús» (Ap 12, 17).

Así pues, el texto emplea las figuras bíblicas del primer conflicto para referirse a la persecución contra la Iglesia, y para describir la lucha final apocalíptica. La mujer del paraíso parece identificarse ahora con la mujer que es perseguida por la serpiente. Pero esa mujer se identifica también con la madre de aquel que rige las naciones. La mujer simboliza al pueblo de Dios, pero cabe preguntarse si el texto del Apocalipsis no intenta ver en ella a María, evocada como la nueva Eva[17].

En este caso, la lectura del Apocalipsis habría determinado de forma clara la referencia mariológica de la primera Eva. La

---

[17] Cf. *Biblia de Jerusalén,* nota a Ap 12, 1.

mujer que se anunciaba como liberadora del género humano, gracias a la fuerza de su descendencia, es ahora la mujer liberada, en virtud de la fuerza de su Hijo.

6. LA REFLEXIÓN DE LOS PADRES

La fundamentación de esa reflexión teológica se encuentra ya en la misma literatura judía y, especialmente, en los escritos de los antiguos Padres de la Iglesia[18]. Aquí solamente es posible recordar algunos de los ejemplos más conocidos, procedentes tanto de la literatura oriental como de la occidental:

a) Entre los Padres orientales, se puede mencionar, en primer lugar, a San Justino, que completa ya el paralelismo enunciado por Pablo entre Cristo y Adán (1Co 15, 21.45; Rm 5, 19), extendiéndolo a María y a Eva:

«Sabemos que [el Hijo de Dios] se hizo hombre por medio de una virgen, a fin de que por el mismo camino por el que tuvo comienzo la desobediencia de la serpiente, por el mismo fuera también destruida. Porque Eva, cuando era todavía virgen e incorrupta, habiendo concebido la palabra que recibió de la serpiente, dio a luz la desobediencia y la muerte. En cambio, la Virgen María concibió fe y alegría cuando el ángel Gabriel le dio la buena noticia de que el Espíritu del Señor vendría sobre ella y el poder del Altísimo

---

[18] Los estudios sobre la Mariología de los Padres de la Iglesia son muy numerosos. Baste aquí recordar J. A. de ALDAMA, *Virgo Mater. Estudios de teología patrística*. Granada, 1963; ID., *María en la patrística de los siglos I y II*. Madrid, BAC, 1970; D. CASAGRANDE, *Enchiridion marianum biblicum patristicum*, «Cor Unum». Roma, 1974, y sobre todo la magna obra de S. ÁLVAREZ CAMPOS, *Corpus marianum patristicum*, 7 vols. Burgos, 1970-1981. Para una visión de conjunto, cf. E. TONIOLO, «Padres de la Iglesia», en S. DE FIORES - S. MEO (eds.), *Nuevo Diccionario de Mariología*. Madrid, 1988, 1514-1554. Para una visión de conjunto, véase la tercera parte de este tomo I de la Biblioteca Mariana: J. A. MARTÍNEZ PUCHE: *María, en los Padres de la Iglesia* (págs. 233-381).

la cubriría con su sombra, por lo cual lo santo nacido de ella sería hijo de Dios; a lo que ella constestó: "Hágase en mí según tu palabra" (Lc 1, 38). Y de la Virgen nació aquel al que hemos mostrado que se refieren tantas Escrituras, por quien Dios destruye la serpiente y los ángeles y hombres que a ella se asemejan, y libra de la muerte a los que se arrepienten de sus malas obras y creen en él»[19].

Como se puede observar, en el texto de San Justino se establece, en primer lugar, un paralelismo de oposición. Con su obediencia, María destruye la obra de la desobediencia primera. Además, se ofrece otro paralelismo de semejanza: del mismo modo que Eva fue creada inocente, también María lo fue.

En el ambiente de la Iglesia siria, sobresalen los cantos del diácono San Efrén, destinados en principio a ser cantados por el pueblo: He aquí algunas estrofas de uno de ellos, en los que se detiene por un momento en la promesa del protoevangelio, para pasar inmediatamente a la contraposición de Eva y María:

«Oh cítara mía, inventa nuevos motivos de alabanza a María Virgen. Levanta tu voz y canta la maternidad enteramente maravillosa de esta virgen, hija de David, que trajo la vida al mundo (...).

Su Hijo aplastó la serpiente maldita y destrozó su cabeza. Curó a Eva del veneno que el dragón homicida, por medio del engaño, le había inyectado, arrastrándola a la muerte (...).

Eva en el Edén se convirtió en rea del pecado. La serpiente malvada escribió, firmó y selló la sentencia por la cual sus descendientes, al nacer, venían heridos por la muerte.

Y a causa de su engaño, el antiguo dragón vio multiplicado el pecado de Eva. Fue una mujer quien creyó la mentira de su seductor, obedeció al demonio y abajó al hombre de su dignidad.

---

[19] SAN JUSTINO, *Dial. cum Tryph.* 100: PG 6, 709-712; véase a este propósito E. TONIOLO, «Padres de la Iglesia», en *o.c.,* 1517-1518.

Eva llegó a ser rea del pecado, pero el débito pasó a María, para que la hija pagase las deudas de la madre y borrase la sentencia que habían transmitido sus gemidos a todas las generaciones»[20].

Del mismo San Efrén nos ofrece la Liturgia de las Horas un conocido sermón, en el que la contraposición entre Eva y María se ve enriquecida por las alusiones a la viña y sus frutos. El fruto excelente de la viña de María es aquel que, siendo la Vida, da muerte a la misma muerte:

«La muerte llegó hasta Eva, la madre de todos los vivientes. Eva era la viña, pero la muerte abrió una brecha en su cercado, valiéndose de las mismas manos de Eva; y Eva gustó el fruto de la muerte. Por ello, la que era madre de todos los vivientes se convirtió en fuente de muerte para todos ellos.

Pero luego apareció María, la nueva vid que reemplaza a la antigua. En ella habitó Cristo, la nueva Vida. La muerte, según su costumbre, fue en busca de su alimento y no advirtió que, en el fruto mortal, estaba escondida la Vida, destructora de la muerte. Por ello mordió sin temor el fruto, pero entonces liberó a la vida y a muchos juntamente con ella»[21].

San Cirilo de Jerusalén comentaba en sus Catequesis que por la virgen Eva había llegado la muerte, mientras que la vida llegaba por la virgen y de la Virgen María[22]. También San Epi-

---

[20] SAN EFRÉN, *Carmen* 18,1: ed. J. A. LOARTE, *El tesoro de los Padres.* Madrid, 1998, 149. En otras ocasiones, San Efrén compara a Eva y a María para proclamarlas iguales en su origen y diferentes en su destino: «Las dos inocentes, las dos sencillas, María y Eva habían sido creadas completamente iguales, pero después, la una fue causa de nuestra muerte, y la otra de nuestra vida»: *Serm. exeg. ad Gen.,* 3; I. ORTIZ DE URBINA, «María en la Patrística siríaca», en *Scripta de Maria* 1 (1978), 29-114.

[21] SAN EFRÉN, *Sermón sobre Nuestro Señor,* 4: *Opera,* ed. LAMY, 1, 156-158.

[22] SAN CIRILO DE JERUSALÉN, *Catech.* 12, 15: PG 33, 741.

fanio contraponía a Eva y María, sobre todo teniendo en cuenta el origen de la muerte y de la vida que en ellas se encontraba[23]. Por su parte, San Juan Crisóstomo elabora todo un discurso teológico, en el que la mujer comparte protagonismo con el árbol y con la muerte:

«Una virgen, un madero y la muerte fueron el signo de nuestra derrota. Eva era virgen, porque aún no había conocido varón; el madero era un árbol; la muerte, el castigo de Adán. Mas he aquí que de nuevo una virgen, un madero y la muerte, antes signo de derrota, se convierten ahora en signo de victoria. En lugar de Eva está María. En lugar del árbol de la ciencia del bien y del mal, el árbol de la cruz. En lugar de la muerte de Adán, la muerte de Cristo»[24].

b) Entre los Padres occidentales, es de sobra conocida la importancia que la contraposición de Eva y María alcanza en los escritos de San Ireneo de Lyon. He aquí un ejemplo en el que el autor contrapone la desobediencia de la virgen Eva a la obediencia de la Virgen María, además de evocar el juego evangélico de palabras que nos remite a la serpiente y a la paloma:

«El Señor..., recapituló la desobediencia que tuvo lugar en el árbol, mediante la obediencia también en el árbol; y la seducción en que incurrió con mal engaño la virgen Eva, destinada ya al marido, la deshizo la verdad con que recibió el buen mensaje del ángel la Virgen María, ya bajo marido. En efecto, así como aquélla fue seducida con el discurso del ángel para que huyese de Dios faltando a su palabra, así ésta fue evangelizada con el discurso del ángel para que, obediente a su palabra, llevase a Dios. Y si aquélla fue seducida a fin de no obedecer a Dios, ésta moviose por sí a la obediencia de Dios; por donde la Virgen María vino a ser

---

[23] SAN EPIFANIO, *Haer.* 78, 18: PG 42, 728.

[24] SAN JUAN CRISÓSTOMO, *Hom. Sobre el cementerio y la cruz,* 2: PG 49, 396; véase también su comentario al Salmo 44, 7: PG 55, 193: «Una virgen nos expulsó del paraíso; por la virgen encontraremos la vida eterna».

abogada de la virgen Eva. Y así como el humano linaje quedó obligado a la muerte por una virgen, fue desligado por otra. He ahí compensada la desobediencia de una virgen por la obediencia de otra. El pecado del primer padre se corrigió con el castigo del primogénito, y la astucia de la serpiente quedó vencida con la simplicidad de la paloma, rotos los lazos con que habíamos sido atados a la muerte»[25].

Deseoso de subrayar, por una parte, la importancia de la encarnación del Verbo de Dios y, por otra, el valor de la virginidad, también Tertuliano apela a la contraposición de María respecto a Eva para subrayar la importancia de la fe:

«La palabra del diablo, artífice de la muerte, se metió dentro de Eva cuando ésta era todavía virgen; paralelamente la palabra de Dios, constructora de la vida, tenía que meterse dentro de la Virgen, para que se restableciera la salud del hombre por el mismo sexo por el cual había venido al hombre la perdición. Eva creyó a la serpiente: María creyó a Gabriel. Lo que aquélla pecó creyendo, creyendo lo corrigió ésta»[26].

También en Occidente, pero ahora en la Iglesia de Milán, resuena el discurso pastoral de San Ambrosio, tan rico en juegos de palabras como en profundidad teológica:

«Si el mal nos vino por una mujer, por otra mujer nos vino asimismo el bien; por Eva caímos, por María estamos de pie; por Eva postrados, por María levantados; por Eva sometidos a esclavitud, por María liberados. Eva nos arrebató la perpetuidad, María nos la restituyó; Eva hizo que

---

[25] SAN IRENEO DE LYON, *Adv. Haer.,* V, 19,1; trad. A. ORBE, *Teología de San Ireneo,* II. Madrid, 1987, 258-283, donde ofrece una enorme riqueza de datos sobre esta contraposición entre Eva y María.

[26] TERTULIANO, *De carne Christi,* 17: PL 2, 782. Se puede recordar cómo San Jerónimo, al referirse al carisma de la virginidad, contrapone la muerte que vino por Eva a la vida que ha venido por María: *Epist.* 22,21: PL 22, 408: *Cartas de San Jerónimo,* I. Madrid, BAC, 1962, 179.

nos condenáramos por la fruta del árbol, María nos absolvió por el don del árbol; porque también Cristo estuvo pendiente, como un fruto, en el leño de la cruz»[27].

En medio de tantos discursos en los que la tradición se detiene a poner de manifiesto el pecado de Eva, San Ambrosio la enaltece y glorifica, proclamándola bienaventurada. Es cierto que su felicidad y su gloria quedan opacadas cuando se comparan con la bienaventuranza y la gloria de María. De todas formas, la primera Eva preanunciaba la llegada y la misión de María, mientras que ésta esclarece la figura y la misión de Eva:

«Si feliz es Eva, por quien fue dada la ocasión, feliz es María por quien fue alcanzada la curación; feliz Eva, por la que nació el género humano, pero más feliz María, por quien nació Cristo. Ella es mejor, mas ambas son gloriosas, pues Cristo no hubiese alegrado a María si no hubiese primero creado a Eva, de la cual nació la misma María; ni hubiese venido al mundo si antes ella no hubiera pecado en el mundo. Eva se dice madre del género humano, María madre de la salvación. Eva nos enseñó, María nos confirmó. Por Eva crecemos, por María reinamos; por Eva fuimos seducidos en la tierra, por María elevados al cielo... Finalmente, en Eva estaba entonces María, por María fue después revelada Eva»[28].

Recuérdese también el paralelismo que establece San Ambrosio al comentar cómo Jesús fue conducido por el Espíritu al desierto. El primer Adán fue expulsado del paraíso al desierto, mientras que el segundo Adán viene del desierto al paraíso. Aquél fue colocado sobre todos los animales irracionales, y éste sobre todos los vivientes; «por una mujer la locura, por

---

[27] SAN AMBROSIO, Serm. 45, *De primo Adam et secundo,* 2: PL 17, 715-716; cf. C. J. NEUMANN, *The Virgin Mary in the Works of St. Ambrose.* The University Press, Friburgo, 1962.

[28] SAN AMBROSIO, Serm. 45, *De primo Adam et secundo,* 4-5: PL 17, 715-716. Véase también la contraposición que establece.

una virgen la sabiduría; la muerte por un árbol, la vida por la cruz»[29].

De San Agustín se puede recordar la contraposición entre el veneno y la salud: «Al engañarle, la mujer propinó al hombre un veneno; con la redención, la mujer oferta al hombre la salvación. Que la mujer compense el pecado del hombre al que ha engañado, engendrando a Cristo»[30].

También entre los Padres españoles encontramos algunas perlas dignas de ser recogidas y mencionadas. En su hermoso tratado sobre el bautismo, San Ildefonso de Toledo afirma que ya en el origen de los primeros padres se encontraba prefigurada la encarnación y la muerte de Cristo y, por supuesto, la victoria de María sobre el poder del mal:

> «La figura de la mujer selló esta economía de la prefiguración de la salvación por la gloria de una virgen cuando se intimó a la serpiente: *Pondré enemistad entre ti y su descendencia,* significando que la malicia del diablo no puede contaminar a la verdad misteriosa de la redención, que se realizó por la humanidad tomada del seno de la Virgen. Por eso se añade además: *Ella aplastará tu cabeza, y tú te revolverás contra su talón.* Estas palabras se entienden de Cristo, que es fruto del vientre virginal de María»[31].

Son éstos tan sólo unos pocos ejemplos tomados de la amplísima producción de los Padres antiguos. Pero resultan suficientes para iluminar muchos de los textos que se repiten en la liturgia y en la catequesis cristiana. Gracias a ellos, los fie-

---

[29] SAN AMBROSIO, *Tratado sobre el Evangelio de San Lucas,* 4, 7: ed. M. GARRIDO BONAÑO, *Obras de San Ambrosio,* I. Madrid, BAC, 1964, 191. Una profunda referencia al protoevangelio, se encuentra también en SAN LEÓN MAGNO, *Hom.* 2, sobre la Natividad del Señor, 1-3: J. A. LOARTE, *El tesoro de los Padres,* 269.

[30] SAN AGUSTÍN, *Serm.* 51, 2.3: PL 38, 355; véase también su *serm.* 232, 2.2: PL 38, 1108.

[31] SAN ILDEFONSO DE TOLEDO, *De cognitione baptismi,* 8: V. BLANCO-J. CAMPOS (eds.), *San Ildefonso de Toledo.* Madrid, BAC, 1971, 244.

les han llegado a comprender la importancia profética de la figura de Eva y han descubierto a María como cuasi-culminación de las esperanzas antiguas que confluyen en el Mesías Jesús[32].

7. MAGISTERIO DE LA IGLESIA

También el magisterio oficial de la Iglesia católica ha apelado a ese texto del protoevangelio. Así ocurre, sobre todo, en la constitución *Ineffabilis Deus,* con la que el papa Pío IX proclamaba, el 8 de diciembre de 1854, la definición dogmática de la Concepción Inmaculada de María.

Ha sido muy estudiada la metodología teológica empleada en la elaboración de este documento. Como se sabe, ya el cardenal Belarmino había manifestado tajantemente en un voto presentado a Pablo V, el 31 de agosto de 1617, que en las Escrituras no se contiene nada sobre la concepción inmaculada de María. También ahora el obispo de Montauban, Juan Donney, expresaba sus objeciones al proyecto de la constitución dogmática diciendo que «los textos bíblicos aducidos, todos o casi todos, no parece que tengan por sí mismos aquella fuerza y aquel valor que los doctísimos teólogos de la bula les atribuyen». En consecuencia, el mismo papa, ya en vísperas de la definición, decidió que los textos bíblicos fueran presentados no en directo, sino a través de la interpretación que de ellos había ofrecido la tradición de la Iglesia y los escritos de los padres y otros maestros reconocidos[33].

Así pues, teniendo en cuenta ese contexto histórico y hermenéutico, la bula se acerca con veneración al pasaje bíblico en el que se contrapone la estirpe de la mujer a la estirpe de la serpiente (Gn 3, 15). Nada menos que en cinco ocasiones se

---

[32] También San Juan de Ávila, entre otros muchos escritores cristianos, acude a la contraposición de Eva y María. La primera obedeció a la antigua y astuta serpiente. La segunda se proclama esclava del Señor.

[33] Véase A. SERRA, «Inmaculada», en *Nuevo Diccionario de Mariología.* Madrid, 1988, 920.

detiene la constitución dogmática a evocar y comentar el pasaje del protoevangelio:

1. En el preámbulo se extiende en señalar las razones de conveniencia por las que el Dios inefable escogió para su Hijo una Madre llena de inocencia y santidad: «Era muy conveniente que brillase siempre adornada de los resplandores de la santidad perfecta y que reportase un triunfo total sobre la serpiente antigua».

A esa introducción sigue una larga sección en la que se recogen algunos de los argumentos que emplearon los Padres y los teólogos para afirmar la inmunidad de María respecto a toda mancha de pecado.

2. En ese apartado, el documento recuerda cómo los Padres y escritores de la Iglesia glosaron «las palabras con las que Dios, vaticinando en los principios del mundo los remedios de su piedad dispuestos para la reparación de los mortales, aplastó la osadía de la engañosa serpiente y levantó maravillosamente la esperanza de nuestro linaje, diciendo: *Pondré enemistad entre ti y la mujer, entre tu descendencia y la suya*». Pues bien, en sus comentarios a este texto del Génesis, los Padres «enseñaron que con este divino oráculo fue designado de antemano, clara y patentemente, el misericordioso Redentor del linaje humano, es decir, el unigénito Hijo de Dios, Cristo Jesús, y fue también designada su santísima madre, la Virgen María, al tiempo que se ponían de relieve las enemistades de entrambos contra el diablo. Por lo cual, así como Cristo, mediador de Dios y de los hombres, asimilada la naturaleza humana, borrando la escritura del decreto que nos era contrario, lo clavó triunfante en la cruz, así la santísima Virgen, unida a él con apretado e indisoluble vínculo, hostigando con él y por él eternamente a la venenosa serpiente, y triunfando plenamente de la misma, trituró su cabeza con el pie inmaculado».

3. En otro lugar recuerda la constitución dogmática que para defender la inocencia original y la santidad de la Madre de Dios, los Padres «no sólo la compararon muy frecuentemente con Eva, todavía virgen, todavía inocente, todavía incorrupta y todavía no engañada por las mortíferas asechanzas de la insi-

diosa serpiente, sino que también la antepusieron a Eva con maravillosa variedad de palabras y sentimientos. Pues Eva, al mostrarse miserablemente complaciente con la serpiente, perdió la inocencia original y se convirtió en su esclava; pero la santísima Virgen, aumentando de continuo el don original, sin prestar jamás atención a la serpiente, arruinó hasta los cimientos su poder y su fuerza con la virtud recibida de lo alto».

4. Poco más adelante se afirma que «la Virgen María fue vaticinada por Dios cuando dijo a la serpiente: *Pondré enemistad entre ti y la mujer,* que ciertamente trituró la venenosa cabeza de la misma serpiente».

5. En una tercera parte se recuerda el proceso de preparación de la definición dogmática, que ocupa la cuarta parte del documento. Finalmente, el mismo papa Pío IX muestra su profunda satisfacción por este privilegio que le ha sido concedido y añade: «Sentimos firmísima esperanza y confianza absoluta de que la misma santísima Virgen que, toda hermosa e inmaculada, trituró la venenosa cabeza de la cruel serpiente, y trajo la salvación al mundo (...), hará que la Santa Iglesia (...) tenga vida floreciente y vigorosa (...)».

No hace falta repetir las cautelas metodológicas antes apuntadas. El papa recuerda cómo en los escritos de los Padres la contraposición entre Eva y la serpiente es entendida como una referencia a María. Pero, dando un paso más, apela con piedad a aquella sentencia divina, contenida en el protoevangelio, para referirse en tonos de piedad a la santísima Virgen María.

En el siglo siguiente, al proclamar el dogma de la Asunción de María a los cielos, también el papa Pío XII recuerda cómo los Santos Padres han visto a María como la nueva Eva que vence en la lucha significada ya en el protoevangelio (Gn 3, 15)[34]. Tres años más tarde, al proclamar el año santo que habría de recordar la definición del dogma de la Inmaculada Concepción de María, en su encíclica *Fulgens corona* (8 de sep-

---

[34] PÍO XII, *Munificentissimus Deus* (1 nov. 1950): AAS 42 (1950), 767-770; DH 3901. Publicada toda la Bula en el tomo II de esta «Biblioteca Mariana».

tiembre de 1953) apela de nuevo Pío XII a la interpretación que los Padres dieron al texto de Gn 3, 15.

El Concilio Vaticano II estudió la misión de María en el marco de su reflexión sobre la Iglesia. También en este contexto, la asamblea conciliar habría de evocar la figura de la Madre del Redentor teniendo como fondo el relato genesíaco que anuncia la victoria humana sobre la estirpe de la serpiente. Sin embargo, es preciso subrayar que la metodología empleada vuelve a poner de manifiesto que el texto del protoevangelio no ha de ser leído e interpretado en desconexión con la historia y vida de la Iglesia y, mucho menos, separado de los textos bíblicos que marcan el itinerario posterior de la revelación:

> «Estos primeros documentos, tal como son leídos en la Iglesia y son entendidos bajo la luz de una ulterior y más plena revelación, cada vez con mayor claridad, iluminan la figura de la mujer Madre del Redentor; ella misma, bajo esta luz, es insinuada proféticamente en la promesa de victoria sobre la serpiente, dada a nuestros primeros padres caídos en pecado (cf. Gn 3, 15)» (LG, 55).

Como ya había hecho el papa Pío IX en la bula *Ineffabilis Deus,* también la constitución conciliar considera la relación entre Eva y María a través de la mediación de la interpretación ofrecida por los antiguos Padres de la Iglesia y especialmente por San Ireneo de Lyon:

> «Con razón, pues, los Santos Padres estiman a María, no como un mero instrumento pasivo, sino como una cooperadora a la salvación humana por la libre fe y obediencia. Porque ella, como dice San Ireneo, "obedeciendo fue causa de la salvación propia y de la del género humano entero". Por eso, no pocos Padres antiguos, en su predicación, gustosamente afirman: "El nudo de la desobediencia de Eva fue desatado por la obediencia de María; lo que ató la virgen Eva por la incredulidad, la Virgen María lo desató por la fe"; y, comparándola con Eva, llaman a María Madre de

los vivientes, y afirman con mayor frecuencia: "La muerte vino por Eva; por María, la vida"» (LG, 56)[35].

Por lo que se refiere al magisterio del papa Juan Pablo II, es preciso recordar que, en su encíclica *Redemptoris Mater,* se ha referido igualmente a aquel texto del protoevangelio, leyéndolo a la luz del mencionado pasaje del Apocalipsis:

> «En el designio salvífico de la Santísima Trinidad, el misterio de la Encarnación constituye el cumplimiento sobreabundante de la promesa hecha por Dios a los hombres, después del pecado original, después de aquel primer pecado cuyos efectos pesan sobre toda la historia del hombre en la tierra (cf. Gn 3, 15). Viene al mundo un Hijo, el "linaje de la mujer" que derrotará el mal del pecado en su misma raíz: "aplastará la cabeza de la serpiente". Como resulta de las palabras del protoevangelio, la victoria del Hijo de la mujer no sucederá sin una dura lucha, que penetrará toda la historia humana. "La enemistad", anunciada al comienzo, es confirmada en el Apocalipsis, libro de las realidades últimas de la Iglesia y del mundo, donde vuelve de nuevo la señal de la "mujer", esta vez "vestida del sol" (Ap 12, 1)»[36].

En consecuencia, se puede observar cómo el magisterio de la Iglesia, aun refiriéndose al texto del protoevangelio con el fin de explicar la misión de María en el plan de la salvación, lo hace con una serie de cautelas metodológicas que no conviene olvidar. El texto es interpretado a la luz de la revelación posterior, es comprendido en el marco de la doctrina y la vida de la

---

[35] Es interesante estudiar las referencias que, precisamente en ese lugar, el texto conciliar ofrece a los escritos de los Santos Padres; cf. G. ALBERIGO - F. MAGISTRETTI, *Constitutionis Dogmaticae Lumen Gentium Synopsis Historica*. Bologna, 1975, 491.

[36] JUAN PABLO II, *Redemptoris Mater*, 11. El papa Pablo VI, en la exhortación *Marialis cultus* (2-2-1974) había también colocado la figura de María en relación con la figura de Eva (nn. 8, 56). Ambos textos están publicados en el tomo II de esta «Biblioteca Mariana».

Iglesia y es explicado sobre el cañamazo que de él hicieron los Padres de la Iglesia. La utilización del texto del protoevangelio por parte del magisterio de la Iglesia no canoniza una interpretación mariológica que pudiera estar contenida en el sentido «literal» inmediato del texto. Pero mantiene abierta su significatividad a ulteriores pasos de la revelación y de la comprensión creyente del mismo.

8. CATEQUESIS DE LA IGLESIA

Algo parecido puede decirse con relación a la catequesis de la Iglesia. También en ella se encuentran frecuentes referencias al texto del «protoevangelio» (Gn 3, 15).

Recogemos aquí solamente algunos de los lugares en los que aquel texto primordial es evocado en el reciente *Catecismo de la Iglesia Católica*.

El primero de ellos se encuentra en el contexto de la revelación de Dios al ser humano. La misma naturaleza creada, huella del Creador, constituye para el hombre un primer elemento que revela la sabiduría, el poder y la belleza del mismo Dios de quien trae su origen. Pero, junto a esa revelación natural, se manifiesta al ser humano otro camino de acceso a Dios. La revelación positiva, que se encuentra en las páginas de la Biblia, comienza precisamente, mostrando el talante misericordioso de un Dios que se ofrece como salvador:

> «Más allá del testimonio que Dios da de sí mismo en las cosas creadas, se manifestó a nuestros primeros padres. Les habló y, después de la caída, les prometió la salvación (cf. Gn 3, 15), y les ofreció su alianza» (CEC, 70).

En la promesa que se encierra en el protoevangelio ve el Catecismo uno de los primeros signos –si no el primero– de la alianza que Dios establece con el mundo creado, con el ser humano y con el pueblo de Israel. Esa alianza se rompe por parte del hombre, pero Dios no se olvida de su propia fidelidad. El relato del protoevangelio es recordado, por una parte, como una prueba de la vocación trascendente del ser humano y, por otra, como el anuncio de la redención mesiánica que afectará a la suerte de la humanidad.

«Tras la caída, el hombre no fue abandonado por Dios. Al contrario, Dios lo llama (cf. Gn 3, 9) y le anuncia de modo misterioso la victoria sobre el mal y el levantamiento de su caída (cf. Gn 3, 15). Este pasaje del Génesis ha sido llamado "Protoevangelio", por ser el primer anuncio del Mesías redentor, anuncio de un combate entre la serpiente y la mujer, y de la victoria final de un descendiente de ésta» (CEC, 410).

A continuación de este texto, los redactores del *Catecismo* ofrecieron inmediatamente algunas imprescindibles claves de lectura, que podrían resumirse en tres puntos que marcan tres hitos importantes en la historia de la fe cristiana. En primer lugar, el texto del protoevangelio es interpretado por la Iglesia a la luz de la relación entre Adán y Jesucristo, tan repetida en los escritos de San Pablo. En segundo lugar, el Catecismo recurre a la metodología ya conocida que consiste en reconocer la mediación de los Padres de la Iglesia para la atribución de un alcance mariológico a aquel texto genesíaco. Y, en tercer lugar, se recuerdan dos momentos de la doctrina católica, como el Concilio de Trento y la bula *Ineffabilis Deus,* en los que se afirma que María se ha visto eximida por Dios de la mancha del pecado que afecta a todos los humanos.

«La tradición cristiana ve en este pasaje un anuncio del "nuevo Adán" (cf. 1Co 15, 21-22.45) que, por su "obediencia hasta la muerte en la Cruz" (Flp 2, 8) repara con sobreabundancia la descendencia de Adán (cf. Rm 5, 19-20). Por otra parte, numerosos Padres y doctores de la Iglesia ven en la mujer anunciada en el "protoevangelio" la madre de Cristo, María, como "nueva Eva". Ella ha sido la que, la primera y de una manera única, se benefició de la victoria sobre el pecado alcanzada por Cristo: fue preservada de toda mancha de pecado original (cf. Pío IX: DS 2803) y, durante toda su vida terrena, por una gracia especial de Dios, no cometió ninguna clase de pecado (cf. Cc. de Trento: DS 1573)» (CEC, 411).

Todavía en otro lugar vuelve el *Catecismo* a evocar la resonancia mariológica que la fe cristiana encuentra en la escena del paraíso, tomando a préstamo las conocidas palabras de San Ireneo, ya recogidas por el Concilio Vaticano II, en la constitución dogmática sobre la Iglesia:

> «Al anuncio de que ella dará a luz al "Hijo del Altísimo" sin conocer varón, por la virtud del Espíritu Santo (cf. Lc 1, 28-37) María respondió por "la obediencia de la fe" (Rm 1, 5), segura de que "nada hay imposible para Dios": "He aquí la esclava del Señor: hágase en mí según tu palabra" (Lc 1, 37-38). Así, dando su consentimiento a la palabra de Dios, María llegó a ser Madre de Jesús y, aceptando de todo corazón la voluntad divina de salvación, sin que ningún pecado se lo impidiera, se entregó a sí misma por entero a la persona y a la obra de su Hijo, para servir, en su dependencia y con él, por la gracia de Dios, al misterio de la Redención (cf. LG, 56).
>
> Ella, en efecto, como dice San Ireneo, "por su obediencia fue causa de la salvación propia y de la de todo el género humano". Por eso, no pocos Padres antiguos, en su predicación coincidieron con él en afirmar "el nudo de la desobediencia de Eva lo desató la obediencia de María. Lo que ató la virgen Eva por su falta de fe lo desató la Virgen María por su fe". Comparándola con Eva, llaman a María "Madre de los vivientes" y afirman con mayor frecuencia: "la muerte vino por Eva, la vida por María" (LG, 56)» (CEC, 494).

* * *

Habría que preguntarse por qué la catequesis se ha detenido solamente en condenar a Eva. Eva es la niña del mundo y su esperanza. Asombro, palabra y confianza. Curiosidad y vida.

Maternidad y llanto. Encuentro y desengaño. Eva es la vida. La humana peripecia desvalida. El rubor de la inocencia y su rotura. El amor balbuciente y quebradizo. La humana convivencia, tan difícil. La atención distraída ante las voces que llegan de lo alto. Eva es el descanso y la fatiga, el parto y la poesía, el encuentro y los silencios.

Sólo miles de años de camino y experiencia religiosa podrían exclamar: ¡Feliz culpa la de Adán! ¡Feliz culpa la de Eva! Pero ese grito de victoria sólo habría de ser posible después de haber experimentado la salvación que llega por el nuevo Adán y de haber descubierto la figura de María.

Tras el estudio del texto del «protoevangelio» y este recorrido por los hitos más señeros de la tradición y de la doctrina de la Iglesia, puede entenderse ya con qué alegría y prudencia, a la vez, la Iglesia vuelve sus ojos a aquella «profecía» para descubrir en ella los rasgos y la misión de María, la Madre del Mesías.

Alegría, al comprobar que la que ha sido llamada bienaventurada por haber creído (cf. Lc 1, 45), lo es también por haber sido elegida para engendrar a aquel descendiente que habría de liberar a la estirpe humana de las asechanzas de la serpiente.

Y prudencia, porque esa gozosa y fecunda interpretación de aquella profecía sólo es posible a la luz de la revelación ulterior, que la misma Iglesia ha acogido con gratitud y ha elaborado de la mano de los Padres y del magisterio auténtico.

II

EL ANUNCIO AL REY ACAZ

Nos hemos detenido a considerar, con una cierta parsimonia, el texto del «protoevangelio» (Gn 3, 15), tratando de explicarnos cómo y por qué la doctrina de la Iglesia y la piedad cristiana han llegado a ver en él un anuncio de la figura y la misión de la Virgen María.

Nos acercamos ahora a otro texto veterotestamentario que ha desempeñado una función semejante, tanto en la revelación evangélica como en la teología y en la devoción cristianas. Nos referimos al anuncio-profecía por el que el profeta Isaías vincula a una joven (virgen) con el nacimiento de un niño al que se denomina con el nombre misterioso de «Dios-con-nosotros». También en esa joven, la fe cristiana ha visto prefigurada la presencia de María, la madre de Jesús.

1. CONTEXTO DE LA PROFECÍA

El año 736 a.C. el rey Acaz, hijo de Jotán, tomó posesión del trono de Judá heredado de David. En este caso, la llegada de un nuevo rey no estaba señalada por buenos presagios. El panorama político de los pueblos circundantes no ofrecía muchas esperanzas de paz. Rasín, rey de Siria, y Pécaj, rey de Israel, se habían propuesto arrastrar al nuevo rey de Judá en una coalición contra Asiria.

Al fracasar en sus planes, se habían confabulado para subir a sitiar la ciudad de Jerusalén. En realidad sus propósitos iban más lejos de una simple venganza. La política que subyace a la llamada guerra siro-efraimita nos revela otras intenciones. En el fondo, los coaligados planeaban la destitución del rey Acaz para sentar en su lugar a un rey arameo que se mostrase más inclinado a colaborar con sus proyectos. Según todas las evidencias, el reino del Norte, es decir, Israel, se aliaba con los enemigos tradicionales del pueblo de Dios e intentaba torcer también el camino del reino del Sur, es decir, del reino de Judá. «Esto va directamente contra la promesa de Dios. En el Norte cambian violentamente las dinastías; en el Sur, cuando un extranjero cambie al monarca, lo hará respetando la dinastía. El proyecto de los aliados es, en cierto modo, desandar la historia, ya que el meridional David había reinado sobre todo Israel, también sobre las tribus septentrionales, y había extendido alguna soberanía a territorios de Siria»[37].

Al conocer estos planes trazados por sus enemigos, Jerusalén temió por su propia suerte. Con palabras poéticas nos dice el libro de Isaías que «se estremeció el corazón del rey y el corazón de su pueblo, como se estremecen los árboles del bosque por el viento» (Is 7, 2).

Sin embargo, el temor no paralizó los ánimos de los habitantes de Jerusalén. El rey Acaz se apresuró a revisar los canales del abastecimiento de aguas, tan necesario en caso de un eventual asedio a la ciudad. Según el relato bíblico, nos encontramos «al final del caño de la alberca superior, por la calzada del campo del Batanero» (Is 7, 3). Todavía hoy es fácil situarlo en los alrededores de la piscina de Siloé –hoy llamada en árabe *Birquet es-Silwan*–, aunque algunos investigadores modernos consideran que su escenario más verosímil debió de encontrarse junto a Bethesda, la Piscina Probática –o estanque de las ovejas– que se menciona en el Evangelio según San Juan (cf. Jn 5, 2).

En ese momento, se inserta en el texto bíblico una visión

---

[37] L. ALONSO SCHÖKEL - J. L. SICRE DÍAZ, *Profetas. Comentario* I. Madrid, 1980, 146.

creyente de los hechos. Evidentemente, el Dios que había ofrecido una alianza eterna a su pueblo no podía ser ajeno a esa otra alianza enemiga que se urdía ahora contra la Ciudad Santa.

Así pues, se nos cuenta que Dios impulsa al profeta Isaías para que salga al encuentro del rey Acaz y trate de darle algunas razones que contribuyan a su tranquilidad. Ha de comunicarle, en concreto, que la alianza de sus enemigos contra él y contra su reino está abocada a un estrepitoso fracaso.

El profeta no se limita a eso. Anuncia de paso al rey de Jerusalén la próxima ruina del reino del Norte. Además, repite, de parte de Dios, una exhortación dirigida a todo el pueblo: «Si no creéis, no subsistiréis» (Is 7, 9). Evidentemente esa sentencia está llamada a trascender el momento histórico en el que se sitúa y será válida para todos los tiempos. En el texto hebreo, el pensamiento gira en torno a la palabra *aman,* que significa *estar firme,* pero también *apoyarse seguro* y, en consecuencia, *fiarse* de algo o de alguien y, por fin, *creer.* Esa frase resuena al oído con una curiosa simetría que materializa la conexión entre creer y subsistir: *'im lo' ta'mînû ki lo' te'amenû.* «La palabra de Dios es el punto de apoyo de la historia de salvación, la fe es el centro de gravedad. La fe funda la existencia del pueblo y la conserva, por la fe viven. La fe se ha de apoyar en la palabra de Dios, que se cumplirá, frente a los planes humanos, que no se cumplirán»[38].

2. UN ACTO DE FE

Efectivamente, es un acto de fe lo que Dios pide a Acaz. Al parecer, el rey Acaz no se fió de las palabras del profeta que le era enviado. Es precisamente en este contexto en el que se inserta un segundo aviso, que tiene la forma de otros oráculos de anunciación[39]. Nos encontramos ahora ante la promesa del Dios que ofrece a su pueblo un signo de su presencia:

---

[38] L. ALONSO SCHÖKEL - J. L. SICRE DÍAZ, *o.c.,* 147.

[39] Se parece, en efecto, al anuncio del nacimiento de Ismael (Gn 16, 11-12), de Sansón (Jue 13, 7), de Juan Bautista y de Jesús (Mt 1, 20; Lc 1, 13-14.30-31).

«Volvió Yahvé a hablar a Acaz diciendo: "Pide para ti una señal de Yahvé tu Dios en lo profundo del seol o en lo más alto". Dijo Acaz: "No la pediré, no tentaré a Yahvé". Dijo Isaías: "Oíd, pues, casa de David: ¿Os parece poco cansar a los hombres, que cansáis también a mi Dios?" Pues bien, el Señor mismo va a daros una señal: He aquí que una doncella está encinta y va a dar a luz un hijo, y le pondrá por nombre Emmanuel. Cuajada y miel comerá hasta que sepa rehusar lo malo y elegir lo bueno. Porque antes que sepa el niño rehusar lo malo y elegir lo bueno, será abandonado el territorio cuyos dos reyes te dan miedo» (Is 7, 10-16).

Ante la oferta de una «señal» divina, el rey parece rechazarla delicadamente, apoyado al parecer en escrúpulos religiosos, como si solicitar y aun aceptar esa señal fuera una provocación a Dios. En realidad, la respuesta del rey constituye un gesto ambiguo e hipócrita: si aceptara la señal de Dios habría de cambiar de política. Lo que parece evidente es que el rey no está dispuesto a escuchar la llamada del profeta. En el fondo, no puede aceptar que la señal de la presencia salvadora de Dios no son los brazos de los guerreros, sino el vagido de un niño.

Así pues, el relato político-militar se convierte de pronto en un texto que constituye una especie de teología narrativa. No se habla tanto de la defensa estratégica de la ciudad cuanto de Dios que es su verdadera defensa. Nos encontramos, una vez más, frente a una de las experiencias religiosas más profundas entre los hebreos. Dios no se muestra en la fuerza, sino en la debilidad. No es un Dios de muerte, sino de vida.

3. UNA JOVEN MADRE

La señal de la presencia de Dios entre su pueblo es que una doncella va a dar a luz y ser madre de un niño. Dado el contexto del oráculo, la doncella que va a dar a luz puede ser la esposa del mismo rey Acaz, en cuyo caso, el niño que va a nacer sería el futuro rey Ezequías. De ser así, la promesa del profeta se insertaría en la línea de la antigua promesa del mesianismo real de la casa de David.

Por lo que se refiere a nuestro tema, es interesante detenerse a considerar el apelativo con el que se distingue a esa joven madre en Is 7, 14. El texto hebreo se refiere a ella con la palabra *'alma,* que podría significar simplemente «joven» o «doncella», sin una referencia a su eventual virginidad. La traducción griega de los LXX ha empleado el término de «virgen» (*parthénos*) para aludir a la «doncella» que está encinta. También la Vulgata emplea ese término técnico: «*Ecce virgo concipiet et pariet filium*».

Con ese detalle terminológico se refleja la antigua tradición de Israel que atribuye con frecuencia a mujeres estériles o ancianas el don de una maternidad que dará origen a grandes personajes como Isaac, José o Samuel. Por medio de ese expediente literario, se confiesa que la salvación, encarnada por esos grandes héroes, es siempre un don imprevisible que sólo puede venir de Dios. La tradición cristiana ha escuchado este texto pensando en «la» Virgen por excelencia, que es María de Nazaret. Después de narrar la concepción virginal de Jesús (cf. Mt 1, 18-21), el texto evangélico añade una reflexión que constituye una relectura cristiana explícita de la profecía de Isaías:

> «Todo esto sucedió para que se cumpliese el oráculo del Señor por medio del profeta: *Ved que la virgen concebirá y dará a luz un hijo, a quien pondrán por nombre Emmanuel,* que traducido significa "Dios con nosotros"» (Mt 1, 22-23).

Así pues, sea quien sea la joven madre aludida directamente por el texto del profeta Isaías, el misterio de la fecundidad es asumido en el oráculo como signo de la presencia salvadora de Dios. Todo hace pensar que la señal ofrecida no es del agrado del rey. Él desearía ver la protección de Dios reflejada en nuevas y más potentes fuerzas de combate, no en la figura de un niño recién nacido, que siempre requiere atenciones especiales. Pero es en el misterio de la vida donde Dios se hace presente. Emmanuel: Dios con nosotros:

«Este oráculo tiene un horizonte profético profundo, que se va haciendo patente a las generaciones sucesivas: la garantía de la continuidad dinástica tiene su razón de ser en el heredero mesiánico; la salvación sigue gravitando hacia "el Salvador"; las bendiciones de la tierra adelantan la gran bendición del Redentor; "Dios-con-nosotros" está realmente en Cristo»[40].

Este oráculo del profeta se ve explicado por otro que se incluye poco más adelante en el mismo libro de Isaías:

«Sabedlo, pueblos, seréis destrozados;
escuchad, confines todos de la tierra;
en guardia: seréis destrozados.
Trazad un plan: fracasará.
Decid una palabra: no se cumplirá.
Porque con nosotros está Dios» (Is 8, 9-10).

De nuevo se repite aquella promesa que ha de convertirse en profesión de fe. A pesar de la fuerza y de la astucia de sus enemigos, es preciso anunciar un oráculo para que lo oigan todos los pueblos de la tierra. La arrogancia de los poderosos no puede prevalecer contra la humildad de los que confían en Dios. Las palabras amenazadoras de los reyes no tienen futuro. Frente a ellas se alza la palabra de Dios. Su pueblo puede descansar seguro, confiando en el poder de su Dios. El profeta repite su convicción y su anuncio: Dios está con nosotros.

En ambos poemas de Isaías, Dios es anunciado y aceptado como Emmanuel. Según el primero de ellos, en el proyecto histórico de esa presencia de Dios entre su pueblo aparece una joven doncella que hace posible la intervención salvadora de Dios. Se podría decir que su misma maternidad adquiere un carácter cuasi-sacramental: es decir, significa y evidencia la presencia de Dios en medio de su pueblo.

---

[40] L. ALONSO SCHÖKEL - J. L. SICRE DÍAZ, *o.c.*, 148.

A esa madre parece aludir veladamente unos treinta años más tarde la profecía de Miqueas cuando proclama:

«Mas tú, Belén-Efratá,
aunque eres la menor entre las familias de Judá,
de ti me ha de salir
aquel que ha de dominar en Israel,
y cuyos orígenes son de antigüedad,
desde los días de antaño.
Por eso Yahvé los abandonará hasta el tiempo
en que dé a luz la que ha de dar a luz.
Entonces el resto de sus hermanos volverá
a los hijos de Israel» (Mi 5, 2-3).

Miqueas pensaba, sin duda, en los antiguos orígenes de la dinastía de David, contados por el primer libro de Samuel (cf. 1S 17, 12-13), así como por la antigua leyenda de Rut (Rt 4, 11.17.18-22). A pesar de las dificultades del presente, el pasado se convertía de pronto en anticipo de un futuro glorioso. El profeta pensaba en el lugar de origen de David y lo imaginaba convertido en meta de una peregrinación universal. La gran multitud de peregrinos reflejaría la restauración de todas las expectativas. El crecimiento del pueblo se vería asegurado por dos factores: «porque las mujeres vuelven a dar a luz y porque los desterrados vuelven a reunirse con sus hermanos»[41].

El oráculo de Miqueas otorga a Belén el nombre de Efratá que etimológicamente significaba «fecunda», como para preanunciar el nacimiento del futuro Mesías. Pero ese nacimiento es descrito con una frase misteriosa que parece aludir a la joven doncella cantada por el oráculo de Isaías (Is 7, 14). Aquel oráculo había ido sin duda adquiriendo una vida independiente respecto a la circunstancia coyuntural de la maternidad histórica allí anunciada. Aquel acontecimiento, que había servido de

---

[41] L. ALONSO SCHÖKEL - J. L. SICRE DÍAZ, *Profetas, Comentario*, II. Madrid, 1980, 1061; cf. L. B. GORGULHO, «A profecia sobre Belém-Efrata em Miq 5, 1-5», en *Revista de cultura teologica*, 3 (1963), 20-38.

señal para fortalecer la esperanza del rey Acaz y de su pueblo, se había ya convertido en señal para alimentar la esperanza de la restauración de todo el pueblo y la espera del futuro Mesías[42].

El Evangelio según San Mateo hace una referencia explícita al texto de Is 7, 14, aunque introduciendo algunas variaciones muy significativas:

– La primera de ellas consiste precisamente en la descripción del modo peculiar y del todo extraordinario como se produce el embarazo de la madre virgen.

– Una segunda variante se refiere al sujeto que impone el nombre al niño misterioso: mientras que en el oráculo de Isaías era la madre quien lo llamaba Emmanuel, ahora –con una fórmula en plural– el evangelista parece evocar a todos los creyentes que habrían de reconocer a su hijo con el nombre de Emmanuel.

– Una tercera variante –en realidad la más evidente– consiste en la interpretación misma de este nombre, que podría resultar desconocida para los lectores cristianos procedentes del mundo griego. Así lo explica un famoso especialista en estos relatos relativos al nacimiento del Mesías:

«Aunque la profecía isaiana no dio origen a la idea de la concepción virginal ni al relato de Mateo, el uso que éste hace de la misma en su relato es particularmente feliz. Mateo vio en ella una prueba escriturística de los aspectos davídico y divino del quién y el cómo de la identidad de Jesús. El versículo isaiano precedente (7, 13) sirve para introducir el signo profético: Isaías se dirige al rey llamándole "casa de David". Mateo ha intentado explicar que Jesús es de la casa de David, descendencia que no se niega por el hecho de que José lo engendrara no de manera biológica, sino legal. El evangelista se encuentra con un texto dirigido a la casa de David que habla de una virgen que está

---

[42] Cf. A. FEUILLET, «De fundamento mariologiae in prophetiis messianicis Veteris Testamenti», en *Études d'exégèse et de théologie biblique*, 1. París, 1975, 205-221.

encinta y da a luz un hijo. No sólo a través de las mujeres mencionadas en la genealogía, sino también a través de esta virgen preanunciada por su palabra profética había preparado Dios el nacimiento de Jesús, el Mesías, "de esta manera" (Mt 1, 18). Pero Mateo ha intentado explicar también que "esta manera", que implica la acción creativa del Espíritu Santo en vez de la acción sexual de un hombre, significa que Jesús es Hijo de Dios a la vez que hijo de David. Y, cosa sorprendente: el mismo texto que predecía a la casa de David esa manera única en que el niño mesiánico sería concebido, predecía también que el niño sería Emmanuel, "que significa Dios con nosotros"»[43].

No hemos de extrañarnos ante esta libertad del evangelista. Para algunos parece resultar escandaloso que los evangelistas hayan afirmado la fe de la comunidad cristiana en la maternidad virginal de María, apoyándose en un texto del Antiguo Testamento. Partiendo de un punto de vista un tanto crítico, se ha escrito que, en este pasaje del Evangelio de Mateo, «en lugar de la acción de Dios en la historia de Jesús tenemos aquí, en fórmula extrema, la fe en dicha acción»[44].

Sin embargo, no hay verdadero motivo para tal escándalo, si se tienen en cuenta las normas comúnmente admitidas por la exégesis bíblica. La interpretación tipológica de los textos antiguos, reconocida como legítima por los mismos autores sagrados, los leía a la luz de una revelación que pasaba por los caminos de la historia. Bien sabían los escritores cristianos de la primera hora que era preciso escuchar el mensaje del Antiguo Testamento para poder acercarse a la profunda riqueza del acontecimiento de Jesús, el Mesías. También nosotros lo sabemos y lo proclamamos: «Cristo nos ha sido dado en el doble testimonio del coro de los que esperan y de los que recuerdan»[45].

---

[43] R. E. BROWN, *El nacimiento del Mesías. Comentario a los Relatos de la Infancia*. Madrid, 1982, 149.

[44] U. LUZ, *El Evangelio según San Mateo*, I. Salamanca, 1993, 149.

[45] G. von RAD, «Interpretación tipológica del Antiguo Testamento», en *Estudios sobre el Antiguo Testamento*. Salamanca, 1976, 419.

Y algo parecido habrá que afirmar cuando se trata de recibir, con la mente y con el corazón, el testimonio sobre María, la Madre de Jesús.

4. LOS PADRES DE LA IGLESIA

Entre los antiguos Padres de la Iglesia el antiguo texto de la profecía de Isaías encuentra una resonancia cordial para referirse al nacimiento virginal de Jesús.

Entre muchos otros textos, se puede citar aquí a San Justino († h. 165). Tratando de defender la divinidad de Cristo frente a los paganos, niega que su concepción se parezca a la de Perseo, nacido de Dánae, fecundada por Zeus en forma de lluvia de oro. Por otra parte, con el fin de dar una respuesta a las afirmaciones de los judíos, apela al texto de Is 7, 14 para fundamentar el nacimiento virginal de Jesús: «Nadie jamás, fuera de nuestro Cristo, ha sido engendrado de virgen»[46].

San Justino demuestra que esta profecía de Isaías no se ha realizado más que en Jesús. Si no fuera así, difícilmente podría ser un *signo* y un portento propio de Dios el hecho de que una muchacha engendrara de un modo natural, teniendo en cuenta que los escritos bíblicos refieren que otras mujeres, ancianas o estériles, han llegado a ser madres gracias al poder de Dios.

«Pero el *signo,* que es verdaderamente signo y debía llegar a ser motivo de credibilidad para el género humano –que el Primogénito de todas las criaturas, asumiendo carne en su seno virginal se hiciese verdaderamente un niño–, Dios lo preanunció por medio del espíritu profético, para que cuando se realizase se supiera que había sido realizado por la potencia y el querer del Creador»[47].

Aunque perteneciente a las corrientes griegas de pensamiento, en el Occidente escribe San Ireneo de Lyon, que se ve

---

[46] SAN JUSTINO, *Diálogo con Triphon,* 43,7; PG 6, 569.
[47] SAN JUSTINO, *o.c.,* 84; PG 6, 673.

obligado a entrar en polémica con los gnósticos y los ebionitas. También él recurre al texto de Is 7, 14[48].

En África, Tertuliano se muestra en consonancia con San Justino y San Ireneo. Cristo ha nacido de madre virgen porque no tiene a un hombre por padre[49]. Para él la virginidad de la madre se convierte precisamente en el centro de la profecía de Isaías:

«Habrá que comentar la razón por la que el Hijo de Dios hubo de nacer de una virgen. Debía nacer de nuevo el que tenía que ser consagrador de un nuevo nacimiento, acerca del cual el Señor había prometido por Isaías que nos iba a dar una señal...: «Una virgen concebirá en su vientre y parirá un hijo» (Is 7, 14). De acuerdo con esto concibió la Virgen, y parió al Emmanuel, es decir, a «Dios con nosotros». Éste es el nacimiento nuevo: el hombre nace en Dios porque Dios ha nacido en el hombre, tomando la carne de la antigua raza, pero sin la cualidad antigua de la raza; así la restauró con una raza nueva, la raza espiritual, purificada por el hecho de haber quedado expulsados los antiguos errores»[50].

San Agustín afirmaba que lo que se cumple por medio de los cristianos no se predijo en la época cristiana, sino mucho antes. En los escritos judíos se anunciaba la plenitud cristiana. Uno de los ejemplos que aduce se refiere precisamente al texto aquí recordado:

«Vemos que esto ya se está realizando en Cristo, puesto que de allí (de Israel) nació aquella virgen, a la que cantó el profeta del pueblo de Israel y del Dios de Israel al decir: *He*

---

[48] SAN IRENEO, *Adv. Haer.* 3,21: PG 7,946 y *Demonstratio evangelica (Epideixis)*, 54: SC 65,115.

[49] TERTULIANO, *Adv. Marcionem*, 4,10: PK 2, 407.

[50] TERTULIANO, *De carne Christi*, 17. Estos y otros testimonios de la tradición pueden verse recogidos por S. DE FIORES, «Virgen», en *Diccionario de Mariología*. Madrid, 1988, 1977-2039, con abundante bibliografía.

aquí que una virgen concebirá y dará a luz un hijo, y le pondrán por nombre Emmanuel[51].

Más explícitamente todavía se refiere a aquella profecía de Isaías en uno de los sermones pronunciados con motivo de la fiesta de la Natividad del Señor:

«Comprended, hermanos, cuán grande era el deseo de ver a Cristo que tenían los santos antiguos. Sabían que tenía que venir, y cuantos vivían piadosamente decían: "¡Oh, si me encontrara aquí su nacimiento! ¡Oh, si lograra ver con mis ojos lo que creo en la Escritura de Dios!" Para que sepáis cuán grande era el deseo de los santos que conocían por la Sagrada Escritura que una virgen daría a luz, como oísteis cuando se leyó Isaías: *He aquí que una virgen concebirá y dará a luz un hijo, y se llamará Emmanuel...* Qué significa *Emmanuel* nos lo descubrió el Evangelio al decir *que se traduce por "Dios con nosotros"*. No te resulte extraño, alma incrédula, quienquiera que seas; no te parezca imposible que una virgen dé a luz y permanezca siendo virgen. Comprende que es Dios quien ha nacido y no extrañará el parto de una virgen»[52].

Por su parte, San Ildefonso de Toledo, en su preciosa obra sobre la virginidad de María, alude también a la profecía de Isaías. El texto está redactado con un vibrante tono apologético que, en este caso, interpela a un judío, diciendo:

«Cuando invisiblemente este Hijo de Dios y omnipotente Dios vino a la Virgen, ¿qué hizo sino lo que Isaías dice: que salga esta flor de una vara nacida; esto es, de una madre virgen de la raíz del linaje de Jesé? Ciertamente nace el Hijo sin mancha alguna de corrupción, sino solamente

---

[51] SAN AGUSTÍN, *De consensu evangelistarum*, 1, 26,41: CSEL 43, 40.

[52] SAN AGUSTÍN, *Serm.* 370, 2: ed. P. DE LUIS, *Obras completas de San Agustín*, XXVI. Madrid, BAC, 1985, 423-424; puede verse también su sermón 52, 10.

engendrado por obra del Espíritu Santo. Lo mismo, según este profeta dice, que no una joven con conocimiento de varón, según tú mientes, sino como yo con verdad digo, milagrosamente concebirá y parirá una virgen»[53].

Como se ve, el arzobispo de Toledo conoce la interpretación judía de la palabra original hebrea que se refiere a la futura madre anunciada por el profeta en términos de «doncella», pero no por eso deja de ofrecer la traducción cristiana, preparada ya por la versión de los LXX. La referencia se hace todavía más explícita y más polémica un poco más adelante. Tras recordar la narración de la natividad de Jesús según el Evangelio de Mateo (Mt 1, 18), añade:

«Esto es lo que había dicho Isaías: *He aquí que una virgen concebirá y dará a luz un hijo, y su nombre será Emmanuel, que significa Dios con nosotros.* Avergüénzate, impuro, y admite que está con nosotros el mismo Dios que nació hombre»[54].

En consecuencia, se puede afirmar que la maternidad virginal de María hace posible el portento de que el Mesías, siendo solidario de la estirpe humana, no comparta aquello que la hace menos humana, como es el pecado.

De nuevo, un texto veterotestamentario es leído a la luz de la revelación cristiana y adquiere una riqueza insospechable. Aquel antiguo oráculo de Isaías es recordado desde un nuevo punto de vista. Y en él aparece la figura escondida entonces de María, la madre virginal del Salvador.

---

[53] SAN ILDEFONSO DE TOLEDO, *De virginitate perpetua Sanctae Mariae,* 4: V. BLANCO - J. CAMPOS (eds.), *San Ildefonso de Toledo.* Madrid, BAC, 1971, 82.

[54] SAN ILDEFONSO DE TOLEDO, *De virginitate perpetua Sanctae Mariae,* 7: *o.c.,* 98. Sobre su doctrina puede verse J. SOLANO, *Doctrina mariana de San Ildefonso de Toledo.* Barcelona, 1958; J. CASCANTE, «La devoción y el culto a María en los escritos de San Ildefonso de Toledo», en *De cultu… s. VI-IX,* III. Pontificia Accademia Mariana Internazionale, Roma, 1972, 223-248.

5. MAGISTERIO DE LA IGLESIA

En su constitución dogmática sobre la Iglesia, el Concilio Vaticano II ha recordado la profecía de Isaías, poniéndola en relación con el texto del Evangelio de San Mateo que se refiere al nacimiento virginal de Jesús. De esa forma presenta a María como culminación de las esperanzas de Israel e inauguración de la nueva economía de la salvación y de la liberación actuadas por el Hijo de Dios:

> «Así también, ella es la Virgen que concebirá y dará a luz un Hijo cuyo nombre será Emmanuel (Is 7, 14; Mi 5, 2-3; Mt 1, 22-23). Ella misma sobresale entre los humildes y pobres del Señor, que de él esperan con confianza la salvación. En fin, con ella, excelsa Hija de Sión, tras larga espera de la primera, se cumple la plenitud de los tiempos y se inaugura la nueva economía, cuando el Hijo de Dios asumió de ella la naturaleza humana para librar al hombre del pecado mediante los misterios de su carne» (LG, 55).

También el *Catecismo de la Iglesia Católica* ha incluido por una vez la referencia explícita al oráculo de Isaías —en la traducción griega del texto—, al comentar la concepción virginal de Jesús, que se recoge en el Evangelio según San Mateo:

> «Los relatos evangélicos (cf. Mt 1, 18-25; Lc 1, 26-38) presentan la concepción virginal como una obra divina que sobrepasa toda comprensión y toda posibilidad humanas (cf. Lc 1, 34): «Lo concebido en ella viene del Espíritu Santo», dice el ángel a José a propósito de María, su desposada (Mt 1, 20). La Iglesia ve en ello el cumplimiento de la promesa divina hecha por el profeta Isaías: «He aquí que la virgen concebirá y dará a luz un hijo» (Is 7, 14 según la traducción griega de Mt 1, 23)», (CEC, 497).

Más adelante, el *Catecismo* evoca el título del Emmanuel, aunque sin aportar una referencia explícita al texto de Isaías, aquí sólo entrevisto a través de la cita evangélica:

«En la plenitud de los tiempos, el Espíritu Santo realiza en María todas las preparaciones para la venida de Cristo al Pueblo de Dios. Mediante la acción del Espíritu Santo en ella, el Padre da al mundo el Emmanuel, «Dios con nosotros» (Mt 1, 23)» (CEC, 744).

* * *

En la Iglesia de San Juan Bautista, en Angri (Italia), se encuentra una pintura de Simón de Florencia (s. XVI), en la que se representa al profeta Isaías, tocado con turbante y adornado por una larga barba blanca. Entre sus manos sostiene un pergamino en el que se leen las palabras centrales de su oráculo: «Ecce virgo»: «He aquí que una doncella...»

Ése es el más precioso legado que el profeta ha dejado a la historia de los creyentes. Y tanto el arte como la piedad cristianas no podían menos de hacerse eco de aquel oráculo, que han podido leer a la luz del relato evangélico del nacimiento virginal del Salvador, Dios con nosotros.

III

IMÁGENES DE MARÍA

Esa misma piedad cristiana se ha vuelto con frecuencia a otros numerosos pasajes del Antiguo Testamento y ha encontrado en ellos muchos acontecimientos, imágenes y personas que le evocaban y, en cierto modo preanunciaban, la figura de María.

1. EL LENGUAJE DE LAS COSAS

Como queriendo resumir muchos siglos de reflexión y de poesía, de arte y de oración, la bula pontificia *Ineffabilis Deus* recoge algunas de aquellas imágenes.

La primera de todas ellas es *el arca de Noé*. En ella se salvaron Noé y su familia de las aguas del diluvio, que constituían el castigo a los pecados de una humanidad corrompida. De forma semejante, María es vista e invocada como la nueva arca de salvación que recoge a los creyentes y los conduce a las riberas de un mundo nuevo y renacido, reconciliado con Dios y objeto de sus complacencias y su alianza.

Otra de las imágenes que parecen anticipar el papel de María en la obra de la salvación es *la escala* que vio Jacob al despertar de su sueño en la noche de Betel.

Una tercera imagen que significa y preanuncia a María es *la zarza* que contempló Moisés en el desierto. Si en aquélla se mostraba el Dios de la vida y de la liberación, también en Moisés se hace presente el Dios que convoca a su pueblo para recorrer el camino de la nueva libertad. Esa imagen de la zarza, ya atribuida a María en los poemas de San Efrén, se encuentra también recogida en el texto del *Catecismo de la Iglesia Católica:*

> «En María, el Espíritu Santo manifiesta al Hijo del Padre hecho Hijo de la Virgen. Ella es la zarza ardiente de la teofanía definitiva: llena del Espíritu Santo, presenta al Verbo en la humildad de su carne dándolo a conocer a los pobres (cf. Lc 2, 15-19) y a las primicias de las naciones (cf. Mt 2, 11)» (CEC, 724).

La bula *Ineffabilis Deus* evoca, además, otras imágenes, como la de *la torre* inexpugnable al enemigo, adornada por los trofeos de los héroes de Israel. También María se distingue por esa fortaleza de los humildes y los pobres, en los que se complace el mismo Dios.

María es también comparada con el *huerto cerrado,* rico de frutos de vida y defendido de la codicia de los enemigos.

Puede imaginarse a María como la resplandeciente *ciudad de Dios,* cuyos fundamentos se asientan en los montes santos y a la cual acuden los hijos del pueblo y las peregrinaciones de todos los pueblos.

Finalmente, puede ser comparada María al *arca de la alianza* y al *templo de Dios* habitado por su gloria[55].

2. LAS MUJERES Y LA MUJER

Siguiendo esta línea tradicional, tan llena de poesía y de piedad como de reflexión teológica, el *Catecismo de la Iglesia*

---

[55] Durante el Concilio Vaticano II, algunos padres conciliares pidieron que, además de comparar a María con la Hija de Sión, el texto de LG 55 añadiera también unas palabras que la presentaran como «templo de Dios y arca de la nueva alianza». Sin embargo, la Comisión no lo consideró oportuno: cf. G. ALBERIGO - F. MAGISTRETTI, *Constitutionis Dogmaticae Lumen Gentium Synopsis Historica,* 560.

Católica recuerda algunas de las mujeres bíblicas, que, con alguno de sus rasgos, han inspirado a los cristianos una reflexión de fe y de piedad hacia la Madre de Jesús. Ellas constituyen toda una galería de «figuras», en las que puede de alguna forma descubrirse anticipadamente la misión de María.

En algunos contextos puede parecer abusiva esa evocación a las cosas y personas del Antiguo Testamento. Sin embargo, tal concatenación de los hechos y de las experiencias –tanto humanas como religiosas– es perfectamente legítima en el ámbito bíblico. Las realidades presentes son consideradas como imagen y «tipo» de las realidades escatológicas que se esperan para el futuro. Pero son a su vez anticipadas por las realidades que han ido marcando los hitos fundamentales de la historia de Israel.

Esa originalidad de la tipología bíblica no se comprende adecuadamente a partir de una mentalidad cíclica, que descubre en cada acontecimiento el eterno retorno de los fenómenos de la naturaleza o de los acontecimientos de la historia. Se comprende mejor si se tiene en cuenta la estrecha «vinculación que existe ya desde el Antiguo Testamento entre la experiencia histórica de Israel y la educación de su fe»[56].

Pues bien, heredera de aquellas intuiciones tan ricas para la interpretación de la historia, la Iglesia ha sabido ver en las mujeres evocadas por la memoria secular de Israel otras tantas «figuras» anticipadoras de la misión de María:

> «A lo largo de toda la Antigua Alianza, la misión de María fue preparada por la misión de algunas santas mujeres. Al principio de todo está Eva: a pesar de su desobediencia, recibe la promesa de una descendencia que será vencedora del Maligno (cf. Gn 3, 15) y la de ser la Madre de todos los vivientes (cf. Gn 3, 20). En virtud de esta promesa, Sara concibe un hijo a pesar de su edad avanzada (cf. Gn 18, 10-14; 21, 1-2). Contra toda expectativa humana, Dios escoge lo que era tenido por impotente y débil (cf. 1Co 1, 27) para

---

[56] P. GRELOT, *La Biblia, parole de Dieu*. París, 1965 (2.ª ed.), 267.

mostrar la fidelidad a su promesa: Ana, la madre de Samuel (cf. 1S 1), Débora, Rut, Judit y Ester, y muchas otras mujeres. María «sobresale entre los humildes y los pobres del Señor, que esperan de él con confianza la salvación y la acogen. Finalmente, con ella, excelsa Hija de Sión, después de la larga espera de la promesa, se cumple el plazo y se inaugura el nuevo plan de salvación» (LG, 55)»[57].

Eva, considerada a la vez como virgen y madre de todos los vivientes, ofrece a los Padres antiguos una base importante para numerosas reflexiones sobre el papel de la mujer en el misterio del pecado y de la gracia. Eva es considerada como antitipo de María, sobre todo por haber prestado su obediencia a una voz que perdería a la humanidad (cf. Gn 3, 1-6), mientras que María habría de obedecer a otra voz celestial que anuncia y aporta la salvación para esa misma humanidad (cf. Lc 1, 26-38).

Sara, la esposa de Abrahán y madre del pueblo hebreo, es también considerada como una figura de María. En el encinar de Mambré, Sara logró superar su propia incredulidad y llegó a creer el mensaje celestial que, por boca de unos huéspedes acogidos con generosidad, le prometía una maternidad imposible para la razón humana (cf. Gn 18, 9-15). También María acoge la palabra de un mensajero que le anuncia una maternidad impensable. En consecuencia, es proclamada dichosa por haber creído que se cumplirían las cosas que le fueron dichas de parte del Señor (Lc 1, 45). El nacimiento de Isaac, el hijo de Sara, proclama con su mismo nombre el recuerdo de la risa de su madre (cf. Gn 21, 6). El nacimiento de Jesús, el hijo de María, es motivo de alegría para todo el pueblo, según anuncian los ángeles (Lc 2, 10).

También *Ana,* la esposa estéril de Elcaná, que se convierte en la madre de Samuel, es recordada como figura de María. Esa

---

[57] *Catecismo de la Iglesia Católica,* n. 489.

semejanza se fija, una vez más, en la maternidad impensable de ambas mujeres. Pero se fija también en la semejanza que acerca el canto de María al hermoso canto que la Escritura coloca en los labios de Ana (cf. 1S 2, 1-10). En él se proclama, como en el *Magnificat* de María (cf. Lc 1, 46-55), el poder y la sabiduría de Dios. Un Dios que cambia con frecuencia la suerte de la humanidad, ensalzando a los desvalidos y humillando a los altaneros. Por otra parte, hay una tercera coincidencia que no puede pasar inadvertida: los mismos textos bíblicos emplean idénticas expresiones para anotar que, tanto Samuel como Jesús, van creciendo y haciéndose gratos ante los ojos de Dios y de los hombres (1S 2, 26 y Lc 2, 52).

Débora también es recordada como figura de María. Débora, mujer de Lappidot, ejercía un ministerio de consejo en las montañas de Efraím y a ella acudían muchos israelitas en tiempos de paz (Jc 4, 4-5). Pero también en tiempo de guerra ella habría de estimular la esperanza de su pueblo y llevarlo hacia una victoria que parecía absolutamente imposible a los ojos humanos (Jc 4, 6-10). Un antiguo cántico, colocado en los labios de Débora (Jc 5, 2-31), proclama el poder de Dios, que muestra su gloria en la protección de los humildes. En consecuencia, tanto la figura protectora de aquella mujer israelita como su canto de alabanza anticipan, en cierto modo, la protección que los cristianos imploran por la intercesión de María.

Otra figura extremadamente amable es la de *Rut*, presentada como ascendiente del rey David. En efecto, Rut, la viuda extranjera y pobre, llegada a las tierras de Belén desde los llanos de Moab, hace posible, contra toda esperanza, el nacimiento de la familia y la dinastía de David, engendrando a Obed, que significa «Siervo» (Rt 4, 17). Como ella, pasados los siglos, también María, madre del nuevo «Siervo del Señor», hace posible la continuación y culminación mesiánica de la dinastía de David (cf. Mt 1, 5)[58].

---

[58] Cf. L. B. GORGULHO, «Ruth et la Fille de Sion, Mère du Messie», en *Revue Thomiste,* 63 (1963), 501-514.

Igualmente amable resulta el personaje de *Judit,* viuda también, que surge de pronto como signo y estímulo de esperanza para un pueblo abatido. El relato de Judit ilustra el triunfo providencial de la debilidad sobre la violencia: la feminidad entra en el proyecto divino de la realización de la salvación. Después de su hazaña contra el enemigo de su ciudad, sus gentes la reciben en triunfo y algazara con un himno de alabanza: «Bendita seas, hija del Dios Altísimo más que todas las mujeres de la tierra» (Jdt 13, 18). También María es invocada como protectora de su pueblo y saludada por Isabel con unas palabras semejantes: «Bendita tú entre las mujeres» (Lc 1, 42)[59].

Finalmente, también la reina *Ester,* en cuanto salvadora de su pueblo en un momento de peligro, es recordada como una imagen y prefiguración de María, intercesora de gracia y misericordia para el pueblo de la nueva alianza.

Evidentemente, estas mujeres están dotadas de un cierto carácter «soteriológico», que encuentra su validez precisamente en el Antiguo, no en el Nuevo Testamento. Sin embargo, de alguna manera nos revelan el estilo del proceder de Dios. «De este modo tenemos, en la unidad de la historia salvífica, unas prefiguraciones de la elección de María, símbolo de la mujer que, en el instante en que decae la fuerza "varonil", y puramente en virtud de una unión con Dios, introduce de nuevo en la historia el poder de Dios y, mediante él, transmite al pueblo escogido la victoria»[60].

He ahí siete mujeres que constituyen otras tantas estrofas de un largo canto de espera y de alabanza, de regocijo y de acogida[61]. Evidentemente los autores de aquellas meditaciones,

---

[59] Cf. R. LAURENTIN, «Marie», en *Dictionnaire de Spiritualité,* 10. París, 1977, 411.

[60] A. MÜLLER, «Puesto de María y su cooperación en el acontecimiento Cristo», en *Mysterium Salutis,* 3/2. Madrid, 1971, 409.

[61] A todas ellas hemos dedicado unas páginas que tratan de descubrir en su peripecia la aventura de la fe de todos los creyentes: J. R. FLECHA, *Buscadores de Dios,* 3 vols. Madrid-Salamanca, 1992-1999.

los recopiladores de aquellas tradiciones, los redactores de aquellos relatos y los autores de aquellos cantos no pensaban en María de Nazaret. Pero un sentido de la historia, iluminado por la fe, ha ayudado a los cristianos a releer los antiguos episodios de maternidad y de vida, de pecado y de gracia, de humillación y de consuelo, como un anticipo de lo que ellos habían de ver un día en la figura de María, madre de Jesús y madre de la Iglesia.

IV

CONCLUSIÓN

Comenzaba esta reflexión con la evocación del Concilio Vaticano II y con él ha de terminar. En la constitución dogmática sobre la Iglesia, el Concilio afrontó abiertamente la cuestión de la aportación de las fuentes de la revelación para la elaboración de la doctrina teológica sobre la Virgen María.

En aquel texto se afirmaba explícitamente el papel positivo que habrían jugado los libros del Antiguo Testamento para la formación de la tradición cristiana sobre la historia de la salvación. No fue fácil determinar cómo y hasta dónde. Algunos padres conciliares pedían que el texto se limitara a decir que los textos bíblicos «sugieren» el oficio de María. Otros deseaban que se dijera que esos textos lo «describen». Al final, la opción elegida nos dice que lo «muestran»:

> «La Sagrada Escritura del Antiguo y del Nuevo Testamento y la venerable Tradición, muestran en forma cada vez más clara el oficio de la Madre del Salvador en la economía de la salvación y, por así decirlo, lo muestran ante los ojos. Los libros del Antiguo Testamento describen la historia de la Salvación en la cual se prepara, paso a paso, el advenimiento de Cristo al mundo» (LG, 55).

Sin embargo, el Concilio Vaticano II conocía bien las discusiones en curso sobre la interpretación de los diferentes sentidos que se podrían atribuir a los textos bíblicos. Por eso reconoce que las referencias veterotestamentarias a la Madre del Redentor no resultarían comprensibles sino a la luz de la revelación posterior, tal como es recibida y acogida en el seno de la comunidad eclesial. Entre aquellos textos, el Concilio cita expresamente la «profecía» inicial que insinuaba o bosquejaba[62] la salvación y que se encuentra ya en la sentencia pronunciada por Dios sobre la serpiente del paraíso:

> «Estos primeros documentos, tal como son leídos en la Iglesia y son entendidos bajo la luz de una ulterior y más plena revelación, cada vez con mayor claridad, iluminan la figura de la mujer Madre del Redentor; ella misma, bajo esta luz es insinuada proféticamente en la promesa de victoria sobre la serpiente, dada a nuestros primeros padres caídos en pecado (cf. Gn 3, 15)» (LG, 55).

Además de ese texto primordial, el Concilio recuerda también el oráculo de Isaías –completado por el del profeta Miqueas–, tal como es leído por la Iglesia a la luz del conocido texto evangélico mateano. Finalmente, las referencias al Antiguo Testamento concluyen con una alusión general a la figura de la Hija de Sión. Entre líneas es fácil leer una alusión al hermoso oráculo sobre el humilde resto de Israel que se encuentra en la profecía de Sofonías (So 3, 12.14). Con la tradición de la Iglesia, el Concilio no duda en ver en el pueblo expectante de Israel, en medio del cual se hace ver el Dios Salvador, la figura más bella y pertinente de María:

> «Así también, ella es la Virgen que concebirá y dará a luz un Hijo, cuyo nombre será Emmanuel (Is 7, 14; Mi 5, 2-3; Mt 1, 22-23). Ella misma sobresale entre los humildes y po-

---

[62] Nada menos que 144 padres conciliares consideraban que el verbo «adumbratur» era demasiado débil y pedían que fuera sustituido por «designatur», aduciendo como motivo suficiente el lenguaje de la bula *Ineffabilis Deus*, de Pío IX. Otros trece padres, por el contrario, pedían una expresión más débil. La Comisión conciliar determinó que la expresión era correcta, precisamente por la referencia al lenguaje «profético».

bres del Señor, que de él esperan con confianza la salvación. En fin, con ella, excelsa Hija de Sión, tras larga espera de la primera, se cumple la plenitud de los tiempos y se inaugura la nueva economía, cuando el Hijo de Dios asumió de ella la naturaleza humana para librar al hombre del pecado mediante los misterios de su carne» (LG, 55).

Pues bien, ése es precisamente el recorrido que se ha ido presentando ante nuestros ojos a lo largo de esta reflexión. Hemos contemplado un relato intemporal que nos sitúa en el ámbito de la meditación sobre el ser y el destino de la humanidad. Hemos escuchado una vez más la profecía de Isaías, un auténtico «evangelio» de esperanza en una situación de ansiedad. Y hemos evocado siete figuras de mujer que significan y hacen evidente la presencia salvadora de Dios en medio de su pueblo. Siete figuras que se resumen y adensan en la figura colectiva del pueblo humilde de Israel, la Hija de Sión, librada al fin de todo temor (cf. So 3, 15-16)[63].

Estos tres momentos nos recuerdan que Dios ha decidido entrar como protagonista en la historia humana. Él ha decidido ser un «Dios-con-nosotros». Desde tres puntos de partida diferentes, el anhelo de un pueblo ayuda a los cristianos a descubrir que el camino de la salvación, es decir, el camino del Salvador, pasa por la tierra virgen y fecunda de María.

María llevará en su seno al Hijo de Dios y lo hará cercano a Zacarías e Isabel, recorriendo las montañas que en otro tiempo

---

[63] Es interesante ver la justificación de los textos que fue ofrecida por la Comisión doctrinal del Concilio. En este caso concreto, la Comisión afirmaba que, con estas referencias al Antiguo Testamento, se pretendía ilustrar el progreso en la revelación sobre María. Subrayaba además cómo se anotaba expresamente que los libros inspirados han de ser leídos en la Iglesia católica, como se debe, a la luz de la revelación plena y han de ser entendidos según la mente de la tradición: cf. G. ALBERIGO - F. MAGISTRETTI, *Constitutionis Dogmaticae Lumen Gentium Synopsis Historica*, 491. Algunos padres conciliares sugerían que todo el párrafo que contiene las referencias veterotestamentarias llevase por título general el de «Hija de Sión». Se aceptó en parte la idea, añadiendo las líneas finales del texto, aunque sin una explícita referencia bíblica: cf. *o. c.,* 499.

atravesó el arca de la alianza (Lc 1, 39-44). Lo dará a la luz y al viento en Belén (cf. Lc 2, 1-7). Se dejará anunciar por unos pastores el milagro que ella sabe y medita (cf. Lc 2, 17-19). Lo acompañará una y otra vez al templo (cf. Lc 2, 22; 40-52) y le invitará a hacer presente el amor de Dios en una fiesta de bodas y de amores (cf. Jn 2, 1-11). Lo seguirá por los caminos que recorra como maestro y profeta (cf. Mc 3, 31-35) y estará en pie junto al patíbulo en que muera (Jn 19, 25-27), mientras un centurión pagano lo reconoce como un hijo de Dios (cf. Mc 15, 39)[64].

María estará a lo largo de toda su vida, junto al Hijo de Dios. Ella es el testigo privilegiado de su presencia en los caminos del mundo. Ella sabe y saborea –a veces con amargura– los secretos caminos de esa presencia (cf. Lc 2, 19.51). María es la madre del Emmanuel, preanunciado por el oráculo del profeta Isaías.

Es también el modelo para una humanidad que, casi siempre sin ser consciente de ello, anda buscando una salvación y un sentido para la vida por unos caminos que son imposibles y turbadores. Con José de Nazaret, tuvo que buscar al Hijo que se hacía perdidizo por la causa del Padre celestial (cf. Lc 2, 48-50).

Con ella no termina la historia de la salvación. María es el modelo y paradigma de la comunidad cristiana, a la que pertenece como madre, como hija y como signo. Ella, la «Madre de la Iglesia», como la llamó el papa Pablo VI, remite a la comunidad eclesial a «recordar» en la fe su principio y a «acordar» en la caridad y la esperanza los caminos que han de conducirla a su destino. Con razón afirma el Concilio Vaticano II que, así como la Madre de Jesús «es imagen y principio de la Iglesia que habrá de tener su cumplimiento en la vida futura, así en la tierra precede con su luz al peregrinante Pueblo de Dios como signo de esperanza cierta y de consuelo hasta que llegue el día del Señor» (LG, 68).

---

[64] Para una meditación más detallada de los misterios de la vida de la Virgen María, véase la primera parte de la encíclica de JUAN PABLO II, *Redemptoris Mater,* 7-24. Si se busca un estilo académico, puede consultarse la obra de J. C. R. GARCÍA PAREDES, *Mariología.* Madrid, BAC, 1995.

Como María de Nazaret, también la Iglesia ha de acoger mediante la fe al Salvador. Y, como ella, ha de hacer presente en todas partes al que ha querido ser reconocido como «el Dios con nosotros». El solo nombre del Emmanuel y su aparición y manifestación en la historia humana resumen todo el misterio y la misión inagotable de la Iglesia.

José-Román Flecha Andrés
Universidad Pontificia de Salamanca

KLEMENS STOCK, S.J.

2

MARÍA, LA MADRE DEL SEÑOR, EN EL NUEVO TESTAMENTO

Traducción:
Francisco Pérez Herrero

PRÓLOGO DEL TRADUCTOR

En la década de los setenta tuve la oportunidad de conocer al profesor Klemens Stock. Asistiendo a sus clases en el Pontificio Instituto Bíblico de Roma, sentí desde el principio la sensación de haber encontrado en él un guía seguro en un campo tan complejo como el de la exégesis bíblica. Sus cursos sobre algunas secciones de los Evangelios sinópticos ofrecían siempre un análisis metódico, sosegado y enjundioso del texto sagrado. No era de extrañar el eco de su tesis sobre el grupo de los doce en el Evangelio de Marcos, abordando el tema de la conexión entre la misión del apóstol y su comunión con Jesús: *Enviados desde el estar con él*. Publicada en 1975, se había convertido ya en un punto de referencia obligado en los estudios sobre el segundo Evangelio. No menor era el eco de sus diversos artículos en «Bíblica» y en otras revistas alemanas e italianas de alta especialización, sabiendo conjugar perfectamente la minuciosidad en la indagación y la sencillez en la expresión.

Esta capacidad singular del padre Stock para exponer, en un lenguaje sencillo, los resultados de sus pacientes análisis, se hace especialmente perceptible en sus posteriores comentarios sobre San Marcos (*Jesús, la Buena Noticia*), San Mateo (*Jesús anuncia las bienaventuranzas*), San Lucas (*Jesús, la bondad de Dios*), San Juan (*Jesús, el Hijo de Dios*) y el Apocalipsis (*La última palabra es de Dios*). La presente obra sobre la figura de *María en el Nuevo Testamento* es una prueba más de esa rara habilidad.

No dudo en calificar esta obra de «imprescindible» para conocer lo que realmente enseña el Nuevo Testamento sobre María, la Madre de Jesús. Los numerosos escritos sobre el tema, lejos de convertirla en una obra más, realzan su valor. Todas y cada una de sus páginas rezuman precisión, claridad, sencillez y profundidad. Con perfecta maestría, el autor consigue llevar paulatinamente al lector a una progresiva familiaridad con la Madre de Jesús, haciéndole percibir los múltiples rasgos que de ella recogen los diversos libros del Nuevo Testamento (Mt, Mc, Lc, Jn, Hch, Ga, Ap), pero haciéndole descubrir a la vez la sorprendente unidad y armonía que todos ellos presentan.

Como ya reconocía M. Lutero, todo el honor de María estriba en ser «la Madre de Dios». De su maternidad divina derivan los demás privilegios, o a ella se orientan. Desde su maternidad divina se comprende su relación especial con Dios, con su Hijo y con los hombres. Desde ella se explica su puesto singular en la historia de la humanidad.

La traducción que ofrecemos cuenta con la revisión del propio autor. En una carta, dirigida al editor, expresaba cordialmente su satisfacción y su agradecimiento. Es al P. Stock, sin embargo, a quien todo lector se sentirá agradecido por haber puesto en sus manos esta obra que tan eficazmente ayuda en esa tarea siempre abierta de «ponderar lo que significa que María es la Madre del Señor, la Madre del Hijo de Dios».

Francisco Pérez Herrero

INTRODUCCIÓN

El núcleo del Nuevo Testamento lo constituye la buena noticia de que Jesús de Nazaret es el Cristo y el Hijo de Dios (Mc 1, 1; Jn 20, 31; Rm 1, 9; Ga 1, 16, etc.). Todo lo demás deriva de esta realidad fundamental o está ordenado a ella. En referencia a Jesús, el Nuevo Testamento habla también de su madre, María. Para conocerla, en los escritos del Nuevo Testamento tenemos las fuentes más antiguas y las únicas dignas de crédito. Queremos recorrer todos los relatos que hablan de ella. Nuestro conocimiento de su persona se verá así enriquecido y fundamentado sobre sólidos cimientos.

«Todas las generaciones me llamarán bienaventurada»

El interés por la figura de María y el deseo de prestar atención a su persona encuentran su justificación en los escritos mismos del Nuevo Testamento. En ellos aparece un anuncio extraordinariamente audaz y de impresionante alcance: «Desde ahora todas las generaciones me llamarán bienaventurada» (Lc 1, 48). Así habla María en su himno de alabanza por lo que Dios ha realizado en ella (Lc 1, 46-55). Con tales palabras anuncia que, en todos los tiempos, los hombres se dirigirán a ella, contemplarán llenos de asombro su destino y reconocerán en ella a la bienaventurada, a la llena de dicha. Tomada al pie de la letra, la expresión puede parecer exagerada y pretenciosa desde una perspectiva puramente humana. A la luz de la historia, sin embargo, podemos afirmar que, hasta ahora, se ha venido cumpliendo.

María no anuncia tan sólo el interés futuro de los hombres por su persona; señala además el fundamento: «Porque el Poderoso ha hecho obras grandes en mí». Lo que aquí cuenta no son los privilegios ni las acciones personales de María; es la acción poderosa de Dios en ella la que despertará incesantemente la atención y la admiración de los hombres. Dios la ha elegido y preparado para ser la madre de su propio Hijo; en ella se ha hecho hombre el Hijo de Dios. La bienaventuranza, que no cesará jamás, vale para María en cuanto Madre de Dios. A causa de su relación con Jesús, María tiene un puesto singular en la historia humana, y aquí está el fundamento de nuestro interés por ella.

En su comentario al *Magnificat*, Lutero escribe a este respecto: «Las *obras grandes* no son sino el hecho de que María ha llegado a ser la Madre de Dios. En esta obra, ella ha recibido bienes tan numerosos y grandes que nadie los puede comprender. De aquí deriva todo honor y toda bienaventuranza; de aquí deriva su puesto singular entre todos los hombres, habiendo sido elevada sobre todos ellos. No hay persona alguna que la iguale, porque ella tiene un hijo junto con el Padre celeste, ¡y qué hijo! Ni siquiera María puede darle un nombre por su inmensa grandeza y debe limitarse a dejar desbordar su ferviente exclamación, porque grandes son aquellas cosas que no se pueden expresar o medir. Todo su honor ha sido compendiado en una sola expresión: ella es la *Madre de Dios*. Hablando de ella y dirigiéndose a ella, nadie puede decir algo más sublime, aun cuando tuviera tantas lenguas como las hojas y la hierba, las estrellas del cielo o la arena del mar. Es preciso ponderar en el propio corazón lo que significa eso de ser la Madre de Dios».

El carácter de nuestras fuentes

Dentro del Nuevo Testamento, María viene mencionada casi exclusivamente en los Evangelios y sólo en unos pocos relatos. Durante el ministerio público de Jesús, que es de lo que hablan prevalentemente los evangelistas, María queda relegada a un plano muy secundario. Ella aparece sobre todo en los relatos de la infancia de Jesús (Mt 1-2 y Lc 1-2).

Ahora bien, la *credibilidad de estos relatos de la infancia* está hoy puesta en entredicho por motivos muy diversos. Lo que ellos nos refieren no puede ser verificado a partir de otras fuentes, y muchos datos no dejan de tener un carácter insólito. Por otra parte, Mateo y Lucas refieren acontecimientos distintos: Mateo habla del ángel que se aparece a José en sueños (1, 18-25), de la llegada de los magos (2, 1-12), de la huida a Egipto y del retorno a Nazaret (2, 13-23); en Lucas encontramos el anuncio a María y su visita a Isabel (1, 26-56), el nacimiento de Jesús en Belén y su anuncio a los pastores (2, 1-20), la circuncisión de Jesús, su presentación en el templo con el inmediato retorno a Nazaret (2, 21-40) y, finalmente, la visita de Jesús al templo, a sus doce años, con ocasión de la Pascua (2, 41-52). Estos acontecimientos no se contradicen, pero no siempre resulta fácil armonizarlos. Según Mateo, parece que María y José viven en Belén desde el inicio; según Lucas, ellos se dirigen a Belén sólo por razón del censo de Augusto. Lucas no dice nada de la huida a Egipto; tras la presentación en el templo, María y José vuelven a Nazaret como si fuera la cosa más natural. Mateo deja la impresión de que José quería volver de Egipto a Belén y que, si se dirige a Nazaret, es sólo por miedo de Arquelao.

A estas tensiones en la narración de los acontecimientos se añaden los sucesos extraordinarios, sucesos que se sitúan fuera de lo que normalmente acontece. Según Mateo y Lucas, Jesús no es engendrado por un padre terreno, sino que ha iniciado su vida en María por obra del poder creador de Dios. Las comunicaciones decisivas vienen transmitidas por ángeles en cuanto mensajeros de Dios. Una estrella reclama la atención de los magos sobre el nacimiento de Jesús y los conduce de Jerusalén a Belén.

Estos datos han hecho que, con frecuencia, los relatos de la infancia hayan sido considerados como unos relatos sin ningún valor histórico o de escasas garantías de historicidad. Puesto que ellos son nuestras fuentes principales para el conocimiento de María, se hace necesario afrontar la cuestión sobre el carácter y el valor histórico de los mismos. ¿Podemos, desde ellos, aprender algo históricamente fidedigno?

El hecho de que Mateo y Lucas refieran acontecimientos tan distintos y no siempre armonizables entre sí lleva a la conclusión de que entre ellos no hay conocimiento mutuo ni influjo recíproco. Ambos evangelistas han trabajado de manera independiente y a partir de fuentes diversas. Siendo esto así, un valor singular adquieren *aquellos puntos concretos en los que ellos concuerdan*. Suelen venir elencados y valorados por los grandes comentaristas de los Evangelios, presentándolos como el núcleo históricamente fidedigno de los relatos de la infancia[1].

Ambos evangelistas refieren de manera concorde los siguientes datos: 1. La Madre de Jesús se llama María y es virgen; 2. Está desposada con un hombre llamado José, que desciende de David; 3. Jesús es concebido por obra del Espíritu Santo; José, por tanto, no es su padre carnal; 4. Cuando Jesús es concebido, María sigue siendo todavía la prometida de José y aún no viven juntos; 5. Cuando Jesús nace, María está ya viviendo con José; 6. Jesús nace bajo el reinado de Herodes, en Belén de Judá; 7. También Jesús pertenece a la casa de David; 8. Jesús crece en Nazaret, aldea de Galilea.

Estos puntos en los que Mateo y Lucas concuerdan, siendo independientes entre sí, muestran que ambos evangelistas no han compuesto los relatos de la infancia de manera totalmente libre; su punto de partida lo constituye una tradición de acontecimientos históricos. Con esto no se pretende decir que tan sólo los datos mencionados sean históricamente fidedignos. Ellos forman un núcleo al que pueden sumarse otros muchos

---

[1] Cf. J. SCHMID, *L'Evangelo secondo Luca*, Brescia, 1965, 121-122; J. A. FITZMYER, *Luca teologo. Aspetti del suo insegnamento*, Brescia, 1991, 36-38.

datos. Mientras la evidencia no contradiga la presentación de los evangelistas, no debemos cerrarnos a reconocer esta presentación como históricamente fidedigna.

Entre los puntos en que Mateo y Lucas concuerdan está también el de la *concepción virginal de Jesús.* Jesús no ha sido concebido con la intervención de un padre humano, sino por el poder del Espíritu Santo. Cuando se afirma que él ha venido a la existencia humana de modo normal, que ha sido engendrado por José y que José es su padre carnal, se está diciendo lo contrario de lo que Mateo y Lucas afirman de manera explícita y que el Credo refleja en la expresión «nacido de la Virgen María». No es posible aducir una prueba histórica contra la afirmación de los evangelistas y demostrar la paternidad de José. Se puede apelar a lo sumo a la experiencia humana y mostrar la convicción de que una concepción virginal es imposible y absurda. Pero esto viene contradicho por el hecho de que, precisamente respecto a la concepción sin participación de varón, se afirma que *para Dios nada hay imposible* (Lc 1, 37) y que *el Poderoso ha hecho obras grandes en mí* (Lc 1, 49). El texto del Evangelio habla claramente de una concepción virginal y se refiere aquí explícitamente al ilimitado poder de Dios. El que niega la concepción virginal no sólo se opone a las afirmaciones del Evangelio, sino que, al mismo tiempo, hace una afirmación sobre Dios. Consciente o inconscientemente, afirma que Dios no tiene poder ni tiene motivos para actuar de un modo extraordinario.

Se ha de observar, sin embargo, que esta acción extraordinaria de Dios no es en absoluto arbitraria ni espectacular, sino que corresponde al significado profundo de la venida de Jesús y a ese significado hace referencia. El hecho de que Jesús no haya sido engendrado por parte de un padre terreno, sino que tenga sólo a Dios como padre, corresponde a la singular relación filial con Dios. El hecho de que no provenga de una relación generacional habitual, sino que deba su vida a la obra creadora de Dios, muestra que la humanidad no puede darse por sí misma su propio Salvador, sino que lo recibe de Dios como puro don. El hecho de que Jesús no continúe simplemente la precedente transmisión de la vida corresponde a la realidad de que, con él, Dios pone un nuevo inicio en su historia con la humanidad y que, por medio de él, da a ésta, de un modo nuevo, un género de vida totalmente nuevo. A través de la madre, Jesús se hace verdadero hombre y, por medio de ella, permanece plenamente ligado a la humanidad. No debemos considerar aisladamente la concepción virginal, como si se tratara de un acontecimiento extraño e insólito. Se la puede justificar y comprender sólo si la vemos en la totalidad de la acción de Dios y de la venida de su Hijo.

Los datos en los que concuerdan los relatos de la infancia apuntan a que, en lo sustancial, ellos son históricamente fidedignos. Como muestra el hecho de la concepción virginal, ellos pretenden hacer referencia, incluso cuando se trata de acontecimientos extraordinarios, a un hecho real. Podemos contar, pues, con la *credibilidad fundamentalmente histórica* de los relatos de la infancia y tomarlos como fuentes fidedignas para el conocimiento de la persona de María.

Esto *no* significa, sin embargo, que en tales relatos tengamos una *crónica exacta* sobre los orígenes de Jesús. Cuando los padres comunican hoy el nacimiento de un hijo, lo hacen en seguida, desde el conocimiento que ellos tienen en aquel determinado momento y con datos bien precisos. Pueden incluso enviar una fotografía del niño, indicar el día y la hora del nacimiento, señalar su peso y su altura y hasta consignar la huella de una mano o de un pie. No es preciso decir que los relatos de la infancia pertenecen a un género de comunicación totalmente diverso. Ellos se han escrito cuando habían transcurrido ya muchos años desde los sucesos narrados, pero no por ello dejan de reflejar tradiciones que provienen de tales acontecimientos. Sus autores conocían no sólo el nacimiento de Jesús; conocían también lo que Jesús había hecho hasta su muerte y resurrección. Más aún; ellos compartían *el conocimiento profundo de la persona y del significado salvífico de Jesús* que tenía la Iglesia primitiva después de haber reflexionado sobre todo el camino de Jesús a la luz del Antiguo Testamento y con la ayuda del Espíritu Santo. Lo que a ellos se les había transmitido sobre los orígenes de Jesús, ellos lo ven desde la perspectiva de todo el camino de Jesús y desde la comprensión que habían adquirido del mismo. Tal comprensión global de la persona de Jesús no es arbitraria o falsa, sino que está fundamentada en una experiencia iluminada por la verdadera y completa realidad de Jesús. Esta experiencia, lejos de falsificar la mirada sobre los orígenes, permite conocer su significado de un modo más amplio y profundo. Así, pues, los relatos de la infancia nos ofrecen, en estrecha conexión, unas noticias fidedignas sobre los orígenes de Jesús y una visión válida de toda su persona, de su relación con Dios y de su significado para los hombres.

Mateo nos muestra a Jesús como el Mesías y el Hijo de Dios, en el que la historia del pueblo de Israel llega a su plenitud. Él es perseguido por su pueblo y venerado por los paganos; está bajo el poder protector de Dios y lleva a cabo su misión de reconciliar a Israel y a toda la humanidad con Dios, religándola a él para siempre. Lucas presenta sustancialmente la misma imagen de Jesús. Él es el Mesías de Israel y el Hijo de Dios que conduce a la humanidad a la luz y a la paz, a la reconciliación con Dios. Mientras Mateo habla de manera extremadamente concisa y sobria, Lucas lo expone todo con mayor amplitud. También él hace una breve referencia al rechazo de Jesús por parte de su pueblo, pero pone en primer plano las personas que lo acogen con gozo y en medio de alabanzas a Dios; entre ellas, María ocupa el puesto más relevante.

Esta imagen de Jesús en los relatos de la infancia corresponde, en su contenido, a lo que testimonia cada Evangelio en su totalidad. Queda respaldada, pues, por la verdad del Evangelio y puede ser cuestionada tan sólo si se pone en duda el mismo Evangelio. Otra cosa es que tal imagen de Jesús fuera dada ya, y de manera tan clara, en el momento del que hablan los relatos de la infancia.

Nuestro modo de proceder

Hemos reconocido que los relatos de la infancia nos ofrecen, a la luz de una visión global de la persona de Jesús, tradiciones fidedignas sobre sus orígenes. Queremos basarnos en el hecho de que esta visión de conjunto tiene a su favor, respecto a su contenido, la verdad del Evangelio. No nos preocuparemos de distinguir la comprensión que de Jesús se dio antes de su nacimiento, en su nacimiento, en los primeros años de su vida, etc. No queremos desintegrar el texto de los Evangelios para recomponerlo después de una manera hipotética y subjetiva. Nuestra atención se centrará en los textos mismos, tal como éstos fueron compuestos por los evangelistas con la ayuda de la tradición y desde una visión global de la vida y destino de Jesús. Desde ellos intentaremos comprender lo que los evangelistas pensaban respecto a la persona de Jesús y respecto a las personas que estaban relacionadas con él, en concreto, lo que pensaban sobre María. Teniendo tras de sí el respaldo de casi dos mil años de historia, podemos fiarnos de ellos. A sus exposiciones podríamos plantear muchas preguntas sobre detalles concretos, sin que recibiéramos ninguna respuesta. Pero si queremos saber quién fue Jesús, y también María, o cuál fue el significado de su persona y de su obra, los evangelistas son muy elocuentes. No hemos de cerrarnos sobre nuestras propias preguntas para no quedar defraudados ante los textos. Debemos escuchar, del modo más abierto y atento posible, qué preguntas se planteaban los evangelistas, cuáles eran sus intereses y qué es lo que ellos nos han querido transmitir a través de estos relatos.

Por lo que se refiere a María, Martín Lutero afirma en su explicación del *Magnificat*: «Es preciso ponderar en el propio corazón lo que significa eso de ser la Madre de Dios». María, de la que Lucas nos dice que *guardaba en su corazón todo lo que sucedía, reflexionando sobre ello* (2, 19), está ella misma incluida en la reflexión. Lo que Lutero pide ha sido ya realizado por los evangelistas. La imagen que ellos nos ofrecen de María proviene del conocimiento y de una reflexión que se interesa por una comprensión y un reconocimiento cada vez más profundos. Para conocer a María en su realidad más auténtica no hay mejor camino que acoger los testimonios del Nuevo Testamento y ponderar después en el propio corazón «lo que significa eso de ser la Madre de Dios»[2].

---

[2] La mayor parte de los comentarios sobre cada uno de los textos de la Escritura aparecieron en la revista *Il Messaggio del Cuore di Gesù* durante los años 1992-1995. Aquí son completados e integrados en un marco más amplio.

I

MARÍA, EN EL EVANGELIO DE MATEO

El evangelista San Mateo se ocupa de María sobre todo en los dos primeros capítulos de su obra, en los que habla de la ascendencia y de los orígenes de Jesús. Durante la actividad pública de Jesús, María viene mencionada tan sólo en dos ocasiones: en una, ella se acerca a Jesús con sus otros parientes para hablar con él (12, 46-50); en la otra, ella es nombrada por sus propios paisanos cuando Jesús visita su pueblo natal (13, 54-58).

Estos dos relatos se encuentran también en el Evangelio de Marcos, que habla de María sólo en este contexto. Nos interesaremos por ellos cuando hablemos de Marcos.

En Mateo aparece cinco veces el nombre de «María» para designar a la Madre de Jesús (1, 16.18.20; 2, 11; 13, 55) y se hace referencia a ella nueve veces con el apelativo de «madre» (1, 18; 2, 11.13.14.20.21; 12, 46.47; 13, 55). Este dato estadístico revela ya la importancia que tiene para el evangelista el hecho de que María sea la Madre de Jesús. Intentaremos ver lo que sobre María nos enseñan los dos primeros capítulos de Mateo.

1

MARÍA, EN LA GENEALOGÍA DE JESÚS
(1, 1-17)

Todo hombre –lo piense o no– tiene su propia genealogía. Nadie existiría si no estuviera ligado, a través de una inmensa cadena de procreaciones, a los orígenes de la vida humana. Cada ser humano recoge en sí una misteriosa historia que se pierde en el tiempo, siendo deudor de su vida y dependiendo de la transmisión de la vida por parte de innumerables generaciones. La existencia misma es la demostración de una tal cadena. Esto nos hace comprender que cada uno de los hombres, lejos de ser una entidad aislada, forma parte de una tradición y se encuentra en conexión con innumerables contextos.

Si la realidad de la genealogía está unida a la existencia misma, cuanto más se retrotraiga ésta al pasado tanto más difícil resultará trazar la composición precisa de la misma. Ahora bien, aun cuando, por lo que respecta a la genealogía de una persona, no se esté siempre seguro de que ella indique con exactitud biológica e histórica la cadena de las generaciones, ella manifiesta las tradiciones a partir de las cuales se comprende a esa persona.

La genealogía de Mateo 1, 1-17 (cf. Lc 3, 23-38) viene precedida de la confesión de Jesús como el Cristo, en el cual se realizan las promesas hechas a Abrahán y a David. Por lo que se refiere a Jesús, él es reconocido como Cristo no por el hecho de que su genealogía cuente con una precisión histórica, meticulosamente indagada, sino que viene inserto en tal genealogía porque él ha sido reconocido y creído como el Cristo por su modo de actuar, igual que por su muerte y su resurrección. Aunque la genealogía no presentara de manera exacta la sucesión de las generaciones, ella ofrece la tradición a partir de la cual Jesús ha vivido y que él ha llevado a cumplimiento.

Esposa de José y Madre de Jesús

Al final de la genealogía, el evangelista escribe: *Jacob engendró a José, el esposo de María, de la que nació Jesús, llamado Cristo* (1, 16). En este versículo, en el que José viene presentado como el esposo de María y ella como la Madre de Jesús, es donde se menciona a María por primera vez en Mateo. Las dos relaciones que contradistinguen su persona quedan perfectamente subrayadas: la relación jurídica con José, con el cual ha contraído matrimonio y que es su marido, y la relación natural con Jesús, a quien ella ha dado a luz y que es su hijo.

En la genealogía de Jesús aparecen 41 nombres de varón (con Zara en 1, 3 son 42) y 5 nombres de mujer. Tras la frase inicial (1, 2: *Abrahán engendró a Isaac*), la expresión «engendró» se repite 39 veces. Siempre viene nombrado el padre, al que de manera excepcional se une el nombre de la madre. Es lo que se observa por primera vez en 1, 3: *Judá engendró, de Tamar, a Fares y a Zara*. Teniendo en cuenta esta constante repetición, al final uno esperaría encontrarse con la siguiente afirmación: «Jacob engendró a José; José engendró a Jesús de María». Pero aquí se rompe la serie tan monótonamente repetida. Lo que se dice es que *Jacob engendró a José, el esposo de María, de la que nació Jesús, llamado Cristo*. Un nuevo elemento hace aquí acto de presencia: ninguna de las personas previamente nombradas había sido presentada como el esposo de una mujer. Además, queda suprimido aquí el verbo «engendrar» para afirmar, con una fórmula nueva, que de María «nació Jesús, llamado Cristo». María es la Madre de Jesús, pero José no es el padre; no ha sido engendrado por él. El evangelista señala con claridad que José no tiene nada que ver con el nacimiento de Jesús. De aquí que precise al final: *Y sin que él la conociera, María dio a luz un hijo* (1, 25).

José no está vinculado de modo directo y natural con Jesús. Su relación con Jesús pasa por María, su esposa. En el relato siguiente (1, 18-25), en el que José es invitado por el mensajero celeste a tomar consigo a María como su esposa y a dar al hijo el nombre de Jesús, viene determinada la relación de José con Jesús: José es el padre legal de Jesús. Por medio de él, Jesús queda inserto en la genealogía, que arranca de Abrahán y pasa por David.

Inserta en la historia del pueblo de Dios

La mención de María y su relación concreta con José y con Jesús aparece sobre el trasfondo de las precedentes generaciones. El significado de tales generaciones nos permitirá percibir lo que une a María y su hijo con ellas y, a la vez, lo que los distingue de ellas.

Antes de mencionar los últimos personajes –José, María y Jesús–, la genealogía recoge 44 nombres, de los que 40 son de hombres y 4 de mujeres. Si sólo se escuchan los nombres, la genealogía puede parecer un elenco vacío, carente de significado. Pero si se conoce el Antiguo Testamento y la historia relacionada con estos nombres, la página con la que Mateo abre su Evangelio se convierte en un compendio de todo el Antiguo Testamento. Detrás de los cuatro primeros nombres –Abrahán, Isaac, Jacob y Judá (1, 2)– está toda la historia de los patriarcas, descrita de modo detallado en Gn 12-50. El Antiguo Testamento habla también de manera prolija sobre el origen de David en el libro de Rut (1, 5-6) y habla de su reinado en los dos libros de Samuel. De la historia de los reyes de Judá (Mt 1, 7-11) se nos habla en los libros de los Reyes. Por el Antiguo Testamento apenas sabemos nada de las personas que vienen después de la cautividad de Babilonia (Mt 1, 12-15). Pero también aquí está cada nombre para evocar una generación que mantuvo una relación viva con Dios y que ha sido intermediaria insustituible en la transmisión de la vida y de las promesas.

Las dos personas que adquieren mayor relieve (cf. 1, 17) son sin duda las más importantes: Abrahán y David. Llamando a Abrahán, Dios le promete ser el padre de un gran pueblo y bendecir en él a todas las naciones de la tierra (Gn 12, 1-3). David, por su parte, recibe esta promesa: *Gracias a mí, tu casa y tu reino permanecerán para siempre; tu trono estará firme eternamente* (2S 7, 16). La genealogía cita las generaciones por las que esas promesas se han ido transmitiendo, generaciones que han esperado en su cumplimiento, que han vivido de esa esperanza y que, al mismo tiempo, aun sin saberlo con precisión, se han acercado cada vez más al cumplimiento.

Si escuchamos esta página con atención, ella nos trae a la memoria, mientras va desgranando los nombres de esas personas, toda la historia de Dios con su pueblo Israel. Ella nos recuerda al mismo tiempo que Dios ha ido escogiendo a personas concretas para actuar a través de ellas en favor de su pueblo. Esto vale también y de manera especial para María. La elección de la que María ha sido objeto y la misión que le ha sido encomendada se insertan en toda esta historia. Es lo que se reconoce explícitamente en el *Magnificat*, el himno de alabanza de María (Lc 1, 46-55). En el hijo de María, esta historia alcanza su punto final, su culmen y su cumplimiento. Dios ha elegido a María para la misión de ser la madre de aquel que lleva a cumplimiento esa historia.

En el círculo de cinco mujeres

La genealogía menciona a 39 padres y sólo a 5 madres. Además de María, son mencionadas Tamar, Rajab, Rut y la mujer de Urías. Algunas preguntas surgen de manera espontánea: ¿Por qué aduce Mateo precisamente los nombres de estas mujeres? ¿Tienen algo en común? ¿Qué significa para María formar parte de ese círculo?

Tamar (Gn 38, 1-30; Rt 4, 12) corre el riesgo de quedar viuda sin haber tenido hijos. Se siente tratada injustamente por su suegro Judá y escoge una vía insólita para tener hijos. Rajab (Jos 2, 1-21; 6, 17.22-25; St 2, 25; Hb 11, 31), una prostituta de la ciudad pagana de Jericó, corre el peligro de ser aniquilada junto con toda su ciudad. Reconoce al Dios de Israel como el Dios del cielo y de la tierra (Jos 2, 11) y es salvada junto con toda su familia. De su relación con Salmón habla sólo Mateo. Rut (cf. el libro de Rut) es viuda y moabita, se adhiere al pueblo y al Dios de Israel (1, 16-17) y sigue a su suegra Noemí hasta Belén. Por circunstancias extraordinarias llega a ser la mujer de Booz y es salvada del destino de vivir en una tierra extranjera como viuda sin hijos. La madre del rey Salomón no aparece bajo su nombre propio «Betsabé», sino como «la mujer de Urías», aunque una vez concebido y nacido su hijo Salomón, tras la muerte de Urías y de su primer hijo, es considerada como legítima esposa de David (2S 12, 24-25). El apelativo utilizado por Mateo hace recordar el grave y múltiple pecado cometido por David a causa de Betsabé (2S 11-12). Salomón, que es amado de Dios (2S 12, 24-25) y que se ha impuesto en la lucha por la sucesión de David (1R 1), contribuye de manera patente al restablecimiento del honor de su madre.

El evangelista, que en la genealogía de Jesús presenta no sólo a los padres, sino que menciona también a estas madres, quiere mostrar claramente que la vida no ha sido transmitida en una sucesión ininterrumpida de matrimonios y nacimientos exentos de problemas. Para todas estas mujeres hay, en grado diverso, circunstancias insólitas en el modo en que establecen relación con su hombre respectivo. Entran en la genealogía por caminos inesperados. Rajab y Rut provienen del paganismo, y quizás también Tamar y Betsabé. Este dato podría insinuar el hecho de que el Mesías, cuya misión ha de alcanzar a otros pueblos diversos de Israel (cf. Mt 2, 1-12; 28, 16-20), adquiere ya en su genealogía una proyección universal. La conducta de

Betsabé, y quizás también la de Tamar y Rajab, queda marcada con la culpa. Cristo, que ha venido a liberar a su pueblo de los pecados (Mt 1, 21), tiene una prehistoria que conoce la culpa. Pero el camino que, en modo tan poco lineal, conduce hasta él muestra igualmente el poder y la sabiduría de la providencia de Dios, que inserta en sus planes todo aquello que es humano.

Todas estas mujeres son guiadas y dominadas por la voluntad de vivir y, a través de la maternidad, quieren alcanzar una vida segura y llena de sentido. Aunque sean insólitos los caminos por los que ellas llegan a participar de la transmisión de la vida hacia el Mesías y consiguen su propio propósito, todas permanecen en el ámbito de lo que es posible al ser humano. En el caso de María, sin embargo, todo proviene de Dios y sobrepasa las posibilidades humanas. Nada viene de su propia iniciativa. Dios la escoge para la misión de dar a luz al Mesías en medio de su pueblo y, con su poder creador, suscita en ella la vida del niño. La misión singular que María recibe da a su vida el significado singular de ser la madre del Mesías.

La antigua vida y la nueva

La única acción humana que se menciona en la genealogía es la de engendrar. Por 39 veces se repite el mismo verbo de manera monótona: «engendró». Los hombres no conocen otro modo de transmitir la vida humana, de suscitar una nueva vida humana. El Dios creador les ha dado esta capacidad y les ha permitido así, en cierto modo, superar la muerte y asegurar la supervivencia de una familia, de un pueblo y de toda la humanidad por encima del tiempo que abarca la vida de cada hombre. Sin esta capacidad, pronto se habrían extinguido y, entonces, habría desaparecido también, junto con la vida humana, la relación con Dios, la tradición de su historia con los hombres y el cumplimiento de sus promesas. Toda forma y desarrollo de la vida humana presupone el «engendrar», la transmisión de la vida.

Sobre este trasfondo resalta todavía más la ruptura que encontramos al final de la genealogía. Jesús no viene engendrado ni engendra. Él tiene en María a su madre terrena, pero no tiene ningún padre terreno y no se comporta siquiera como un padre humano; es simplemente hijo (2, 15; 3, 17; 11, 27; 17, 5). Pero él es el Cristo (= Mesías), es decir, el último y definitivo rey del pueblo de Dios, y precisamente por esto tiene mucho que ver con la vida; el significado de su misión está en que, por medio de él, Dios da a su pueblo y a la humanidad entera la plenitud de la vida.

Esta ruptura hace pensar que con Jesús se inicia un nuevo modo de vida y de transmisión de la vida. Es lo que se desprende no sólo de la genealogía, sino también y sobre todo del camino de Jesús en su totalidad. Con la procreación, nosotros entramos en la comunidad de los hombres y recibimos la vida terrena, que, aun con toda su belleza y su esplendor, no deja de ser pasajera, prolongándose desde el nacimiento hasta la muerte. En cuanto hijo de María, Jesús es también un hombre mortal, pero está en una relación singular con Dios y, consiguientemente, posee un nivel de vida completamente diverso, sobrehumano. De su particular vinculación con Dios habla el hecho de no haber sido engendrado por un padre terreno. Con su resurrección, Jesús supera la muerte y entra en la vida de Dios. Transmite la vida no a través de la procreación, sino a través de la llamada, invitando al discipulado a la participación en su propio camino y en su misma vida. Lo que los primeros discípulos experimentaron, deben experimentarlo todos los hombres. Todos deben llegar a ser sus discípulos, y el bautismo debe demostrar y certificar que ellos son acogidos en la vida del Padre, del Hijo y del Espíritu Santo (28, 18-20). Quien hace el camino terreno con Jesús en un discipulado fiel, participará también de su vida en la gloria del Padre (16, 24-28).

Tras la venida de Jesús, la vida humana continúa y sigue caracterizándose por el engendrar y el morir. Pero ella no está ya cerrada en el férreo círculo del devenir y el perecer. El círculo ha quedado roto. En él se ha abierto un horizonte nuevo e ilimitado, porque Jesús participa de la vida de Dios y hace posible la participación en esa vida. El hecho de que María no haya concebido al hijo a través de la generación remite a este cambio radical. Puesto que es la madre de aquel por quien todos los hombres reciben el acceso a la vida nueva, imperecedera, puede ser llamada en un sentido nuevo «madre de todos los vivientes», nueva Eva (cf. Gn 3, 20).

2

MARÍA, AL SERVICIO DE DIOS

(1, 18-25)

En el primer relato de su Evangelio (1, 1-17), Mateo presenta a Jesús como el Cristo y como el hijo de Abrahán y de David. Hace ver que toda la historia, comenzando desde Abrahán, está orientada hacia Jesús y que la venida de Jesús está determinada por los planes de Dios. Después de muchos nombres, vienen mencionados por fin los nombres de José, esposo de María, y de María, la Madre de Jesús, el Cristo. Además de los nombres, el evangelista nos da a conocer sus relaciones fundamentales. Pero esto es todo.

El relato siguiente (1, 18-25) narra el modo en que José supera sus dudas y acoge a María en su casa. Con pocas palabras se nos dicen muchas cosas, tanto sobre José como sobre María y sobre Jesús. María aparece en cada frase, pero sin referir de ella ninguna acción, ninguna palabra, ninguna reflexión o sentimiento. Se nos dice quién es ella, pero no lo que ella hace, lo que piensa o lo que siente. María es madre por obra del Espíritu Santo. Es la Madre del Salvador y del Emmanuel. Desposada con José, está, junto con su hijo, bajo su protección y cuidado.

Madre por obra del Espíritu Santo

María está desposada con José. De acuerdo con la ley judía, ambos se encuentran estrechamente vinculados por razón del desposamiento. De aquí que José sea presentado como el esposo de María (1, 16.19) y María como la esposa de José (1, 20.24). Tras los desposorios, una muchacha permanecía todavía un año o año y medio con sus padres. Transcurrido este tiempo, el esposo la llevaba a su propia casa y ambos comenzaban a vivir su matrimonio. Lo que nos dice Mateo se sitúa en este intervalo de tiempo.

Desde el inicio mismo, María es presentada como la Madre de Jesús, el Cristo. Pero es madre de un modo singular. Su hijo no tiene un padre terreno; el origen de su propia existencia se lo debe al Espíritu Santo, a la acción del poder creador de Dios. José se asombra ante el hecho de que María se encuentre embarazada y entra por ello en conflicto. Él no tiene nada que ver con el origen de aquel niño. Dios ha intervenido y ha puesto un nuevo inicio en la historia de la humanidad. La genealogía muestra que Jesús está estrechamente vinculado a toda la historia del pueblo de Israel, de la que él representa el culmen y cumplimiento. Pero Jesús no tiene un padre terreno; no es un miembro común en esa cadena de generaciones; no es el resultado de esta historia. La humanidad no se ha dado por sí misma, a través de una procreación humana, a aquel que es el Salvador y el Emmanuel, sino que lo ha recibido como don de Dios.

Jesús debe su propia existencia al poder creador de Dios y mantiene por ello la más estrecha vinculación con Dios. De aquí que esté en condiciones de liberar al pueblo de sus pecados y de sacarlo fuera de su situación de ruptura con Dios. Él es por ello el Emmanuel: por él y en él Dios se acerca a su pueblo y se vincula a él del modo más estrecho posible. En cuanto proviene de Dios, Jesús vincula a los hombres con Dios.

María es la mujer por la que Jesús viene al mundo. Dios la ha elegido y le ha confiado esta misión. A ella es a quien alcanza en primer lugar la obra salvífica de Dios y queda implicada en ella con todo su ser, en alma y cuerpo. Nada nos dice Mateo sobre el modo en que María ha asumido esta tarea ni sobre los sentimientos experimentados por ella. Constata simplemente el hecho de que ella es Madre de Jesucristo por obra del Espíritu Santo. Al lector le corresponde reflexionar sobre este hecho y sobre sus repercusiones sobre María.

Madre del Salvador y del Emmanuel

Aquel de quien María es madre viene caracterizado con dos nombres. Lleva el nombre de «Jesús» (en hebreo, *Jeshua* o *Jehoshua* = el Señor salva), en cuanto que tiene la misión de salvar a su pueblo de sus pecados (1, 21), y lleva también el nombre de «Emmanuel», a propósito del cual el mismo evangelista nos dice que significa *Dios con nosotros* (1, 23). Ambos nombres quedan esclarecidos de manera explícita. No son escogidos al azar; expresan lo esencial sobre aquel que los lleva y ambos subrayan su relación con Dios.

El hecho de que el pueblo se encuentre en una situación de pecado, significa que su relación con Dios se encuentra perturbada, que su comportamiento contrasta con la voluntad de Dios, que el pueblo está separado de Dios. El hombre puede por sí mismo arruinar su relación con Dios, pero es incapaz de restablecerla con sus propias fuerzas y su propia voluntad. Separándose de Dios, el hombre se aleja de su creador y de la fuente de su propia vida. Alejado de Dios, está abocado a la muerte y no le queda esperanza alguna. Jesús viene para liberar al pueblo de Israel y a la humanidad entera de sus pecados, es decir, para reconciliarlos con Dios y devolverles así a la vida.

Todo esto encuentra confirmación en el nombre de «Emmanuel», Dios con nosotros. Dios no nos ha abandonado a nosotros mismos, no nos ha rechazado; está junto a nosotros, nos ofrece su amistad. Estamos bajo su protección y su guía amorosa. El amor, la omnipotencia y la vida de Dios están con nosotros. Todo ello es consecuencia de la venida y la persona de Jesús. Él mismo hará referencia a su nombre de «Emmanuel» cuando, enviando a los discípulos a anunciar el Evangelio a todos los pueblos, les diga: *He aquí que yo estoy con vosotros todos los días hasta el fin del mundo* (28, 20). Ésta es la última frase del Evangelio. Hasta el final de los tiempos Jesús estará con nosotros y, por medio de él, Dios mismo estará con nosotros.

En cuanto Madre del Salvador y del Emmanuel, María rinde al pueblo de Dios un servicio único. Por medio de ella Dios da a la humanidad aquel que la conduce fuera de la muerte y la vincula con Dios, fuente de la vida.

Bajo la protección de José

José no es el padre de Jesús, pero a él se le confía una misión fundamental en relación con Jesús y con María. También él es escogido por Dios para quedar a su servicio. También él se ve involucrado en ese acontecimiento por el que Dios da a la humanidad la salvación y la vida. Recibe la misión de llevar a María a su casa y de dar nombre al niño. Frente a la ley y a la sociedad, se responsabiliza de María como esposa y de Jesús como hijo, haciéndolo por encargo de Dios. Es así cómo Jesús queda inserto, no en sentido carnal, sino legal, en la genealogía que va de Abrahán hasta José (1, 2-17). José sitúa a Jesús en relación con la historia de Israel y ofrece un espacio de protección en el que María podrá llevar a cumplimiento su propia misión; también Jesús podrá crecer en ese espacio, preparándose así para su obra posterior.

Todo cuanto aquí se nos dice habla del amor de Dios hacia los hombres pecadores. Quiere liberarlos de su esclavitud y darles la plenitud de la vida. Por esto envía a su Hijo, el Salvador, el «Dios con nosotros». Por esto llama a María y a José a su servicio. Estos últimos son escogidos por Dios y lo son para servir a su plan de salvación.

3

EL NIÑO Y SU MADRE

(2, 1-23)

El evangelista nos muestra en este amplio relato cómo los paganos, en la figura de los magos, son conducidos al Cristo poco después de haber nacido, cómo el niño Jesús se ve amenazado de muerte por parte del rey Herodes y cómo Dios, por medio de José y de María, protege al niño. Por cinco veces se repite en este capítulo la expresión «el niño y su madre» (2, 11. 13.14.20.21). Jesús y María aparecen aquí siempre juntos, nunca separados. Cuando los magos alcanzan su meta, se nos dice que *vieron al niño con María, su madre* (2, 11). José debe salvar al niño de las garras de Herodes y recibe este encargo: *Toma contigo al niño y a su madre y huye a Egipto* (2, 13). El encargo es llevado a cabo al pie de la letra (2, 14). Cuando debe volver, el encargo suena de la misma manera: *Toma contigo al niño y a su madre y vete al país de Israel* (2, 20). Una vez más, José cumple obedientemente el encargo (2, 21). El evangelista subraya de este modo que el niño y su madre están inseparablemente unidos entre sí.

Lo que se puede decir de esa relación tan profundamente humana que hay siempre entre un niño y su madre, vale también para Jesús y María: el niño depende de su madre y sin ella no puede existir. Ésta se ha consagrado a él y por él se desvive de manera incansable para que pueda crecer y desarrollarse. Madre e hijo están entre sí en una comunión de vida íntima y profunda. Este período de la vida de Jesús, necesitado de ayuda como todo niño, y este aspecto de su relación con María, pendiente en todo momento de él, son puestos de relieve especialmente por Mateo.

Una relación profundamente humana

Ningún niño puede asegurar su vida por sí mismo. Es una criatura dependiente y necesitada de ayuda. Abandonado a sí mismo, su destino es la muerte. Para poder vivir y crecer tiene necesidad de innumerables ayudas y servicios. No necesita sólo el sustento material; necesita también una cercanía amorosa permanente. Sólo así podrá convertirse en un hombre, adquiriendo poco a poco su propia autonomía.

Como cualquier otro ser humano, también Jesús inició así su vida: como un niño pequeño, necesitado de ayuda y dependiendo en muchas formas de los demás. El hecho de tener una madre y de estar dependiendo continuamente de sus cuidados, demuestra con la máxima certeza que él es verdadero hombre. Jesús comparte con nosotros todo, desde la indigencia propia del niño hasta la necesidad del moribundo. En todos los períodos de la vida humana, él ha caminado a nuestro lado. Jesús es «Dios con nosotros» en el sentido pleno del término, sin limitaciones ni restricciones. María, como Madre de Jesús, es la prueba incontrovertible de que él es real y plenamente hombre; que el Hijo de Dios no se ha escogido un camino particular; que ha asumido nuestra condición humana hasta las últimas consecuencias.

Una madre no puede llevar una vida libre e independiente; su hijo la obliga a quedar vinculada a él de múltiples formas. Las necesidades del hijo le prescriben lo que ha de hacer. Debe atender al hijo no sólo con las manos y con su pensamiento, sino con todas sus fuerzas, con toda su persona. Su hijo depende de ella no sólo en alguna hora del día, sino durante todo el día y todos los días.

María aparece en esta relación vital con Jesús, una relación que abarca todo. Jesús es su hijo y ella es su madre. Durante años han permanecido vinculados entre sí, teniendo todo en común, llevando la misma vida. Una relación así no ha podido tenerla Jesús con ningún otro ser humano; con nadie tiene él tanto en común como con María.

El homenaje de los magos

Lo que Mateo dice en este relato atañe a la persona de Jesús. Los magos van hacia él y él se ve amenazado por las intenciones asesinas de Herodes. Pero precisamente aquí se manifiesta la estrecha comunión de vida entre Jesús y María. La vida de María queda determinada por la persona de Jesús. En el gozo y en el dolor, ella está a su lado.

Cuando los magos llegaron, nos dice el evangelista, *entraron en la casa, vieron al niño con María su madre y, postrándose, le adoraron* (2, 11). María puede constatar aquí cómo estos hombres instruidos, que vienen de un país lejano, reconocen a Jesús como su Señor. Una vez más recibe ella una prueba de la condición y significado de su hijo. Su corazón está lleno de asombro y de gozo. María vive esta doble experiencia: tiene sobre sus rodillas a un niño pequeño que necesita de todos los cuidados que una madre puede prestar a su hijo y, al mismo tiempo, conociendo el misterioso origen de este niño, experimenta ahora cómo es reconocido y adorado. En él se funden la debilidad humana y la grandeza de una misión divina. La debilidad no ha de obstaculizar la fe en su misión y en su condición divina.

Huyendo de Herodes

Aquí se pone especialmente de relieve la debilidad y la dependencia del niño, pero se subraya a la vez la protección divina sobre él. José es advertido a tiempo del peligro mortal.

El rey Herodes, preocupado por su poder, se siente amenazado por aquel niño indefenso y decide eliminarlo. ¿Qué clase de poder es aquel que depende de la eliminación de un niño? La huida es el medio que tienen a su alcance los débiles para esquivar el poder destructor. Ya desde su niñez manifiesta Jesús que él no responde con la fuerza a la violencia de los poderosos. Se sustrae a la voluntad homicida de Herodes con la huida. De adulto, aceptará la muerte violenta por obra de los poderosos de la tierra.

Junto a José, también María está destinada a proteger a su hijo. Ella experimenta, más que el propio hijo, el peligro causado por Herodes, las dificultades de la huida y las fatigas de una estancia en tierra extranjera. La comunión con Jesús ofrece grandes y profundas experiencias, pero implica también que María tenga que participar en todos los peligros y en todos los sufrimientos.

Retorno a la tierra de Israel

Tras la muerte de Herodes, José recibe el encargo de volver a la tierra de Israel. De nuevo vienen mencionados el niño y su madre (2, 20.21). Aquel que ha nacido como hijo de Abrahán y como hijo de David debe crecer no en una tierra extranjera, sino en medio de su pueblo. Mateo no nos dice nada sobre los largos años que Jesús transcurrió en Nazaret, años en los que María estuvo también al lado de su hijo. Este período de tiempo queda determinado por la vida sencilla en una pequeña aldea de Galilea. María comparte con Jesús no sólo los acontecimientos conmovedores, sino también la vida monótona y cotidiana.

Las más antiguas representaciones de María, las encontradas en las catacumbas, muestran a la madre junto a su hijo. Como en el Evangelio de Mateo, también en estas representaciones María aparece caracterizada por el hecho de ser la Madre de Jesús y de vivir en la mayor intimidad posible con él.

II

MARÍA, EN EL EVANGELIO DE MARCOS

El evangelista San Marcos limita su obra a la actividad pública de Jesús y no habla de su nacimiento ni de su infancia. Jesús hace acto de presencia por vez primera cuando se acerca a Juan el Bautista junto al Jordán (1, 9). Una sola vez encontramos en Marcos el nombre de «María» para designar a la madre de Jesús (6, 3), aunque es mencionada otras dos veces como «su madre» (3, 31.32). La primera vez que se alude a ella es cuando se acerca a Jesús, acompañada de los hermanos de éste (3, 31-35).

Su nombre propio es recordado cuando, en la sinagoga de Nazaret, el pueblo designa a Jesús como el hijo de María (6, 3); pero no parece que se haya de contar aquí con su presencia.

1

LOS FAMILIARES SE ACERCAN A JESÚS
(3, 31-35)

En Marcos 3, 31 se nos dice que *llegaron su madre y sus hermanos y, quedándose fuera, le mandaron recado para llamarle.* Jesús, rodeado de la muchedumbre, no hace caso del recado. Plantea la pregunta de quién es su familia (3, 33) y señala como tal a aquellos que están sentados a su alrededor (3, 34). Después afirma de modo general: «El que cumple la voluntad de Dios, ése es mi hermano, mi hermana y mi madre» (3, 35).

El esclarecimiento de Jesús

Al parentesco natural y a los vínculos que de él provienen Jesús contrapone aquí otro parentesco, fundado sobre la observancia común de la voluntad de Dios. Reinvindica así la pretensión de dejarse determinar por la voluntad de Dios. Al mismo tiempo afirma que, aquellos que se encuentran junto a él y lo escuchan, están cumpliendo la voluntad de Dios. De este modo declara implícitamente que su madre y sus hermanos, que lo hacen llamar y quieren que vuelva a casa (cf. 3, 21), tienen otra idea de la voluntad de Dios.

No se discute aquí el hecho de que el criterio último de todo comportamiento debe ser la voluntad de Dios. Lo que Jesús insinúa es la inaudita pretensión de conocer la voluntad de Dios para sí y para todos los demás hombres. Concibe su misión como la de hacer conocer en modo vinculante a Dios y su voluntad. Quien quiera vivir en comunión con él, debe acoger esta pretensión. Quien no la acoge, se excluye de la comunión con él. También el vínculo que proviene del parentesco natural debe insertarse en este ordenamiento.

Jesús habla con extrema claridad y decisión. No admite excepciones ni para su madre ni para sus hermanos. También a ellos les muestra, con sus palabras y su comportamiento, cuál es la voluntad de Dios. También ellos deben regular su vida según este criterio; de otro modo, no están en comunión con él.

Las grandes preocupaciones de los familiares

En Marcos 3, 31-35 no se explicita en qué consiste el desacuerdo entre Jesús y sus familiares. El hecho de que él se encuentre rodeado de la muchedumbre y que, estando fuera de casa, ellos lo manden llamar, puede indicar intereses diversos, pero no un abierto contraste. Sólo si vemos el episodio en el conjunto de Marcos 3, 21 y 3, 22-30 podemos percibir lo que hay entre Jesús y sus familiares.

En 3, 21 se nos refiere que *los suyos, al enterarse, fueron para hacerse cargo de él, pues decían: «Está fuera de sí»*. Se hace necesario esclarecer sobre todo qué es lo que sienten los familiares y quiénes son los que afirman que Jesús estaba fuera de sí.

Con frecuencia, Marcos 3, 21 se lee en conexión inmediata con 3, 20, donde se señala que *Jesús entró en una casa y de nuevo se reunió mucha gente, de forma que ni él ni sus discípulos podían siquiera comer*. Tras esta indicación, Marcos 3, 21 viene explicado de esta manera: Los familiares de Jesús se han enterado de aquella afluencia continua y extenuante de la gente hacia Jesús, hasta el punto de no tener siquiera tiempo para comer. Esto les ha llevado a la convicción de que Jesús está fuera de sí, tomando la decisión de ir y hacerle volver por la fuerza a Nazaret. Hay, sin embargo, algunos elementos que no encajan en esta interpretación, la cual no parece contar demasiado con una narración coherente por parte del evangelista y no duda en atribuirle una serie de incongruencias. Los familiares de Jesús residen en Nazaret (cf. 6, 1-6); la casa en la que Jesús se ve rodeado de gente se sitúa en Cafarnaún (cf. 3, 21 y 2, 1-2). Si aquello de lo que los familiares se enteran no es otra cosa que la situación en la que Jesús se encuentra en Cafarnaún, se ha de suponer que alguno –por cualquier motivo– haya emprendido el largo camino hacia Nazaret (casi 40 km) para comunicar la noticia a los familiares. Se ha de suponer igualmente que éstos hayan decidido un viaje en común, hayan emprendido este viaje hacia Cafarnaún y hayan encontrado todavía a Jesús en tal situación –rodeado de la gente y sin tiempo ni para comer–, situación tan grave y tan irracional que les haya llevado a pensar que él hubiera perdido la razón, sintiéndose por ello en el deber de llevarlo de nuevo a casa.

Una interpretación diversa parece corresponder mejor a la lógica del evangelista, resultando más convincente. No son los familiares de Jesús los que dicen: «Está fuera de sí», sino que es esto lo que ellos escuchan. Ellos se han enterado de que entre la gente circula esta opinión sobre Jesús. Sobre un hecho semejante –opiniones sobre Jesús que llegan a oídos de alguien– habla el evangelista en 6, 14 en el mismo orden: *Se enteró el rey Herodes, pues su nombre se había hecho célebre. Algunos decían: Juan el Bautista ha resucitado de entre los muertos* (cf. 6, 14-16). No son, pues, los familiares los que juzgan a Jesús como «fuera de sí»; ellos se enteran de que esto se dice de él y comienzan a preocuparse; consideran la situación tan seria y peligrosa que quieren que Jesús retorne a casa.

Lo que se esconde bajo este juicio sobre Jesús y el peligro que conlleva lo muestra el evangelista en el pasaje inmediatamente posterior. Los escribas dicen de Jesús: *Está poseído por Beelzebul y por el príncipe de los demonios expulsa a los demonios* (3, 22). Si otros dicen que «está fuera de sí», lo que le están achacando no es tanto una demencia intelectual cuanto una culpa de carácter espiritual y religioso. De Jesús se dice también: *Tiene un demonio y está loco* (Jn 10, 20). Lo que los escribas consideran un discurso y un comportamiento insensato, ellos lo atribuyen a una posesión demoníaca. La gravedad de tal acusación queda reflejada en la incisiva respuesta de Jesús, acusando a sus adversarios de pecado contra el Espíritu Santo (3, 23-30). Jesús y sus enemigos se echan en cara recíprocamente la misma falta decisiva: la de estar en vinculación con el diablo; la de enfrentarse al Espíritu Santo de Dios. Se acusan recíprocamente de la total contraposición a Dios. Esto significa para Jesús un peligro de muerte. Más tarde, de hecho, el Sanedrín lo declarará culpable por blasfemia y lo condenará a muerte (14, 64). La preocupación de los familiares no es una quimera; está más que justificada.

Con esta interpretación, la descripción de Marcos aparece coherente y ofrece un fundamento real al intento, por parte de los familiares, de que Jesús vuelva a Nazaret. En ella se deja percibir también una clara diferencia entre los familiares de Jesús y los escribas. No son los familiares los que se hacen la idea de que Jesús está fuera de sí, idea muy cercana a la de que Jesús está poseído de un demonio. Ellos escuchan esta opinión, les deja profundamente preocupados y se sienten en la obligación de actuar.

Jesús y sus familiares

Respecto a la valoración de la situación, no se observa diferencia alguna entre Jesús y sus familiares. También Jesús es consciente de la creciente oposición y del peligro que corre (cf. Mc 2, 1-3,6. 3, 22-30). Pero muy diverso es el modo con que Jesús y sus familiares quieren afrontar el peligro. Mientras que Jesús ha estado en Nazaret y ha permanecido en el ámbito de vida de una aldea galilea, no ha sido incriminado por nadie. En esta experiencia se basa la pretensión de los familiares. Sería mejor que, al menos por un tiempo, tornara a Nazaret; se restablecería de nuevo la tranquilidad. ¿Por qué enemistarse de ese modo con los círculos dominantes? Ésta es la forma en que piensan los familiares.

Jesús, sin embargo, ha reconocido como voluntad de Dios el llevar adelante la obra comenzada, a pesar de las oposiciones y los peligros. Interrumpirla y volverse a Nazaret para gozar de tranquilidad y seguridad, sería una traición a su misión. En la pretensión de su familia ve puesta en peligro su misión, misión que para él es el valor supremo. Los lazos familiares y la propia vida deben retroceder frente a ella. Quien no acoge la voluntad de Dios tal como Jesús nos la presenta, no puede tener comunión alguna con él. También los familiares de Jesús han de comprender esto y deben, como él, aceptar el peligro.

Jesús y su madre

En este episodio María es presentada siempre en unión con los familiares de Jesús. Marcos 3, 21 habla en modo genérico de «sus parientes» e incluye con toda probabilidad también a su madre. En Marcos 3, 31-35, María viene mencionada expresamente junto a los hermanos de Jesús. Ninguna diferencia se hace entre ellos. Vienen juntos y actúan juntos, y para todos ellos vale la reacción de Jesús. María no queda puesta de relieve por ningún comportamiento particular ni por alguna palabra de Jesús dirigida exclusivamente a ella.

Se ha de observar, sin embargo, que ella es mencionada siempre en primer lugar. En Marcos 3, 31 se dice: *Llegaron su madre y sus hermanos*. Esta última expresión se repite por tres veces en 3, 32.33.34. Sólo en las palabras conclusivas de Jesús aparece la madre al final (3, 35). María llega con los demás, pero sólo ella es la Madre de Jesús y tiene esta singular relación con él. El hecho de ser mencionada siempre en primer lugar hace pensar también que la iniciativa de esta visita provenga de ella; que sea ella la más profundamente preocupada por Jesús. María se comporta como madre; ha dado a Jesús la vida terrena y le ha prestado innumerables servicios para mantenerlo en esta vida. Le afecta en modo singular cualquier peligro que él corra. Actúa a impulsos de su sentimiento materno y quiere proteger la vida del hijo. Nada hay de malo ni de reprobable en su actuación; proviene de una preocupación profundamente humana y, sobre todo, maternal.

Pero precisamente por esto entra ella casi necesariamente en conflicto con Jesús, para quien otra visión de la vida ocupa el primer plano (cf. Mc 8, 34-38). La verdadera vida consiste para Jesús en la comunión con Dios, su Padre. Sólo cuando, con fe y decisión, se pone la voluntad del Padre por encima de todo lo demás, se está en comunión con el Padre; sólo así se vive la verdadera vida. Jesús puede parecer duro e intransigente. En modo conciso, decidido, sin explicaciones que lleven a una comprensión y busquen convencer, expone su visión. También María queda situada sobre el camino de la fe, del aprendizaje y de la maduración. Jesús no la reprocha, pero la hace progresar. Casi se podría añadir: ¡Quien haya comprendido completamente la visión de Jesús y se haya impregnado por completo de ella, que tire la primera piedra contra aquella madre!

Entre todos los Evangelios es el de Marcos el que deja a María en un plano más modesto. Pero también en este Evangelio aparece ella con insistencia como «la Madre de Jesús», cuyo comportamiento viene determinado por su relación materna con él. Particularmente significativo es que el evangelista nos indique en 3, 21 la razón del comportamiento de los familiares y, consiguientemente, la razón de su conflicto con Jesús: ellos quieren llevarlo de nuevo a casa; dada la valoración general sobre su persona, están profundamente preocupados por él. También Mateo 12, 46-50 y Lucas 8, 19.21 refieren la visita de los familiares de Jesús, pero no dan explicación alguna del motivo que pudiera corresponder a Marcos 3, 21.

2

JESÚS VUELVE A NAZARET
(6, 1-6)

De Nazaret había partido Jesús para dirigirse hacia el Jordán y hacerse bautizar por Juan el Bautista (1, 9). Había comenzado después su actividad pública. Sus familiares querían interrumpirla y hacer que volviera de nuevo a Nazaret (3, 21). Jesús, sin embargo, no les escucha; les dice con toda claridad que sólo el que cumple la voluntad del Padre está realmente vinculado a él (3, 35).

Ahora retorna Jesús a Nazaret por propia iniciativa, acompañado de sus discípulos (6, 1). Marcos no hace referencia alguna a un encuentro con sus familiares, pero en el diálogo con sus paisanos se hace mención explícita de sus parientes. Por otra parte, la afirmación del evangelista sobre la enseñanza de Jesús en la sinagoga, «llegado el sábado», presupone que ya precedentemente se encontraba en Nazaret (cf. Mc 1, 32; 6, 21. 35.47; Lc 4, 42; 6, 13; 22, 14.66). Es de esperar que, durante su estancia en Nazaret, Jesús residiera en casa de su familia. Parece haberse realizado así su deseo precedente. Pero, al enseñar en la sinagoga de Nazaret, la controversia sobre él llega y se extiende también entre sus paisanos. Es lógico que la preocupación de los familiares aumentara. En Mateo y en Marcos, Jesús, tras su enseñanza en Nazaret, no se presentará ya más en la sinagoga. Como en otros casos (Mc 3, 1-6; Mt 12, 9-14; Lc 6,6-11), su actividad allí agudiza la tensión.

Los nazaretanos y Jesús

Marcos resume la actitud de los nazaretanos sobre Jesús en estas palabras: *Y se escandalizaban a causa de él* (6, 3). También en otros casos es Jesús objeto de rechazo. Únicos son, sin embargo, los motivos por los que aquí los nazaretanos no quieren saber nada de él y lo rechazan.

Ante dos series de experiencias se ven situados los habitantes de Nazaret. Con asombro experimentan la sabiduría de las palabras de Jesús y el poder de sus acciones. Es algo nuevo para ellos. No se lo esperaban de él. Le conocían desde hacía mucho tiempo y se habían hecho una idea bien definida de él, fundamentada en su actividad precedente y en su familia. Era para ellos el carpintero, un simple obrero del pueblo. Su madre y el resto de su familia pertenecen a su comunidad; son, como todos ellos, gente sencilla del pueblo. Nazaret no tiene ninguna importancia. Jamás viene mencionada en el Antiguo Testamento ni en otros escritos antiguos. Era un pueblo tan común que en nada destacaba para que se hablara de él. Su nombre aparece por vez primera en el Nuevo Testamento. Sirve para caracterizar a Jesús y queda unido indisolublemente a él.

Ante este contraste, los nazaretanos podrían haber reaccionado con aprobación, sintiéndose orgullosos de que, de un ambiente tan sencillo como el suyo, hubiera salido un hombre con una capacidad tan extraordinaria. Pero ellos sacan la conclusión contraria: «Éste, que ha vivido durante tanto tiempo entre nosotros y de un modo tan modesto, no puede de repente sobresalir de esta manera. Lo que en él parece tan extraordinario, no puede ser auténtico. No sabemos de dónde le viene todo eso, pero sabemos que ciertamente no puede tener ningún valor. No hay motivo alguno para que nos interesemos por él y dejemos que él nos enseñe cuál es la voluntad de Dios». Los nazaretanos se niegan a creer en él.

El Evangelio refiere una y otra vez la reacción de rechazo ante Jesús, motivada generalmente por «razones teológicas»: porque perdona los pecados, es considerado un blasfemo (2, 7); porque expulsa los demonios, debe estar en relación con Satanás (3, 22). Característico de nuestro relato es el hecho de que Jesús, al menos en apariencia, venga rechazado en Nazaret por «motivos sociales». El fin de Jesús es siempre el mismo: quisiera que su mensaje fuera acogido, que los hombres hicieran propia la visión de Dios que él presenta. Aquellos que le siguen aceptan su mensaje y su persona sin titubeos. Frente a ellos están los que le rechazan por razones diversas y con diversa intensidad.

El hijo de María

El comportamiento de los paisanos de Jesús muestra la discreción con la que éste había vivido entre ellos, así como su integración en la vida de aquel modesto poblado. Es también lo que refleja y fija para siempre el nombre con el que se le designa: Jesús de Nazaret.

Lo que caracteriza al hijo, bien se puede aplicar a la madre. También para María es determinante la vida en aquella aldea. En las palabras de los nazaretanos viene ella mencionada expresamente para presentar a Jesús: *¿No es éste el carpintero, el hijo de María, el hermano de Santiago, de José, de Simón y de Judas?* (6, 3). Llama la atención que Jesús sea presentado aquí como el hijo de María. En el pasaje paralelo de Mateo 13, 55 los nazaretanos se preguntan: *¿No es éste el hijo del carpintero? ¿No se llama su madre María y sus hermanos no son Santiago, José, Simón y Judas?* Normalmente, un hombre viene identificado como hijo de su padre, distinguiéndole así de las otras personas que llevan el mismo nombre (Mc 1, 19; 2, 14; 3, 18; 10, 46). En el Antiguo Testamento parece que sólo Joab, Abisay y Asahel vengan designados, bajo la referencia a su madre, como «hijos de Sarvia» (2S 2, 13.18; 16, 9.10; 19, 23). Sarvia era la hermana de David (1Cro 2, 16) y tal designación pretende recordar probablemente la gloriosa parentela con el rey. Puede referirse también al hecho de que para los reyes de Israel se recuerda de vez en cuando el nombre de la madre (cf. 2Cro 20, 31: *Josafat reinó sobre Judá... Su madre se llamaba Azubá*), indicando así de cuál de las diversas mujeres de un rey desciende su sucesor.

¿Por qué los nazaretanos designan a Jesús bajo la forma insólita de «hijo de María»? Algunos piensan que es un modo de desacreditar a Jesús: ellos conocen sólo a su madre y Jesús tiene por tanto un origen no determinado. Esta interpretación no puede ser excluida, aunque no hay ninguna prueba bíblica que la corrobore. Otros piensan que de esta manera se hace referencia a la concepción virginal de Jesús, el cual no tiene un padre terreno. Difícilmente puede ser éste el pensamiento de los nazaretanos, quienes pretenden poner de relieve lo ordinario del caso de Jesús. Bien puede ser, sin embargo, la opinión del evangelista, que no menciona nunca a José. Pero la pregunta de los nazaretanos viene claramente determinada por el deseo de expresar, de la manera más evidente posible, el vínculo de Jesús con Nazaret y su condición de habitante ordinario. En este contexto no se trata de distinguirlo de algún otro Jesús, añadiendo el nombre del padre. Si los paisanos le designan haciendo referencia a su madre, se debería suponer que José hubiera muerto ya, mientras que María continuaba viviendo en Nazaret. María está en el lugar de Nazaret. Ella parece pertenecer a este pueblo desde siempre. Por eso, a través de ella, Jesús queda profundamente arraigado en este pueblo y su patria será la de su propia madre.

Los hermanos y las hermanas de Jesús

Ya en 3, 31-35 ha hablado el evangelista de la madre y de los hermanos de Jesús. Los nazaretanos recuerdan los nombres de éstos: Santiago, José, Judas y Simón, juntamente con las hermanas (6, 3). Todos ellos habitan en Nazaret y la referencia a ellos debe subrayar que Jesús, bajo cualquier aspecto, también desde el aspecto familiar, pertenece a este pueblo y no puede ser una persona importante.

Siempre se ha planteado la cuestión sobre el parentesco concreto de estos hermanos de Jesús. ¿Tuvo María otros hijos de su matrimonio normal con José después del nacimiento de Jesús, concebido virginalmente? Los hermanos y hermanas de Jesús ¿son también hijos e hijas de María? Los evangelistas no nos ofrecen ninguna respuesta explícita a esta cuestión. Pero tampoco nos dicen nada que contradiga la tradición de la Iglesia primitiva, según la cual Jesús es el hijo único de María (cf. Lc 2, 41-52; Jn 19, 25-27), la cual vivió virginalmente su matrimonio con José.

Conviene observar que los evangelistas hablan de hermanos y hermanas de Jesús, pero no de hijos e hijas de María. Si se equiparan ambas expresiones, se va más allá de los textos y se saca una conclusión que se presenta como obvia, pero que no es obligada. Las expresiones «hermanos» y «hermanas» hacen referencia generalmente a personas que tienen los mismos padres, pero en el lenguaje bíblico pueden indicar también otros parientes cercanos (cf. Gn 13, 8; 14, 14; 24, 48, etc.). Mc 15, 40 menciona, entre las mujeres que han seguido a Jesús ya en Galilea y que contemplan de cerca al crucificado, a María Magdalena, María la madre de Santiago el Menor y de José y Salomé (cf. Mc 15, 47; 16, 1; Mt 27, 56). Los hijos de la segunda María tienen los mismos nombres que los dos primeros hermanos de Jesús (6, 3); ella misma viene de Galilea y, siguiendo de cerca a Jesús, es distinta de su madre. El evangelista no lo afirma explícitamente, pero no hay ni un solo argumento que contradiga el hecho de que esta mujer sea la madre de los dos primeros hermanos de Jesús. Así, pues, éstos tienen otra madre y no son hermanos carnales de Jesús.

Sólo desde el uso lingüístico del término «hermano» en el Nuevo Testamento no se puede responder claramente a la cuestión planteada. Como hemos dicho ya, los textos son perfectamente conciliables con la convicción de la Iglesia primitiva, según la cual Jesús es el único hijo de María. Adherirse a esta convicción y comprender desde ella el Nuevo Testamento depende del modo en que se valoren globalmente, a partir del Nuevo Testamento, la misión y la condición de María. Quien, contra las palabras explícitas de Mateo y de Lucas, no reconozca la concepción virginal de Jesús y vea en él al hijo que José ha engendrado de María, atribuirá también a ellos otros hijos e hijas. Pero si María ha llegado a ser madre por obra del Espíritu Santo y, como sierva del Señor, se ha consagrado con todo su ser a la misión de ser la Madre del Hijo de Dios, entonces se ha entregado por completo al Señor y se ha consagrado a su servicio. Quien reconoce como real la concepción virginal, no la puede considerar como un acontecimiento momentáneo que, por así decir, no deja huella alguna, sustituyendo simplemente al acto procreativo y sin ningún efecto sobre su persona y su vida. Ese encuentro con Dios, con su llamada, con su encargo y con su poder, no puede menos que marcar toda la persona. Dios confió a la Virgen María la misión de ser la madre de su propio Hijo. Ella cumplió esa misión orientándose por completo hacia Dios y de aquí sólo se sigue que María permaneció virgen.

El rechazo de sus paisanos y sus parientes

Al comportamiento de sus paisanos, que lo rechazan, Jesús responde con la siguiente observación: *Un profeta sólo en su patria, entre sus parientes y en su casa carece de prestigio* (6, 4). Esta declaración es particularmente detallada en Marcos (Mt 13, 57: «patria y familia»; Lc 4, 24: «patria»); el círculo es cada vez más estrecho y acaba con aquellos que más cercanos le son a Jesús.

Estas palabras de Jesús pretenden mostrar, a través del rechazo, la autenticidad de su misión: lo propio de un verdadero profeta es el verse rechazado en su patria. La afirmación tiene también un carácter proverbial y genérico. Nada dice sobre la intensidad del rechazo y sobre personas concretas. De aquí que no se pueda aplicar a todos de la misma manera y que no necesariamente tenga que incluir a la Madre de Jesús.

Las formas y grados que asume el rechazo de Jesús nos lo indica el evangelista. Los verdaderos adversarios lo rechazan hasta el punto de ponerlo de parte del demonio (3, 22) y de querer matarlo (3, 6). Los nazaretanos no lo acogen, pero, según Marcos, no adoptan ninguna otra medida contra él (cf. la diferencia con Lc 4, 29-30). La actitud de los familiares se expresa en su intento de que retorne a casa (3, 21.31-35); tienen dudas sobre su obra porque perciben que pone en peligro su vida. También los discípulos, que lo han dejado todo para seguir a Jesús (10, 28), se dispersan por su causa y le abandonan cuando se entrega a sus enemigos (14, 27-31.50). Lo que caracteriza a Jesús –su humildad (¡Nazaret!), su comportamiento no violento, su situación de amenazado– se convierte en escándalo para todos. Marcos pone de relieve de manera muy particular el hecho de que la plena identificación con Jesús, su seguimiento incondicionado, madura sólo en un largo proceso de purificación y se hace plenamente posible sólo con su resurrección. María no se ve exenta de este proceso de purificación, aunque participa en él a su modo.

III

MARÍA, EN EL EVANGELIO DE LUCAS

De entre todos los escritos del Nuevo Testamento, es el Evangelio de Lucas el que con más detalle nos habla de la Madre de Jesús. Viene designada con el nombre de «María» en doce ocasiones, siempre en los relatos de la infancia (1, 27. 30.34.38. 39.41.46.56; 2, 5.16.19.34), y aparece siete veces como «la Madre de Jesús» (1, 43; 2, 33.34.48.51; 8, 19.20), cinco de las cuales se encuentran también en los relatos de la infancia. Durante la actividad pública de Jesús, también en Lucas pasa María prácticamente inadvertida.

El evangelista comienza describiendo, en un amplio relato, cómo recibe María la llamada para ser la Madre del Señor (1, 26-38) y cómo Isabel y María misma acogen esta llamada (1, 39-56). María está de nuevo presente en el nacimiento de Jesús (2, 1-20), en su circuncisión y presentación en el templo (2, 1-20) y en la visita de Jesús al templo a la edad de doce años (2, 41-52). Como ya se ha señalado, ella ocupa un lugar muy discreto durante la actividad pública de Jesús. Cuando Jesús se presenta en la sinagoga de Nazaret, María no es mencionada siquiera (4, 16-30). Sólo una vez se dirige hacia Jesús, acompañada de los hermanos de éste (8, 19-21), y sólo en otra ocasión es proclamada bienaventurada por una mujer del pueblo, aunque sin hacer alusión a su nombre (11, 27-28).

1

LA VOCACIÓN DE MARÍA
(1, 26-38)

Cuando recitamos el *Avemaría*, en la primera parte seguimos a la letra el Nuevo Testamento. No hacemos otra cosa que repetir las palabras con las que el ángel Gabriel («Dios te salve, María, llena eres de gracia, el Señor es contigo») y su prima Isabel («Bendita tú entre las mujeres y bendito el fruto de tu vientre») saludan a María. Estas expresiones son tan importantes y tan ricas de contenido, que su repetición en el rosario constituye el telón de fondo para la contemplación de los misterios de la salvación y para las peticiones propias de esta plegaria.

El contexto originario del saludo del ángel lo encontramos en Lucas 1, 26-38, precisamente en el relato evangélico en que María recibe la misión de su vida: ser la Madre del Hijo de Dios. De manera concisa, el evangelista presenta ante todo a María y señala las circunstancias de su vida. Es la situación en la que ella recibe y realiza su misión, constituyendo a la vez el marco de la infancia y la adolescencia de Jesús (1, 26-27). En su saludo, el mensajero comunica cuál es la relación de Dios con ella (1, 28-29). Menciona después la misión a la que Dios la ha destinado (1, 30-34) y, finalmente, recuerda la acción poderosa de Dios por la que ella podrá realizar su misión (1, 35-38). Lo que

María llega a conocer a través del mensajero divino es acogido por ella con la reflexión y la pregunta y, una vez esclarecido todo, con el consentimiento. Examinemos cada una de las partes señaladas y conozcamos la llamada de María.

a) MARÍA DE NAZARET (1, 26-27)

En esta parte introductoria se nos da a conocer el lugar en el que vive María y por el que se esclarecen las circunstancias de su vida. Se señala al mismo tiempo la fase de la vida en que ella se encuentra y las relaciones humanas a las que está vinculada; es una virgen desposada.

Nazaret en Galilea

Con la afirmación inicial («Al sexto mes fue enviado por Dios el ángel Gabriel»), el evangelista subraya que todo proviene de Dios. Dios envía a su mensajero, a través del cual comunica sus planes; la iniciativa es totalmente suya. Las indicaciones sucesivas respecto a María corresponden de algún modo a lo que se encuentra en un carnet de identidad: nombre, estado, familia, lugar.

Se comienza indicando el lugar: Nazaret, en Galilea. Galilea es la región montañosa del Norte de Palestina. Sus habitantes hablaban un dialecto que les delataba ante los habitantes de Jerusalén (Mt 26, 73), los cuales les miraban con cierta desconfianza (Jn 7, 41.52). Provenir de Galilea no era ningún honor. Nazaret, por su parte, era una aldea insignificante, cuyos habitantes gozaban de escasa consideración entre las aldeas vecinas (Jn 1, 46). En el Antiguo Testamento y en los escritos judíos jamás viene mencionada. Sale de su anonimato y olvido por vez primera con esta misión del mensajero divino. Su tesoro natural más grande era una fuente, que existe todavía. Las excavaciones realizadas con motivo de la construcción de la nueva iglesia de la Anunciación han permitido redescubrir las condiciones de vida de la antigua Nazaret. Algunas grutas de la montaña servían en parte como vivienda. Tambien los silos para los cereales estaban excavados en la roca, así como los lagares para la obtención del vino y del aceite. Había también molinos manuales, junto a los cuales se sentaban las mujeres ya antes de salir el sol para moler la harina que necesitaban para el sustento cotidiano. Todo hace pensar en condiciones de vida muy sencillas. Cada familia debía luchar por el pan de cada día. María vive en este ambiente humilde y pobre. Es de pueblo. Las parábolas de Jesús mostrarán que también él queda marcado en su experiencia por aquel ambiente de pueblo; también él es de pueblo y, haciendo referencia al pueblo donde transcurrió la mayor parte de su vida, será llamado para siempre «Jesús de Nazaret». Éste es el pueblo de su madre.

Virgen desposada

Dos veces afirma y subraya el evangelista que María es virgen, es decir, una joven que todavía no ha tenido relaciones sexuales. Está, sin embargo, vinculada de manera estable a un hombre: es la prometida de José, que pertenece a la casa de David. En aquellos tiempos, el desposorio era más que una simple promesa; por medio de él quedaba ya estipulado el matrimonio de manera vinculante. La joven desposada permanecía todavía un año en casa de sus padres; al cabo del año, el marido la llevaba a su casa y comenzaban la vida matrimonial. María recibe el mensaje de Dios en el tiempo que transcurre entre el desposorio y la boda. Según la edad habitual de los desposorios, tendría entonces unos trece años. Decisiones importantes para su vida habían tenido ya lugar. María se encuentra al inicio de la mayoría de edad y ocupa un puesto determinado en la vecindad. Es la prometida de José. Está bajo su protección y recibe su ayuda. José no será el padre de Jesús, pero Jesús crece en el seno de esta familia de la que José es el padre y María la madre. José asume todos los deberes de un padre de familia bueno y justo (cf. Lc 2).

El evangelista recuerda, por fin, el nombre de esta joven: como otras mujeres que aparecen en el Nuevo Testamento, ella se llama María. Se diferencia de las demás por el hecho de ser la madre de Jesús. En cuanto tal, tiene su propio puesto en la historia del pueblo de Dios.

El mensajero divino se dirige a esta joven, cuyas condiciones de vida han sido claramente señaladas. No la sustrae a estas condiciones; le comunica sencillamente cuál será, en este marco, la gran misión de su vida según lo establecido por Dios.

b) DIOS Y MARÍA (1, 28-29)

De modo semejante a como ha descrito las condiciones de vida de María, el evangelista había ya indicado anteriormente la situación de Zacarías e Isabel (1, 5). Respecto a éstos había dicho, sin embargo, algo que no dice ahora sobre María: *Los dos eran justos ante Dios, y caminaban sin tacha en todos los mandamientos y preceptos del Señor* (1, 6). Respecto al modo en que María se comporta en relación con Dios y sus mandatos, no dice nada. Más aún, el saludo del ángel se caracteriza por señalar la disposición de Dios respecto a ella: *Alégrate, llena de gracia, el Señor está contigo* (1, 28). La acción y los méritos de María no son determinantes; lo es la atención de Dios respecto a ella.

«Llena de gracia»

El mensajero divino no se dirige a esta joven con su nombre propio, «María», sino que la llama «llena de gracia». La expresión revela lo que Dios ha obrado en ella y lo que ella, gracias a esto, ha llegado a ser. Si la tomamos en su verdadero significado, la expresión, muy densa, viene a decir: «Dios te ha llenado de gracia, te ha dado gracia, encanto, gallardía; te ha hecho tal que eres graciosa y agradable a sus ojos; por eso van dirigidos hacia ti su gracia y su amor». No es el comportamiento propio ni los propios méritos los que hacen a María digna de ser amada por Dios. La iniciativa es toda de Dios. El hecho de haber creado a María, de tal manera que hacia ella dirige Dios su amor y su benevolencia, forma parte del misterio y del milagro de la elección y de la atención divinas. Y este hecho es tan característico de la persona de María que el ángel no se dirige a ella con su nombre propio, sino que la llama sencillamente «llena de gracia».

Recitando el Avemaría y llamando a María «llena de gracia», recordamos esta realidad fundamental de la relación de Dios con María. Con estupor, admiración y gratitud hemos de prestar atención al hecho de que el Dios grande y omnipotente se haya inclinado de forma totalmente singular sobre esta joven de Nazaret y la haya hecho digna de su amor.

«El Señor está contigo»

Es evidente que también estas palabras hablan de la relación de Dios con María: Dios, el Señor, está con ella. En el lenguaje bíblico tiene esta expresión un significado preciso. Viene utilizada generalmente cuando Dios llama a una persona para una misión particular al servicio de su pueblo, asegurando a esa persona su asistencia poderosa, efectiva y eficaz. Así, de manera similar a lo que sucede con María, el mensajero de Dios dirige a Gedeón, que debía liberar a Israel de los madianitas, este saludo: *Yahvé contigo, valiente guerrero* (Jc 6, 12). Dios no encomienda una tarea a una persona y la abandona después a sus propias fuerzas, sino que está junto a ella con su ayuda poderosa. «Llena de gracia» indica la relación personalísima de Dios con María. «El Señor está contigo» hace referencia a una misión particular para la que María es escogida y que ella ha de desempeñar en favor del pueblo de Dios. Con esta expresión se señala ya que María forma parte de los grandes llamados del pueblo de Dios y que, en cuanto tal, debe ser situada junto a Abrahán, a Moisés y a David. La misión a ella encomendada queda precisada en las palabras sucesivas del mensajero divino.

«Alégrate»

La primera palabra que el ángel dirige a María significa literalmente «alégrate». Puesto que entre los griegos se utilizaba esta expresión como forma de saludo habitual, la traducción más frecuente es la de «salve» o, en latín, «ave» (te saludo). No obstante, la expresión ha de tomarse como auténtica invitación a la alegría, ya que, en el contexto de la venida de Jesús, el mensajero de Dios se presenta siempre explícitamente como mensajero de alegría. A Zacarías le dice: *Será para ti gozo y alegría* (1, 14), y algo semejante dice a los pastores: *Os anuncio una gran alegría* (2, 10). También en su misión más importante se presenta el ángel como mensajero de alegría. Desde el principio se dirige a María con la invitación: «Alégrate». Todo lo que él ha de comunicar es motivo de alegría.

La primera reacción de María al saludo del ángel no es de alegría. Ella queda sorprendida y asustada, pero comienza también a reflexionar sobre el significado de aquel saludo. La alegría no puede ser impuesta; necesita tiempo para crecer y desarrollarse. A través de ese proceso de maduración es como llegará a ser una alegría viva, profunda y penetrante. Una explosión de gozo y alegría, constituyendo un primer punto culminante, es su *Magnificat*, donde su espíritu exulta por todo lo que Dios, con su gracia y su poder, ha realizado en ella (1, 46-47). Pero desde el principio es puesta la vocación de María bajo el signo de la alegría. Desde el principio se trata para ella de la benevolencia de Dios y de su intervención salvífica. No hay motivo más auténtico y fundamento más seguro para una alegría desbordante e ilimitada. También nosotros, cuando recitamos el Avemaría y el rosario, debemos conmovernos y sentirnos llenos de esta alegría por el amor de Dios y por su actuación benevolente.

c) LA MADRE DEL MESÍAS (1, 30-34)

María reflexiona sobre el significado del saludo angélico. El evangelista nos la presenta siempre como aquella que medita sobre los acontecimientos y quiere captar su significado (cf. Lc 2, 19.51). María no deja correr la palabra y la acción de Dios; no camina de manera ciega e irracional. Quiere estar bien presente con su pensamiento y su corazón, implicándose con toda su persona en aquello que sucede. Es un magnífico ejemplo de contemplación y de reflexión, viviendo de manera modélica la actitud que debería caracterizar el rezo del rosario: detenerse, reflexionar, dejarse interpelar y llenar con María por aquello que Dios dice y hace.

«Has encontrado gracia ante Dios»

El mensajero divino se dirige de nuevo a María, que reflexiona. Ya en la última parte de su saludo («El Señor está contigo») había insinuado que Dios la destinaba a una gran misión. Ahora explicita en qué consiste esa misión en favor del pueblo de Dios. Pero antes hace referencia a la expresión «llena de gracia», en la cual se encuentra el fundamento de todo: la relación de Dios con la persona de María. El ángel le dice: *No temas, María, porque has hallado gracia delante de Dios* (1, 30). La gracia, el favor, la benevolencia y el amor de Dios han recaído sobre ella. Dios la aprueba por completo y se complace en ella. De nuevo se esclarece la razón por la que el ángel ha podido comenzar dirigiendo a María el imperativo «alégrate». Para un ser humano no hay dicha más grande que la de poder saber con seguridad que el Dios omnipotente, el que dispone todo y del que todo depende, al cual se puede uno abandonar de manera incondicional, le ama y se complace en él. Esto lleva a que desaparezca todo motivo de miedo y preocupación. María puede sentirse plenamente dichosa de su propia vida y de su propio porvenir. Dios la ama; está de su parte.

La misión de madre

El mensajero divino comunica a María cuál es la misión para la que ha sido elegida: *Vas a concebir en el seno y vas a dar a luz un hijo, a quien pondrás por nombre Jesús* (1, 31). María debe convertirse en madre. Un niño entra en su vida y, ya con su nombre, viene caracterizado como una persona singular, como alguien que tiene su propia personalidad. Al igual que para cualquier otra mujer, la maternidad cambia totalmente la vida de María. Una gran responsabilidad recae sobre ella y se le pide un servicio múltiple. Su cuerpo y su afecto son el espacio en el que este nuevo ser puede alcanzar una cierta autonomía. Tras el nacimiento, el niño dependerá todavía por muchos años de la madre, hasta poder llegar a vivir y ser independiente. Él comienza su vida como un ser absolutamente débil y dependiente. Sólo tras mucho tiempo, después de mucho amor y de muchos cuidados, llegará a ser un hombre que pueda disponer autónomamente de su propia existencia.

La presencia del niño y la ayuda que se le ha de dar limitan en gran medida la libertad de la madre. Ella no puede vivir ya a su gusto; debe estar atenta a lo que el niño necesita y le conviene. El niño es su «prójimo» en el sentido más pleno de la palabra. Cuanto ella hace por su hijo realiza de modo primigenio y ejemplar el verdadero significado del servicio al prójimo y del amor al prójimo (cf. Lc 9, 47-48). Este servicio limita sin duda su libertad, pero crea y favorece también una vida de comunión personal, profunda y gozosa, en la que crece y se desarrolla no sólo el hijo, sino también la madre. Ella ofrece mucho con su amor diligente en los más variados servicios, pero también recibe mucho de la cercanía y de la confianza de su hijo. Su vida experimenta muchas preocupaciones y limitaciones, pero también se enriquece de experiencias, de alegría y de sentido.

El rey del pueblo de Dios

María comparte con cualquier otra madre los desvelos hacia su hijo y la comunión de vida con él. Pero sólo ella es la madre de aquel que Dios envía a su pueblo como el último y definitivo rey. El ángel le dice que su hijo *será grande y será llamado Hijo del Altísimo, y el Señor Dios le dará el trono de David, su padre; reinará sobre la casa de Jacob por los siglos y su reino no tendrá fin* (1, 32-33). Un rey justo es el pastor de su pueblo. Ha de preocuparse de que todos los miembros del pueblo vivan en la paz y puedan gozar de una vida en plenitud. En Jesús, Dios da al pueblo de Israel y a todos los hombres el pastor y rey definitivo que, sin ser ya sustituido, permanecerá para siempre. Este rey entrega su vida por todos los hombres. Con su resurrección vence la muerte y abre a todos el acceso a la vida eterna, inmortal, en la comunión abierta de vida con Dios. Es rey de forma incomparable, ya que por medio de él se comunica la insuperable plenitud de vida.

María es llamada por Dios a prestar este servicio singular al pueblo de Dios: hacer llegar al mundo, a través de su maternidad, a aquel por el que Dios da la plenitud de la vida eterna. María es la Madre del Mesías.

d) LA SIERVA DEL SEÑOR (1, 35-38)

Por el servicio materno de María viene al mundo aquel por el que Dios da a la humanidad la plenitud de la vida eterna. A la pregunta de María: «¿Cómo tendrá lugar esto?», el ángel responde: *El Espíritu Santo vendrá sobre ti y el poder del Altísimo te cubrirá con su sombra* (1, 35).

El poder creador de Dios

La vía normal para el nacimiento de un nuevo ser humano es la unión conyugal de un hombre y una mujer. El evangelista ha señalado al inicio que María estaba desposada con José, un hombre de la casa de David. A su pregunta sobre el modo en que llegará a ser la Madre del Mesías, María no recibe la respuesta de que esto sucederá mediante una relación con José. José no es el padre natural de este hijo. Jesús no debe el inicio de su propia existencia a un hombre, sino al poder del Creador. Dios mismo es el que le hace llegar a la existencia con su absoluto poder de vida. En sus palabras conclusivas el ángel subraya que este poder no tiene límite alguno y que nosotros no podemos ponerle ningún límite: *Ninguna cosa es imposible para Dios* (1, 37). También María, en su canto de alabanza, se refiere a lo que ha obrado el poder creador de Dios: *Ha hecho obras grandes en mí* (1, 49). Precisamente aquí está la razón por la que la llamarán bienaventurada todas las generaciones (1, 48). También nosotros estamos invitados a reconocer la obra del poder de Dios y a adherirnos a la bienaventuranza de esta mujer que la ha experimentado en su propia persona.

En el Evangelio no se nos dice por qué ha venido Jesús al mundo de este modo extraordinario. No es, ciertamente, porque la relación matrimonial entre un hombre y una mujer, es decir, la vía ordinaria por la que un ser humano viene al mundo, sea mala o despreciable. Dios mismo, el Creador del que proviene la orden de procreación, ha establecido esta vía. Mediante su intervención creadora al inicio de la vida de Jesús, se revelan diversas realidades. Dios establece un inicio completamente nuevo. No abandona la historia de la humanidad, que desde mucho tiempo atrás es una historia de infidelidad y de mal, a sus solas fuerzas. Crea en Jesús al hombre nuevo, capaz de realizar plenamente la debida relación con Dios. Jesús no es el fruto de la historia humana, sino puro don de Dios. La humanidad no origina por sí misma a su propio liberador, sino que es Dios el que le da a aquel que la hace salir de su estado de abandono en el pecado y en la muerte y la conduce a la plenitud de la vida. Puesto que desde su origen pertenece completamente a Dios, Jesús puede sacar a los hombres de la situación de ruptura con Dios en la que se encuentran y llevarles a la comunión con Dios. Es así como este último y definitivo rey (cf. 1, 33) da a su pueblo la plenitud de vida.

El Hijo de Dios

Puesto que no debe su existencia a un padre terreno, sino al poder creador de Dios, Jesús está en una relación totalmente singular con Dios. El ángel hace referencia explícita a esta consecuencia: *Será santo y será llamado Hijo de Dios* (1, 35). La Escritura define como «santo» aquello que pertenece al Señor. El hijo de María viene de Dios; por eso pertenece también a Dios; está vinculado con él del modo más estrecho posible. En razón de esta relación con Dios, Jesús es llamado «Hijo de Dios». Al hecho de ser, según su naturaleza divina, el Hijo divino de Dios Padre corresponde en él el hecho de no tener, según su naturaleza humana, un padre terreno. Dios es el único

Padre de Jesús, el único a quien él debe su existencia, en toda su realidad. Puesto que tiene esta relación singular con Dios y está vinculado a él bajo todos los aspectos, Jesús puede realizar la misión que el Padre le ha asignado. Puede ser el definitivo rey del pueblo de Israel y, por medio de su vinculación con Dios, puede conducir a este pueblo a la plenitud de la vida.

La sierva del Señor

Con la expresión: *He aquí la sierva del Señor; hágase en mí según tu palabra* (1, 38), María hace referencia a la misión que Dios le ha encomendado. La Sagrada Escritura llama «siervo del Señor» a la persona a quien el Señor ha dirigido una llamada particular y a quien le ha confiado una tarea decisiva en favor de su pueblo. Sólo María se llama «la sierva del Señor». Con tal designación queda situada junto a los «siervos del Señor», como es el caso de Moisés, de David y de los profetas. María ha sido llamada para una misión totalmente singular: la de ser la madre de aquel que es el Hijo de Dios, de aquel por quien Dios da a la humanidad la plenitud de vida y la salvación. Isabel dirá de ella: *Bendita la que ha creído en el cumplimiento de las palabras del Señor* (1, 45). María ha acogido y ha desempeñado su misión en la fe, con una ilimitada confianza en Dios. Es así como se ha convertido en bendición para la humanidad entera.

Cuando rezamos el rosario, tenemos ante nuestros ojos la figura de María. Será para nosotros motivo de bendición y de alegría poder contemplar atentamente y con agradecimiento su relación con Dios y su vocación, reflexionar con ella sobre el don salvífico de Dios en la vida de Jesús y tomar como modelo su fe y su comportamiento.

2

EL ENCUENTRO DE MARÍA E ISABEL
(1, 39-45)

María ha sabido, por el mensajero divino, que también su prima Isabel ha concebido un hijo y se encuentra ya en el sexto mes (1, 36). María acoge esta noticia y parte hacia la casa de su prima (1, 39-56). En su encuentro, las dos mujeres expresan sus experiencias respectivas. Primero habla Isabel y dice lo que ella, llena del Espíritu Santo, ha podido comprender de María (1, 41-45); después habla María, que exulta de gozo por la acción de Dios (1, 46-55).

a) MARÍA E ISABEL (1, 39-41)

María lleva a Isabel todo su ser y todo aquello que le ha sucedido. En el encuentro y mientras se comunican recíprocamente lo que las llena y las mueve por dentro, la acción de Dios llega a ser comprendida mejor y es proclamada en alta voz.

Impresionadas por la obra de Dios

El encuentro de María con Isabel no aporta ningún acontecimiento nuevo y decisivo. Se trata de conocer y comprender lo que el mensajero divino ha comunicado a María y lo que ha sucedido en la relación entre Dios y ella. El hecho de haber sido elegida por Dios para ser, mediante su poder creador, la Madre del Mesías, tiene un significado tan profundo y de tal alcance que sólo gradualmente puede ser comprendido.

Dios no se conforma con obrar nuestra salvación; quiere que también nosotros tomemos conciencia de ella y la comprendamos siempre mejor, dejándonos impactar y llenar de ella. Esto vale sobre todo para María. Ya en el anuncio del ángel aparece ella como quien reflexiona (1, 29) y pregunta (1, 34), alcanzando así una primera comprensión de su misión. Lo que entonces comenzó, sigue adelante ahora, sobre todo cuando María expresa en el *Magníficat* el modo en el que ella ve la acción de Dios.

Hasta este momento, el conocimiento ha quedado limitado a María. Pero lo que Dios ha hecho en ella no le atañe sólo a ella, sino a toda la humanidad. De aquí que este conocimiento se difunda. Isabel es la primera persona a la que se le otorga la capacidad de reconocer lo que Dios ha obrado en María. Pero lo que comienza con Isabel seguirá adelante en el futuro hasta alcanzar a todas las generaciones (1, 48). También nosotros debemos reflexionar sobre lo que Dios ha obrado en María, comprenderlo cada vez mejor y quedar sorprendidos, llenos de alegría y gratitud.

El viaje de María

El ángel ha hecho saber a María que Isabel se encuentra en su sexto mes de embarazo (1, 36). María acoge esta invitación y se dirige hacia donde está su prima, hacia la región montañosa de Judea. Según una antigua tradición, el poblado en el que vivían Zacarías e Isabel era Ain Karim, al Noroeste de Jerusalén. María debe recorrer una distancia de casi ciento veinte kilómetros; ha de estar en camino, por tanto, durante algunos días. Consigo lleva el misterio de su vida.

El evangelista no nos dice nada de este viaje. De él nos habla, sin embargo, de manera sugestiva y profunda una poesía de Friedrich von Spee:

La virgen tierna y pura no caminaba sola,
en el trono de su corazón al Hijo de Dios llevaba
y una legión de ángeles invisibles la acompañaba.
Al partir de su casa a rezar comenzó;
su corazón y su boca no cesaron de elevarse hacia Dios;
en Dios meditaba hasta que su viaje terminó.

Cuanto afirma Von Spee no es ninguna invención ni fantasía. No hace otra cosa que aplicar al viaje de María lo que el evangelista ha referido ya de ella. Después de su «sí», María ha llegado a ser madre, gracias a la acción poderosa de Dios. En su cuerpo ha iniciado el Hijo de Dios su propia existencia humana y su propio crecimiento. María no está ya sola; lleva en su vientre al Hijo de Dios. La actitud de reflexión con la que ella ha acogido el mensaje de Dios continúa acompañándola. Las muchas horas de viaje le ofrecen la oportunidad de pensar en cuanto ha sucedido y de profundizar su sentido y su alcance. Ella tiene la posibilidad de estar a solas con su hijo, que ocupa no sólo su cuerpo, sino también su pensamiento. Toda la persona de María está llena de Dios y de su obra.

El saludo de María

De este viaje y de esta reflexión deriva el saludo que María dirige a Isabel. Antes había referido el evangelista el significativo saludo del ángel –*Alégrate, llena de gracia, el Señor está contigo* (1, 28)–, haciendo ver que de él arrancan todas las acciones sucesivas. Ahora guarda silencio sobre lo que María ha podido decir a Isabel en su saludo, un saludo al que, sin embargo, se ha de reconocer una cualidad extraordinaria. Efectivamente, él hace exultar al niño en el vientre de Isabel y hace a la vez que la madre quede llena del Espíritu Santo. El evangelista remite explícitamente al saludo de María (1, 41: *En cuanto oyó Isabel el saludo de María...*) y a él hace referencia también Isabel (1, 44: *Apenas llegó a mis oídos la voz de tu saludo...*). El saludo de María debió de actuar sobre Isabel como un revulsivo, introduciéndola en el ámbito de sus propias experiencias: Isabel puede comprender en el Espíritu Santo lo que ha sucedido a su prima.

El saludo de María y el efecto producido por él revelan la potencialidad de la palabra. Con nuestras palabras y con nuestras voces transmitimos el espíritu que nos llena. Nuestro hablar puede estar animado de muy diferentes clases de espíritu: puede transmitir un espíritu bueno, gozoso, estimulante, iluminador, o bien un espíritu malo, opresor, desmoralizante, desconcertante. María vive en el mundo en el que ha sido introducida por el mensajero divino y en el que ella ha entrado plenamente con su «sí». A través de su reflexión inicial y de aquella realizada durante días a lo largo de su viaje, su espíritu queda compenetrado cada vez más con ese mundo. Su saludo a Isabel proviene de este espíritu y transmite este espíritu.

Lo que Dios ha hecho y lo que hace por medio de María es posesionarse cada vez más de sus sentidos y de su reflexión; llena su espíritu y es transmitido por ella a los demás.

b) MARÍA, LA BENDECIDA POR DIOS (1, 42-44)

Llena de Espíritu Santo, Isabel puede reconocer y decir a María: «Bendita tú entre las mujeres y bendito el fruto de tu seno». Y llena de admiración, exclama: *¿De dónde a mí que la madre de mi Señor venga a mí?* (1, 42-43).

«Dios te ha bendecido»

Lo primero que Isabel reconoce es lo que Dios ha obrado en María. Decir «bendita eres tú», equivale a decir: «Dios te ha bendecido». Fundamental y decisiva es siempre la acción de Dios. Nosotros podemos valorar y venerar de modo justo a María sólo si, lejos de considerarla por sí misma, la consideramos desde su vinculación con Dios. Es lo que ha hecho el ángel, hablando en primer lugar de su relación con Dios: *Alégrate, Dios te ha transformado con su gracia, el Señor está contigo* (1, 28).

«Bendecir», en el sentido propio del término, es obra exclusiva de Dios y significa dar, mantener, promover, hacer prosperar y llevar a plenitud la vida. Dios es el Señor de la vida; toda criatura le debe a él su propia existencia. Cuando se habla de vida, se hace siempre referencia a un misterio y se remite en última instancia a Dios. Diciendo «Dios te ha bendecido entre todas las mujeres», Isabel quiere decir: «Dios, el Señor de la vida, ha suscitado en ti la vida como no lo ha hecho con ninguna otra mujer». Toda vida depende de Dios, dentro de las reglas que él mismo ha puesto en la Creación. La propia Isabel está encinta. Como mujer anciana y estéril, ella ha experimentado de modo particular la bendición de Dios; pero Juan es hijo de ella y de Zacarías. María, por el contrario, ha llegado a ser madre como ninguna otra mujer en el mundo, gracias a la intervención especial del poder creador de Dios.

Isabel hace referencia explícita también al fruto del seno de María y reconoce que también él es bendito. Dios ha bendecido al hijo de María, lo ha colmado de vida y de fuerza vital. Hasta qué punto llega esta bendición, se podrá comprender sólo al final de la vida de Jesús. Con su resurrección, él supera la muerte y se convierte en fuente de vida eterna. Por medio de él, Dios se revela en sentido pleno como el Señor de la vida y con la vida eterna e inmortal da su mayor bendición. Ésta es obra de Dios. Él se sirve de María para hacer venir al mundo a aquel que vencerá a la muerte y que será el portador de la verdadera vida, la vida sin fin.

«Madre de mi Señor»

Isabel reconoce en el hijo de María a su Señor. No sabe explicarse cómo es que la madre de su Señor va hacia ella. Comprende y reconoce la dignidad de María y sabe que ella no está a su nivel. Recibe, sin embargo, la visita de María y se hace partícipe del gozo por la venida del Señor. Jesús es el Señor de todos los hombres, lleno de poder y de bondad.

En nuestra oración más común a María, el Avemaría, repetimos el saludo del ángel y las primeras palabras de Isabel, a las que añadimos: «Santa María, Madre de Dios, ruega por nosotros, pecadores, ahora y en la hora de nuestra muerte». Estas últimas palabras, aun no habiendo sido tomadas del Evangelio de Lucas, corresponden al espíritu de lo que dice Isabel. Ella llama a María «la madre de mi Señor»; nosotros, con una expresión elaborada posteriormente, que revela una profunda comprensión de su dignidad, la llamamos «Madre de Dios». Isabel es consciente de no merecer la visita de María y de no encontrarse a su nivel; también nosotros somos conscientes de la gran diferencia que hay entre María y nosotros desde el momento que calificamos a María como «santa», es decir, como alguien que pertenece completamente a Dios, y a nosotros mismos nos consideramos «pecadores», es decir, personas que se han alejado de Dios y se oponen a él. A esta situación corresponde plenamente –aun yendo más allá de las palabras de Isabel– la petición que dirigimos a María, implorando su intercesión por nosotros ante Dios, ante aquel que la ha elegido y al que ella se encuentra tan unida. Con el Avemaría volvemos, pues, al inicio y retomamos la visión más originaria y la actitud más auténtica en relación con ella.

El entusiasmo de Isabel

Hasta ahora nos hemos interesado sólo por el contenido de las palabras de Isabel. Pero el evangelista precisa también las circunstancias (1, 41-42): Isabel escucha el saludo de María, siente al niño saltar de gozo en sus entrañas, queda llena del Espíritu Santo y pronuncia sus palabras exclamando «con gran voz», según el significado literal del verbo, frecuentemente atenuado en las traducciones.

Isabel, llena del Espíritu Santo, es capaz de reconocer lo que Dios ha obrado en María. Lo que ella comprende no la deja fría e indiferente; la conmueve y la impresiona en lo más profundo de su ser. Se siente tan entusiasmada y llena que no puede retener en sí misma aquello que ha reconocido; debe expresarlo a voces.

Isabel es el primer ser humano al que se le concede la gracia de reconocer en María a la «Madre del Señor». Este reconocimiento tiene un carácter ejemplar. Con nuestras simples fuerzas humanas no podremos reconocer la dignidad y la condición de María; tenemos necesidad del Espíritu Santo. Tal reconocimiento es un don suyo. Pero quien, gracias a este don, es capaz de reconocer así a María, no puede permanecer insensible y mudo, como si nada hubiera sucedido. No puede menos que quedar impresionado y entusiasmado, sintiéndose impulsado a comunicar la realidad maravillosa que ha descubierto.

Si permanecemos fríos ante la figura de María y no llegamos a comprender mucho de ella, esto significa que no hemos recibido en suficiente medida el don del Espíritu y que hemos de rezar para obtenerlo. Sólo el Espíritu Santo nos permite comprender la acción de Dios. Y la acción de Dios en María es entusiasmante: Él la ha elegido y bendecido y, por medio de su Hijo, da la plenitud de la vida.

c) MARÍA, LLENA DE FE Y DE DICHA (1, 45)

Isabel ha sido la primera persona capaz de reconocer lo que Dios ha obrado en María y manifiesta, inmediatamente después, el modo en que María ha acogido la acción de Dios. Con las palabras *dichosa la que ha creído que se cumplirían las cosas que le fueron dichas de parte del Señor* (1, 45), describe el comportamiento de María frente a Dios. Una característica de María es su fe; con ella reconoce la palabra de Dios como digna de crédito y plenamente válida. Por eso es llamada María «dichosa». Son reconocidos en ella todos los motivos para ser bienaventurada y para tener una dicha desbordante.

La fe de María

Así es presentada la actitud de fe. El acontecimiento mismo, el actuar de Dios, viene precedido de su palabra, que lo anuncia y lo promete. El hecho mismo no es todavía una realidad de presente; existe tan sólo en la palabra. El que cree no espera solamente que el acontecimiento se cumpla y que él lo pueda comprobar con sus propios ojos y con sus propias manos, sino que se fía de la palabra de Dios sin exigir contemplar previamente los hechos. El creyente reconoce que la palabra de Dios, lejos de ser una palabra inconsistente o engañosa, lleva detrás de sí el compromiso, la veracidad y el poder de Dios, el cual realiza siempre su palabra. La fe conduce más allá del presente y más allá de lo que en él sucede; por otra parte, introduce en el presente lo que Dios realizará en el futuro.

La bienaventuranza que Isabel pronuncia sobre su prima presupone que la palabra de Dios ha sido dirigida a María. Es lo que se ha referido en el pasaje precedente, en el cual el mensajero divino dice a María: *Vas a concebir en el seno y vas a dar a luz un hijo... Él será grande y será llamado Hijo del Altísimo* (1, 31-32). Y continúa: *El Espíritu Santo vendrá sobre ti y el poder del Altísimo te cubrirá con su sombra; por eso, el que ha de nacer será santo y será llamado Hijo de Dios... Ninguna cosa es imposible para Dios* (1, 35.37). Todas estas palabras se refieren a lo que Dios realizará en el futuro con María. María se fía de Dios, acoge como válida su palabra y acepta la misión que se le encomienda. La fe ofrece a María el acceso al designio y a la palabra de Dios, llevándola a una comunión cada vez más estrecha con él. En María, que cree y se fía de la palabra de Dios, obra el poder creador de Dios, de suerte que llega a ser la Madre del Señor. María deberá seguir teniendo esta fe hasta que se cumpla todo lo que Dios ha anunciado.

¡Oh insensatos y tardos de corazón para creer todo lo que dijeron los profetas!, dirá el resucitado en plan de reproche a los dos discípulos de Emaús (24, 25). María, lejos de ser necia y tarda de corazón, es sabia y despierta. Ella es modelo de fe para nosotros, que nos encontramos en el camino de esta vida y nos dirigimos hacia el porvenir. La palabra de Dios nos impulsa a creer que Dios nos indica el camino justo por medio de Jesús; que él tiene firmemente en sus riendas nuestro destino; que, junto a él, podemos sentirnos seguros; que él nos conduce a la meta. Nosotros no podemos verificar todo esto, pero es lo que se nos dice en el mensaje de Jesús y hemos de creer en la pala-

bra de Dios. Dios no nos trata como a muñecos que ignoran cuanto les sucede y cuanto les espera. Él nos indica el camino y el porvenir por medio de su palabra. Si la acogemos con fe, nos abrimos conscientemente a la obra que él cumplirá en nosotros.

La dicha de María

El ángel ha introducido su mensaje a María con la invitación a la alegría: *Alégrate, Dios te ha colmado de gracia, el Señor está contigo* (1, 28). Ahora Isabel concluye su discurso con estas palabras: *Dichosa la que ha creído que se cumplirían las cosas que le fueron dichas de parte del Señor* (1, 45). En ambos casos se habla de la dicha basada sobre la acción de Dios. Dichoso significa gozo puro que penetra todo, gozo que llena al hombre y se desborda. Llamando a María «dichosa», Isabel le dice que tiene todos los motivos para un gozo así. El fundamento de ese gozo es su fe en el cumplimiento de la palabra de Dios. Este gozo irrumpirá después en el *Magníficat*.

En su cántico de alabanza, ella declara: *Mira, desde ahora todas las generaciones me llamarán bienaventurada, porque ha hecho en mí obras grandes el Poderoso* (1, 48). María se dirige a Isabel («Mira») y afirma que la bienaventuranza, que ha recibido de ella por vez primera, será repetida por todas las generaciones. En todo tiempo María será admirada y se reconocerá de buen grado que ella tiene todos los motivos para una dicha sin límites. Como fundamento de ello, aquí no viene mencionada la fe de María, sino explícitamente la obra singular del Dios Poderoso, que, con su poder creador, ha hecho a María madre de su Hijo. Cuando hoy llamamos a María «bienaventurada», nos unimos al coro que tuvo su inicio en Isabel y que resuena en todo tiempo; cumplimos su propia palabra, tal como se nos ha transmitido en el Evangelio.

La bienaventuranza expresada por una mujer del pueblo («Dichoso el seno que te llevó y los pechos que te criaron») es explicada y ampliada por Jesús en estos términos: *Dichosos más bien los que escuchan la palabra de Dios y la guardan* (11, 27-28). Jesús no pone en entredicho que María sea dichosa, pero hace depender esta dicha de la relación con Dios y con su palabra. María se ha confiado de manera ejemplar a esta palabra.

Elementos característicos de María son la fe y la bienaventuranza. Ella acoge plenamente la palabra de Dios y se abre a la acción de Dios. Así es como pone el fundamento para una dicha ilimitada.

3

MARÍA ALABA LA GRANDEZA DEL SEÑOR
(1, 46-55)

Después de que Isabel ha expresado lo que ha podido comprender de María (1, 41-45), María toma la palabra. Ella habla exclusivamente de Dios y sus palabras revelan un profundo conocimiento del Señor. En su cántico de alabanza podemos ver nosotros a Dios con sus propios ojos. María nos recuerda sobre todo la experiencia hecha de Dios en su propia vida (1, 46-49), viéndola sobre el trasfondo de su actuación normal en la humanidad (1, 50-53) y de su comportamiento con el pueblo de Israel (1, 54-55).

a) MARÍA ALABA A DIOS (1, 46-49)

Dios se ha inclinado sobre María y ha actuado en ella con todo su poder. María se hace cada vez más consciente de la benevolencia de Dios y de las grandes cosas que ha obrado en su persona. Ella desborda de gozo; el júbilo irrumpe en su interior y ella alaba la misericordia y la fidelidad de Dios.

El júbilo de María

La primera palabra del ángel a María fue ésta: *Alégrate* (1, 28). Isabel concluía su discurso con la siguiente expresión: *Dichosa la que ha creído* (1, 45). En ambos casos se explicita que María tiene todos los motivos para alegrarse. Pero hasta ahora ella ha permanecido como «aquella que medita» y el evangelista no ha referido ninguna manifestación de gozo en ella. El entusiasmo de Isabel da el último impulso hacia la explosión de gozo por parte de María.

El cántico de alabanza de María no proviene de la nada; es el fruto de una experiencia profunda y profundamente comprendida. Su alma y su espíritu, es decir, ella con todas sus facultades, están dirigidos hacia Dios. María ha experimentado en sí misma la acción maravillosa de Dios; por eso lo alaba ahora. Su felicidad y su gozo son tan grandes que surgen desde su interior y se comunican con júbilo en alta voz. María está llena y desborda de gozo en Dios.

La acción de Dios

María reconoce al Señor como su salvador, «porque ha puesto sus ojos en la pequeñez de su sierva». Es plenamente consciente de lo que ha sucedido. Frente a Dios, ella es una simple criatura, una entre tantas; frente a los hombres, ella es una joven insignificante del desconocido pueblo de Nazaret. No tiene un nombre ni una posición importante; ninguno tiene que contar con ella ni tenerla en cuenta para nada. Desde el punto de vista humano, es un «don nadie». Pero Dios ha puesto en ella sus ojos, no con la mirada de quien observa en plan de superioridad y de desprecio a los pequeños, sino con la mirada de quien se inclina con benevolencia y predilección. La ha sacado así de su insignificancia y se ha convertido en su salvador. Todo acto de condescendencia por parte de Dios es al mismo tiempo un acto salvífico, porque conduce a los hombres hacia él, vinculándoles con él y realizando así su salvación.

Como en la respuesta al anuncio del ángel (1, 38), así también ahora María se reconoce como la «sierva del Señor». Es una confesión humilde y gozosa a la vez. María se reconoce obligada al servicio que Dios le ha confiado, pero al mismo tiempo sabe que no hay honor más grande y tarea más hermosa que la de poder servir a Dios. Las palabras del ángel (1, 30: *Has hallado gracia ante Dios*) y el servicio para el que María ha sido elegida han conquistado profundamente su corazón. Ella ha comprendido la transformación tan radical que ha producido la acción de Dios en su situación humana. Por eso, su alma y su espíritu son un único canto de alegría.

La alabanza de todas las generaciones

Dios ha sacado a María de su insignificancia. Un signo y una consecuencia de este hecho es que ella será llamada bienaventurada por todas las generaciones. Una persona puede, durante su vida, reclamar en cierta medida la atención sobre ella. Pero, después de su muerte, la mayoría de los seres humanos queda, más pronto o más tarde, completamente olvidada; ningún recuerdo permanece de ellos; es como si no hubieran existido.

Con este destino generalizado contrasta la afirmación de María: *Todas las generaciones me llamarán bienaventurada* (1, 48). No habrá ninguna generación que se olvide de ella y que no la mencione. En todo tiempo será ella no sólo recordada, sino llamada incluso bienaventurada. Atraerá la atención de todas las generaciones, una atención llena de asombro y de exaltación.

El fundamento de esto no es la persona de María por sí misma considerada, sino por lo que en ella ha hecho el Poderoso. Lo subraya ella misma: *Todas las generaciones me llamarán bienaventurada porque ha hecho en mi favor obras grandes el Poderoso* (1, 48-49). María llama aquí a Dios «el Poderoso», refiriéndose en particular a ese poder que, como había recordado el ángel al término de su mensaje, no tiene límites (1, 37). María ha llegado a ser la Madre del Hijo de Dios gracias al poder del Altísimo (1, 35). Esto será recordado por todas las generaciones y constituirá el contenido principal de su bienaventuranza. Es la bienaventuranza que corresponde a la Madre del Señor. El modo en que ella se ha convertido en madre, es decir, la concepción virginal del hijo, atrae aquí la atención de modo particular. Es a la madre virgen a la que será dirigida la bienaventuranza por todas las generaciones.

El cántico de alabanza de María habla de Dios y, más en concreto, de lo que él ha obrado en ella. Se observa aquí una diferencia fundamental con el cántico de alabanza por parte de Zacarías (el *Benedictus*). Mientras que en este último se habla exclusivamente de la venida del Mesías y de su precursor, sin que la persona de Zacarías tenga ninguna importancia (1, 68-79), en el *Magnificat* María no menciona al Mesías, sino que dirige toda su atención a Dios y a su propia persona. Su gran misión es claramente la de llegar a ser la Madre del Mesías por medio del poder de Dios. Pero ella no es un instrumento indiferente ni irrelevante en las manos de Dios. El inclinarse de Dios atañe a su propia persona; por eso la llamarán bienaventurada todas las generaciones.

b) MARÍA Y EL DIOS SANTO (1, 49-53)

María va más allá de lo que ella ha experimentado en su propia persona y describe el modo en que Dios trata a los hombres en general. Recuerda determinados comportamientos humanos e indica cómo son considerados por parte de Dios. Se hace claro así el modo en que Dios valora la actuación de los hombres. Todo queda precedido de la afirmación: *Santo es su nombre* (1, 49). En el lenguaje de la Sagrada Escritura, la santidad es aquello que caracteriza a Dios y que le distingue de todos los demás seres. Los serafines que están ante su trono le reconocen tres veces como *el Santo* (Is 6, 3; cf. Ap 4, 8). Se quiere expresar así que él es incomparable, superior a todo lo demás, totalmente singular; en una palabra, que él es el solo y único Dios. Nada le iguala, nada puede competir con él, nada puede regir ante él. Él es el Señor y Dios, del que depende todo lo demás y del que todo recibe su propio valor. Con esta superioridad y poder absolutos, Dios ha decidido actuar en María. Su santidad determina también su modo de actuar respecto a los demás hombres.

Misericordia para quienes temen a Dios

María comienza afirmando que *su misericordia alcanza de generación en generación a sus fieles* (1, 50). Con estas palabras se alude no a los hombres que tienen miedo de Dios, sino a aquellos que le tratan con respeto, que le muestran veneración, que le reconocen como su Dios y Señor. Estos confiesan que Dios es su creador, reconocen haber recibido todo de él y que es justo escuchar su palabra y hacer su voluntad. En todo momento pueden contar estas personas con su misericordia. No les tratará con dureza ni con frialdad. Cuando se encuentren en la necesidad, débiles e indigentes, podrán experimentar su bondad, su comprensión y su ayuda.

La valoración que Dios hace

No todas las relaciones y órdenes establecidas por los hombres ni todas las actitudes que determinan nuestra vida vienen sin más respetadas por Dios. Si corresponden a su voluntad, tienen consistencia; de lo contrario, son corregidas por él. María recuerda algunas actitudes esenciales que regulan las relaciones con Dios, con los hombres y con los bienes terrenos, mostrando cuál es la valoración que Dios hace de ellas.

Habla, en primer lugar, de aquellos que tienen el corazón lleno de soberbia, de los orgullosos y presuntuosos. Su comportamiento es el contrario de aquellos que temen a Dios. No reconocen a Dios como su Señor, sino que quieren ser los dueños de sí mismos. Pretenden una total independencia y libertad; se dejan guiar por estos criterios: «Me corresponde a mí la última decisión sobre mi vida. Yo hago lo que quiero y lo que me place. No tengo necesidad de recurrir a nadie ni de dejarme guiar por nadie. No seguiré el consejo de nadie. Quiero ser completamente dueño de mí mismo». Quien basa la propia vida sobre estas actitudes no puede subsistir ante Dios. El orgulloso vive de sus vanidades; ha olvidado que no ha sido él quien se ha dado la existencia y que, por lo tanto, no puede ser tampoco él en sentido absoluto el dueño de sí mismo. Su creador y Señor le pondrá sobre el terreno de la realidad.

María afirma a continuación: *Derribó a los poderosos de sus tronos y ensalzó a los humildes* (1, 52). Jesús mismo da esta definición de los potentados: «Los reyes de las naciones las dominan como señores absolutos, y los que ejercen el poder sobre ellas se hacen llamar bienhechores», y sigue diciendo: *Pero no sea así entre vosotros, sino que el mayor entre vosotros sea como el más joven y el que gobierna como el que sirve* (22, 25-26). Los potentados son aquellos que tienen el poder y de los cuales dependen los demás, pero que, en lugar de utilizar el poder para hacer bien y servir a los otros, lo utilizan en ventaja propia. Hacen saber a los otros que dependen de ellos o se gozan con su poder. Quieren ser honrados y reconocidos como poderosos. Personas así se encuentran no sólo en el vértice de la sociedad, sino en todos los niveles. Quien trata al prójimo con estas actitudes no tiene consistencia a los ojos de Dios. Aunque no se especifica cuándo y cómo, María afirma que Dios pondrá fin a este comportamiento. Dios, por el contrario, ensalzará a los humildes. Un ejemplo significativo de tal exaltación es la persona misma de María (cf. 1, 48). No es que ella haya sido proclamada reina de Jerusalén, pero ha participado en la suerte del propio hijo hasta haber sido asunta al cielo.

Finalmente, María afirma: *A los hambrientos colmó de bienes y despidió vacíos a los ricos* (1, 53). Los ricos tienen a su disposición la abundancia de los bienes de la tierra (cf. 12, 16-21). Como el rico epulón, ellos los usan para vivir en la abundancia y concederse todos los placeres (cf. 16, 19-31). Los hambrientos, por el contrario, no tienen siquiera la posibilidad de procurarse lo necesario para vivir. Jesús dirá a los ricos: *¡Ay de vosotros, los ricos!, porque habéis recibido ya vuestro consuelo* (6, 24). Dios no deja así esta situación. Quien se apega con el corazón a los bienes de la tierra (cf. 12, 34) y vive para derrocharlos a placer, es despedido por Dios con las manos vacías. Efectivamente, en su corazón no hay puesto para Dios ni para su palabra, mientras que los hambrientos están prontos y abiertos para Dios y para sus dones.

María nos pone frente al Dios santo. Sólo quien lo trata con respeto y orienta todo su comportamiento según su voluntad puede ser aprobado por él.

c) MARÍA Y ABRAHÁN (1, 54-55)

Al final de su cántico de alabanza, María habla de la acción de Dios respecto al pueblo de Israel: *Acogió a Israel, su siervo, acordándose de la misericordia* –como había anunciado a nuestros padres– *en favor de Abrahán y de su linaje por los siglos* (1, 54-55). El pueblo de Israel se encuentra en una relación singular con Dios, que lo ha elegido y lo ha hecho siervo suyo (cf. Is 41, 8). Dios se ha volcado hacia este pueblo, preocupándose de hacerlo vivir. A esta actitud fue inducido por su misericordia y por la promesa que hizo a Abrahán y a su descendencia. Su misericordia alcanza a todos aquellos que lo temen (1, 50), pero vale de manera especial para el pueblo de Israel. En la promesa hecha a Abrahán, Dios se comprometió expresamente a preocuparse de él y de su descendencia.

El cumplimiento de la promesa

Las grandes cosas que el Poderoso ha hecho en María entran dentro de su preocupación por el pueblo de Israel, son expresión de su misericordia y llevan a cumplimiento su promesa. Abrahán es el cabeza del pueblo de Israel; con su elección comienza la historia de este pueblo. En el momento de su llamada, Dios le prometió: «De ti haré una nación grande y te bendeciré; engrandeceré tu nombre y tú llegarás a ser una bendición. Bendeciré a quienes te bendigan y maldeciré a quienes te maldigan; en ti serán benditas todas las familias de la tierra»

(Gn 12, 2-3; cf. 22, 15-18). Por medio de Abrahán, Dios da su bendición, conserva y promueve la vida.

Esta acción de Dios alcanza su punto culminante en María. A propósito de ella Isabel afirma: *Bendita tú entre las mujeres y bendito el fruto de tu seno* (1, 42). Por medio de María, Dios da al pueblo de Israel su último y definitivo rey. El hijo de María *reinará sobre la casa de Jacob por los siglos y su reino no tendrá fin* (1, 33). Él es el rey con el que Dios se interesa por su pueblo y cuida de su vida. Por medio de él llega a cumplimiento en modo pleno e insuperable la promesa de bendición hecha por Dios. «Bendición» significa vida. Jesús supera la muerte con su resurrección y entra en la vida eterna e inmortal con Dios. En cuanto rey de su pueblo, conduce a la misma meta a aquellos que se dejan guiar por él. Sus fieles participarán, junto con él, de la plenitud de la vida eterna.

Abrahán es el cabeza del pueblo por lo que respecta a la vida natural, terrena. Por medio de María, Dios da a su Hijo, que conduce a la plenitud de la vida. Esta vida no es ya transmitida mediante la procreación natural; es participada por aquellos que creen en Jesús y lo siguen. María y su hijo llegan a ser bendición todavía más que Abrahán, ya que, a través de ellos, Dios otorga la vida eterna.

La acogida en la fe

La palabra con la que Dios expresa su promesa debe ser acogida por los hombres en el modo justo. Cuando Dios promete a Abrahán un hijo carnal, se dice de Abrahán: *Él creyó en el Señor, el cual se lo reputó como justicia* (Gn 15, 6). San Pablo, en particular, subrayará que la acción decisiva de Abrahán fue su fe. De ello nos habla todo el capítulo 4 de la Carta a los Romanos, en el que Pablo escribe: *Ante la promesa divina, (Abrahán) no cedió a la duda con incredulidad; más bien, fortalecido en su fe, dio gloria a Dios, con el pleno convencimiento de que poderoso es Dios para cumplir lo prometido. Por eso le fue reputado como justicia* (Rm 4, 20-22). El Apóstol ve realizado ejemplarmente en el comportamiento de Abrahán lo que es la fe y ve en Abrahán al «padre de todos nosotros» ante Dios por razón de su fe.

Isabel dice a María: *Dichosa la que ha creído que se cumplirían las cosas que le fueron dichas de parte del Señor* (1, 45). También ella reconoce la obra decisiva de María en su fe. Lo que Pablo dice a propósito de Abrahán, se puede decir también de María: no cedió a la duda con incredulidad sobre lo que Dios le comunicó a través del ángel. Dio gloria a Dios y estaba plenamente convencida de que Dios tiene el poder de hacer lo que le había sido anunciado. María es una hija modélica de Abrahán.

La antigua alianza, la historia de Dios con el pueblo de Israel, comienza con la llamada de Abrahán; Dios le promete la bendición y él acoge con fe la palabra de Dios. La nueva alianza, la obra definitiva de la salvación de Dios, comienza con la llamada de María. También ella cree en la palabra de Dios que le es comunicada. María es la bendecida por excelencia, ya que se ha convertido en madre por medio del poder creador de Dios y ha engendrado a aquel por el que Dios da no una vida terrena, sino la vida eterna.

Israel es llamado «el siervo del Señor» y María, «la sierva del Señor». Escogiendo a María como sierva suya y haciéndola madre de su Hijo, Dios lleva a cumplimiento su bendición en favor de Israel. El pueblo ha sido con frecuencia infiel a su elección y a su servicio a Dios, mostrándose un siervo nada fiable. María toma el puesto del siervo. Es la sierva perfecta, que cree en la palabra del Señor y se pone a su servicio de manera incondicionada. Es ejemplar en su fe y en su disponibilidad al servicio. Del mismo modo que Pablo considera a Abrahán «el padre de todos nosotros» por su fe ejemplar, así nosotros podemos considerar a María como «madre nuestra» por razón de su fe. En el inicio de la antigua alianza está Abrahán como padre en la fe; al inicio de la nueva alianza está María como madre en la fe. Ambos son elegidos por Dios y bendecidos por él, cada cual a su modo.

4

MARÍA, EN BELÉN
(2, 1-20)

En uno de los pasajes más conocidos de su Evangelio, Lucas refiere el nacimiento de Jesús y el anuncio a los pastores. Nos limitamos aquí a observar lo que este pasaje nos dice sobre María.

El nacimiento de Jesús

El evangelista narra el nacimiento de Jesús con pocas y sencillas palabras, pero describe de forma detallada el motivo por el que Jesús nace en Belén. Como todos los ciudadanos del Imperio Romano, también María y José están sometidos al poder de César Augusto. Por un edicto suyo, deben ir a Belén para hacerse censar. Por influjo del poder romano, Jesús nace en el lugar del que proviene su antepasado David. Mayor será todavía el influjo que el poder romano ejercerá sobre su muerte: Jesús morirá sobre la cruz, condenado a este género de muerte por Poncio Pilato, gobernador de Judea bajo el reinado de Tiberio.

Por segunda vez, en el espacio de breve tiempo, realiza María un largo viaje desde Nazaret hasta Judea. Llena toda ella de su vocación y del gran misterio de su vida, había ido presurosa hacia su prima Isabel (1, 39). Allí había sido confirmada en su fe y en su gozo y había rendido homenaje a Dios con su cántico de exultación y de alabanza. Ahora, como joven madre que espera el nacimiento de su hijo, hace el mismo viaje en compañía de José.

Sometida al poder estatal, María está sometida también a las leyes de la naturaleza: no es ella la que escoge el lugar y el tiempo del nacimiento de su hijo. Se adapta a las circunstancias comunes de la vida e intenta sacar de la situación real el mayor provecho posible. Cuando llega para ella el momento de dar a luz, da a luz a su hijo. El evangelista subraya que éste es «su» hijo y que es el «primogénito». De Isabel había dicho tan sólo, de manera menos determinada y explícita, que *dio a luz un hijo* (1, 57). Aquel que ahora nace y del que María conocía ya la grandeza de su condición y de su misión (1, 31-33), como bien pronto se confirmará una vez más (2, 11.17), es su hijo de modo particular, el fruto de su vientre (1, 42). El hecho de que venga designado como «el primogénito» no significa que María haya tenido otros hijos después de él, sino que él está consagrado de modo especial a Dios, haciendo ya referencia al acontecimiento sucesivo de su presentación en el templo (2, 22-23). La dignidad y grandeza de María consisten en ser madre de este hijo, que pertenece a Dios de un modo totalmente singular.

Tras haber dado a luz al hijo, María lo envuelve en pañales; parece como si nadie la hubiera ayudado durante el parto. Ella tiene en sus brazos a un niño pequeño, indefenso, que, como cualquier recién nacido, necesita afecto y cuidados. Hasta ahora había estado envuelto en el seno de la madre y había recibido directamente de ella todo lo que necesitaba para vivir. Ahora la madre lo envuelve en pañales, que lo abrigan y lo sostienen: es su primer gesto de amor y de cuidado hacia él. Después dirigirá toda su atención hacia el bien de este hijo y le prestará todo servicio que sea necesario para su desarrollo humano, corporal y espiritual. El hecho de que el niño sea envuelto en pañales indica su dependencia, su incapacidad de valerse por sí mismo, demostrando que él es acogido y asistido eficazmente por su madre. También después del nacimiento permanecen unidos madre e hijo de la manera más estrecha posible.

Envuelto en pañales, María coloca a su hijo recién nacido en un pesebre de animales. De este dato se desprende que ella dio a luz a su hijo en un establo, cerca de los animales. No tuvo a disposición un lugar mejor y puede ofrecer a su hijo tan sólo un pesebre como sustitución de una cuna. Así nace aquel que es el Hijo del Altísimo. Así comienza a manifestarse aquella misión a la que María dio su «sí». Ella se encuentra en una situación pobre y se adapta a las circunstancias. Hace todo lo posible por su hijo en una situación de completa pobreza e indigencia. Se presenta así como una mujer que actúa sobriamente y con realismo. No sueña en condiciones mejores, ideales. En estas circunstancias concretas se esfuerza por hacer todo lo necesario y posible. Nada de esplendor externo hay en todo lo que aquí se nos dice; un acontecimiento tan extraordinario tiene lugar del modo más sobrio y sencillo. Así es como María lleva a cumplimiento su servicio en favor del pueblo de Dios, dando la vida a aquel que viene al mundo como el Hijo de Dios (1, 32-35), el Salvador, el Cristo y el Señor (2, 11).

«María meditaba todas estas cosas»

Los pastores, que han conocido por los mensajeros de Dios lo sucedido allí, en aquel establo, al lado de los animales, se acercan y encuentran a María y a José y al niño acostado en el pesebre (2, 16). Cuentan lo que han escuchado, y el evangelista subraya en este momento que «María, por su parte, guardaba todas estas cosas y las meditaba en su corazón» (2, 19). Ella no se conforma con escuchar u observar; medita en su corazón; con paciencia y amor se ocupa de todo lo que atañe a Jesús. Es la actitud que adoptamos también nosotros cuando, en el rezo del rosario, nos detenemos y meditamos con ella sobre todo lo que constituye y significa el camino de Jesús.

La meditación de María queda caracterizada especialmente por dos elementos: por lo que ella ve y experimenta y por la palabra de Dios. Sometida al curso de la historia, María da a luz a su hijo en circunstancias pobres. Por medio de la palabra de Dios llega a conocer la condición y la misión de su hijo. Ninguno de estos elementos puede ser eliminado ni desvirtuado. Ambos han de ser acogidos en su realidad plena. Se complementan mutuamente y forman un todo único. Pero el modo en que se integran no se puede comprender ya por completo desde el inicio; se debe intentar comprender con una paciente meditación. María no se deja llevar por sueños, sino que medita y cree. Acepta la dureza y la incomprensibilidad de la situación presente, pero al mismo tiempo va más allá, confiando en la palabra de Dios. Su hijo es un niño indefenso, nacido en un establo, y al mismo tiempo es el Hijo de Dios y el Salvador del mundo.

Belén nos hace ver dos rasgos esenciales de María. Ella actúa con sobriedad y de manera concreta, como lo exige y lo permite la situación; pero no queda absorbida ciegamente por la actividad; medita con paciencia y con fe, confía en la palabra de Dios, a cuya luz pone lo que ella ve y experimenta.

5

MARÍA CON SU HIJO, EN EL TEMPLO
(2, 21-40)

En Belén, donde ha nacido, Jesús es circuncidado y recibe su nombre (2, 21). A los cuarenta días de su nacimiento, es llevado a Jerusalén, al templo, donde dos figuras proféticas, Simeón y Ana, hablan de él como Mesías y salvación (2, 22-38). El niño es llevado después por María y José a Nazaret, donde crece y transcurre la mayor parte del tiempo de su vida (2, 39-40). En todo esto María se presenta como «la sierva del Señor» (1, 38). Cumple perfectamente la voluntad de Dios, manifestada en la Ley de Moisés (2, 22-24.39), y experimenta también cómo la condición y el destino de su hijo influyen profunda y dolorosamente en su propia vida (2, 34-35). María no lleva una existencia independiente y autónoma, marcada por sus propios deseos y proyectos; su comportamiento y el contenido de su vida quedan determinados por la unión con Dios y por la vinculación con su hijo.

EN JERUSALÉN, EN EL TEMPLO

En conformidad con la ley del Señor (cf. Lv 12, 3), Jesús es circuncidado a los ocho días de su nacimiento y entra así en la alianza que Dios estipuló con Abrahán. Recibe el nombre que fue comunicado por el ángel y que Dios había establecido para él (1, 31). Todo se cumple en obediencia perfecta a la voluntad de Dios; nada se deja al arbitrio humano.

De manera similar, cuarenta días después de su nacimiento, Jesús es llevado a Jerusalén, al templo. Es el día en que toda mujer que ha dado a luz un niño debe ofrecer un sacrificio para su purificación (cf. Lv 12, 1-8). Para este sacrificio son exigidos un cordero y un pichón; María ofrece un par de tórtolas, como estaba permitido a los pobres. Así, con este sacrificio, se muestra una vez más que ella es madre de un hijo, que vive en condiciones modestas y que cumple plenamente las leyes que Dios había dado a su pueblo.

Siendo el hijo primogénito (2, 7), Jesús pertenece a Dios, según lo que establece la ley (Ex 13, 2.12-15). Esta disposición tiene la finalidad de recordar que todo pertenece al Dios creador, del que todo proviene. Restituyendo a Dios, por medio del sacrificio, algo previamente recibido de él, el hombre reconoce esta realidad. La ley prescribe que los primogénitos de los animales deben ser ofrecidos en sacrificio, mientras que los niños primogénitos deben ser rescatados con dinero.

Lucas no afirma que Jesús ha sido rescatado, sino que ha sido presentado, consagrado al Señor. Debiendo el inicio de su propia existencia al poder creador de Dios, Jesús pertenece a Dios de un modo totalmente singular. El mensajero divino lo había afirmado ya en la vocación de María: *El que ha de nacer será santo y será llamado Hijo de Dios* (1, 35). Aquel que es santo, es decir, que pertenece completamente a Dios y que bajo todos los aspectos es Hijo de Dios, es presentado ahora en el templo, que es el lugar de la presencia singular de Dios en medio de su pueblo. Jesús va de este modo por primera vez a la casa de su Padre.

Poder llevar al Hijo de Dios a la casa de Dios debió de ser para María motivo de una gran alegría y un gran paso en el camino de su vocación. María lleva a Dios a aquel que ella ha concebido por el poder de Dios y que ha dado a luz. Su gozo va acompañado de la convicción de que su hijo no le pertenece, sino que está sometido por completo a la voluntad de Dios. Lo que este hecho comporta, María podrá descubrirlo sólo gradualmente.

LAS PALABRAS DE SIMEÓN

Cuando María y José llevan al niño al templo para cumplir cuanto prescribe la ley, Simeón toma a Jesús entre sus brazos. Acoge al niño casi como un hombre de Dios, en la casa de Dios. Pero lo acoge también como el gran don que le ha sido dado por Dios en su ancianidad. Ya el ángel había hablado de Jesús como del Hijo del Altísimo y de aquel que reinaría para siempre sobre la casa de Jacob (1, 32-33), como del Salvador, del Mesías y Señor (2, 11). Simeón dirige su mirada más allá de los límites del pueblo de Israel y reconoce que Jesús es destinado por Dios para ser la salvación de todos los pueblos; lo reconoce como luz de las naciones y gloria del pueblo de Israel (2, 30-32).

Hasta ahora se han hecho tan sólo grandes y espléndidas afirmaciones sobre Jesús. Las circunstancias pobres de su venida han podido resultar desconcertantes y quizás han atenuado la alegría. Con sus últimas palabras, Simeón arroja una sombra oscura sobre el camino de Jesús y sobre el camino de María: *Éste está puesto para caída y elevación de muchos en Israel, y para ser señal de contradicción –¡y a ti una espada te atravesará el alma!–, a fin de que queden al descubierto las intenciones de muchos corazones* (2, 34-35). Simeón declara con estas palabras el destino de Jesús en los planes de Dios y también el correspondiente destino de María.

La venida de Jesús tiene efectos contradictorios sobre los hombres: algunos caen y otros resurgen por su causa. No es el Mesías exaltado por todos, sino el Mesías que encuentra resistencia. Todavía no se dice, sin embargo, que tal hostilidad lo llevará a la muerte violenta.

María participa en el destino de Jesús con su alma, es decir, con su vida íntima y total. Ha dado a luz a Jesús, ha protegido y custodiado la vida de Jesús. La vida de Jesús es su propia vida. La espada es el instrumento con el que se hiere y se mata; por su naturaleza, ella es hostil a la vida. Lo que sucederá con Jesús, la hostilidad que él experimentará, traspasará a María y le afectará en lo más íntimo de su ser, como una espada que hiere. María está unida a Jesús de modo total, personal y cordial; la vida de Jesús es su vida; la herida de Jesús, su herida; el destino de Jesús, su propio destino. Como Madre del Mesías, experimentará no sólo un gran gozo (1, 28), sino también un profundo dolor.

En todo esto María es el modelo de todo discípulo de Jesús. Éste no puede permanecer en una relación fría e indiferente con su maestro; ha de abrirse con toda su vida a todos los aspectos del destino de Jesús.

Bien consciente de cuanto le espera, María vuelve a Nazaret y pasa con su hijo los doce primeros años de su vida. Son los años en los que el niño depende en mayor medida de los cuidados de la madre y los años en los que la madre queda absorbida por las exigencias del hijo. Son los años de la más estrecha comunión entre ellos. Pero este hijo no pertenece a María, sino a Dios y a la misión que Dios le ha encomendado. Esto golpeará y herirá a María como si fuera una espada.

6

MARÍA Y JESÚS A LOS DOCE AÑOS
(2, 41-52)

Lucas refiere dos subidas de Jesús a Jerusalén: cuando tenía doce años (2, 41-52) y cuando fue para cumplir su destino (9, 51). Un israelita que ha cumplido los doce años está ya obligado a observar la ley; no es considerado ya como un niño, sino como un joven maduro y responsable, como un miembro del pueblo de Dios con mayoría de edad. En la fiesta de Pascua, el pueblo recuerda con gozo y gratitud la gran obra de Dios, que liberó a Israel de la esclavitud en Egipto y le constituyó en pueblo suyo. Jesús deberá llevar a cumplimiento su propia misión en el marco de la fiesta de la Pascua. Con su muerte y resurrección no sólo liberará a Israel, sino a toda la humanidad de su irremediable esclavitud al pecado y a la muerte, la reconciliará con Dios y abrirá para ella el camino hacia la plenitud de la vida. Éste es el plan salvífico de Dios para toda la humanidad.

EN BUSCA DE JESÚS

Participando en la fiesta de la Pascua, María no lleva ya de su mano a su hijo como si se tratara de un niño; lo deja libre;

puede ya caminar él por su cuenta. Se explica así el hecho de que María y José se den cuenta de la ausencia de Jesús sólo al atardecer del primer día del viaje de retorno. Por la mañana no se habían apercibido si él había emprendido el camino de vuelta junto a los otros peregrinos. Su ausencia provoca en ellos una profunda preocupación y se ponen a buscarlo hasta que lo encuentran. Son conscientes de que Jesús está todavía bajo su tutela y que ellos tienen responsabilidad sobre él. La preocupación y el amor por Jesús les impulsa a asumir cualquier esfuerzo y a buscarlo de manera incesante.

EN DIÁLOGO CON JESÚS

Cuando lo encuentran, María se dirige a él sobre todo con una pregunta. Son las últimas palabras que de María nos refiere Lucas. A su pregunta, Jesús responde con otras dos. Son sus primeras palabras en el tercer Evangelio. Así, en este diálogo singular, se contraponen las preguntas de la madre y del hijo.

María dice a Jesús: *Hijo, ¿por qué nos has hecho esto? Mira, tu padre y yo, angustiados, te andábamos buscando* (2, 48). En el término «hijo» se expresa toda la relación entre María y Jesús. Sólo ella puede dirigirse a Jesús de este modo. María es la Madre de Jesús y Jesús es su hijo. En esta pregunta se encierra todo el asombro y todo el dolor por el comportamiento de Jesús. ¿Por qué no les ha advertido que quería permanecer en Jerusalén? Bastaba que les hubiera dicho una palabra. ¿Por qué les ha obligado a hacer un camino tan largo y una búsqueda tan afanosa? ¿No es éste un comportamiento desconsiderado e irrespetuoso de un muchacho de doce años que todavía no tiene la madurez suficiente para prever las consecuencias de sus acciones? Con su pregunta, María pide a Jesús que aclare su comportamiento, que explique sus razones.

Jesús responde con dos preguntas: *¿Por qué me buscabais? ¿No sabíais que yo debía ocuparme de las cosas de mi Padre?* (2, 49). Como los padres se habían maravillado de que Jesús, sin decir nada, se hubiera quedado en Jerusalén, obligándoles a una búsqueda afanosa, así también parece maravillarse él de que ellos le hubieran estado buscando y no le hubieran dejado volver cuando lo creyera oportuno.

En sus primeras palabras, Jesús habla de Dios como «Padre suyo» y recuerda al mismo tiempo la norma fundamental de su vida: debe ocuparse de las cosas de su Padre. Su relación con Dios está por encima de todas las demás relaciones y, frente a ella, incluso la relación con su madre pasa a segundo plano. Jesús se sabe vinculado de manera incondicional a todo lo que proviene de Dios y atañe a Dios. Por esto ha permanecido en la casa de su Padre, a la que había sido llevado ya cuando era niño y en la que había sido presentado y consagrado al Padre. Por esto ha permanecido en la palabra del Padre, sobre la que ha discutido con los doctores de Israel. Jesús se dejará guiar por la escucha de la voluntad divina no sólo en esta situación, sino también a lo largo de toda su vida: seguirá siempre la voluntad del Padre, cumpliendo la misión que se le ha encomendado, aun cuando esto provoque gran estupor y asombro en su madre.

Jesús no justifica su comportamiento y no da una explicación detallada. Pero de sus palabras se desprende que no ha actuado por capricho ni por desconsideración. Jesús expresa la norma a la que se someterá durante toda su vida: Dios Padre y su voluntad. De manera eficaz y dolorosa María experimenta y aprende lo que significa para ella tener que dejar libre a su hijo, de forma que él pueda vincularse incondicionalmente a su Padre.

EL COMPORTAMIENTO DE MARÍA

Respecto a María y a José, se dice: *Ellos no comprendieron sus palabras* (2, 50). Todavía no llegan a ver la relación entre el comportamiento y las palabras de Jesús. Sin dar ulteriores explicaciones, Jesús vuelve después con ellos a Nazaret y vive sujeto a ellos. El comportamiento de María viene expresado por el evangelista en estos términos: *Su madre conservaba cuidadosamente todas las cosas en su corazón* (2, 51).

A este comportamiento de María había hecho ya referencia Lucas tras el nacimiento de Jesús y la llegada de los pastores (2, 19). María no pide más explicaciones y no hace ningún reproche a Jesús; conserva en su corazón lo que ha experimentado con su hijo a la edad de doce años y cree en su palabra, según la cual él debe ocuparse de las cosas de su Padre. Aun no conociendo los detalles del plan de Dios y del camino de Jesús, ella se fía de Dios, confía en su modo de actuar y permanece unida a su hijo con todo su corazón. Intenta ver y comprender, pero tiene paciencia; sabe esperar y sabe vivir con una comprensión imperfecta. No hace depender su relación con Dios y con su hijo de su comprensión. Su comportamiento queda enraizado en algo más profundo, que es lo que realmente la sostiene. Lo que la caracteriza es el hecho de dejarse guiar por Dios, adhiriéndose a él con una fe incondicional, y de permanecer unida a su hijo con una indisoluble comunión de vida.

También en esta ocasión se convierte María en modelo de todo discípulo de Jesús. Muchos de nuestros «porqués» no recibirán respuesta y tampoco a nosotros se nos dará una comprensión total de todo. Precisamente por esto estamos llamados a vivir una fe incondicional en Dios y una indisoluble comunión de vida con Jesús. Nuestra fe en Dios Padre y nuestra unión con su Hijo Jesucristo deben estar siempre por encima de nuestra comprensión.

7

MARÍA Y LA ACTIVIDAD PÚBLICA
DE JESÚS
(8, 19-21; 11, 27-28)

En los primeros capítulos del Evangelio de Lucas no se habla de Jesús más que allá donde está presente María, cuya figura viene delineada con rasgos abundantes y llenos de vivacidad. La situación cambia en los 22 capítulos restantes, donde se nos narra la obra de Jesús hasta su resurrección. Aquí María desaparece casi por completo, sin que esto quiera decir que ella no tomara parte en la actuación de su hijo. Simeón había previsto el tiempo en el que Jesús llegaría a ser signo de contradicción (2, 34) y había anunciado que María se vería afectada de manera profunda y dolorosa: una espada le traspasaría el alma (2, 35). Aunque María no aparezca ya al lado de su hijo, ella sigue cercana a él en su espíritu y llena de preocupación por él.

El evangelista no deja, sin embargo, de referir los encuentros «a distancia» entre Jesús y su madre. Cuando Jesús se presenta en Nazaret y se ve rechazado, esto no puede acaecer sin una profunda turbación por parte de su madre (4, 16-30). Durante su actividad, su madre y sus hermanos lo buscan, pero parece que no llegan a ser recibidos por él (8, 19-21). Una mujer del pueblo queda tan impresionada ante la actuación de

Jesús que declara a su madre «bienaventurada» (11, 27-28). Veamos cómo completan estos pasajes la imagen de María.

LA ACTIVIDAD DE JESÚS EN NAZARET (4, 16-30)

Lucas subraya con fuerza la vinculación de Jesús con Nazaret. Tras el extraordinario comportamiento de Jesús a sus doce años, el evangelista precisa: *Bajó con ellos y vino a Nazaret, y vivía sujeto a ellos* (2, 51). Jesús transcurre la mayor parte de su vida inserto en la comunidad de Nazaret y en la familia de José y de María. La vida en este pueblo es su mundo.

Cuando refiere la visita de Jesús a Nazaret, Lucas afirma al inicio: *Vino a Nazaret, donde se había criado y, según su costumbre, entró en la sinagoga el día de sábado, y se levantó para hacer la lectura* (4, 16). El evangelista recuerda expresamente que Jesús había crecido en Nazaret y también que cada sábado iba a la sinagoga. Se preocupa, pues, de subrayar la relación tan profunda y estrecha que Jesús mantiene con Nazaret, y particularmente con la celebración del sábado en Nazaret. Si se admite que, con esta frase, Lucas no pretende afirmar que «Jesús se dirigió a Nazaret y fue inmediatamente a la sinagoga», la frase puede entenderse de esta manera: «Jesús se dirigió a Nazaret, a casa de su madre, y de allí, según su costumbre, fue el sábado a la sinagoga».

En la confrontación entre los nazaretanos y Jesús, su madre no es mencionada siquiera. Ellos se preguntan solamente: *¿No es éste el hijo de José?* (4, 22; de manera distinta en Mt 13, 55 y Mc 6, 3). Pero todo esto sucede en Nazaret, donde vive María y donde Jesús ha crecido junto a ella. Precisamente aquí es donde Jesús comienza a ser signo de contradicción, hasta el punto de que quieren arrojarlo ya por un precipicio (4, 30). Precisamente aquí se cumple la palabra de Simeón, según la cual una espada traspasaría el alma de María (2, 35). Aun cuando Lucas no lo diga expresamente, del contexto se desprende –y es algo característico de su Evangelio– que María, ya al inicio de la actividad pública de Jesús, experimenta, por su cercanía singular con él, el rechazo de que es objeto su hijo. Desde el inicio su alma queda dolorosamente herida.

LA VISITA DE SUS FAMILIARES (8, 19-21)

La visita de la madre y de los hermanos de Jesús aparece en Lucas en conexión inmediata con el discurso de Jesús ante una gran muchedumbre (8, 4-18). El tema de este discurso es la «escucha adecuada» (7 veces) y la «palabra de Dios» (4 veces). Al final de la explicación de la parábola, Jesús afirma: La semilla caída en tierra buena *son los que, después de haber oído, conservan la palabra con corazón bueno y recto, y dan fruto con perseverancia* (8, 15).

Jesús vuelve a tomar este tema en su reacción ante la visita de sus familiares: *Mi madre y mis hermanos son aquellos que oyen la palabra de Dios y la cumplen* (8, 21). Todo lo que precede queda así concluido y confirmado.

Algunos piensan que, con estas palabras, Jesús pretende distanciarse de sus familiares. El significado que ven en ellas sería éste: «A diferencia de los familiares carnales, pertenecen a Jesús aquellos que escuchan la palabra de Dios y la ponen en práctica». Otros sostienen la interpretación opuesta y creen que Jesús hace referencia a sus familiares como modelos de la escucha atenta y del comportamiento justo. Con sus palabras vendría a decir: «Precisamente mi madre y mis hermanos son los que escuchan la Palabra de Dios y la ponen por obra». Ambas interpretaciones parecen ser unilaterales. No hay duda de que lo que Jesús quiere subrayar es la escucha eficaz de la palabra de Dios, caracterizándola como decisiva para la vinculación con él. Esto vale también para sus familiares.

Respecto a María, no hemos de olvidar que ha sido ya declarada bienaventurada precisamente por su comportamiento respecto a la palabra de Dios: *Dichosa la que ha creído que se cumplirían las cosas que le fueron dichas de parte del Señor* (1, 45). Su actitud fundamental es la de fiarse de la palabra de Dios y seguirla. María no está vinculada a Jesús sólo por su maternidad, sino también por la acogida, llena de fe y de obediencia, de la palabra de Dios. Precisamente porque ha creído en la palabra de Dios, ha llegado a ser Madre del Hijo de Dios.

LA BIENAVENTURANZA SOBRE LA MADRE DE JESÚS (11, 27-28)

En una fase sucesiva de la actividad de Jesús, el evangelista señala lo siguiente: *Mientras Jesús estaba hablando, alzó la voz una mujer de entre la gente y dijo: «¡Dichoso el seno que te llevó y los pechos que te criaron!» Pero él dijo: «Dichosos más bien los que oyen la palabra de Dios y la guardan»* (11, 27-28).

La mujer que aquí habla está profundamente impresionada por la persona de Jesús. Su admiración por él la impulsa a declarar dichosa a su madre. ¡Qué feliz debe de ser aquella que tiene un hijo así! La autenticidad y espontaneidad del sentimiento de esta mujer quedan reflejadas también en el hecho de que su bienaventuranza interrumpe el discurso de Jesús: ella expresa a gritos su admiración mientras Jesús está hablando. Lo que la llena de admiración son las palabras de Jesús y, más en concreto, su comportamiento poderoso frente a los demonios, descrito en el pasaje precedente (11, 14-26).

En su bienaventuranza, la mujer recuerda la estrecha y recíproca relación de madre e hijo y el significado que tienen el uno para el otro. Ella expresa de manera clara y precisa lo que el hijo debe a la madre. El vientre de la madre circunda, protege y nutre al hijo antes de su nacimiento; los pechos le ofrecen el alimento por largo tiempo después de su nacimiento. El hijo recibe la vida de su madre. Pero la felicidad de la madre depende ampliamente de la condición del hijo, como queda expresado en las palabras de esta mujer: el actuar poderoso y eficaz de Jesús debe hacer feliz a su madre.

La vinculación tan estrecha que existe entre madre e hijo queda subrayada igualmente en las palabras que, en su vía crucis, Jesús dirige a las mujeres que lloran. A diferencia de la mujer que lo ha admirado, éstas lloran su destino (23, 27). Jesús les anuncia entonces los tiempos en que se dirá: *¡Dichosas las estériles, las entrañas que no engendraron y los pechos que no* *criaron!* (23, 29; cf. 21, 23). Aquí vienen declaradas dichosas las mujeres que no han tenido hijos. El motivo está en que ellas no tienen necesidad de ver lo que sufrirán sus hijos en la angustia del tiempo futuro. También aquí se expresa la vinculación tan singular entre una madre y su hijo, hasta el punto de que, tanto en el bien como en el mal, no puede dejar de verse afectada por su destino. El hijo debe a la madre su propia vida. La vida del hijo es siempre, se puede decir, la vida de la madre, que la vive en la felicidad y en el dolor. Simeón le había anunciado esto a María, viendo su vida como reflejo del camino de Jesús (2, 34-35). En Lucas se hace frecuentemente clara referencia al hecho de que la vida de la madre y del hijo quedan recíprocamente determinadas. María y Jesús no escapan a esta regla.

En su respuesta, Jesús no rechaza la bienaventuranza de aquella mujer; la amplía y completa, retomando lo que ha provocado la admiración de la mujer. Ella lo ha admirado por sus palabras y sus acciones prodigiosas. Su bienaventuranza atañe sólo a la madre de aquel hijo. La bienaventuranza que pronuncia Jesús no tiene límites; se dirige a todos aquellos que acogen su anuncio como palabra de Dios. Son declarados bienaventurados no sólo su madre, sino todos aquellos que escuchan y ponen en práctica su palabra. A todos muestra Jesús, a través de su palabra, el camino hacia la plenitud de la vida, hacia la bienaventuranza. Todos pueden considerarse dichosos porque pueden escucharlo y, por medio de él, conocer la voluntad de Dios (cf. Lc 10, 23). Jesús no es significativo sólo para su madre, sino para todos los hombres. Aquí aparece también la conciencia que Jesús tiene del significado universal de su propia misión.

Jesús no excluye a María de su bienaventuranza, ya que ella está precisamente abierta a la palabra de Dios. Por eso ha sido ya declarada bienaventurada por Isabel, recibiendo ella la primera bienaventuranza del Evangelio de Lucas (1, 45). Sobre ella recae también la bienaventuranza de la mujer que alza su voz entre la muchedumbre. Tal bienaventuranza vale para la madre de un hijo que habla como Jesús y que tiene la misión de Jesús. A tal hijo está vinculada María como madre y como oyente. Por él es declarada María doblemente bienaventurada.

IV

MARÍA, EN EL EVANGELIO DE JUAN

María está presente en dos acontecimientos referidos por Juan: en las bodas de Caná (2, 1-11) y a los pies del crucificado (19, 25-27). También se hace referencia a María en Juan 6, 42, donde la gente atestigua conocer al padre y a la madre de Jesús, pero ella no participa en el acontecimiento. Como Marcos, tampoco Juan habla de los inicios de Jesús. Muestra a María junto a su hijo ya mayor. Tres particularidades pueden observarse en su Evangelio: a) Los dos encuentros entre Jesús y María aparecen al inicio y al final de la actividad de Jesús; b) Se subraya el hecho de que María es la Madre de Jesús; c) En los dos encuentros están presentes también los discípulos.

Al inicio y al final

En Caná, Jesús convierte el agua en el mejor vino. Como señala expresamente el evangelista, éste es el «inicio de los signos» de Jesús (2, 11), tan importantes en el conjunto de su actividad (cf. 20, 30-31). Desde la cruz, Jesús entrega a su madre al discípulo amado como madre a hijo. El evangelista añade: «Después de esto, sabiendo Jesús que ya todo estaba cumplido, dijo...» (19, 28). Con la entrega de la madre al discípulo, Jesús lleva a cumplimiento la obra que el Padre le había confiado. Es significativo que María esté presente tanto al principio como al final de la actividad de Jesús. De ella parte el impulso para el primer signo de Jesús; a ella se refiere la acción con la que Jesús concluye su obra. En ambas ocasiones María está presente por propia iniciativa y, aunque ella no aparezca durante toda la actividad de Jesús, el inicio y el final muestran su constante vinculación con Jesús.

La Madre de Jesús

Juan subraya de modo particular que María es la Madre de Jesús. Ella no aparece nunca en el cuarto Evangelio con su nombre de «María», sino bajo la expresión «la Madre de Jesús» (10 veces en total: 2, 1.3.5.12; 6, 42; 19, 25.26.27). El evangelista conoce muy bien el nombre de «María» y lo usa para hablar de María, la hermana de Lázaro (11, 1-45), de María Magdalena (20, 1-18) y de otra María (19, 25), pero nunca para hablar de la Madre de Jesús.

Si en el Nuevo Testamento no tuviéramos también los otros Evangelios, no podríamos saber cómo se llamaba la Madre de Jesús. Juan centra toda su atención en esta relación maternal de María respecto a Jesús. Sólo ella es la Madre de Jesús y en esto se diferencia de todas las demás mujeres. Esto es lo que caracteriza y distingue su persona.

Juan subraya este dato también de otra manera: A excepción de 3, 4, donde no se trata de una mujer determinada, sino de la madre en general –como aquella que da a luz–, él usa la palabra «madre» sólo para hacer referencia a la Madre de Jesús. María es la única madre que viene recordada en su Evangelio. Entre todas las madres, le interesa sólo la Madre de Jesús y de ella le interesa sólo este hecho: que es la Madre de Jesús.

Cuando Juan habla de la Madre de Jesús, no explica lo que es una madre. Al igual que presupone el conocimiento y comprensión del significado de «pan», «luz», «vida», «gozo», etc., presupone también que se conoce el significado de «madre». De-

bemos, por tanto, percibir el significado que la Madre de Jesús tiene para Jesús y la relación que mantiene con él.

Todo hombre existe sólo porque ha recibido forma humana en el seno de su madre y ha nacido de ella (cf. 3, 4). El hecho de poder comenzar la propia vida, de poder desarrollar un organismo viviente y de poder crecer hasta convertirse en un ser independiente, cada ser humano se lo debe sobre todo a su madre. La madre es la mediadora de la vida y tiene un significado único e ineludible. También cuando una persona es ya mayor, e incluso después de haber muerto su madre, permanece el hecho de que esa persona ha recibido la vida de ella y que existe gracias a ella. Entre una madre y su hijo hay una relación única, insustituible e insoslayable, en la que está por medio la vida misma.

Esto vale también para Jesús y su madre. Ella es para Jesús la mediadora de la vida; es y será siempre aquella por la que Jesús ha iniciado su existencia humana, aquella que ha acompañado su crecimiento con su presencia y con sus desvelos. Hablando continuamente y sólo de la «Madre de Jesús», Juan pone de relieve la figura de esta mujer y su significado, precisamente en cuanto madre, para Jesús y para su vida entera.

En unión con los discípulos

Allá donde Jesús y María aparecen juntos, se encuentran también algunos de los discípulos de Jesús. Tras haber narrado el signo de Jesús en Caná, el evangelista afirma: «Así, en Caná de Galilea, dio Jesús comienzo a sus señales. Y manifestó su gloria, y creyeron en él sus discípulos» (2, 11). La fe en Jesús es el acceso a la vida y el objetivo último de su obra. Tal objetivo es conseguido en los discípulos con la ayuda sin duda de aquel signo de Jesús en cuya realización está el impulso de María. Cuando Jesús lleva a cabo su última obra, entrega a su madre al discípulo amado (19, 26-27). Este discípulo es también el primero que llega a la tumba vacía y cree (20, 8). María, que ha dado a Jesús la vida terrena, y los discípulos, que creyendo en él tienen la vida, van siempre juntos.

1

LA MADRE DE JESÚS, EN CANÁ
(2, 1-12)

Desde el inicio dirige Juan toda su atención a la Madre de Jesús, a Jesús y a sus discípulos. El evangelista escribe: *Tres días después se celebraba una boda en Caná de Galilea y estaba allí la Madre de Jesús. Fue invitado también a la boda Jesús con sus discípulos* (2, 1-2). Nada se nos dice en absoluto de los que aquí celebran sus bodas y nadie actúa a excepción de María y Jesús. La iniciativa proviene de María. No sin titubeos, Jesús acoge su invitación, y todos los presentes se benefician de la acción de Jesús. Esto vale de modo especial para los discípulos de Jesús, quienes, con su signo poderoso, son conducidos a la fe.

LA MADRE DE LOS HOMBRES

La misión de una madre es la de percibir las necesidades que tienen sus hijos y entregarse a ellos con todas sus fuerzas. En las bodas de Caná, María se comporta como madre atenta y preocupada. Con ojos abiertos y dirigidos no a ella misma, sino a cuanto la rodea, percibe la situación de necesidad: no tienen ya vino. Cuando el vino se acaba, se acaba la fiesta; sin vino, las celebraciones nupciales deben terminar.

Como verdadera madre, María no sólo percibe la necesidad; intenta también superarla de manera eficaz. No puede eliminarla por ella misma, pero conoce al que puede ayudar y a él se dirige. Lo que dice a Jesús es sólo una petición indirecta; directamente es una comunicación de la situación de necesidad: «Ya no tienen vino». María es una persona que intercede de manera reservada; no quiere obligar a Jesús; respeta la libertad. Marta y María, las hermanas de Lázaro, dirigen a Jesús una comunicación similar: *Señor, tu amigo está enfermo* (11, 3). También ellas dejan que Jesús decida el modo de intervenir, poniendo en él toda su confianza. También en este caso Jesús aplaza su respuesta a la petición recibida, aunque no dejará de atenderla poco después.

A su madre Jesús le responde: *¿Qué tengo yo contigo, mujer? Todavía no ha llegado mi hora* (2, 4). Con esa respuesta da a entender que él se siente obligado sobre todo a la voluntad del Padre; es el Padre quien ha establecido la hora del cumplimiento y de la glorificación de Jesús (cf. 13, 1; 17, 1) y ha determinado toda su actividad. Si Jesús actúa de hecho no es sólo por acoger una iniciativa de su madre, sino porque ésta es en realidad la voluntad de Dios, su Padre.

María no entiende la respuesta de Jesús como una negativa. Ordena a los criados: *Haced lo que él os diga* (2, 5). Jesús mismo sitúa siempre este comportamiento en el centro: *Escuchar y poner en práctica la palabra de Dios* (Lc 8, 21; 11, 25). María pide a los criados esto mismo: Deben escuchar la palabra de Jesús y comportarse de acuerdo con ella. Como María va hacia Jesús, así también conduce a los hombres hacia él. A él deben prestar ellos toda su atención; de él recibirán las justas instrucciones. María tiene plena confianza en Jesús y deja que él decida el modo de actuar. Se fía de él, sabiendo que en cada caso hará lo que conviene.

Como verdadera madre, María se preocupa de su entorno; presenta a Jesús la situación de necesidad de aquellas personas e invita a los hombres a escuchar la palabra de Jesús y a actuar según sus disposiciones. Ella misma conoce al que puede ayudar, y ayuda a los hombres conduciéndoles hasta Jesús.

LA MADRE DE LA ALEGRÍA

Lo que está en juego en las bodas de Caná no es el hambre de los hombres, sino su fiesta y su alegría. A aquellas personas no les falta el pan, necesario para poder subsistir, sino el vino, necesario para poder continuar la fiesta. María se preocupa por su alegría, y Jesús cumple su primer gran «signo» dándoles vino en abundancia. Es *el vino que alegra el corazón del hombre* (Sal 104, 15).

Más tarde, en la multiplicación de los panes, Jesús dará a una gran muchedumbre tanto pan que todos quedarán saciados y todavía sobrará. Con esto demuestra que él mismo es el pan de la vida y que, por medio de la fe en él, nosotros podemos alcanzar la plenitud de vida (6, 35). El pan material sirve sólo para la vida terrena, que acaba inevitablemente con la muerte. Jesús da la vida eterna, inmortal. Creyendo en él, es decir, reconociéndole como Hijo de Dios, acogiendo como válido su mensaje, poniendo en él toda esperanza y abandonándonos confiadamente a su gobierno, nos unimos a él y obtenemos en él y por él la vida eterna.

Del mismo modo, por medio del don del vino Jesús demuestra que ha venido a traer el gozo que no acaba jamás y que nosotros, por la fe en él, podemos alcanzar la plenitud de ese gozo. En su oración al Padre, Jesús pide para sus discípulos que *tengan en sí mismos la plenitud de mi alegría* (17, 13; cf. 15, 11; 16, 20-24). Jesús ha venido al mundo para traer la Buena Noticia y la alegría. A ello se dirige toda su obra desde el principio.

María es la Madre de Jesús. Por medio de ella ha venido al mundo aquel que nos trae a los hombres la plenitud de vida y de alegría. Ella está al inicio de la vida de Jesús y ella está también al inicio de sus acciones, siendo su impulsora. Jesús, en su primer gran «signo», se manifiesta como aquel que trae la alegría en plenitud. Los discípulos que creen en él participan de su alegría y de su vida.

2

LA MADRE DE JESÚS, JUNTO A LA CRUZ
(19, 25-27)

Ésta es la última acción que Jesús cumple inmediatamente antes de morir sobre la cruz. Él entrega a su madre al discípulo amado como madre a hijo: *Mujer, ahí tienes a tu hijo... Ahí tienes a tu madre* (19, 26-27).

LAS DOS PERSONAS MÁS CERCANAS A JESÚS

En el Evangelio de Juan, la Madre de Jesús y el discípulo amado quedan caracterizados por el hecho de no ser designados nunca por su propio nombre, sino siempre por su relación con Jesús. Lo esencial en ellos no es su nombre propio, sino su relación con Jesús. El Evangelio habla de la «Madre de Jesús». La vida y la persona de María son determinadas y caracterizadas por el hecho de ser la Madre de Jesús. El Evangelio habla igualmente del *discípulo al que Jesús amaba* (13, 23; 19, 26; 20, 2; 21, 7.20). Según una tradición muy antigua, se trata del apóstol y evangelista Juan. El Evangelio no lo presenta con este nombre, sino que pone de relieve el hecho de haber sido llamado por Jesús a su seguimiento y la vinculación especialmente cordial y personal de Jesús con él. Jesús amaba a todos sus discípulos (cf. 13, 34; 15, 12), pero con éste estaba unido de un modo particular. Antes de morir, Jesús establece que estas dos personas, vinculadas a él de la manera más estrecha posible, queden vinculadas también la una a la otra. Tal vinculación no es por decisión propia, sino por decisión del mismo Jesús. Su relación con Jesús las une y las mantiene unidas.

MARÍA Y EL DISCÍPULO, COMO MADRE E HIJO

En el discurso de despedida, Jesús ha preparado a los discípulos, profundamente entristecidos, para su muerte y para el tiempo posterior a su muerte (13-17). No los dejará huérfanos. Él mismo volverá a ellos y el Padre les enviará otro Consolador, el Espíritu de verdad (14, 16-18). Jesús se preocupa también de su madre. Ella no debe permanecer sola y sin protección. Jesús le da como hijo al discípulo amado. María debe poder contar con él como con un hijo. El discípulo la respetará y la estimará; se ocupará de ella en las necesidades y en los achaques de la vejez, tal como prescribe el mandamiento de Dios (Ex 20, 12; Mc 7, 10). María, por su parte, debe dirigir a él todo su amor de madre, sabiendo que él está estrechamente vinculado al mismo Jesús. Para el discípulo de Jesús, la Madre de Jesús es también su propia madre. Debe tratarla con el reconocimiento y el respeto de un hijo y debe vivir para ella con la entrega de un hijo.

Las palabras de Jesús crean un lazo estrechísimo entre su madre y su discípulo. Hasta ahora han vivido desde su relación con Jesús. A partir de ahora deben quedar vinculados entre sí y vivir el uno para el otro. Lo que Jesús dice a todos sus discípulos –*que os améis los unos a los otros; que, como yo os he amado, así os améis también vosotros los unos a los otros* (13, 34)– vale de manera muy particular para estas dos personas, ya que a ellas se les ha comunicado de modo particular el amor de Jesús. Su relación recíproca queda determinada por su relación con Jesús y por lo que de Jesús han recibido. Precisamente porque están vinculadas a Jesús de un modo particular, deben estar vinculadas también entre sí de un modo particular. El amor de Jesús y el amor hacia Jesús, lejos de separar a la madre y al discípulo, les unen entre sí de la manera más estrecha posible. Y es que el que conoce el amor de Jesús y ama a Jesús con todo el corazón, está llamado a amar a la Madre de Jesús y puede estar seguro del amor de esa madre.

Jesús dice a su madre: «Entrégate a él como a un hijo tuyo, como te has entregado a mí; puesto que él es el discípulo al que yo amo; acógelo como a un hijo por amor a mí». Y a su discípulo, Jesús le dice: «Entrégate a ella como a tu propia madre, ámala y cuida de ella; puesto que ella es mi madre, acógela como madre tuya por amor a mí». Con estas palabras Jesús hace referencia, sin duda, a la sustentación material de su madre, pero el sentido de las mismas no se agota aquí. Jesús crea un vínculo cordial y recíproco entre las dos personas que le son más cercanas. Aquello que las une a él debe precisamente unirlas entre sí.

En cuanto Madre de Jesús, María debe ser la madre del discípulo. Y en cuanto discípulo al que Jesús ama, Juan debe ser el hijo de María. Jesús hace partícipe a su madre de la relación que él tiene con su discípulo y hace partícipe al discípulo de la relación que tiene con su madre. Son relaciones personales; pertenecen a la esfera íntima de una persona. Si de estas relaciones yo hago a alguien partícipe, le hago partícipe de mí mismo. Jesús no se reserva ningún «ámbito privado». El amor hacia los suyos, que él lo lleva hasta el extremo (13, 1), se demuestra precisamente en el hecho de vincular a los suyos entre sí.

LA MADRE COMO MEDIADORA DE VIDA

Aunque el evangelista haga referencia sólo a una acción del discípulo (19, 27: *Y desde aquella hora el discípulo la acogió en su casa*), es evidente que la relación entre la madre y el discípulo de Jesús no consiste únicamente en una preocupación unilateral del discípulo de Jesús por la Madre de Jesús, sino que abarca una donación y una acogida recíprocas.

En la relación entre una madre y su hijo, la madre no es en absoluto aquella que se limita a recibir, de manera unilateral. La madre es la mediadora de la vida. Jesús ha entrado en esta vida, que ahora lleva a término sobre la cruz, a través de su madre. El discípulo no ha recibido de María la vida terrena, pero él y todos los discípulos e incluso todos los hombres han recibido de María a Jesús, por medio del cual les ha sido dada la plenitud de la vida. Así, María es para todos nosotros madre, mediadora de vida.

El Hijo de Dios nos otorga la vida, nos hace partícipes de su vida divina, haciéndose carne (1, 14), hombre mortal. El tener una madre y el morir es la prueba más convincente de que él se ha hecho semejante a nosotros los hombres. María y la cruz demuestran que Jesús comparte realmente nuestro destino humano. Podemos estar seguros así de que él está a nuestro lado y de que con él la vida inmortal de Dios ha entrado en nuestra vida. Acogiendo a María en cuanto Madre de Jesús, el discípulo la reconoce como madre y mediadora de la propia vida.

En las bodas de Caná, María demostró su preocupación por los hombres y su participación maternal en la resolución de sus necesidades. Demostró también conocer a Jesús y su capacidad de ayudar, conformándose con conducir hasta él y dejando que él decidiera el modo de actuar. También este aspecto de su persona, en el que se manifiesta su relación maternal con Jesús, entra en su relación con el discípulo. Mediante su vinculación con la Madre de Jesús, el discípulo se acerca todavía más al propio Jesús y aprende a conocerlo todavía mejor.

En Caná, María se puso por propia iniciativa de parte de los hombres; bajo la cruz, es invitada por Jesús a acoger al discípulo como hijo suyo. María debe ofrecerle todo su afecto de madre. Pero el discípulo debe representar para ella a Jesús. Ella debe confiarse al amor y al cuidado que el discípulo ha de ofrecerle.

En el centro se encuentra Jesús. Toda su actuación está dirigida a ofrecer una comunión estrecha y cordial. A las personas que le son más cercanas, él las une entre sí. El centro y el fin es la comunión con él y, a través de él, con Dios Padre, origen de toda vida.

V

MARÍA, EN LOS DEMÁS ESCRITOS DEL NUEVO TESTAMENTO

Aunque no con la misma extensión, todos y cada uno de los cuatro Evangelios hablan de María. En los demás escritos del Nuevo Testamento, el nombre de María viene mencionado sólo una vez más. Los Hechos de los Apóstoles recuerdan a «María, la madre de Jesús» (1, 14), que, en el seno de la Iglesia naciente, ora por la venida del Espíritu Santo.

Pablo, cuyas cartas constituyen una parte importante y bien característica del Nuevo Testamento, habla en un pasaje de la misión de María, aunque sin designarla por su nombre. En la Carta a los Gálatas escribe: «Pero, al llegar la plenitud de los tiempos, envió Dios a su Hijo, nacido de mujer, nacido bajo la ley, para rescatar a los que se hallaban bajo la ley y para que recibieran la filiación adoptiva» (4, 4-5).

Finalmente, podemos encontrar otra alusión a la Madre de Jesús en el último libro del Nuevo Testamento: el Apocalipsis. En una grandiosa visión viene contemplada la mujer que, a punto de dar a luz al Mesías, se ve amenazada por el dragón: «Una gran señal apareció en el cielo: una Mujer, vestida del sol, con la luna bajo sus pies, y una corona de doce estrellas sobre su cabeza; estaba encinta y gritaba con los dolores del parto y con el tormento de dar a luz» (12, 1-2). Aun cuando nuestro conocimiento de María se base prevalentemente en los Evangelios, es completado de manera preciosa por los pasajes citados.

1

MARÍA, EN LA IGLESIA NACIENTE
(Hch 1, 14)

El evangelista Lucas, que en los dos primeros capítulos de su Evangelio presenta una imagen tan viva y variada de María, la recuerda también en su segunda obra, al inicio de los Hechos de los Apóstoles. Menciona a los once apóstoles que, tras la ascensión de Jesús, se encuentran en la estancia superior de una casa en Jerusalén y continúa diciendo: *Todos ellos perseveraban en la oración, con un mismo espíritu, en compañía de algunas mujeres, de María, la Madre de Jesús, y de sus hermanos* (1, 14). La Iglesia entera, todos aquellos que creen en Jesús resucitado, están reunidos en un único lugar. María, la Madre de Jesús, está en medio de ellos y participa en su oración.

LA IGLESIA NACIENTE

A la Iglesia naciente pertenecen, en primer lugar, los once apóstoles. Vienen mencionados con sus propios nombres, siendo Pedro el que encabeza la lista. Jesús los ha elegido (Lc 6, 13) para que lo acompañaran en todo su camino y pudieran así dar testimonio de todas sus palabras y todas sus acciones. Tras la resurrección, Jesús se ha aparecido a todos ellos; deben testimoniar que él ha vencido a la muerte y ha entrado en la vida eterna con Dios. El número «once» recuerda que el grupo tiene una herida abierta. Jesús llamó a doce, pero uno de ellos lo traicionó y ha desaparecido del grupo. La primera acción que ellos llevan a cabo es la de cerrar aquella herida y designar, a suertes, otro apóstol (el duodécimo) (1, 15-26).

Entre los que han acompañado a Jesús a través de Galilea, Lucas menciona, además de los doce, a algunas mujeres *que habían sido curadas de espíritus malignos y enfermedades* (Lc 8, 1-3). También ellas han caminado con Jesús y han socorrido con sus bienes tanto a él como a sus discípulos. Las encontramos de nuevo bajo la cruz de Jesús (Lc 23, 49), junto a su sepulcro (Lc 23, 55) y en la mañana de Pascua (Lc 24, 1-11). Ellas constatan que la tumba de Jesús se encuentra vacía y reciben la noticia de que Jesús vive. Al transmitir esta noticia a los apóstoles, éstos la toman como un desatino, pero quedará espléndidamente confirmada con la aparición del Señor resucitado. Como personas que han permanecido siempre fieles a Jesús y que han participado en las etapas decisivas de su camino, ellas se encuentran reunidas con los apóstoles.

Finalmente, son recordados María y los hermanos de Jesús. Lucas ha mencionado sólo una vez en su Evangelio a este grupo de familiares más cercanos de Jesús. Ellos se presentan durante la actividad pública de Jesús y quieren verlo. Es entonces cuando Jesús afirma: *Mi madre y mis hermanos son aquellos que escuchan la palabra de Dios y la cumplen* (Lc 8, 21). Pero de María, la Madre de Jesús, Lucas ha hablado en los dos primeros capítulos de su Evangelio de manera muy detallada, mostrando que ella ha acogido la palabra de Dios y ha vivido desde esta palabra.

Fuera de los apóstoles, sólo María es recordada con su nombre y viene caracterizada explícitamente como la Madre de Jesús. Ella se encuentra aquí en medio de las personas más vinculadas a Jesús y entre ellas tiene un puesto singular. Sólo María es la Madre de Jesús. Conoce a Jesús antes que nadie; toda su persona y toda su vida han estado al servicio de la venida de Jesús. Según lo referido por Lucas al inicio de su Evangelio, María ha acogido con fe y ha llevado a cumplimiento, con total disponibilidad al servicio, su cometido de dar al Mesías al pueblo de Dios. A su corazón le ha tocado reflexionar mucho tras los acontecimientos del inicio (cf. Lc 2, 19.51) y su espíritu se ha sentido profundamente herido por la participación en el rechazo experimentado por Jesús (cf. Lc 2, 34).

En el centro de la Iglesia naciente se encuentra Jesús. Todos están presentes sólo por su estrecha vinculación con él. María pertenece al grupo y aporta a los demás su relación específica con Jesús. Todos se refuerzan y se enriquecen recíprocamente en su comunión con Jesús.

LAS CARACTERÍSTICAS DE LA IGLESIA

En este círculo, María puede experimentar cómo la obra de Jesús sale victoriosa y crece. Ella se encuentra en la Iglesia pascual, que reza y evangeliza.

Jesús ha resucitado y ha sido elevado junto a Dios, su Padre. Reina no sólo sobre la casa de Jacob (Lc 1, 33), sino también sobre el cielo y sobre la tierra. Todos los que se encuentran reunidos aquí habían quedado profundamente decepcionados ante su muerte y ahora rebosan de la alegría de pascua. María no sólo ha participado en la muerte de cruz de su hijo; ha experimentado también que él ha vencido a la muerte y ha recibido del Padre la vida inmortal. Las personas reunidas forman sólo un pequeño grupo de unas ciento veinte personas (1, 15), pero son las que han acompañado directamente a Jesús en su vida terrena, las que le han encontrado como resucitado y las que más de cerca lo conocen. Del testimonio de estas pocas personas proviene el coro innumerable de los futuros cristianos.

El mandato de Jesús los ha reunido. Él les había ordenado no alejarse de Jerusalén y esperar allí lo que había sido prometido por el Padre: el Espíritu Santo (1, 4-8). Ellos obedecen el mandato de Jesús y tienen fe en su promesa. No pueden darse a sí mismos el Espíritu Santo, la vida divina, pero pueden pedirlo en la oración. De aquí que se diga: *Perseveraban en la oración con un mismo espíritu* (1, 14). Estando en profunda armonía, sus corazones se dirigían a Dios. Su oración revela su pobreza humana, pero también su confianza en la promesa de Jesús y su anhelo de recibir el Espíritu de Dios. Es la promesa del Padre, de quien proviene toda vida. Vida divina significa comunión con Dios, una relación consciente, vital y profunda con Jesús resucitado y, en él y por él, con Dios Padre y con todos los demás. María pide, en unión con los otros, el Espíritu Santo. Lucas señala que Jesús ha enseñado a los discípulos a rezar (Lc 11, 1-13; 18, 1-14), pero nunca presenta a Jesús rezando con sus discípulos. María, sin embargo, es un miembro de la Iglesia en oración.

A la comunidad que aquí reza, Jesús le ha asignado una tarea universal: *Seréis mis testigos en Jerusalén, en toda Judea y Samaria y hasta los confines de la tierra* (1, 8). Estas personas han podido encontrar a Jesús y, a través de él, han conocido de un modo nuevo a Dios. Pero esta experiencia no se les concede sólo a ellos. Ellos constituyen un grupo todavía pequeño, con espacio suficiente en ese único lugar en Jerusalén. Lo que se les ha dado a ellos debe alcanzar, por medio de ellos, a todo el mundo, llamado a quedar lleno del gozo pascual y del Espíritu Santo. Parte integrante de este mensaje es el modo en que Dios omnipotente ha actuado con María. La difusión del mensaje va acompañada de la proclamación de María como «bienaventurada» por todas las generaciones (Lc 1, 48-49).

MARÍA Y LA IGLESIA

María y la Iglesia tienen muchas cosas en común. Una y otra son elegidas para llevar al mundo, de modo diverso, al Mesías, a través del cual realiza Dios su obra de salvación. Una y otra no pueden hacerlo con las propias fuerzas, sino que dependen de la acción del Espíritu Santo. Por medio del Espíritu Santo es como Jesús inicia su vida en María (Lc 1, 35) y sólo por medio del Espíritu Santo es como la Iglesia naciente obtiene la clarividencia y el coraje para anunciar al mundo a Jesús resucitado (Hch 2). Tanto María como la Iglesia asumen su misión en la fe (Lc 1, 45) y se dirigen en oración a Dios, confiando en su acción (1, 14). Una y otra son llamadas por Dios para un servicio en favor de toda la humanidad.

En cuanto Madre de Jesús, María ha sido llamada a un servicio muy particular respecto a Jesús y en favor del pueblo de Dios. A ella le ha sido dada también la más estrecha vinculación con Jesús. María pudo participar en el camino de Jesús desde el inicio hasta el anuncio a todo Israel. Para María y para la Iglesia es esencial la relación con Jesús. En María, Madre de Jesús, comenzó la existencia terrena de Jesús y comienza la comunión de los hombres con él. María pertenece a la Iglesia, es decir, a los hombres que creen en Jesús y viven en comunión con él. En esta Iglesia, la Madre de Jesús tiene un cometido muy específico y un puesto singular.

2

LA MADRE DEL HIJO DE DIOS
(Ga 4, 4-5)

Las cartas de San Pablo son consideradas como los primeros escritos del Nuevo Testamento. El Apóstol las envió en los años 50-60 d.C. a diversas comunidades. Ellas se centran en el significado de la venida, muerte y resurrección de Jesucristo y se ocupan de problemas concretos de la vida cristiana. En contadas ocasiones recuerdan detalles de la vida de Jesús y el nombre de su madre, María, no es mencionado jamás. Pero Pablo habla una vez del nacimiento del Hijo de Dios de una mujer, ofreciendo así una referencia implícita a la Madre de Jesús.

En la Carta a los Gálatas, compuesta probablemente entre los años 53 y 55 d.C., Pablo escribe estas palabras: *Pero, al llegar la plenitud de los tiempos, envió Dios a su Hijo, nacido de mujer, nacido bajo la ley, para rescatar a los que se hallaban bajo la ley y para que recibiéramos la filiación adoptiva* (4, 4-5). No viene mencionado aquí ni siquiera el nombre de Jesús, pero son presentadas las características esenciales de su persona y de su venida. Él es el Hijo de Dios, que vive desde la eternidad en comunión con Dios Padre. En la plenitud de los tiempos, determinada por Dios, él es enviado al mundo por el Padre. Es dado a luz por una mujer como hombre; acepta todo lo que pertenece a la humanidad. En cuanto miembro del pueblo de Israel, está sometido a la Ley. Pero el fin de su venida es el de rescatar a todos del poder de la Ley y hacerles hijos de Dios. Él viene de la plenitud de vida con Dios; debe vencer el pecado y la muerte; quiere tomar consigo a todos los hombres para conducirlos a su vida de Hijo, a la comunión de vida que él tiene con Dios Padre.

Aun cuando no mencione el nombre de María y no diga nada de las circunstancias concretas de su maternidad, Pablo nos hace saber lo esencial. Su breve alusión a María, que constituye el testimonio más antiguo, expresa al mismo tiempo, del modo más claro y patente, su misión y su dignidad: María es la Madre del Hijo de Dios. Los Evangelios ofrecen detalles y muestran una imagen viva de María, pero tampoco ellos pueden decir nada más importante que esto: que María es la Madre del Hijo de Dios. Que Dios la haya destinado a esta misión es una realidad fundamental e inmutable, y precede también a su propio comportamiento. Con su fe y su vida, María debe corresponder a esta disposición divina. Pero lo que la caracteriza, ante todo y sobre todo, es esta misión y esta tarea que Dios le ha asignado, siendo un Dios que no actúa sin los hombres, sino a través de ellos. María tiene un puesto determinado en el plan de salvación de Dios, que envía a su Hijo al mundo para conducir a la plenitud de vida a la humanidad abocada a la muerte.

EL AMOR DE DIOS PADRE POR LA HUMANIDAD PERDIDA

La obra en la que María tiene su cometido proviene de Dios Padre y está determinada por su amor. Dios ha creado el mundo y, en él, al hombre. Ha llamado a Abrahán, ha constituido y ha elegido al pueblo de Israel. Los hombres, incluido el pueblo de Israel, no han querido reconocer a su Creador y no han rendido homenaje a Dios. Se han rebelado, se han alejado de él y se dejan guiar por sus propias apetencias. Pero quien debe a Dios su propia vida –y no hay nada ni nadie que no provenga de él– no puede encontrar la plenitud de la propia vida fuera de Dios o en contra de él. Actuar contra Dios significa destruir la propia vida. La humanidad que no sigue a Dios, escoge la muerte. ¿Cómo se comportará entonces Dios? ¿Abandonará a sus criaturas, a quienes ha dado la libre elección, a la destrucción que libremente han escogido, a la vanidad y al sinsentido de sus vidas?

Lo que constituye la grandeza de Dios y expresa su amor infinito es el hecho de que él no se aleja de los hombres y no les abandona a su suerte. Él no se deja determinar por los hombres en su propio comportamiento. No reacciona al distanciamiento con el distanciamiento. Permanece fiel a sí mismo y se deja guiar sólo por su bondad y su amor. A la ingratitud y a la indiferencia de los hombres responde él con nuevos dones. A quienes han escogido la muerte les ofrece una forma de vida todavía más elevada: la vida en la comunión inmediata y manifiesta con él mismo. No odia a los hombres infieles y malvados, sino que quiere unirlos a sí de modo todavía más fuerte.

El amor de Dios hacia los hombres ingratos nos viene testimoniado de muy diversas maneras a lo largo del Nuevo Testamento. Jesús lo presenta como la razón de su propia misión: *No he venido a llamar a justos, sino a pecadores* (Mc 2, 17). En la Carta a los Romanos, escribe Pablo: *La prueba de que Dios nos ama es que Cristo, siendo nosotros todavía pecadores, murió por nosotros* (Rm 5, 8). Y Juan afirma en su Primera Carta: *En esto se manifestó el amor que Dios nos tiene: en que Dios envió al mundo a su Hijo único para que vivamos por medio de él. En esto consiste el amor: no en que nosotros hayamos amado a Dios, sino en que él nos amó y nos envió a su Hijo como propiciación por nuestros pecados* (1Jn 4, 9-10).

En el principio está Dios Padre y su amor. Dios permanece continuamente como aquel por el que todo está determinado. Él ha creado el mundo y envía a su Hijo por nosotros, hombres pecadores. Puesto que nos ama a nosotros, los hombres, él nos dará, a través del Hijo, la plenitud de vida.

LA MISIÓN DEL HIJO DE DIOS

En Gálatas 4, 4-5 Pablo recuerda tan sólo las condiciones en que viene al mundo el Hijo de Dios: nace de una mujer y nace sometido a la Ley. En otros pasajes explica el Apóstol de dónde viene Jesús y qué es lo que motiva su venida. Así, en su Carta a los Filipenses, escribe: *Aun siendo de condición divina, no retuvo ávidamente el ser igual a Dios, sino que se despojó de sí mismo tomando condición de siervo, haciéndose semejante a los hombres y apareciendo en su porte como hombre; y se humilló a sí mismo, obedeciendo hasta la muerte y muerte de cruz* (Flp 2, 6-8). El punto de partida del Hijo es su comunión con el Padre. Él es igual al Padre y participa de su vida con una plenitud y una bienaventuranza inimaginables. Por obediencia al Padre deja tras de sí esta vida divina, se hace hombre y comparte con los hombres todos los aspectos de la vida humana hasta la muerte violenta de cruz. El Padre lo ha enviado al mundo, quedando sometido a la violencia y a la muerte y convertido en maldito; él ha aceptado esta misión por amor al Padre.

Lo que esta venida implica para el Hijo y lo que ella supone para nosotros, los hombres, Pablo lo describe en estos términos: *Conocéis la generosidad de nuestro Señor Jesucristo, el cual, siendo rico, por vosotros se hizo pobre a fin de que os enriquecierais con su pobreza* (2Co 8, 9). Por amor a los hombres, el Padre envía a su Hijo. También el Hijo ama a los hombres. En su venida se realiza un maravilloso intercambio. El Hijo vive y comparte la pobreza de la vida humana para hacernos partícipes de la plenitud de vida, de esa vida de la que él viene y que él tiene en común con el Padre.

Para Pablo, el acontecimiento decisivo por excelencia es que con Jesucristo ha venido al mundo el Hijo de Dios. Todo queda decidido y dado mediante esta misión del Hijo por parte del Padre. Para Pablo personalmente *el* don más grande que ha recibido es que Dios se ha dignado revelarle a su Hijo (Ga 1, 15-16). Correspondientemente, su obra tiene como contenido central la buena noticia sobre el Hijo de Dios (Rm 1, 3.9; Ga 1,

16), que llena al Apóstol mismo de un asombro ilimitado y de un gozo infinito. De ese contenido provienen todos los demás de su anuncio. Ésta es la buena noticia que Pablo debe llevar a todos los hombres, judíos y paganos. Hasta la venida de su Hijo, Dios nos había dejado a los hombres, podría decirse, sólo con el mundo, con la Ley, con nuestra malvada oposición a él y con nuestros pecados. No era seguro que pudiéramos conseguir el justo comportamiento hacia él, que es el origen y el fin de toda vida. Ahora, el Hijo de Dios está para siempre a nuestro lado como signo del infinito amor de Dios. Éste no ha dejado ni dejará nunca de amarnos y de preocuparse por el éxito de nuestra vida. No estamos ya abandonados a nosotros mismos, no nos encontramos solos con nuestros semejantes y con las demás criaturas. Con nosotros está el Hijo de Dios; podemos apoyarnos en él y, por medio de él, llegar indefectiblemente a Dios y al comportamiento justo respecto a él.

EL FRUTO DE LA VENIDA DE JESÚS

Pablo sintetiza así lo que Dios nos da con la venida de su Hijo: *Fiel es Dios, por quien habéis sido llamados a la comunión con su Hijo Jesucristo, Señor nuestro* (1Co 1, 9). El Hijo mismo viene caracterizado por su comunión con el Padre. Participa de la vida del Padre en su infinitud y plenitud divina. Es una sola cosa con el Padre en el ilimitado y recíproco conocimiento y amor. Comunión con el Hijo significa entonces comunión con el Padre; significa ser, en el Hijo, hijo de Dios. Desde el distanciamiento y la lejanía, desde la muerte y la ruina, hemos sido llamados a la comunión y a la cercanía, a la vida con el Padre, que es una vida infinitamente feliz. Este significado de la venida de Jesús queda expresado por Pablo en Gálatas 4, 4-5 en estos términos: *Dios envió a su Hijo..., para que recibiéramos la filiación adoptiva.*

Nosotros entramos en comunión con Jesucristo y llegamos a ser hijos de Dios cuando creemos en Jesucristo como el Hijo de Dios. Creer significa reconocer la relación filial de Jesús con

Dios como verdadera y real, abandonarse a él y confiar en él, poner en él la propia vida y dejarse guiar por él, orientar hacia él todos los anhelos y esperanzas. Pablo describe así este acceso a la filiación: *Todos vosotros sois hijos de Dios por la fe en Cristo Jesús. En efecto, todos los bautizados en Cristo os habéis revestido de Cristo: ya no hay judío ni griego; esclavo ni libre; hombre ni mujer, ya que todos vosotros sois uno en Cristo Jesús* (Ga 3, 26-28). El bautismo, que recibimos en la fe en Jesús como Hijo de Dios, nos vincula del modo más estrecho posible a Jesús y nos hace hijos de Dios. Esta relación es tan decisiva que todas las demás cualidades esenciales de una persona –sean histórico-salvíficas (cf. Ga 2, 15), sociales o sexuales– retroceden frente a ella. Todo palidece y pasa a segundo plano ante esta relación que es común a todos los bautizados: Dios es mi Padre y yo soy hijo suyo por medio de su Hijo Jesucristo.

Esta relación no sólo debe ser sentida como real; debe ser también vivida del modo más consciente y activo posible: *La prueba de que sois hijos es que Dios ha enviado a nuestros corazones el Espíritu de su Hijo que clama: ¡Abbá, Padre! De modo que ya no eres esclavo, sino hijo; y si hijo, también heredero por voluntad de Dios* (Ga 4, 6-7). El mismo Dios que envía a su Hijo a nuestro mundo envía su Espíritu al centro de nuestra persona, a nuestro corazón. Es el Espíritu que llena el corazón del Hijo. Por medio de él nos encontramos en la relación más íntima y vital posible con el Padre. Signo de ello es el hecho de que nosotros, espontánea y abiertamente, llamamos, como hijos, a Dios «Padre». Y, en cuanto hijos de Dios, somos también herederos de Dios, herederos de todo lo que le pertenece. Por medio de su Hijo Jesucristo y de su Espíritu, el Padre nos introduce en todo cuanto le pertenece, en toda su vida divina.

LA MUJER QUE DIO A LUZ AL HIJO DE DIOS

En este acontecimiento singular que proviene de Dios, que se lleva a cabo mediante el envío del Hijo de Dios y que está orientado hacia la vida y la bienaventuranza de todos los hombres, a una mujer le corresponde el papel de ser la Madre del Hijo de Dios. Para su venida al mundo, el Hijo de Dios sigue la vía común a todos los hombres. Toma forma en el seno de su madre. Es dado a luz por ella. Durante años depende de sus amorosos cuidados, pudiendo así desarrollar todas sus aptitudes y convertirse en un adulto.

Pablo refiere sólo el hecho de que el Hijo de Dios ha nacido de una mujer. No menciona nunca el nombre de esta mujer, como tampoco lo menciona el Evangelio de Juan. Nada dice sobre las circunstancias de la concepción y del nacimiento, y ni una sola palabra sobre la relación entre el hijo y la madre. No orienta su reflexión sobre lo que tal concepción significa a partir de Dios, sobre lo que ella presupone y comporta.

En pasajes sobre su misión como apóstol, Pablo nos ofrece algunas reflexiones de este género. En Romanos 1, 1 se presenta así: *Pablo, siervo de Cristo Jesús, apóstol por vocación, escogido para anunciar el Evangelio de Dios.* Es escogido y llamado por Dios para esta tarea. En la misma Carta a los Gálatas, donde recuerda el nacimiento del Hijo de Dios de una mujer, Pablo describe brevemente la propia vocación como una vocación que ha recibido mediante la revelación del Hijo de Dios. Pablo habla aquí de *Aquel que me separó desde el seno de mi madre y me llamó por su gracia* (1, 15-16). El Apóstol explica que esta vocación se remonta al origen mismo de su existencia y que es un don particular del amor de Dios.

Si partimos del modo en que Pablo ve su propia misión, se hace imposible pensar que él considere a la Madre del Hijo de Dios como un instrumento genérico, impersonal e insignificante en el plano de Dios. Todo nos hace suponer que él comprende la misión de María, que es ciertamente de otro género, de modo similar a su propia misión, reconociendo en ella a una persona amada y escogida por Dios. No obstante, permanece el hecho de que Pablo no se pronuncia explícitamente a este respecto y que en él no hay ningún pasaje que pueda parangonarse al de Lucas 1, 26-38.

Pablo nos ofrece la más breve y antigua alusión a la mujer que dio a luz al Hijo de Dios. Él presenta también, de modo completo y preciso, el marco en que María lleva a cumplimiento su misión: Dios se revela a través de su Hijo como el Dios que en sí mismo es comunidad, la comunidad más viva y cordial posible. El Padre envía a su Hijo para liberarnos a nosotros, los hombres, de la perdición e introducirnos en su propia vida. María es la mujer por medio de la cual viene al mundo el Hijo de Dios para esta misión, creciendo en comunión con ella para llevar a cabo esta misión. Diciendo que ella es la Madre del Hijo de Dios, nada más grande se puede decir de ella. Es válido lo que afirma Lutero: «Se hace necesario ponderar en el propio corazón lo que significa eso de ser la Madre de Dios». Pablo subraya este dato, pero no lo explicita ulteriormente.

3

MARÍA, EL SIGNO DEL CIELO
(Ap 12, 1-6)

Los Evangelios y los Hechos de los Apóstoles hablan explícitamente de María y refieren determinados acontecimientos de su vida. En Apocalipsis 12, 1-2 se nos dice: *Una gran señal apareció en el cielo: una Mujer, vestida del sol, con la luna bajo sus pies y una corona de doce estrellas sobre su cabeza; estaba encinta y gritaba con los dolores del parto y con el tormento de dar a luz.* Aquí no se hace referencia ya a un acontecimiento histórico determinado; en esta visión se recogen y expresan algunos rasgos esenciales. Se discute, sin embargo, si con esta imagen se está designando sólo al pueblo de Dios, del que ha surgido el Mesías, o si se habla también de María, en cuanto mujer, que ha dado a luz al Mesías. Si es cierto que en la imagen de una mujer a punto de dar a luz se puede contemplar al pueblo de Dios, también es cierto que en ella podemos percibir a aquella mujer que efectivamente ha dado la vida al Mesías. En cuanto Madre del Mesías, María es una personificación del pueblo de Dios y los rasgos particulares de la visión hablan también de ella.

LA MUJER EN EL ESPLENDOR CELESTE

Los cuerpos celestes más bellos vienen empleados para revestir y adornar a esta mujer, para manifestar su posición y su dignidad. Todo en ella es luz y fulgor, belleza esplendorosa y deslumbrante. El cuerpo celeste más grande y luminoso, el sol mismo, le sirve de vestido. Envuelta en una luz resplandeciente, está situada sobre la luna, que es luminosa, pero que no deslumbra. La corona que adorna su cabeza está formada por doce estrellas relucientes. Ninguna realidad terrena es tan refulgente y radiante como estos cuerpos celestes. Ningún ser humano puede disponer de ellos y tomarlos como adorno. El modo en que aparece hace comprender ya que la mujer es totalmente luminosa y pura y que todo lo ha recibido de Dios. Dios mismo es el que le ha dado esta belleza. Poco después, el vidente tiene otra visión y describe otra figura: *La mujer estaba vestida de púrpura y escarlata, resplandecía de oro, piedras preciosas y perlas* (17, 4). Esta mujer no tiene nada de Dios; ella misma se ha adornado de todas las joyas que los hombres tienen a su disposición. Pero todo esto palidece frente al esplendor celeste.

El aspecto de la mujer dice algo de su cometido y de su posición. El sol, su esplendor deslumbrante y su fuego consumidor, se refieren a Dios y a su gloria. La mujer lleva en su seno a aquel que poco después de su nacimiento es arrebatado hasta Dios y hasta su trono (12, 5). Por razón del hijo, en cuanto Madre de Dios, es por lo que ella está vestida de sol. El arte de la Iglesia oriental conoce la imagen de María como una zarza ardiente (cf. Ex 3, 2). Puesto que en ella está presente el Hijo de Dios, el fuego la circunda, pero no la consume.

La corona de doce estrellas la caracteriza como reina en el pueblo de Dios. A partir de las doce tribus de los hijos de Israel (cf. 7, 5-8; 21, 12) y de los doce apóstoles del Cordero (cf. 21, 16), la referencia del número «doce» al pueblo de Dios es evidente. La mujer, María, presta a todo el pueblo de Dios el singular servicio de dar la vida a su rey. De aquí que en este pueblo tenga un puesto y una dignidad únicos; todos han de tratarla con respeto y gratitud.

La luna se diferencia del sol no sólo porque su luz es mucho más débil, sino también porque es mudable e inconstante. El hecho de que la mujer esté sobre la luna la caracteriza como constante y digna de todo crédito: ella es y será siempre la Madre del Hijo de Dios y del rey; jamás perderá su esplendor y su dignidad.

LA MADRE DEL SEÑOR Y SALVADOR

Al aspecto de la mujer, lleno de esplendor, se contrapone su condición del momento, que la hace ser débil y encontrarse en peligro. Ha llegado para ella la hora más difícil e importante: *Estaba encinta y gritaba con los dolores del parto y con el tormento de dar a luz... Ella dio a luz un Hijo varón, el que ha de regir a todas las naciones con cetro de hierro; y su hijo fue arrebatado hasta Dios y hasta su trono* (12, 2.5).

La hora más difícil de la mujer es también su hora más sublime. Es la hora en la que ella lleva a cabo su misión principal de madre, dando a luz al hijo. El centro de atención lo constituye el hecho de que la mujer ha dado a luz a este hijo, mientras que los demás detalles, que subrayan su relación con este hijo, pasan a segundo plano. El cometido y la posición de María, únicos y singulares, están en relación con el hecho de ser la madre de este hijo. Todo esplendor y todo privilegio provienen para ella de esta maternidad y hacia ella quedan orientados.

El Evangelio de Mateo usa siempre la expresión «el niño y su madre». El Evangelio de Juan no usa nunca el nombre de «María», sino que habla siempre de la «Madre de Jesús». El Apocalipsis pone en primer plano el nacimiento mismo. Siempre, pues, se pone en el centro el hecho de que María es la Madre de Jesús.

También respecto al hijo se dice únicamente lo más importante: Él no es sólo el rey del pueblo de Dios; es también el Señor de todos los pueblos. Tiene su puesto junto a Dios. Con él, uno que ha nacido de una mujer (cf. Ga 4, 4) y que es verdadero hombre, ha entrado decidida y definitivamente en la esfera de Dios. Por medio de su rey y Señor, la humanidad ha alcanzado así su meta: la plena comunión con Dios, la plenitud de la vida divina. María es la madre del vencedor y salvador; su hijo abre a toda la humanidad el acceso a la vida con Dios.

EL SIGNO DEL CIELO

La mujer es designada explícitamente como «una gran señal en el cielo». Las estrellas eran para los antiguos los signos decisivos de orientación en sus viajes sobre el mar y a través del desierto. El signo de la mujer debe darnos una orientación en el camino de nuestra vida.

Junto a ella aparece otro signo: *Un gran Dragón rojo, con siete cabezas y diez cuernos, y sobre sus cabezas siete diademas* (12, 3). El dragón viene identificado con *la Serpiente antigua, el llamado Diablo y Satanás, el seductor del mundo entero* (12, 9). Todo en él es grandeza, poder, terror, agresividad y amenaza. El dragón se encuentra frente a la mujer que está dando a luz y quiere devorar al recién nacido. Amenaza a la mujer misma. Amenaza a todos aquellos que *guardan los mandamientos de Dios y mantienen el testimonio de Jesús* (12, 17). El niño y la mujer son de inmediato sustraídos por el poder de Dios al influjo del dragón. Los otros miembros del pueblo de Dios están en lucha con él y con sus cómplices. Se ven sometidos a presión y tentados. No es seguro que permanezcan fieles a Dios y alcancen su meta, la comunión con Dios.

En esta situación, el signo de la mujer debe infundir coraje e indicar continuamente el camino a seguir. María es la madre. Ha acogido la llamada de Dios, ha aceptado ponerse al servicio de su hijo y de todo el pueblo de Dios. Por esto se encuentra en el esplendor de Dios y bajo su poderosa protección. Con ella aparece claro que Dios da y protege. La figura contrapuesta a María es la de la prostituta que está de parte del dragón y se sienta sobre una bestia que sirve al dragón (17, 3-6; cf. 13, 1). Ella rehúsa cualquier clase de vinculación y de servicio. Vive para sí y consuma su vida para sí misma en la disipación, el goce y el lujo desenfrenado. Blasfema contra Dios y está destinada a la perdición.

Ambos signos son grandiosos y radiantes. Mientras estamos en camino, debemos escoger el signo que deseamos seguir. María está para la vinculación y el servicio, para la protección de Dios y la comunión con él. El dragón y la prostituta están para el libertinaje y el egoísmo ilimitados, para la separación de Dios y para una soledad sin esperanza.

VI

MARÍA, EN EL NUEVO TESTAMENTO

Sólo unos pocos pasajes del Nuevo Testamento nos hablan de María. Hemos intentado escuchar su testimonio del modo más atento y preciso posible. Puede parecer sorprendente ver cuántas cosas nos dicen estos pasajes sobre la llamada de María por parte de Dios, sobre su camino con Jesús, sobre su relación con él en su niñez y durante su actividad pública, sobre su relación con los discípulos de Jesús. No pretendemos ahora hacer un elenco de los numerosos aspectos concretos que nos presentan a María de una manera viva y compleja. Como epílogo y conclusión, puede valer el intento de indicar lo que cada uno de los escritos presenta como característico sobre María y la cualidad de María que está en la base de todos los aspectos concretos.

1

LAS IMÁGENES DE MARÍA

En las artes plásticas, con diversos estilos y técnicas, pueden conseguirse imágenes muy variadas. Está la xilografía que, con pocos rasgos bien marcados, reproduce las características más importantes de una figura. La pintura en acuarela se presta menos a contornos claros, pero puede recoger mejor la atmósfera de una escena. La pintura que se lleva a cabo con toda minuciosidad se interesa por describir de manera viva cada uno de los detalles. Cada tipo de representación tiene sus límites; hace resaltar rasgos concretos de la infinita riqueza de la realidad y deja en la sombra otros, aunque sin negarlos ni anularlos. Lo que se escoge y se representa depende del interés, la capacidad y el conocimiento del artista.

En los escritos del Nuevo Testamento encontramos diversas imágenes de María, distinguiéndose notoriamente por su contenido y su expresión. No queremos, por decirlo de algún modo, sobreponerlas y componer con todas ellas una única figura complexiva. Cada una debe tomarse por sí misma, intentando percibir sus elementos fundamentales. El lector del Nuevo Testamento tiene la posibilidad de familiarizarse con la Madre de Jesús desde perspectivas diversas y de adquirir así un conocimiento profundo y vivo de su persona.

a) MATEO: EL SERVICIO DE LA VIRGEN MADRE

Mateo es el único evangelista que inicia su obra con la genealogía de Jesús, aludiendo a María como la esposa de José y la Madre de Jesús. Desde el inicio presenta a Jesús como el heredero y el que lleva a cumplimiento la historia de Dios con el pueblo de Israel, mostrando el puesto que tiene María en la historia de la salvación. Dios la ha destinado a ser la virgen madre de aquel que es el Cristo y con el que Dios libera a Israel y a toda la humanidad de la esclavitud del pecado, religándoles a sí de manera definitiva.

Aquel que debe unir a los hombres completamente con Dios proviene completamente de Dios. Sobre el trasfondo de una larga serie de generaciones humanas y en ruptura con esa serie, Mateo subraya que Jesús no ha sido engendrado por parte de un padre humano. Él ha iniciado su vida en María por obra del Espíritu Santo. El evangelista no dice nada sobre el modo en que María ha llegado a conocer y ha aceptado esta misión. Pero se desprende con claridad que todo hunde sus raíces en Dios. Dios es quien la ha elegido, la ha llamado y, por medio de su acción creadora, la ha capacitado para que fuera la Madre del Cristo. Le ha asignado la tarea de ser para Israel y para la humanidad la Madre del Salvador, del Emmanuel.

Mateo subraya también el cometido para el que José ha sido destinado. A él se le ha asignado la tarea de tomar consigo a María como esposa y de dar el nombre a su hijo. Por medio de él, como padre legal, Jesús queda inserto legítimamente en la genealogía. Con su protección y preocupación, José debe preparar el espacio en que María pueda realizar su servicio materno. Con la expresión «el niño y su madre», varias veces repetida, el evangelista pone de relieve la estrecha comunión de vida que se da entre María y su hijo. El hijo depende de la madre y ella, con el corazón y con todas sus fuerzas, está a disposición de su hijo.

Mateo no habla nunca de lo que María ha podido pensar, sentir o decir. La experiencia personal de María queda excluida de su sobria exposición. Lo que le interesa resaltar es el servicio y la maternidad de María, que es madre por obra del Espíritu Santo y que vive como madre, entregada por completo a su hijo, al servicio de la venida y crecimiento humano de Jesús y, al mismo tiempo, al servicio del pueblo de Dios, aportándole su Salvador.

b) MARCOS: LA PREOCUPACIÓN DE LA MADRE POR SU HIJO

Entre todos los evangelistas, Marcos es el que menos noticias ofrece sobre María. Sólo en una ocasión está ella presente con los hermanos de Jesús. Se sienten profundamente preocupados por Jesús y quieren llevarlo de nuevo a casa. Jesús no les recibe, hace caso omiso de su preocupación por su persona y, como único elemento de vinculación con él, hace valer el cumplimiento de la voluntad de Dios (3, 21.31-35). Parece como si Marcos conociera y estuviera interesado sólo por el conflicto entre Jesús y sus familiares. Éstos quieren poner a salvo su vida, mientras que él quiere cumplir su propia misión, sin consideración alguna por la propia vida. Aparentemente, Jesús se ha distanciado de su Madre y de sus familiares y ha constituido una nueva «familia» con los discípulos que le siguen. Parece como si los familiares no tomaran demasiado en serio su misión y estuvieran más cerca de sus adversarios que de sus seguidores.

Con *una opinión y explicación dudosas*, algunos consideran el conflicto entre Jesús y María como el único elemento históricamente seguro sobre su relación recíproca. Además, tanto por lo que dice como por lo que no dice, Marcos viene tomado como criterio único de juicio y desde él se pretende valorar lo que los demás Evangelios nos dicen sobre María. Marcos habla tan sólo de este conflicto; no dice nada sobre la concepción virginal de Jesús y no presenta ninguno de los rasgos positivos de María que se encuentran en Mateo, Lucas y Juan.

Partiendo de las afirmaciones y los silencios de Marcos, se forma la siguiente imagen errónea complexiva de María: ella concibió a Jesús en su matrimonio con José de modo natural; tuvo además otros hijos e hijas; Jesús creció en Nazaret en el seno de esta gran familia; hasta su aparición en público, nada hubo en él de singular. María no era consciente de la misión para la que había sido destinada. Una profunda sorpresa supuso para ella el abandono de la familia por parte de Jesús y la conciencia que él tenía de su propia misión. A diferencia de los discípulos, que reconocían su pretensión, creían en él y lo seguían, los familiares de Jesús –incluida María– se mostraban escépticos ante su misión o la rechazaban. Sólo tras la resurrección de Jesús se unieron a los discípulos. Algunos llegan a afirmar incluso que María no perteneció jamás a la Iglesia (M. Goguel). Lo que los demás evangelistas refieren, por encima de esta imagen, está considerado como no histórico, como una invención piadosa.

Es cierto que Marcos presenta de modo particularmente claro el conflicto entre Jesús y su familia; pero la tensión entre el comportamiento de Jesús y la experiencia de su Madre es referida también por los otros evangelistas (Mt 12, 46-50; Lc 2, 35.48-50; Jn 2, 4) y en ellos no dejamos de encontrarnos con rasgos positivos de María.

Por lo que se refiere a la *comprensión del conflicto en Marcos*, se hace necesario tener en cuenta al menos dos datos concretos: 1. El conflicto no puede ser interpretado como total distanciamiento de Jesús respecto a su Madre. 2. Este conflicto sólo puede ser valorado correctamente en el marco de la orientación general de todo el Evangelio de Marcos.

1. El comportamiento de Jesús en 3, 31-35 es sin duda una provocación para su Madre (cf. Lc 2, 41-52), pero no un rechazo o una condena. Jesús provoca a María y le muestra lo que se ha de hacer. Marcos no señala ninguna reacción por parte de María; deja así abierta la posibilidad de que ella haya acogido el desafío de Jesús y haya avanzado en su camino de perfección gracias a él.

No debemos olvidar, por otra parte, que se trata de un *conflicto entre personas estrechamente vinculadas entre sí*. La llegada de María muestra su preocupación maternal y su vinculación con Jesús. Pero no hay duda de que también Jesús está vitalmente unido a su Madre. Marcos le presenta precisamente como «hijo de María» (6, 3); le pertenece y es por medio de ella como permanece enraizado en Nazaret. Además, en el Evangelio de Marcos, Jesús subraya de manera especial el alcance del cuarto mandamiento, insistiendo sobre su absoluta validez como palabra de Dios (7, 6-13; Mt 15, 3-9). Es imposible, por tanto, que quien exige con tanta fuerza el cumplimiento de la voluntad de Dios (3, 35) no haya tratado y respetado de modo ejemplar a su madre. Es cierto que la voluntad de Dios está por encima de todo y que Jesús ha de permanecer fiel a su misión. Es cierto que él no puede evitar a su madre duros sufrimientos. Pero también es cierto que el cuarto mandamiento forma parte de la voluntad divina y que Jesús está vinculado a su madre con un amor y un agradecimiento singulares, precisamente por voluntad de su Padre.

2. Más que ningún otro autor sagrado, Marcos pone de relieve en su Evangelio *el contraste entre la voluntad humana y la voluntad de Dios*. Subraya cómo el camino de Jesús, que a través del sufrimiento y de la muerte conduce a la resurrección, es contrario a la naturaleza humana. Jesús debe recorrer ese camino (8, 31); así está establecido en la Escritura (9, 12-13; 14, 21) y así lo ha querido Dios (8, 33; 14, 36). A través de este camino se pone a prueba hasta el extremo la fe en la misión de Jesús y en su conocimiento de la voluntad divina. Para alcanzar la plenitud de la vida (resurrección) hemos de entregar ciegamente y sin fianza la vida que tenemos y a la que estamos apegados: se requiere una fe pura y ciega.

Marcos ha concebido de este modo su Evangelio y muestra que todos los hombres se encuentran desconcertados y sin fuerzas frente a Jesús y su camino. A través de esta insuficiencia de los hombres es como se revela la divinidad de la pretensión y de la obra de Jesús. Lo que él es y hace supera con creces la capacidad humana de juzgar y comprender. El rechazo por parte de los *adversarios* viene a demostrar lo inaudito de la pretensión de Jesús (2, 7; 3, 22-30; 14, 60-64). Pero tampoco los que pertenecen a él están a la altura de su camino y se ven constantemente desafiados a ampliar y profundizar su fe. Esto vale para los familiares de Jesús, pero vale también para los discípulos y vale igualmente, al final, para las mujeres que acompañan a Jesús hasta la cruz y el sepulcro. Este dato es presentado por Marcos de modo constante y coherente.

Los *familiares* ven amenazada la vida de Jesús por su manera de actuar y pretenden llevarlo de nuevo a la seguridad de Nazaret. Jesús rechaza esta pretensión, apela a la voluntad de Dios y les pide que hagan suya esa voluntad de Dios.

Los *discípulos* han escuchado de Jesús el primer anuncio de la pasión, muerte y resurrección (8, 31). Pedro, hablando en nombre de todos, se contrapone a él con una fuerte protesta (8, 32). Su reconocimiento de que Jesús es el Cristo (8, 29) no le exime de este comportamiento; más aún, le incita a él. Jesús lo reprueba del modo más duro posible: *Tus pensamientos no son los de Dios, sino los de los hombres* (8, 33). El comportamiento de los familiares y de Pedro, así como las respuestas respectivas de Jesús, se corresponden en los detalles. En ambos casos intervienen aquellos que más cerca se encuentran de Jesús por ver amenazada su vida. En ambos casos Jesús les recrimina con dureza y apela a la voluntad divina. El querer espontáneo del hombre se contrapone siempre a la voluntad de Dios, que Jesús conoce y que constituye para él el criterio decisivo. A partir de este choque se abre un contraste entre Jesús y sus discípulos. Éstos continúan siguiéndolo y él les instruye hasta la última tarde, que pasa sólo con ellos (14, 12-42). Pero ellos no piensan en conformidad con Jesús (cf. 9, 32-34; 10, 35-41) y el contraste lleva a su huida en el momento del arresto de Jesús (14, 50) y a la negación de Pedro (14, 66-72). Los discípulos no están a la altura de Jesús y de su camino; tienen necesidad de que el Señor resucitado les otorgue de nuevo la comunión con él (14, 28; 16, 7).

Las *mujeres* que siguen a Jesús hasta la cruz (15, 40-41), que participan en su sepultura (15, 47) y que en la mañana de Pascua van a su tumba (16, 1-2), parecen tener, más que los familiares y discípulos, una adecuada comprensión de Jesús. Pero Marcos no deja de señalar también sus limitaciones. Tampoco ellas acogen completamente la palabra de Jesús sobre el camino que Dios ha establecido para él; la resurrección es también para ellas una idea vacía. De aquí que se dirijan a la tumba para ungir a un muerto y que vuelvan completamente desconcertadas por el mensaje de la resurrección (16, 6-8). También ellas son personas humanas y no están a la altura del actuar de Dios.

La tensión entre las expectativas y los deseos humanos, por una parte, y lo que Dios quiere, por otra, se manifiesta incluso en *el mismo Jesús,* siendo Marcos el que lo pone en evidencia de modo especial. En Getsemaní Jesús reza así: *¡Abbá, Padre! Todo es posible para ti. Aparta de mí esta copa. Pero no sea lo que yo quiero, sino lo que quieras tú [que suceda]* (14, 36). La plegaria se repite (14, 39). Jesús expresa en ella el deseo humano, según el cual querría verse liberado de la muerte; pero se somete por completo a la voluntad del Padre. La misma tensión se manifiesta también en el momento de su muerte, cuando dice: *¡Dios mío, Dios mío!, ¿por qué me has abandonado?* (15, 34). Para Jesús, el Padre es y sigue siendo su Dios, a quien él está unido indisolublemente; en él se apoya con extrema firmeza. Sin embargo, desde su sentimiento humano inmediato, se ve también como abandonado de él. Jesús es verdadero hombre; también en él se hace viva la repugnancia ante el sufrimiento y la muerte. También para él, como muestra precisamente su comportamiento en Getsemaní (14, 32-42; cf. Jn 12, 27-33; Hb 5, 5-10), es un deber y un compromiso dejarse guiar completamente por la voluntad del Padre.

Todo lo dicho podría hacer pensar que nos hemos alejado de nuestro tema: «María en Marcos». Pero es que resulta imposible comprender correctamente el encuentro, lleno de tensión, entre Jesús y sus familiares (3, 31-35) si se toma aisladamente; se hace necesario valorarlo en el contexto global del Evangelio de Marcos. De aquí que hayamos presentado una línea fundamental de este Evangelio.

Sólo así se pueden *corregir dos interpretaciones discutibles.*

Si en 3, 31-35 se ve una aversión entre Jesús y su madre, si aquí se declara que María no tenía idea alguna de la misión del hijo, que le obstaculizaba el camino, mereciendo la recriminación del hijo, si de aquí se pretenden extraer argumentos para la explicación de los otros Evangelios, entonces este pasaje quedaría aislado y sería explicado en abstracto, sin atención alguna al contexto del Evangelio, siendo imposible encontrar en él algún apoyo sólido para semejantes deducciones. Por otra parte, a la luz de 3, 31-35 puede considerarse como falsa también la idea de una relación entre Jesús y su madre determinada continuamente por un acuerdo exento de problemas y tensiones, como si María hubiera comprendido por completo a Jesús. El encuentro muestra que, a pesar de la estrecha vinculación, no dejó de haber una gran distancia entre Jesús y su madre, viéndose ella instada por él a progresar y a dejarse guiar, todavía con más fe, por la voluntad de Dios.

Se comprendería erróneamente a Marcos si se pensase que él quería polemizar con la madre y los familiares de Jesús. El evangelista no polemiza con ellos, como tampoco lo hace con los discípulos. La tensión entre Jesús y su madre –y toda la realidad humana, incluido el mismo Jesús– muestra que el camino y la obra de Jesús son nuevos e inauditos, contrarios además a todas las experiencias y expectativas humanas. A través de la inadecuada reacción humana se manifiesta el carácter sobrehumano de la persona y de la misión de Jesús, a la vez que el deber –también para María– de *crecer en la fe.*

En las pocas cosas que Marcos nos transmite sobre María y sobre su relación con Jesús, se nos desvela todo un mundo. En la preocupación de María por la vida de su hijo se expresa su profunda vinculación materna con él. En la medida e intensidad de tal vinculación, María queda implicada en el camino de Jesús y se ve instada a acoger la voluntad de Dios y a crecer cada vez más en la fe. A través de su hijo, también ella se ve situada sobre el camino de un crecimiento y de una maduración dolorosa. Lo que Marcos nos dice sobre María está en consonancia perfecta con lo que de ella nos dicen los otros Evangelios.

c) LUCAS: MADRE Y OYENTE DE LA PALABRA DE DIOS

Ya por la extensión de los textos en los que María es mencionada, existe una gran diferencia entre los Evangelios. Estos textos forman en Mateo un conjunto de 54 versículos (1, 1-2, 23; 12, 46-50; 13, 55), en Marcos siete versículos (3, 21.31-35), en Lucas 88 versículos (1, 26-56; 2, 1-52; 8, 19-21; 11, 27-28) y en Juan 16 versículos (2, 1-12; 6, 42; 19, 25-27). Es fácil observar que el grupo de textos más extensos se encuentra en Lucas. De aquí que más de la mitad de nuestras explicaciones hayan girado sobre Lucas.

Lucas es quien nos da a conocer la mayor parte de los detalles sobre María y mucho es, por tanto, lo que debemos a su específica presentación de María. Sólo en el tercer Evangelio aparece el nombre «María» con más frecuencia (doce veces) que el apelativo «madre» (siete veces). No parece que esto sea una casualidad, sino una consecuencia del hecho de que sea Lucas prácticamente el único que habla del *comportamiento personal de María*. Él recuerda su turbación, su reflexión, su pregunta, su consentimiento, su fe, su alabanza y su júbilo; él habla de su alma y de su espíritu (1, 26-56). Señala que ella conservaba todos los acontecimientos en su corazón (2, 19.51) y que su alma se vio traspasada de dolor (2, 35.48). La presenta en su relación vital con Dios (1, 26-56) y en su doloroso encuentro con su hijo de doce años (2, 41-52). Sólo Lucas dirige la mirada a la experiencia personal de María.

Por otra parte, sólo en Lucas es María objeto de atención para los *otros seres humanos*, tomando éstos posición respecto a su persona. Isabel, inspirada por el Espíritu Santo, la reconoce como Madre del Señor y como bendita de Dios en modo singular, proclamándola bienaventurada a causa de su fe (1, 39-45). Simeón, movido también él por el Espíritu Santo, anuncia a María que la oposición contra su hijo herirá profundamente su alma (2, 25-35). Una mujer del pueblo la proclama bienaventurada por ser la madre de un hijo como Jesús (11, 27). María misma, con una predicción profética, afirma que todas las generaciones la llamarán bienaventurada por las obras grandes que Dios ha realizado en ella. Sólo aquí se proyecta la mirada, por encima de la vida de María, hacia un porvenir ilimitado. Lucas es también el que menciona a María tras la resurrección de Jesús y, en los Hechos de los Apóstoles, la presenta en medio de la Iglesia naciente.

En la imagen que Mateo nos ofrece de María, todo se concentra sobre el cometido que Dios le ha asignado: el de ser la virgen madre de su Hijo. María permanece también limitada a la relación con su hijo y con José. Lucas añade a esto su comportamiento personal; el modo en que ella ha acogido su misión, la ha realizado y la ha vivido. María aparece igualmente en un ulterior círculo de relaciones y recibe una atención ilimitada en el tiempo. Pero en esta imagen de María, tan rica y con tantos rasgos de su persona, es fundamental también el modo en que Dios actúa en relación con ella. Y, en el centro de la actuación personal de María, está su comportamiento en relación con Dios.

Siempre que se hace referencia a María, queda indicado, en primer lugar, *el actuar de Dios respecto a ella.* Antes de nada, el mensajero celeste le dice: *Alégrate, llena de gracia; el Señor está contigo* (1, 28). Lo que caracteriza a María, como si se tratara de un nombre, es que Dios la ha hecho llena de gracia, digna de su benevolencia y de su amor. Dios es el que le confía la misión de ser la Madre del Mesías y el que, con su poder creador, la capacita para ello. También Isabel afirma antes de cualquier otra cosa: *Dios te ha bendecido más que a cualquier otra mujer* (1, 42). Y María será llamada bienaventurada por todas las generaciones, porque el Poderoso ha hecho obras grandes en ella (1, 48-49). No hay duda. Todo proviene de Dios y es un don suyo.

El *comportamiento de María en relación con Dios* está resumido por ella misma cuando se declara como *la sierva del Señor* (1, 38.48). En cuanto sierva, ella escucha la palabra del Señor y se atiene a su voluntad. Esta actitud queda determinada por la fe en el Señor y en su palabra. Isabel caracteriza así el comportamiento de María y por esto la proclama bienaventurada (1, 45). Que María viva orientada hacia el Señor, hacia su palabra y hacia todo lo que proviene de él, lo demuestra también el hecho de conservar ella en su corazón todo lo que acontece, meditando sobre ello (2, 19). Esta actitud de María se manifiesta, en definitiva, en su escrupulosa observancia de la ley del Señor (2, 21-24.39.41). Con esta disposición es como lleva a término su misión de ser la virgen Madre del Mesías y de procurar el crecimiento de su hijo.

Cuando María se encuentra una vez más en Jerusalén con motivo de la fiesta de la Pascua, querida por el Señor, estando su hijo en el inicio de la mayoría de edad, un nuevo paso se le pide en la escucha del Señor. Para justificar su acción, dolorosamente sorprendente, Jesús apela a la voluntad del Padre (2, 49). Se anuncia de este modo que en el futuro *la palabra y la voluntad de Dios* llegarán a María *en las palabras y en el comportamiento de su hijo*, que ella deberá acoger. María no comprende a Jesús (2, 50), pero continúa en la misma actitud que antes. Como antes había acogido en su corazón la decisión de Dios (2, 19), de igual modo se comporta ahora en relación con las palabras y la actuación de su hijo (2, 51). María querría comprender, pero sabe aceptar en el amor y en la paciencia, manteniendo una fe incondicionada en los planes de Dios y una incondicionada comunión con su hijo.

Siempre que se menciona a María durante la actividad pública de Jesús, está en juego la escucha de la palabra de Dios, comunicada a través del Hijo de Dios (8, 21; 11, 28). Esta palabra es acogida correctamente por aquellos que, *después de haber oído la palabra con corazón bueno y recto, la conservan y dan fruto con perseverancia* (8, 15). Como sierva del Señor y como persona que conserva en su corazón todo cuanto acontece (2, 19.51), perseverando con paciencia, María está bien entrenada precisamente en esta actitud y sabe poner en práctica la palabra de Dios, que le llega a través de su hijo (cf. 2, 48-51).

El camino de María, que es a la vez madre y oyente del Mesías, se refleja también en la última ocasión en que a ella se alude en Lucas (11, 27-28). Una mujer del pueblo la proclama bienaventurada en cuanto madre. Jesús declara bienaventurados a todos aquellos que escuchan la palabra de Dios. En la fe y en su condición de sierva del Señor, María ha llegado a ser la Madre del Mesías. Le ha dado así al pueblo de Dios aquel que a todos –incluida María– manifiesta la voluntad definitiva de Dios y a todos trae la plenitud de la vida. Madre de Jesús es sólo María y, como tal, ella tiene con él una relación única. Oyente de Jesús es María en unión con los demás miembros del pueblo de Dios, encontrándose en medio de ellos en la oración para recibir el Espíritu Santo (Hch 1, 14). María no se limita a ser la Madre de Jesús, sino que lo acoge también como el verdadero Mesías. No cesa de ser la Madre de Jesús, pero es alcanzada de modo singularísimo por su palabra y por su camino.

Desde el inicio, las relaciones de María con Dios y con Jesús quedan ensambladas entre sí del modo más íntimo posible. Estas relaciones, sin embargo, no permanecen siempre igual; tienen un *desarrollo*. Llamada por Dios y a través de su poder creador, María llega a ser, en su condición de creyente y sierva del Señor, Madre de Jesús. Aparece siempre como aquella que cree. Respecto a su hijo, ella es ante todo, al igual que cualquier madre, aquella que actúa. El inicio de la actuación de su hijo se convierte para ella de modo particular en causa de dolor. No se le ha concedido todavía comprender los acontecimientos, pero ella está siempre presente con su corazón y con una fe incondicional. Es erróneo pretender concebir este desarrollo como si María, tan unida a su hijo en su niñez, hubiera entrado después en confrontación con él, una vez que, ya adulto, comenzó su actividad pública. Se trata sólo de un proceso doloroso que a ella se le pide durante el camino de su hijo y que comprende también en concreto el paso de un actuar lleno de fe a un sufrir en la fe.

Por medio de la bendición y de la fe, María queda equiparada con Abrahán y lo supera. Se asemeja a él y lo supera también en lo que atañe a la relación con el hijo. A Abrahán Dios le pide el hijo, pero no se lo quita (cf. Gn 22). Al hijo de María Dios le pide el camino hacia la muerte (22, 42). A ella, pues, le es realmente arrebatado el hijo. Pero Dios, que exige de María más que de Abrahán, le da también más que a Abrahán. Como lo muestra su presencia en la Iglesia naciente, María puede participar en la victoria de su hijo y en la superación de la muerte. De aquí que la alegría sea en ella un rasgo tan característico. Efectivamente, la primera palabra que el ángel le dirige es: *Alégrate* (1, 28). Y las últimas palabras que en el Evangelio de Lucas hablan de ella son dos bienaventuranzas (11, 27-28). A la relación de Dios y de Jesús con ella corresponde, en su experiencia personal, sobre todo el sentimiento de alegría (cf. 1, 46-47).

d) JUAN: MADRE DE JESÚS Y MADRE DE LOS DISCÍPULOS DE JESÚS

Hemos señalado ya los rasgos específicos que caracterizan la figura de María en Juan: su nombre «María» no es mencionado jamás; se pone de relieve el hecho de que ella es la Madre de Jesús. María está presente al inicio y al final de la obra de Jesús. Tiene que ver no sólo con Jesús, sino también con los hombres y con los discípulos de Jesús. Este último rasgo es bien significativo. Ya en Lucas habíamos observado que los hombres prestan atención a María y a ella se dirigen llenos de admiración. Específico de Juan es que María aparezca incluida en la relación entre Jesús y los hombres, y precisamente al inicio y al final de su obra. En Caná ella se preocupa de los hombres, transmite a Jesús su necesidad y los orienta hacia Jesús. En la cruz es el mismo Jesús el que entrega a su madre al discípulo amado como madre a hijo. Esta relación recíproca viene determinada por Jesús y tiene su fundamento en la relación personal de ambos con Jesús.

María es designada por Juan sólo con el apelativo de *madre*. Lo que la caracteriza es el hecho de que, por medio de ella, ha comenzado Jesús su vida terrena, humana, y que en ella se ha hecho carne la Palabra (1, 14). Puesto que Jesús tiene un significado único para todos los hombres, ya que sólo mediante la fe en él obtienen la vida (20, 31), siendo María la Madre de Jesús, ella queda religada también a todos los hombres.

En María y en Jesús siempre está la vida de por medio. A través de María entra el Hijo de Dios en la vida humana, perecedera. Pero precisamente este hecho es para todos los hombres un signo de salvación. En la vida mortal de los hombres se hace así presente aquel por quien ellos obtienen la plenitud de la vida.

El *inicio* y el *final* de la obra de Jesús están unidos entre sí por medio de su «hora». Al inicio está presente la Madre de Jesús, que comunica al hijo las necesidades de los hombres. Jesús le responde: *¿Qué tengo yo contigo, mujer? Todavía no ha llegado mi hora* (2, 4). La hora de Jesús, determinada por el Padre, la hora de su muerte, es al mismo tiempo la hora de su exaltación (12, 23-33; 13, 1; 17, 1), en la cual lleva él a cumplimiento su obra, supera definitivamente la necesidad de los hombres y abre la puerta para que puedan acceder a la vida de Dios. Que la hora de Jesús no haya llegado todavía, no significa que él no pueda o no quiera actuar todavía, sino que su acción presente no es aún definitiva, sino provisoria; que ella está orientada hacia la «hora» y que sólo entonces encontrará su cumplimiento. Jesús ofrece vino y alegría; se preocupa de que la fiesta pueda continuar; pero esto es sólo un signo de lo que él realizará en su hora.

También al final, cuando ha llegado ya la hora de Jesús, está presente su madre. Aquí Jesús no ofrece ya dones terrenos, aunque sea de manera prodigiosa. Como signo del cumplimiento, brotan de su costado sangre y agua (19, 33-36). Desde el momento en que él es exaltado, los que creen en él reciben el Espíritu, la vida (7, 37-39). Cuando Jesús concluye su vida terrena y lleva a cumplimiento su obra, está presente aquella que le ha hecho entrar en la vida terrena y que ha impulsado los inicios de su obra. Como madre, ella ha participado en la vida de Jesús de un modo intenso y personal. Es la única persona que conoce todo el camino de Jesús. Es un testigo cualificado y un signo de toda la realidad humana de Jesús, desde que era un niño necesitado de ayuda hasta su muerte en la cruz.

La actividad pública de Jesús se inició cuando su madre se dirigió a él (2, 3). Jesús la concluye cuando él se dirige a su madre y al discípulo amado (19, 26-27). Del crucificado reciben *María* y el *discípulo* la misión de ser uno para el otro *madre* e *hijo*. Jamás dejarán de ser respectivamente Madre de Jesús y discípulo de Jesús. Precisamente como Madre de Jesús, María es la madre del discípulo. Simboliza para él la encarnación del Hijo de Dios y su camino hasta el cumplimiento de su obra; es un signo visible de salvación. Presenta a Jesús las necesidades de los hombres (2, 3) y orienta a los hombres a la escucha de Jesús y a poner en práctica su palabra (2, 5). El comportamiento del discípulo en relación con la Madre de Jesús está descrito en estos términos: *Y desde aquella hora el discípulo la acogió en su casa* (19, 27). La casa del discípulo, literalmente «lo que le es propio», no es tanto su propiedad o posesión (cf. 1, 11-13), cuanto lo que le caracteriza como «discípulo al que Jesús amaba». Lo que le es propio por encima de cualquier otra cosa es, por tanto, su relación con Jesús: el hecho de ser amado por Jesús y de creer en Jesús. El discípulo introduce a María en lo que le es propio, es decir, en su relación con Jesús; la honra y la respeta en cuanto Madre de Jesús. María ha dado a luz a Jesús para la vida terrena, para la comunión con los hombres mortales, siendo él aquel por el que estos hombres reciben la vida y el gozo. María es así la madre de Jesús y la madre de los discípulos de Jesús.

e) HECHOS DE LOS APÓSTOLES: LA MADRE DE JESÚS EN LA IGLESIA

Como nuevo rasgo de María, Lucas señala, en la segunda parte de su obra, la pertenencia de María a la Iglesia. Todos aquellos que, tras la ascensión de Jesús y siguiendo su encargo, están reunidos en una sala en Jerusalén, se encuentran allí por su particular vinculación con Jesús. María está en este círculo en cuanto Madre de Jesús. Forma parte de esta comunidad, que ha sido objeto de la manifestación del resucitado y que sabe que él ha entrado en la gloria del Padre. Ella ora con María para recibir el Espíritu Santo y conoce su cometido de dar testimonio de Jesús hasta los confines de la tierra. La Iglesia de todos los tiempos proviene de esta comunidad, de la que María es un miembro vivo. La Madre de Jesús pertenece a las raíces de la Iglesia.

f) PABLO: LA MADRE DEL HIJO DE DIOS

La aportación de Pablo a la imagen de María consiste en definir, de modo conciso y claro, su misión en la historia de la salvación. Todo proviene de Dios Padre, que quiere salvar a los hombres de la destrucción y hacerles partícipes de su propia vida. Por esto envía a su Hijo al mundo. La misión de María es la de ser la Madre del Hijo de Dios, que se hace hombre por voluntad del Padre para hacer a los hombres hijos de Dios. Pablo no dice más; no señala cuál es la relación de Dios Padre y su Hijo con María, ni señala tampoco cómo ha llevado a cabo María su propia misión.

Por lo que se refiere a la relación entre Dios Padre, su Hijo y María, Pablo no deja de ofrecer indicaciones importantes, fijando el espacio que podrá ser completado en las reflexiones teológicas sucesivas. Dios Padre, que ama a los hombres, y el Hijo de Dios, que viene a salvar a los hombres, ¿cómo se comportan con la persona a la que han implicado del modo más íntimo posible en la realización de sus planes? En lo que Pablo nos dice, respecto a sí mismo como *siervo* de Jesucristo y respecto a la elección y a la llamada que él ha recibido de Dios, nos ofrece un modelo a cuya luz podemos comprender cuál es la relación de la *sierva* del Señor con Dios.

Pablo, en definitiva, nos ofrece el marco y nos diseña en pocas pinceladas los rasgos más característicos de la imagen de María. En él encontramos también indicaciones que permiten una sucesiva elaboración de esta imagen. Pero Pablo mismo no se detiene en presentarla.

g) APOCALIPSIS: LA MADRE COMO SIGNO EN EL CIELO

En la visión de Apocalipsis 12 adquiere un gran relieve el cometido materno de María. La mujer en el cielo es contemplada en el momento en que está para dar a luz. Su hijo es el rey del pueblo de Dios y el soberano de todos los pueblos; su puesto está junto a Dios.

Hay dos rasgos de la imagen de María exclusivos de esta visión: ella se encuentra amenazada por un poder hostil y aparece como signo en el cielo. A ella misma, a su hijo y a los otros hijos se contrapone el dragón, que se llama también *la Serpiente antigua, Diablo y Satanás* (12, 9), y que intenta destruirlos. El dragón no puede dañar ni al hijo de la Mujer ni a la Mujer misma, que están bajo la protección particular de Dios. Pero sus hijos sucesivos, aquellos que *guardan los mandamientos de Dios y mantienen el testimonio de Jesús* (12, 17), se encuentran en una situación de profunda angustia. Por esta situación es precisamente por lo que la Mujer aparece como un grandioso signo en el cielo, que se contrapone al otro signo grandioso, que es el Dragón. Ella está para mostrar la necesidad de hacer una elección y tomar una decisión, a la vez que para ofrecer una clara orientación sobre las mismas.

2

MARÍA, LA MADRE DEL SEÑOR

Queremos retomar, como conclusión, una pregunta: ¿Qué cualidad de María está en la base de todos y cada uno de los rasgos que sobre ella encontramos en el Nuevo Testamento? ¿Qué es lo que mejor caracteriza a su persona?

Una respuesta a esta pregunta sólo es posible desde la lectura atenta de los textos neotestamentarios que nos hablan de María. De manera global, ella es designada 19 veces en el Nuevo Testamento con su nombre de «María» y 29 veces con la indicación de «madre». Hay escritos en los que no aparece nunca su nombre «María», pero que tienen presente su misión de madre (Juan, Pablo, Apocalipsis). Y normalmente, incluso allí donde aparece su nombre, el primer plano queda reservado a su misión de madre. Estos datos externos, con sus connotaciones, están confirmados por los contenidos, y no se puede dudar de que lo que distingue a la persona de María es su condición de Madre de Jesús. María no queda caracterizada tanto por lo que proviene de ella –y que puede ser tan peculiar y específico como su fe– cuanto por lo que recibe de Dios, que la ha elegido para ser la madre de su Hijo. De aquí que Isabel mencione primero la bendición de Dios, reconozca a María como «la madre de mi Señor» y la proclame después bienaventurada a causa de su fe (Lc 1, 42-45).

La maternidad de María es decisiva para todas las relaciones esenciales en las que ella se encuentra –con Dios, con su hijo, con los hombres– y determina toda su actividad. El comportamiento de Dios en relación con ella y su propio comportamiento en relación con Dios, corresponden a esta realidad fundamental, es decir, a que Dios la ha elegido como madre de su Hijo. Por su parte, María cree en la palabra de Dios, acepta la misión a ella encomendada y se convierte así en la Madre del Señor.

Para la relación de María con Jesús es fundamental que él sea su hijo y que ella sea su madre. Esta relación tiene un desarrollo múltiple. La forma en que María la vive corresponde al camino que Jesús recorre, desde su concepción hasta su resurrección. María pertenece a los hombres. Ante ellos se presenta Jesús con autoridad divina, como aquel que revela la voluntad de Dios y ofrece la vida de Dios. Aunque entre Jesús y María permanezca la distancia que se da entre el Creador y su criatura y aunque Jesús sea para María no sólo su hijo humano, sino también su Señor divino, él será siempre su hijo. Comprender la intimidad e intensidad de esta relación –por encima de toda distancia– entre este hijo y su madre sobrepasa nuestra capacidad. Jesús ama a los suyos hasta el extremo (Jn 13, 1). El hijo no es superado por la madre en el amor ni en la donación de sí mismo.

También la relación de María con los hombres queda determinada por su condición de Madre del Señor. Por esto es por lo que, a partir de Isabel, se dirige a ella la atención de los hombres. Puesto que Dios ha actuado en ella con su poder creador, haciéndola madre de su Hijo, María será llamada bienaventurada por todas las generaciones. Como Madre de Jesús, ella debe dar al discípulo de Jesús su amor de madre. El discípulo de Jesús debe estar incluido en la relación de María con Jesús. Pero, al mismo tiempo, la vinculación con la Madre de Jesús debe formar parte de aquello que caracteriza al discípulo, su vinculación con Jesús. Ella es la madre de aquel que ha llevado a término su obra dando a los hombres la vida divina. En cuanto madre, María está vinculada a Jesús de manera inseparable. Para nosotros es una tarea siempre por alcanzar el ponderar lo que significa que María es la Madre del Señor, la Madre del Hijo de Dios.

SELECCIÓN BIBLIOGRÁFICA[1]

1. Estudios generales

APARICIO, A. (ed.), *María del Evangelio. Las primeras generaciones cristianas hablan de María* (Monografías, 2), Publicaciones Claretianas, Madrid, 1994.

ARNALDOS, M., *María, esa mujer,* EJC, Molina de Segura, 2000.

MARTÍNEZ PUCHE, J. A., *La Iglesia habla de María.* 50 años de documentos pontificios marianos (1950-2000). Edibesa, Madrid, 1998, 417 págs.

MICHAUD, J. P., *María de los Evangelios* (Cuadernos Bíblicos, 77), ed. Verbo Divino, Estella, 1992.

PIKAZA, X., *La Madre de Jesús,* ed. Sígueme, Salamanca, 1989.

POTTERIE, I. DE LA, *María en el misterio de la alianza* (BAC, 533), ed. Católica, Madrid, 1993.

SERRA, A., *María según el Evangelio* (Biblia y Catequesis, 10), ed. Sígueme, Salamanca, 1988.

---

[1] El autor ha optado por prescindir de toda referencia bibliográfica. Para ofrecer al lector la posibilidad de contrastar y proseguir el estudio de los textos tratados, recogemos aquí algunos de los trabajos que, publicados en la última década, pueden resultar de mayor utilidad. Son consignados sobre todo los publicados en español. Se silencian los abundantes comentarios a los diversos libros del Nuevo Testamento; sobre ellos véase S. GUIJARRO-M. SALVADOR (ed.), *Comentario al Nuevo Testamento,* ed. Verbo Divino, Estella ³1997.

SERRA, A., «Biblia», en S. DE FIORES - S. MEO (ed.), *Nuevo Diccionario de Mariología*, ed. Paulinas, Madrid, 1988, 300-385.

2. Sobre Mateo 1-2

AA.VV., «La madre dell' Emmanuelle», *Theotokos,* 3 (1995) 1-280.

AA.VV., «Il bambino e sua madre», *Theotokos,* 4 (1996), 1-280.

BAUER, D. R., «The Literary and Theological Function of the Genealogy in Matthew's Gospel», en D. R. BAUER - M. A. POWELL (ed.), *Treasures New and Old: Recent Contributions to Matthean Studies* (SBL Symposium Series, 1), Atlanta GA, 1996, 129-159.

BUETUBELA, B., «L'universalisme du salut et Mt 2, 1-12», *Revue Africaine de Théologie,* 18 (1994), 149-159.

CASALINI, N., *Libro dell' origine di Gesù Cristo. Analisi letteraria e teologica di Matt 1-2* (Studium Biblicum Franciscanum. Analecta, 28), Jerusalem, 1990.

COUFFIGNAL, R., «Le conte merveilleux des mages et du cruel Hèrode», *Revue Thomiste,* 89 (1989), 97-117.

FEUILLET, A., «Le sauveur messianique et sa mère dans les récits de l'enfance de saint Matthieu et de saint Luc» (Première Partie), *Divinitas,* 34 (1990), 17-52.

FREED, E. D., «The Women in Matthew's Genealogy», *Journal for the Study of the New Testament,* 29 (1987), 3-19.

GONZÁLEZ ECHEGARAY, J., «Las tres ciudades de los Evangelios de la Infancia de Jesús: Nazaret, Belén y Jerusalén», *Estudios Bíblicos,* 50 (1992), 85-102.

HEIL, J. P., «The Narrative Roles of the Women in Matthew's Genealogy», *Biblica,* 72 (1991), 538-545.

JONES, J. M., «Subverting the Textuality of Davidic Messianism: Matthew's Presentation of the Genealogy and the Davidic Title», *Biblical Quarterly,* 56 (1994), 256-272.

LUZÁRRAGA, J., «Lo simbólico de la mujer en la genealogía mateana», en G. ARANDA - C. BASEVI - J. CHAPA (ed.), *Biblia, exégesis y cultura.* Estudios en honor del prof. D. José María Casciaro (Colección Teológica, 83), Pamplona, 1994, 295-310.

MARÍN HEREDIA, F., «Valor midráshico de la prueba de José (Mt 1, 18-25)», *Carthaginensia*, 3 (1987), 171-178.

MARÍN HEREDIA, F., «Más allá de las apariencias: Mt 2, 1-23», *Carthaginensia*, 7 (1991), 319-330.

MOLONEY, F. J., «Beginning the Gospel of Matthew: Reading Matthew 1, 1-2, 23», *Salesianum*, 54 (1992), 341-359.

MUÑOZ IGLESIAS, S., «Derás en Mt 1-2», *Revista Catalana de Teología*, 14 (1989), 111-121.

MUÑOZ IGLESIAS, S., *Los Evangelios de la Infancia: IV. Nacimiento e Infancia de Jesús en San Mateo* (BAC, 509), Madrid, 1990.

ORSATI, M., «La visita dei Magi (Mt 2, 1-12)», en M. LÀCONI et al., *Vangeli sinottici e Atti degli Apostoli* (Logos: Corso de Studi Biblici, 5), Leumann (Torino), 1994, 459-472.

PÉREZ RODRÍGUEZ, G., *La infancia de Jesús* (Mt 1-2; Lc 1-2) (Teología en Diálogo, 4), Salamanca, 1990.

PRETE, B., «Il messaggio cristologico nell' annuncio a Giuseppe», *Divus Thomas*, 96 (1993), 190-213.

RIEDL, J., «Mt 1 und die Jungfrauengeburt», en L. OBERLINNER - P. FIEDLER (ed.), *Salz der Erde - Licht der Welt. Exegetische Studien zum Matthäusevangelium*. Fs. für Anton Vögtle zum 80. Geburtstag, Stuttgart, 1991, 91-109.

SEGALLA, G., *Una storia annunciata. I racconti dell' infanzia di Matteo*, Brescia, 1987.

SPARTÀ, S., *I magi: Tra storia e leggenda*, Assisi, 1987.

SOARES-PRABHU, G. M., «Jesus in Egypt: A Reflection on Mt 2, 13-15.19-21 in the Light of the Old Testament», *Estudios Bíblicos*, 50 (1992), 225-249.

STRAMARE, T., «L' annunciazione a Giuseppe in Mt 1, 18-25: Analisi letteraria e significato teologico», *Bibbia e Oriente*, 31 (1989), 3-14; 199-217.

STRAMARE, T., «Dall' Egitto ho chiamato mio figlio: Un mistero della vita di Cristo», *Bibbia e Oriente*, 37 (1995), 194-213.

TREBOLLE BARRERA, J., «El relato de la huida y regreso de Egipto (Mt 2, 13-15a.19- 21). Estructura y composición literaria», *Estudios Bíblicos*, 50 (1992), 251-260.

3. Sobre Marcos 3, 20-21.31-35; 6, 1-6

AA.VV., «Chi è mia madre e chi sono i miei fratelli?», *Theotokos*, 2 (1994), 289-534.

DORMEYER, D., «Die Familie Jesus und der Sohn der Maria im Markusevangelium (Mk 3, 20f.31-35; 6, 3)», en H. FRANKE-MÖLLE - K. KERTELGE (ed.), *Vom Urchristetum zu Jesus. Für Joachim Gnilka*, Freiburg - Basel - Wien, 1989, 109-135.

DORMEYER, D., «Erinnerung, Erzählung, Interaktion. Zum Konflikt des charismatischen, prophetischen Weisheitslehrers Jesus mit seinem Heimatdorf Nazareth (Mk 6, 1-6a)», en T. R. PETERS et al. (ed.), *Erinnern und Erkennen*. Denkanstösse aus der Theologie von Johann Baptist Metz, Düsseldorf, 1993, 85-94.

GARAFALO, R., «The Family of Jesus in Mark's Gospel», *Irish Theological Quarterly*, 57 (1991), 265-276.

KITAMORI, A. F., *The Prophet and his Countrymen* in Mk 6, 1-6a, Excerpta ex Diss. Pont. Univ. Urbaniana, Roma, 1992.

MAY, D. M., «Mark 3: 20-35 from the Perspective of Shame/Honor», *Biblical Theological Bulletin*, 17 (1987), 83-87.

NKWOKA, A. O., «Mark 3, 19b-21: A Study on the Charge of Fanatism against Jesus», *Bible Bhashyam*, 15 (1989), 205-221.

SMITH, M. H., «Kinship is Relative: Mark 3, 31-35 and Parallels», *Forum*, 6 (1990), 80-94.

STOCK, K., «La famiglia di Gesù si vergogna di lui. Mc 3, 21s», *Parola Spirito e Vita*, 20 (1989), 105-126.

VALENTINI, A., «Chi è mia madre, chi sono i miei fratelli? (Mc 3, 31-35)», *Marianum*, 57 (1995), 645-684.

YOONPRAYONG, A., «Jesus and his Mother according to Mk 3, 20-21.31-35», *Marianum*, 57 (1995), 513-643.

4. Sobre Lucas 1-2

AA.VV., «L'annuncio a Maria», *Theotokos*, 4 (1996), 281-696.

AA.VV., «La madre del mio Signore», *Theotokos*, 5 (1997), 1-388.

AA.VV., «Il canto della Figlia di Sion (Lc 1, 46-55)», *Theotokos*, 5 (1997), 389-784.

BROWN, R. E., «Die dritte Weihnachtsgeschichte. Lukas 2, 41-52», *Theologie der Gegenwart*, 31 (1988), 209-217.

BUSSE, U., «Das "Evangelium" des Lukas. Die Funktion der Vorgeschichte im lukanischen Doppelwerk», en C. BUSSMANN - W. RADL (ed.), *Der Treue Gottes trauen. Beiträge zum Werk des Lukas*. Fs. für G. Schneider, Freiburg - Basel - Wien, 1991, 161-179.

CANTALAMESSA, R., *Los misterios de Cristo en la vida de la Iglesia: El misterio de Navidad* (Colección Pastoral, 24), Valencia, 1996.

CORTE, E. DELLA, «Kecaritwmenh (Lc 1, 28). Crux interpretum», *Marianum*, 52 (1990), 101-148.

CORTESE, E., «Dio innalza il povero: dai Salmi al Magnificat», *Antonianum*, 68 (1993), 3-23.

DELORME, J., «Le Magnificat: la forme et le sens», en AA.VV., *La vie de la parole. De l'Ancien au Nouveau Testament*. Études d'exégèse et d' herméneutique bibliques offerts à Pierre Grelot, Paris, 1987, 175-194.

DELORME, J., «Le monde, la logique et le sens du Magnificat», *Sémiotique et Bible*, 53 (1989), 1-17.

DERRETT, J. D. M.,«Antilegómenon, romfaia, dialogismoi (Lc 2, 34-35): The Hidden Context», *Filología Neotestamentaria*, 6 (1993), 207-218.

DORMEYER, D., «Die Rolle der Imagination im Leseprozess bei unterschiedlichen Leseweisen von Lk 1, 26-38», *Biblische Zeitschrift*, 39 (1995), 161-180.

FEUILLET, A., «Le sauveur messianique et sa mère dans les récits de l'enfance de saint Matthieu et de saint Luc» (Deuxième partie), *Divinitas*, 34 (1990), 103-150.

GONZÁLEZ, C. I., «L' annunciazione: chiamata di Dio e risposta di Maria nella fede (Lc 1, 26-38)», *Scienze umane e religiose*, 1 (1988), 29-48.

HAUDEBERT, P., «Les bergers en Luc 2, 8-20», en AA.VV., *Kecaritwmenh*. Mélanges René Laurentin, Paris, 1990, 179-185.

KAMPLING, R., «Gepriesen sei der Herr, der Gott Israels'. Zur Theozentrik von Lk 1-2», en T. SÖDING (ed.), *Der lebendige Gott. studien zur Theologie des Neuen Testaments*. Fs.

für Wilhem Thüsing zum 75. Geburtstang (NTA, NF, 31), Münster, 1996, 149-179.

KELLERMANN, U., «Jesus-das Licht der Völker. Lk 2, 25-33 und die Christologie im Gespräch mit Israel», *Kirche und Israel*, 7 (1992), 10-27.

KOET, B., «Simeons Worte (Lk 2, 29-32.34c-35) und Israels Geschick», en F. VAN SEGBROECK et al. (ed.), *The Four Gospels 1992*. Festschrift Frans Neirynck (BEThL, 100), vol. II, Leuven, 1992, 1549-1569.

LANDRY, D. T., «Narrative Logic in the Annunciation to Mary (Luke 1, 26-38)», *Journal of Biblical Literature*, 114 (1995), 65-79.

LEGRAND, L., «The "Visitation" in Context», en T. FORNBERG - D. HELLHOLM (ed.), *Texts and Context: Biblical Texts in their Textual and Situational Context*. Essays in Honor of Lars Hartman, Oslo, 1995, 129-146.

MARCONI, G., «Il bambino da vedere. L'estetica lucana nel cantico di Simeone e dintorni», *Gregorianum*, 72 (1991), 629-654.

MÁRQUEZ CALLE, M., *La imagen de Dios en el Magnificat* (Logos, 52), Madrid, 1994.

MARSHALL, I. H., «The Interpretation of the Magnificat: Lk 1, 46-55», en C. BUSSMANN - W. RADL (ed.), *Der Treue Gottes trauen. Beiträge zum Werk des Lukas*. Fs. für G. Schneider, Freiburg - Basel - Wien, 1991, 181-196.

MASINI, M., «Il saluto di Elisabetta a Maria (Lc 1, 42)», *Marianum*, 50 (1988), 138-158.

MORRY, M. F., «The Magnificat: Reflections», *Marian Studies*, 38 (1987), 63-77.

MUÑOZ IGLESIAS, S., *Los Evangelios de la Infancia: I. Los cánticos del Evangelio de la Infancia según San Lucas* (BAC, 508), Madrid, 1990[2].

MUÑOZ IGLESIAS, S., *Los Evangelios de la Infancia: II. Los anuncios angélicos previos en el Evangelio lucano de la Infancia* (BAC, 479), Madrid, 1986.

MUÑOZ IGLESIAS, S., *Los Evangelios de la Infancia: III. Nacimiento e infancia de Juan y de Jesús en Lucas 1-2* (BAC, 488), Madrid, 1987.

MUSSNER, F., «Das "semantische Universum" der Verkündigungsperikope (Lk 1, 26-38)», *Catholica*, 46 (1992), 228-239.

ORSATTI, M., «L'annuncio a Maria della nascita di Gesù (Lc 1, 26-38)», en M. LÀCONI et al., *Vangeli sinottici e Atti degli Apostoli* (Logos: Corso di Studi Biblici, 5), Leumann (Torino), 1994, 473-492.

PANIER, L., *La naissance du Fils de Dieu. Sémiotique et théologie discursive. Lecture de Luc 1-2* (Cogitatio Fidei, 164), París, 1991.

PIKAZA, X., «María liberadora (Trasfondo evangélico y novedad mariana del Magnificat)», *Ephemerides Mariologicae*, 38 (1988), 295-334.

PIKAZA, X., «La madre de mi Señor (Lc 1, 43)», *Ephemerides Mariologicae*, 46 (1996), 395-431.

POTTERIE, I. DE LA, «Maria, "piena di grazia" (RM 7-11)», *Marianum*, 50 (1988), 113-132.

REITERER, F. V., «Die Funktion des alttestamentlichen Hintergrundes für das Verständnis der Theologie des Magnificat», *Heiliger Dienst*, 41 (1987), 129-154.

RIESTRA, J. A., «El Espíritu Santo y María en el misterio de la anunciación», *Scripta Theologica*, 25 (1993), 221-235.

RINALDI, B., «Chiarificazione sul Magnificat», *Ephemerides Mariologicae*, 37 (1987), 201-205.

RODRÍGUEZ CARMONA, A., «Jesús comienza su vida de adulto (Lc 2, 41-52)», *Estudios Bíblicos*, 50 (1992), 177-189.

SARTOR, D. M., «María, mujer de dolores y madre», *Ephemerides Mariologicae*, 43 (1993), 433-450.

SHULER, P. L., «Luke 1-2», en E. H. LOVERING Jr. (ed.), *Society of Biblical Literature 1992 Seminar Papers*, Atlanta GA, 1992, 82-97.

SIMÓN MUÑOZ, A., *El Mesías y la Hija de Sión: Teología de la redención en Lc 2, 29-35* (Studia Semitica Novi Testamenti, 3), Madrid, 1994.

SOARDS, M. L., «Luke 2, 22-40», *Interpretation*, 44 (1990), 400-405.

STOCK, K., «Von Gott berufen und von den Menschen seliggepriesen. Die Gestalt Marias in Lukas 1, 26-56», *Geist und Leben*, 64 (1991), 52-63.

TYSON, J. B., «The Birth Narratives and the Beginning of Luke's Gospel», *Semeia,* 52 (1990), 103-120.

VALLAURI, E., «L' annunciazione in Luca e la verginità di Maria. Una rassegna esegetica», *Laurentianum,* 28 (1987), 286-327.

VALENTINI, A., *Il Magnificat: genere letterario, struttura, esegesi* (Associazione Biblica Italiana. Supplementi alla Rivista Biblica, 16), Bologna, 1987.

VALENTINI, A., «Il secondo annuncio a Maria (RM 16)», *Marianum,* 50 (1988), 290-322.

VALENTINI, A., «La rivelazione di Gesù dodicenne al tempio (Lc 2, 41-52), *Estudios Bíblicos,* 50 (1992), 261-304.

WILCKENS, U., «"Jesus Christus, empfangen durch den Heiligen Geist, geboren von der Jungfrau Maria". Eine theologische Meditation über Lk 1, 26-55», en J. SCHREINER - K. WITTSTADT (ed.), *Communio Sanctorum. Einheit der Christen - Einheit der Kirche.* Festschrift für Bischof Paul-Werner Scheele, Würzburg, 1988, 68-81.

5. Sobre Juan 2, 1-12; 19, 25-27

CARMICHAEL, C., «The Marriage at Cana of Galilee», en J. DAVIES - G. HARVEY - W. G. E. WATSON (ed.), *Words Remembered.* Essays in Honor of John F. A. Sauyer (JSOT Supplement Series, 195), Sheffield, 1995, 350-320.

COLLINS, M. S., «The Question of Doxa: A Socioliterary Reading of the Wedding at Cana», *Biblical Theological Bulletin,* 25 (1995), 100-109.

COLSON, J., «Les noces du septième jour», en AA.VV., *Kejaritoméne.* Mélanges René Laurentin, París, 1990, 187-193.

HENGEL, M., «The Interpretation of the Wine Miracle at Cana: Joh 2, 1-11», en L. D. HURST - N. T. WRIGHT (ed.), *The Glory of Christ in the New Testament.* Studies in Christology in Memory of George Bradfort Caird, Oxford, 1987, 83-112.

LÉON-DUFOUR, X., «Le signe de Cana ou les noces de Dieu avec Israël», en AA.VV., *La vie de la parole. Del' Ancien au Nouveau Testament.* Études d'exégèse et d' herméneutique bibliques offerts à Pierre Grelot, París, 1987, 229-239.

LÜTGETMANN, W., «Die Hochzeit von Kana. Der Anfang der Zeichen Jesu», en J. HAINZ (ed.), *Theologie im Werden. Studien zu den theologischen Konzeptionen im neuen Testament,* Paderborn - München - Wien - Zürich, 1992, 177-197.

OWINGS, T. L. «John 2, 1-11», *Review and Expositor,* 85 (1988), 533-537.

PERETTO, E., «Maria Donna in Gv 2, 3-4; 19, 26-27; Ap 12, 1-6. Ipotesi di lettura continuativa in prospettiva ecclesiale», *Ephemerides Mariologicae,* 39 (1989), 427-442.

SARDINI, F., «Le nozze di Cana. "Il matrimonio, l'acqua e il vino"», *Bibbia e Oriente,* 29 (1987), 97-100.

SUGGIT, J. N., «John 2, 1-11: The Sign of Greater Things to Come», *Neotestamentica,* 21 (1987), 141-158.

———

BOGUSLAWSKI, S. C., «Jesus' Mother and the Bestowal of the Spirit», *Irish Biblical Studies,* 14 (1992), 106-129.

GOEDT, M. DE, «La mère de Jésus en Jean 19, 25-29», en AA.VV., *Kecaritomenh.* Mélanges René Laurentin, París, 1990, 207-216.

LÉON-DUFOUR, X., «Jésus constitue sa nouvelle famille: Jn 19, 25-27», en A. MARCHADOUR (ed.), *L'évangile exploré.* Mélanges offerts à Simon Légasse à l'occasion de ses soixante-dix ans (Cogitatio Fidei, 166), París, 1996, 265-281.

LIEU, J. M., «The Mother of the Son in the fourth Gospel», *Journal of Biblical Literature,* 117 (1998), 61-71.

NEIRYNCK, F., «Short Note on John 19, 26-27», *Ephemerides Theologicae Lovanienses,* 71 (1995), 431-434.

SABBE, M., «The Johannine Account of the Death of Jesus and ist Synoptic Parallels (Jn 19, 16b-42)», *Efhemerides Theologicae Lovanienses,* 70 (1994), 34-64.

WILCKENS, U., «Maria, Mutter der Kirche (Joh 19, 26f.)», en R. KAMPLING - T. SÖDING (ed.), *Ekklesiologie des Neuen Testaments.* Für Karl Kertelge, Freiburg - Basel - Wien, 1996, 247-266.

ZUMSTEIN, J., «Jean 19,25-27», en A. MARCHADOUR (ed.), *L'évangile exploré.* Mélanges offerts à Simon Légasse à l'occasion de ses soixante-dix ans (Cogitatio Fidei, 166), París, 1996, 219-249 (versión alemana en *Zeitschrift für Theologie und Kirche,* 94 [1997], 131-154).

6. Sobre Hch 1, 14; Ga 4, 4-5; Ap 12, 1-6

AA.VV., «Ga 4, 4: Nato da donna», *Theotokos,* 1 (1993), 249-496.

ALETTI, J. N., «Une lecture de Ga 4, 4-6: Marie et la plenitude du temps», *Marianum,* 50 (1988), 408-421.

BLANCO PACHECO, S., «María y el Espíritu en los Hechos de los Apóstoles», *Ephemerides Mariologicae,* 48 (1998), 223-230.

ESCAFFRE, B., «"Né d'une femme" (Ga 4, 4)», *Ephemerides Mariologicae,* 44 (1994), 437-452.

KELLER, C., «Die Frau in der Wüste: Ein feministisch-theologischer Midrasch zu Offb 12», *Evangelische Theologie,* 50 (1990), 414-432.

NICCUM, C., «A Note on Acts 1, 14», *Novum Testamentum,* 36 (1994), 196-199.

RILEY, W., «Who is the Woman of Revelation 12?», *Proccedings of the Irish Biblical Association,* 18 (1996), 15-39.

VALENTINI, A., «Il "grande segno" di Apocalisse 12. Una chiesa ad immagine della madre di Gesù», *Marianum,* 59 (1997), 31-63.

JOSÉ A. MARTÍNEZ PUCHE, O.P.

3

MARÍA,
EN LOS PADRES
DE LA IGLESIA

INTRODUCCIÓN

La línea de la Revelación sobre María, iniciada en vaticinios y figuras en el Antiguo Testamento, y confirmada con los acontecimientos de la salvación en el Nuevo Testamento, se va desarrollando a lo largo de los veinte siglos de cristianismo, no ya como palabra revelada, que termina con el último apóstol, sino como doctrina vivida y aceptada en y por la Iglesia.

Con los primeros Padres de la Iglesia, los *Padres Apostólicos,* se enlaza directamente con los mismos apóstoles, a quienes conocieron y con quienes convivieron.

Aunque los distintos aspectos de la doctrina mariana aparecen aquí y allá, a través de los siglos de doctrina patrística, podríamos decir que hay temas preferentes en los primeros siglos, como son el paralelismo María-Eva, María en la Encarnación del Verbo y en la infancia de Jesús, María al pie de la Cruz, generalmente con mucha sobriedad. Y, al final de la época patrística, predominan las referencias a las excelencias de María y a la Dormición y Asunción a los cielos.

Dejaremos que hablen los Padres, siguiendo un cierto orden en la exposición de la trayectoria de María —desde su paralelismo con Eva y su concepción hasta su gloria en cuerpo y alma en los cielos— y, en lo posible, dentro de cada apartado, irán apareciendo los textos patrísticos, comenzando por los más antiguos. Prescindimos del aparato crítico y bibliográfico, aunque sin omitir la referencia de las obras, dado el carácter divulgativo de esta obra, concebida más para la lectura que para la investigación.

A fin de situar en su contexto histórico y doctrinal los textos patrísticos que componen este estudio, ofrecemos al final la lista de los Padres, por orden alfabético, con unas breves indicaciones de tiempo, lugar y circunstancias históricas y eclesiales. Ver páginas 382 ss.

I

EVA Y MARÍA, LA NUEVA MADRE DE LOS VIVIENTES

El paralelismo radical, que Pablo establece, es el de Cristo, el hombre nuevo, y Adán, el hombre viejo. De esto, y del siguiente paralelismo, Eva-María, habla **San Justino,** *muerto hacia el año 165, en su* «Diálogo con Trifón»:

«Cristo es el primogénito de Dios y antes que todas las criaturas y, juntamente, el hijo de los patriarcas, pues se dignó nacer hombre, sin hermosura, sin honor y pasible, hecho carne de una virgen del linaje de los patriarcas. De ahí que en sus propios discursos, hablando de su futura pasión, dijo: *Es menester que el Hijo del hombre sufra mucho, y sea reprobado por los fariseos y escribas, y sea crucificado y al tercer día resucite* (Mc 8, 31). Ahora bien, él se llamaba a sí mismo Hijo del hombre, ora por razón de su nacimiento de una virgen, que era, del linaje de David, de Jacob, de Isaac y de Abrahán; o por ser Adán mismo padre de estos que acabo de enumerar, de quienes María trae su linaje. Porque sabemos que los padres de las hijas son también padres de los hijos de éstas. Y sabemos, por otra parte, que nació de la Virgen como hombre, a fin de que por el mismo camino que tuvo principio la desobediencia de la serpiente, por ése también fuera destruida. Porque Eva, cuando aún era virgen e incorrupta, habiendo concebido la palabra que le dijo la serpiente, dio a luz la desobediencia y la muerte; mas la Virgen María concibió fe y alegría cuando el ángel Gabriel le dio la buena noticia de que el Espíritu del Señor vendría sobre ella y la fuerza del Altísimo la cubriría con su sombra, por lo cual lo nacido en ella, santo, sería Hijo de Dios; a lo que respondió ella: *Hágase en mí según tu palabra* (Lc 1, 38). Y de la Virgen nació Jesús, al que hemos demostrado que se refieren tantas Escrituras, por quien Dios destruye la serpiente y a los ángeles y hombres que a ella se asemejan, y libra de la muerte a quienes se arrepienten de sus malas obras y creen en él».

Pocos años después, ya que **San Ireneo** *murió a finales del siglo II, el autor de* «Contra los herejes» *escribía en esta obra capital:*

«Así como Eva, teniendo un esposo, Adán, pero permaneciendo virgen (...), por su desobediencia fue causa de muerte para sí misma y para toda la raza humana, así también María, desposada y, sin embargo, virgen, por su obediencia se convirtió en causa de salvación, tanto para sí como para todo el género humano. Y por esta razón, a la doncella desposada con un hombre, aunque sea virgen todavía, la ley la llama esposa del que la ha desposado, manifestando así que la vida remonta de María a Eva. Porque no se puede soltar lo que ha sido atado si no es desanudando en sentido inverso la serie de nudos, de modo que los primeros queden sueltos gracias a los últimos y los últimos suelten los primeros (...). De la misma manera, sucedió que el nudo de la desobediencia de Eva fue desatado por la obediencia de María. Porque lo que la virgen Eva había fuertemente ligado con su incredulidad, la Virgen María lo desligó con su fe (...)».

«Como fin de aquella seducción con la que Eva, desposada ya con su marido, fue perversamente seducida, la Virgen María recibió maravillosamente del ángel su anuncio según la verdad, estando ya bajo el dominio de su marido. Porque así como Eva fue seducida por las palabras de un ángel para escapar al dominio de Dios y despreciar su palabra, así María recibió el anuncio de las palabras de un ángel para llevar a Dios haciéndose obediente a su palabra. Y si aquélla desobedeció a Dios, ésta aceptó obedecer a Dios, a fin de que la Virgen María se convirtiera en abogada de Eva. Y así como el género humano fue sometido a la muerte por obra de aquella virgen, así recibe la salvación por obra de esta virgen. En el platillo equilibrado de la balanza están la desobediencia de una virgen y la obediencia de otra virgen. El pecado del primer padre queda borrado con el castigo del primogénito y la astucia de la serpiente con la simplicidad de la paloma, quedando rotas aquellas cadenas con las que estábamos atados a la muerte».

Del mismo San Ireneo *son estas palabras de su* «Epideixis»:

«Por causa de una virgen desobediente, el hombre fue herido y, después de su caída, quedó sujeto a la muerte; de igual modo, por causa de la Virgen dócil a la palabra de Dios, el hombre fue regenerado en la fuente de la vida. Esta oveja perdida que el Señor vino a buscar aquí abajo era el hombre. Por eso sólo se hizo criatura por la que había él salido de la raza de Adán, y adoptó toda su semejanza. Era, en efecto, justo y necesario que Adán fuese restaurado en Cristo, para que lo que es mortal fuese absorbido y devorado por la inmortalidad, para que la desobediencia de una fuese borrada y destruida por la obediencia de la otra.»

La importancia de la palabra aparece ya en **Tertuliano,** *que murió en el primer tercio del siglo III: la palabra de la serpiente hizo caer a Eva, la palabra del ángel suscitó en María la fe y la obediencia: y la Palabra de Dios se hizo carne en ella. Lo dice en su obra* «La carne de Cristo»:

«Eva, todavía virgen, había dejado penetrar en ella la palabra engendradora de la muerte. Era preciso, pues, que penetrara en una virgen la palabra engendradora de vida, para que el sexo que había causado la ruina fuese también el autor de la salvación. Eva había creído a la serpiente; María creyó a Gabriel. La falta que aquélla había cometido por su fe, la reparó ésta por su fe. Pero de la palabra de la serpiente Eva no concibió nada en su seno. Sí, concibió, puesto que desde entonces dio a luz en la abyección y los dolores: la palabra del diablo fue para ella la semilla; pronto dio a luz un diablo fratricida. María, por el contrario, trajo al mundo al que debía, en su tiempo, salvar a Israel, su hermano según la carne y autor de su muerte. Dios, pues, hizo descender al seno de María a su Verbo, el buen hermano, para salvar al hombre; debía salir del lugar adonde el hombre había entrado ya condenado.»

Pasamos al siglo IV, en el que **Afraates,** *que ilustró con sus escritos la primera mitad de aquel siglo, se fija en María como la mujer que cambió el rumbo de la historia de la humanidad. Así puede leerse en sus* «Demostraciones»:

«Hermanos, sabemos y nos damos cuenta de que al principio, por causa de la mujer, se abrió el camino para que el enemigo llegara hasta los hombres y así quedara la situación hasta el fin, por causa de ella (...). Pero ahora, gracias a la venida del Hijo de la bienaventurada María, las espinas han sido arrancadas de raíz, el sudor ha sido secado, la higuera ha sido maldecida (cf. Mt 21, 19), el polvo se ha transformado en sal, la maldición ha sido clavada en la cruz (cf. Col 2, 14), el filo de la espada ha sido apartado del árbol de la vida, el cual ha sido destinado a proporcionar comida a los creyentes.»

Pocos años después de Afraates, en el año 373, moría **San Efrén el Sirio.** *El famoso diácono, tan aficionado a la lectura y comentario del «Diatessaron» de Taciano[1], dejó escrito en sus* «Himnos sobre la Iglesia»:

«María es la tierra que recibe la fuente de la luz. Por medio de ella ha sido iluminado el mundo entero con sus habitacio-

---

[1] Publicado por Edibesa: TACIANO: *La más antigua Vida de Jesús: Diatessaron.* Madrid, 1999.

nes; había quedado en tinieblas a causa de Eva, fuente de todos los males.

»María y Eva pueden ser simbolizadas por los dos ojos del cuerpo: uno de ellos es tenebroso, mientras que el otro es luminoso y todo lo alumbra.

»El mundo, como puedes ver, tiene dos ojos: Eva es el ojo izquierdo, que está ciego, y María el ojo derecho, lleno de luz.

»Por causa del ojo tenebroso todo el mundo quedó a oscuras y la gente iba errante, pensando que cualquier piedra era Dios y así consideraba lo falso como verdad. Pero cuando el mundo quedó iluminado por medio del otro ojo y entró la luz celestial, entonces la humanidad se vio reconciliada y descubrió cuál había sido la causa de su ruina.»

Coetáneo de San Efrén fue **Zenón de Verona** *(† 380). En sus* «Tratados» *vuelve al doble paralelismo:*

«Y así como el diablo, insinuándose por seducción en el oído, había herido y abatido a Eva, Cristo, también a través del oído, ha hecho su ingreso en el cuerpo de María y, naciendo de la Virgen, ha eliminado en la mujer todos los vicios del corazón y ha curado sus heridas. ¡Acoged el signo de la salvación! La integridad ha llegado después de la corrupción; la virginidad después del parto. «¡Oh caridad, qué piadosa y rica eres! ¡Qué grande es tu poder! El que no te posee, no tiene nada. Tú fuiste capaz de conseguir que Dios se hiciera hombre; tú, por breve tiempo, le has empequeñecido, haciéndole emigrar lejos de su inmensa majestad. Tú le has relegado por espacio de nueve meses en una prisión virginal. Tú has reintegrado a Eva en María; tú has renovado a Adán en Cristo.»

Por los mismos años, **San Cirilo de Jerusalén,** *autor de las* «Catequesis», *afirma rotundamente:*

«Por la virgen Eva vino la muerte. Era, pues, necesario que por una virgen, mejor aún, de una virgen, nos viniese la vida, para que así como la serpiente sedujo a la primera, así a la segunda trajese Gabriel la buena nueva.»

A finales del siglo IV, moría **San Gregorio de Nisa,** *de quien son estas palabras hablando de la* Navidad:

«La muerte vino por causa de un hombre, pero por causa de un hombre ha venido también la salvación. El primer hombre cayó en pecado; el segundo levantó a aquel que había caído. La mujer es defendida por la mujer; la primera abrió el camino hacia el pecado, la segunda favoreció el ingreso en la justificación. Aquélla siguió el consejo de la serpiente; ésta presentó al que mataría la serpiente y fue madre del creador de la luz. Aquélla, mediante el leño, introdujo el pecado; ésta, en cambio, también por medio del leño, introdujo el bien. Por el leño entiendo la cruz y el fruto de este leño está siempre en sazón y otorga la vida inmortal a quienes lo gustan.»

«Por medio de un hombre la muerte, y por medio de un hombre la salvación. El primero cayó en el pecado, el segundo resucitó al caído. A favor de la mujer ha hablado la mujer: la primera ha hecho entrar el pecado, ésta ha contribuido a la entrada en la justicia.»

Y en su «Comentario al Cantar de los Cantares», *escribe* **San Gregorio Magno:**

«Así como aquella que introdujo la muerte en la naturaleza, mediante el pecado, fue condenada a parir con dolor y sufrimiento, era conveniente que la Madre de la vida, una vez iniciada la concepción en el gozo, también con gozo diera a luz. Por eso el ángel le dijo: *Alégrate, llena de gracia* (Lc 1, 28). Con estas palabras le quitó el peso de aquel dolor que, al iniciarse la creación, había sido impuesto al parto a causa del pecado.»

En el mismo siglo IV, **San Ambrosio de Milán** *(† 397) decía en su* «Sermón 45»:

«Si el mal nos vino por una mujer, por otra mujer nos vino asimismo el bien; por Eva caímos, por María estamos de pie; por Eva postrados, por María levantados; por Eva sometidos a la esclavitud, por María liberados. Eva nos arrebató la perpetuidad, María nos la restituyó; Eva hizo que nos condenáramos por la fruta del árbol, María nos absolvió por el don del árbol; porque también Cristo estuvo pendiente, como un fruto, en el árbol de la cruz.»

Seis años después de Ambrosio, al principio del siglo V, descansaba en el Señor **San Epifanio de Salamina,** *cuya obra, conocida como «Paranion», es la respuesta documentada a las herejías de su tiempo. En ella leemos:*

«María es prefigurada por Eva y simbólicamente ha recibido el apelativo de madre de los vivientes. Eva, en efecto, había sido llamada madre de los vivientes después de haber escuchado aquellas palabras que dicen: *Eres polvo y al polvo volverás* (Gn 3, 19), es decir: después de la caída. Podría parecer extraño que ella recibiera un título tan excelente después de haber pecado. Mirando los hechos desde lejos se observa que Eva es aquella de quien ha tomado origen todo el género humano en este mundo. La Virgen María, en cambio, verdaderamente ha introducido la vida misma en el mundo por haber dado a luz a aquel que es el que vive y así ella ha venido a ser la madre de los vivientes (...).

»María es la significada por Eva, la cual recibió simbólicamente el nombre de *madre de los vivientes.* Pues en verdad se le da el nombre de madre de los vivientes precisamente después de escuchar: *eres tierra y a la tierra volverás,* es decir, después de la caída. Y es cosa digna de admiración que después del pecado haya recibido este magnífico sobrenombre. Porque, en cuanto a la naturaleza física, de ella procede toda la generación de los hombres. Pero en realidad, la vida fue engendrada por María para el mundo, porque ella engendró al *Viviente,* y María fue constituida madre de los vivientes.»

Por los mismos años, escribía **San Juan Crisóstomo** *(† 407) en su* «Exposición sobre los Salmos»: «Una virgen nos arrojó del paraíso, con una virgen encontramos de nuevo la vida eterna. Por las mismas cosas que nos sirvieron de condenación, por esas mismas fuimos coronados». *Y, más extensamente expone esas mismas ideas en su magnífico* «Sobre el cementerio y la cruz»:

«Cristo venció al diablo valiéndose de lo mismo con que había vencido él antes, y lo derrotó con las mismas armas que él había antes utilizado. Escucha de qué modo.

»Una virgen, un madero y la muerte fueron el signo de nuestra derrota. Eva era virgen, porque aún no había conocido varón; el madero era un árbol; la muerte, el castigo de Adán. Mas he aquí que de nuevo una virgen, un madero y la muerte, antes signo de derrota, se convierten ahora en signo de victoria. En lugar de Eva está María; en lugar del árbol de la ciencia del bien y del mal, el árbol de la cruz; en lugar de la muerte de Adán, la muerte de Cristo.

»¿Te das cuenta de cómo el diablo es vencido en aquello mismo en que antes había triunfado? En un árbol el diablo hizo caer a Adán, en un árbol derrotó Cristo al diablo. Aquel árbol hacía descender a la región de los muertos; éste, en cambio, hace volver de este lugar a los que a él habían descendido. Otro árbol ocultó la desnudez del hombre, después de su caída; éste, en cambio, mostró a todos, elevado en alto, al vencedor, también desnudo; aquella primera muerte condenó a todos los que habían de nacer después de ella; esta segunda muerte resucitó incluso a los nacidos anteriormente a ella. *¿Quién podrá contar las hazañas del Señor?* (Sal 106, 2). Una muerte se ha convertido en causa de nuestra inmortalidad; éstas son las obras esclarecidas de la cruz.

»¿Has entendido el modo y significado de esta victoria? Entérate ahora de cómo esta victoria fue lograda sin esfuerzo ni sudor por nuestra parte. Nosotros no tuvimos que ensangrentar nuestras armas, ni resistir en la batalla, ni recibir heridas, ni tan siquiera vimos la batalla, y, con todo, obtuvimos la victoria; fue el Señor quien luchó, y nosotros quienes hemos sido coronados.

»Por tanto, ya que la victoria es nuestra, imitando a los soldados, cantemos hoy, llenos de alegría, las alabanzas de esta victoria, y alabemos al Señor diciendo: *La muerte ha sido absorbida por la victoria. ¿Dónde está, muerte, tu victoria? ¿Dónde está, muerte, tu aguijón?* (1Co 15, 55-56).

»Éstos son los admirables beneficios de la cruz en favor nuestro: la cruz es el trofeo erigido contra los demonios, la espada contra el pecado, la espada con la que Cristo atravesó a la serpiente; la cruz es la voluntad del Padre, la gloria de su Hijo Único, el júbilo del Espíritu Santo, el ornato de los ángeles, la seguridad de la Iglesia, el motivo de gloriarse de Pablo, la protección de los santos, la luz de todo el orbe.»

El mismo año que moría el Crisóstomo, fallecía **Cromacio de Aquileya,** *y, un año más tarde,* **Severiano de Gábala.** *Ambos abundan en las mismas ideas, tan vivas en los primeros siglos cristianos. El primero, en sus* «Homilías sobre el Evangelio de San Mateo», *y el segundo en su* «Homilía IV sobre la creación del mundo», decían:

«Adán fue formado de la tierra virgen; el Hijo de Dios nace de la Virgen madre. Entonces fue una virgen la que concibió la muerte; ahora también una Virgen engendra la vida. Entonces el hombre cayó por causa de una virgen; ahora se levanta gracias a la Virgen. Entonces vino la ruina con la muerte; ahora llega el triunfo con la victoria» (Cromacio de Aquileya).

«Los que hasta el día de hoy oían hablar a Eva se compadecían de ella y decían: "¡Oh desgraciada, desde qué gloria has caído! ¡Oh infeliz, a qué mísero estado has llegado!" María, en cambio, cada día oye que todos la llaman bienaventurada. Fíjate qué es lo que profetizó la Virgen llena del Espíritu Santo: *Bendito sea el Señor Dios de Israel, porque miró la pequeñez de su sierva; he aquí que desde ahora me llamarán bienaventurada todas las generaciones* (cf. Lc 1, 68. 48). Manifestando que ella actuaba en representación o figura de Eva, dice: Hasta el presente he sido ultrajada, desde ahora me llamarán bienaventurada todas las generaciones. Alguien quizá podrá decir: ¿Y de qué le sirve, si ya no lo escucha? ¡Y tanto que lo escucha!

Ella, en efecto, se encuentra en un lugar espléndido, ya que se halla en la región de los vivientes» (Severiano de Gábala).

Es suficientemente conocida la relación que existió, en la primera mitad del siglo V, entre dos gigantes de la Iglesia: **San Jerónimo** *y* **San Agustín.** *Del primero han quedado excelentes comentarios a la Sagrada Escritura. Pero es en su «Carta a Eustoquia» donde hace referencia al tema mariano que nos ocupa:*

«*Saldrá una vara de la raíz de Jesé y una flor brotará de su raíz* (Is 11, 1). La vara es la Madre del Señor, sencilla, pura, sincera, sin germen alguno que se le pegara de fuera y, a semejanza de Dios, fecunda por sí sola. La flor de la vara es Cristo que dice: *Yo soy la flor del campo y la azucena de los valles* (Ct 2, 1) (...). Pero, una vez que la Virgen concibió en su seno y *nos dio a luz un niño, cuyo imperio está sobre sus hombros, Dios fuerte, padre del siglo venidero* (Is 9, 5), quedó rota la maldición. La muerte por Eva, la vida por María. Y así, el don de la virginidad ha fluido más copiosamente entre las mujeres, porque tuvo principio por la mujer. Apenas el Hijo de Dios entró en la tierra, constituyó para sí una nueva familia, de forma que el que era adorado por los ángeles en el cielo, tuviera también ángeles sobre la tierra» (San Jerónimo).

Por su parte, el polifacético **San Agustín** *dice tajantemente:* «Por una mujer cayó el hombre, por una mujer fue restablecido el hombre. Porque una virgen había dado a luz a Cristo, una mujer anunciaba que había resucitado: por una mujer, la muerte, por una mujer la vida» («Sermón 232»). *La misma idea la expresa en* «Del combate cristiano», *que amplía en el* «Sermón 289»:

«Aquí se nos presenta un gran misterio: puesto que por una mujer nos había llegado la muerte, por otra nos nacería la vida y así, después de haber sido vencido, el diablo sería atormentado por los dos sexos: el masculino y el femenino» (*Del combate cristiano* 22, 24).

«La primera caída del hombre tuvo lugar cuando la mujer, de quien hemos heredado la muerte, concibió en su corazón el veneno de la serpiente. La serpiente, en efecto, la persuadió a que pecase, y ese mal consejero encontró oídos abiertos en ella. Si nuestra primera caída tuvo lugar cuando la mujer concibió en su corazón el veneno de la serpiente, no ha de extrañarnos que nuestra salvación haya tenido lugar cuando otra mujer concibió en su seno la carne del Todopoderoso. Uno y otro sexo habían caído, uno y otro tenían que ser reparados. Por una mujer fuimos arrojados a la muerte y por una mujer se nos devolvió la salvación» (*Sermón* 289, 2).

Con el paso de los siglos, va disminuyendo la abundancia de textos sobre el paralelismo entre María y Eva. Pero aún en el siglo VI encontramos referencia a ello en **San Fulgencio de Ruspe** *(† 532), y dos siglos más tarde en* **Germán de Constantinopla.** *Del primero son estos dos testimonios, tomados de su* «Sermón II de la Natividad del Señor» *y de su obra* «Al diácono Pedro, sobre la fe»:

«Una mujer, corrompida en su alma, ha engañado al primer hombre; una virgen incorrupta ha concebido virginalmente al segundo hombre. En la mujer del primer hombre la maldad del diablo le ha depravado la mente, después de haberla seducido; en cambio, en la madre del segundo hombre la gracia de Dios ha preservado la integridad de su mente y de su carne. En efecto, a la mente le ha concebido una fe firmísima y en la carne ha eliminado totalmente el deleite carnal. Resulta que el hombre estaba miserablemente condenado a causa del pecado, pero Dios ha nacido admirablemente como hombre sin el pecado» (*Sermón II del Nacimiento del Señor,* 6).

«Una mujer fue engañada a fin de que se convirtiera en hija del diablo; ahora una virgen ha sido colmada de gracia a fin de ser madre del sumo e inconmutable Unigénito de Dios. Entonces un ángel, expulsado del paraíso a causa de la soberbia, consiguió apoderarse del alma de la mujer por él seducida; ahora Dios, humillándose a sí mismo por una acción de su misericordia, se ha albergado en el seno de una virgen, para nacer de ella» (*Sobre la fe, al diácono Pedro*, 18).

De **San Germán,** *en su* «Homilía II sobre la Dormición», *son estas exclamaciones a María, tan propias de los Padres de su tiempo, en las que contrapone la obra mortal de Eva y la vital de María:*

«Ciertamente tú eres la madre de la Vida verdadera, tú la levadura de la renovación de Adán, tú la liberación de la deshonra de Eva. Ésta fue madre del polvo, tú eres la madre de la luz. En el vientre de Eva se halla la disolución, en el tuyo la incorrupción. Ella fue morada de la muerte, tú, en cambio, has sido la superación de la muerte. A ella se le cerraron los párpados, pero tú tienes la gloria de estar siempre en vela. De ella nació el dolor; tu Hijo, por el contrario, es la fuente de todo gozo. Ella, como era de tierra, entró en la tierra; tú que, en favor nuestro, has dado a luz al que es la Vida, has tenido el poder de proporcionar la vida a todos los hombres, incluso después de la muerte.»

II

DIOS ELIGE A MARÍA PARA MADRE SUYA, Y LA COLMA DE GRACIAS

En la segunda mitad del siglo IV va afianzándose la tesis de la elección divina de María para ser la Madre del Verbo, que, al llegar la plenitud de los tiempos, se encarnaría en ella. La predestinación de María para la altísima misión de la maternidad divina conlleva la perfección de María, que hace de ella la criatura más pura de la humanidad. No se llega a afirmar claramente la concepción inmaculada de María, pero hay expresiones en los Padres que se acercan bastante a esa afirmación. En lo que todos están acordes es en la pureza, la virginidad y la perfección de María.

San Atanasio *(† 373), al referirse a la elección divina de María, destaca su pureza y su virginidad.*

«Si él (Cristo) hubiese querido solamente aparecerse, habría podido asumir un cuerpo más excelente, pero en realidad tomó un cuerpo como el nuestro, aunque no a la manera usual y corriente, sino que el suyo es un cuerpo puro y en modo alguno contaminado de unión marital. Lo asumió de una virgen inviolada, pura, que no conoció varón. En efecto, siendo él poderoso y creador de todas las cosas, edificó para sí, en la Virgen, un templo, o sea su propio cuerpo» *(Discurso sobre la Encarnación del Verbo).*

San Efrén, *que murió el mismo año, da un paso más, hasta equiparar la ausencia de todo pecado en Jesús y en su Madre. Dirigiéndose a Jesús, en su* «Carmina Nisibena», *le dice:* «Tú solo y tu Madre poseéis una belleza que a todos supera. No hay en ti mancha alguna, ni la hay tampoco en tu Madre».

Y en los «Comentarios al Diatessaron» *de Taciano, hace referencia a la Virgen María, que aplastó con su pie la cabeza de la serpiente del Génesis. Éstas son sus palabras, partiendo de lo que dice Jesús a los apóstoles:* «Mirad que os he dado poder para aplastar serpientes y escorpiones con vuestros pies... Y esto se cumplió, porque nuestro Señor exterminó el error que dominaba en el mundo a causa de la serpiente, y triunfó la verdad de aquel que ha dado tal poder sobre las serpientes, que podían ser aplastadas con los pies... Así como la serpiente hirió a Eva en el talón, el pie de María la ha aplastado».

Por los mismos años, **San Gregorio Nacianceno** *destaca el hecho de que el Espíritu Santo purificó previamente a la Virgen para que fuera digna Madre de Jesús. Lo dice en sus* Discursos *con estas palabras:*

«El nuevo misterio se presentó como una bondadosa actuación salvadora en favor del que había caído a causa de la desobediencia. Por este motivo hubo una generación y también la Virgen, el pesebre y Belén. La generación tuvo lugar con posterioridad respecto de la creación; la Virgen vino después de la mujer (Eva); Belén, después del Edén; el pesebre después del paraíso; las cosas pequeñas y visibles están en relación con las que son más grandes y están alejadas de la visión ocular (...).

»El Verbo de Dios fue concebido por la Virgen, la cual había sido previamente purificada por el Espíritu Santo en el alma y en el cuerpo, ya que, si era conveniente que la generación recibiera su parte de honor, era necesario que la virginidad fuese honrada con preferencia.»

Sin dejar el final del siglo IV, **San Ambrosio** *(† 397) y* San Epifanio, *que moría al año siguiente, abundan en la misma línea, con alguna modificación. Para San Ambrosio, María es la primera redimida, según leemos en su* Comentario a San Lucas: «Cuando el Señor quiso redimir al mundo, comenzó su obra con María, para que ella, por medio de la cual sería dispensada la salvación a todos, fuese la primera en recibir de su Hijo el fruto de la redención». *Luego, en su obra* De la formación de la virgen, *subraya la virginidad y los grandes méritos de María. Por su parte* **San Epifanio,** *que también se refiere a la virginidad de María en su obra* Panarion, *vuelve a afirmar que la Virgen es la que aplastó la cabeza a la serpiente infernal. Éstas son las palabras de ambos Padres:*

«¿Es que iba a elegir nuestro Señor Jesús para Madre suya a quien se atreviese a profanar el seno celeste con la intervención de un varón, cual si se tratase de una mujer incapaz de guardar intacto el pudor virginal? Aquella con cuyo ejemplo se estimulan las demás al amor de la integridad, ¿iba a ser precisamente la que descendiese de un estado a cuya consecución ella por sí misma inducía? ¿Podría darse persona alguna en quien depositase el Señor mayor tesoro de méritos o a quien reservase mayor premio que a su Madre?» (San Ambrosio).

«En ningún lugar se encuentra una descendencia de la mujer, excepto si se toma como figurada la enemistad de Eva contra la descendencia de la serpiente y del diablo y contra su envidia. Pero no todo puede haberse realizado plenamente en ella. Se realizará verdaderamente en la descendencia santa, elegida, única, nacida sólo de María sin concurso de varón. En efecto, este descendiente vino para destruir el poder del *dragón retorcido, serpiente huidiza* (Is 27, 1), que se las daba de dominar toda la tierra. Por eso el Unigénito desciende de una mujer para destruir la serpiente, es decir: las malas doctrinas, la corrupción, el engaño, el error y la falta de ley» (San Epifanio).

A principios del siglo V, **San Agustín** («Sobre la naturaleza y la gracia»), *no duda en afirmar:* «Sabemos que a la Santa Virgen María le fue conferida más gracia para vencer por todos sus flancos al pecado, pues mereció concebir y dar a luz al que consta que no tuvo pecado alguno». *Y, años después, exclamaba* **Teodoto de Ancira:** «En lugar de Eva, instrumento de muerte, (Cristo) se eligió una virgen como transmisora de vida, libre de culpa, limpísima, santa en el cuerpo y en el alma» («Homilía 6 sobre la Madre de Dios»).

En el siglo VI, ya encontramos expresiones que se acercan más a la Virgen Inmaculada. En las homilías de **Santiago de Sarug** («Sobre la Virgen María Madre de Dios») *y de* **Teotecno de Livia** («Sobre la Asunción de la Santa Madre de Dios») *podemos leer afirmaciones como éstas:*

«Descendió de su lugar y habitó en la que es bendita entre las mujeres, porque en el mundo no había ninguna que a ella pudiera compararse. Ella era, por excelencia, humilde, pura e inmaculada; nadie más que ella fue hecha digna de ser su Madre. Se puso de manifiesto cuán excelsa era ella y limpia de pecado. No hay en ella pasión alguna que la incite a los placeres, ni pensamiento que conduzca a la sensualidad, ni conversación mundana que lleve hacia la ruina, ni vanidad que incline hacia el amor del mundo, ni se comportó ella nunca como una simple muchacha. No había ninguna en el mundo que fuese igual o semejante a ella» (Santiago de Sarug).

«María nace pura e inmaculada como los querubines; ella fue plasmada de arcilla pura e incontaminada. En efecto, cuando aún estaba en germen dentro de su padre Joaquín, su madre Ana recibió el anuncio de un ángel santo que le dijo: Tu posteridad será célebre en todo el universo. Por eso Ana la presentó al Señor y durante todo el tiempo de su permanencia la Virgen estaba junto al rey Cristo, a su derecha, con un vestido tejido de oro, a modo de una aparición resplandeciente de gracia» (Teotecno de Livia).

Finalmente, ya en el siglo VIII, **San Andrés de Creta,** *en su «Oración» y su «Sermón IV sobre la Navidad», alaba a la Virgen pura y completamente sin mancha, elegida por Dios para iniciar la nueva creación:*

«El Salvador del género humano..., quería realizar, en lugar de la antigua, una nueva creación y plasmación. Lo mismo que entonces de una tierra virgen y sin mancha había formado una pasta para modelar al primer Adán, así una vez más ahora, para realizar su propia Encarnación, en vez de la tierra primordial, por así decirlo, es a esta virgen pura y completamente sin mancha a quien ha escogido en medio de toda la naturaleza. Ha hecho nuevo en ella, sacándolo de entre nosotros, lo que somos, se ha hecho nuevo Adán, él, el creador de Adán, para regenerar al antiguo, aunque él es completamente nuevo, y a la vez ajeno al tiempo.»

Llegado ya el tiempo de dar cumplimiento a las promesas, mira lo que hizo para llevar a cabo la salvación de nuestra masa: no trajo desde fuera la herramienta, no reparó el vaso con una sustancia diversa, sino que del mismo barro y, como quien dice, purificando de escorias la misma masa, edificó para sí un templo precioso e inefablemente construido, en el cual él mismo actuara como único y supremo pontífice y rey, y, realizando sacerdotalmente nuestra reconciliación con el Padre, asumiera nuestra naturaleza, de un modo que trasciende la naturaleza, pero que concuerda con nuestra humana naturaleza.»

Antes, en el «II Sermón sobre la Navidad», *había dicho de María que es* «la santa más excelsa en santidad que todos los santos y la única que fue considerada toda pura por aquel que habitó en ella en cuerpo y en espíritu».

III

MARÍA, PREFIGURADA
EN EL ANTIGUO TESTAMENTO

Como hemos visto anteriormente, son abundantes las referencias patrísticas a María en relación con Eva, a la que suplanta como Madre de los vivientes redimidos, y con la serpiente, cuya cabeza aplasta. Después de ocurridos históricamente los acontecimientos de la salvación (Nuevo Testamento), los Padres, al leer el Antiguo Testamento, hallan numerosas referencias no sólo sobre Jesús (toda la Escritura dice referencia a él), sino también a la que él eligió para ser su Madre.

Entre los siglos V y VIII, hay Padres que van siguiendo la historia sagrada, descubriendo las figuras de María en distintos personajes, objetos y acontecimientos.

En el siglo V, **Rábula de Edesa** *(† 435), en sus «Himnos» (1-2), y* **Hesiquio de Jerusalén** *(† 451), en la «Homilía II sobre la Madre de Dios», ofrecen esta lectura del Antiguo Testamento bajo el prisma de la futura Virgen:*

«Salve, oh totalmente santa, María Madre de Dios, tesoro maravilloso y venerable para el mundo entero, lámpara toda resplandeciente de luz, morada del Inabarcable, templo purísimo del Creador de todas las cosas. Por medio de ti se nos ha manifestado aquel que ha cancelado y destruido los pecados del mundo (...). Sobre el monte Horeb, oh Virgen santa, te vio el admirable profeta Moisés cuando el fuego empezó a arder vigorosamente en la zarza, pero sin consumirla. A ti también se refería aquella escalera que el justo Jacob contempló en el desierto, por la cual subían y bajaban los ángeles del cielo. El hijo de Isaí tomó su lira espiritual y comenzó a cantar, diciendo que, a la manera de una lluvia suave que cae sobre la tierra, descendería Dios y pondría su morada en la Virgen (cf. Sal 71, 6). Que vengan ahora las jóvenes y las vírgenes hebreas y que, bajo la inspiración del Espíritu Santo, hagan sonar con sus manos los tímpanos en presencia del Hijo de Dios y, volviéndose hacia ti, digan: ¡Bendita tú, oh María, que has dado a luz a un Hijo!» (Rábula de Edesa).

«A ti, oh Virgen, te dirigen alabanzas los profetas, y todos aquellos a quienes han sido revelados los divinos misterios te llaman Portadora de Dios. Uno te denomina Vara de Jesé (cf. Is 11, 1), aludiendo a tu incontaminada e inviolable virginidad; otro te compara con la zarza que arde sin consumirse (cf. Ex 3, 2), haciendo con ello referencia a la carne del Unigénito y a la Virgen Madre de Dios; ardía, en efecto, pero no se consumía, ya que se produjo el alumbramiento, pero su seno no se abrió; concibió, pero sus entrañas permanecieron intactas; dio a luz al niño, pero conservó los sellos de su virginidad; amamantó, pero sus pechos quedaron incólumes; llevaba en su seno a la criatura, pero sin que ésta tuviera un padre en la tierra; vino a ser madre, pero sin tener marido; creció el infante procreado sin intervención paterna. El campo daba fruto, pero sin que hubiera un agricultor; producía la mies, sin haber recibido semilla. Corrían las aguas del río, pero la fuente permanecía cerrada por todos los lados, a fin de poner de manifiesto que tú fuiste madre, pero sin experimentar aquello que afecta a todas las madres. ¿Te das cuenta de lo grande y excelsa que es la dignidad de la Virgen Madre de Dios? El Hijo unigénito de Dios, el Creador del mundo era llevado por ella como un niño y, al propio tiempo, él regeneraba a Adán, santificaba a Eva, anulaba el poder de la serpiente, abría el paraíso y reforzaba los sellos del seno materno. Estas dos últimas cosas resultan en verdad muy bellas y muy apropiadas. Abría el paraíso, hasta el punto de hacer entrar en él al ladrón y conducir allí a todos los herederos del reino; reforzaba los sellos del seno de su Madre, porque, siendo el Verbo verdaderamente Dios, al asumir nuestra carne, no tuvo necesidad de abrir ninguna puerta para entrar o para salir.

»Otro (profeta) te llamó Puerta cerrada, pero además puerta que da hacia el Oriente (cf. Ez 44, 2). En efecto, tú hiciste que entrara el Rey de las puertas cerradas y también lo hiciste salir. Por esta razón te llamó Puerta, porque fuiste la puerta de la presente vida para el Unigénito de Dios. Puerta además situada hacia el Oriente, puesto que desde tu seno, como de un tálamo real, apareció *la luz verdadera que ilumina a todo hombre que viene al mundo* (Jn 1, 9). Tú llevaste dentro de ti al Rey de las puertas cerradas y le condujiste hacia fuera: el Rey de la gloria no abrió las puertas de tu seno, ni aflujó los vínculos de tu virginidad, ni al ser concebido ni al ser dado a luz» (Hesiquio de Jerusalén).

Parecida visión general presentan en la primera mitad del siglo VII **San Germán de Constantinopla** («Homilía sobre la Anunciación») *y* **San Juan Damasceno** («Homilía I de la Asunción»):

«Ella es la puerta que mira al Oriente y que permanece cerrada, desde la entrada y salida del Señor; ella es el libro nuevo de la Nueva Alianza, por la que el poder de los demonios fue al punto quebrantado, entregándosele los hombres que estaban en prisión; ella representa los tres géneros de la humanidad –griegos, bárbaros y judíos– y en ella la inefable sabiduría de Dios encubrió la levadura de su propia bondad; ella es el tesoro de la alabanza espiritual y también la que transporta desde Tarsis la incorruptible riqueza real, haciendo que en los países gentiles se establezca la Jerusalén celestial; es la bella esposa de los Cantares que se reviste con la antigua túnica, enjuga los pies terrenales y con reverente veneración acoge al esposo inmortal en la cámara del alma; es el nuevo carro de los fieles que ha llevado el arca viviente del designio salvador de Dios y se dirige por el camino recto de la salvación, arrastrado por las dos terneras primerizas; ella es la tienda del testimonio, de la cual, a los nueve meses después de la concepción, inesperadamente ha salido el verdadero Jesús» (San Germán de Constantinopla).

«Oh Virgen, fuiste claramente prefigurada en la zarza, en las tablas escritas por Dios, en el arca de la ley, en la vasija de oro, en el candelabro, en la mesa, en *la vara de Aarón que floreció* (Hb 9, 4). De ti, en efecto, procede la llama de la divinidad, el Verbo y manifestación del Padre, el maná suavísimo y celestial, *el nombre que está sobre todo nombre* (Flp 2, 9), la luz eterna e inaccesible, el celeste pan de vida (cf. Jn 6, 35). De ti ha brotado corporalmente aquel fruto que no se debe al trabajo de ningún cultivador. ¿Acaso no fue también imagen tuya, manifestada de antemano, aquel horno, cuyo fuego era a la vez llama encendida y rocío refrescante (cf. Dn 3, 49-50) y que venía a ser anuncio y figura del fuego divino que en ti se albergó? ¿No es, por ventura, una clara alegoría tuya la tienda de Abrahán? (cf. Gn 18, 1 ss.). Ciertamente que sí, pues el Verbo de Dios, como en un tabernáculo, habitaba en tu seno y la naturaleza humana le ofreció un pan bajo las cenizas, cocido por el fuego divino, una ofrenda de primicias formada de tu sangre purísima, una persona divina en la que subsisten un cuerpo animado y un espíritu racional. ¡Por poco me olvido de la escala de Jacob! (cf. Gn 28, 12). ¿No resulta evidente para todos que tú, oh María, estás en ella prefigurada y anunciada? Vio este patriarca una escalera que unía el cielo con la tierra y contempló a los ángeles que subían y bajaban por ella y además experimentó una significativa lucha con el que en verdad es fuerte e invencible. De modo semejante, tú, desempeñando el oficio de mediadora, te convertiste en escalera por la que Dios bajó hacia nosotros, asumiendo nuestra débil naturaleza, y recompusiste lo que estaba disgregado, de modo que el hombre pudiera unirse de nuevo con Dios» (San Juan Damasceno).

Otros Padres se fijan más bien en un aspecto determinado de María, y lo ven prefigurado en el Antiguo Testamento. Así, **San Gregorio de Nisa** *(† 392), en sus* «Homilía sobre la Navidad» *y* «Sobre la Resurrección», *ve prefigurada la virginidad de María en la zarza ardiente que vio Moisés y en la profecía del Emmanuel de Isaías:*

«Moisés dijo: *Quiero acercarme para observar esta gran visión.* Creo que con la expresión de *acercarse* no quería significar un desplazamiento de lugar, sino un acercamiento en cuanto al tiempo, pues aquello que entonces era prefigurado en la llama y en la zarza, después de transcurrido el tiempo intermedio, fue abiertamente manifestado en el misterio de la Virgen. Así como en el monte la zarza ardía, pero no se consumía, así la Virgen parió la luz y no sufrió corrupción. No debe parecerte inapropiada la semejanza de la zarza, que es figura del cuerpo de la Virgen que fue Madre de Dios» *(Homilía sobre la Natividad).*

«También el profeta Isaías nos manifiesta una idea que ciertamente no carece de importancia, acerca de la gracia del presente día. A través de él conociste anteriormente los acontecimientos que hacen referencia a una madre virgen, a un cuerpo sin padre, a un parto sin dolor, a un nacimiento sin mancha. En efecto, el profeta dice: *He aquí que una virgen concebirá y dará a luz a un hijo y le pondrá por nombre Emmanuel* (Is 7, 14)». *(Homilía sobre la Resurrección).*

San Juan Crisóstomo, *a finales del siglo IV, al leer la descripción del Génesis sobre el Edén, de cuya tierra fue formado Adán, descubre una clara alusión a María, la tierra virgen de la que se formó el cuerpo sacratísimo de Jesús:*

«Edén significa tierra virgen y lo fue aquel lugar en el que Dios plantó el paraíso. *Después el Señor Dios plantó un jardín en Edén, al Oriente* (Gn 2, 8). Debes saber, pues, que el paraíso no fue obra de manos humanas. La tierra, efectivamente, era virgen; no había sido aún roturada por el arado, ni se habían trazado surcos en ella; pero, aun sin haber conocido las manos del agricultor, sólo por haber recibido una orden hizo germinar aquellas plantas. Por esa razón fue llamada Edén, que significa tierra virgen. Esta virgen fue figura de la otra Virgen. Así como dicha tierra sin recibir semilla hizo que brotara para nosotros el paraíso, así también la otra, sin recibir semilla de hombre, hizo germinar para nosotros el Cristo. En el caso de que un judío te preguntara cómo pudo una virgen dar a luz, respóndele tú así: "¿Cómo una tierra virgen pudo hacer que brotaran en ella unas plantas maravillosas?" En efecto, Edén en lengua hebrea significa tierra virgen» *(El cambio de nombres, 2, 3).*

Por los mismos años, **Cromacio de Aquileya** («Homilía sobre el Evangelio de San Mateo») *y* **Severiano de Gábala** («Homilía sobre el legislador»), *ven a María en la vara de Aarón y en la victoriosa Débora:*

«Ésta es la vara que, después de haber estado depositada en la tienda del testimonio, como un signo memorable para siempre, gracias a un nuevo y maravilloso misterio, sin la humedad de la tierra, produjo el fruto del almendro (cf. Nm 17, 1-10). Con este milagro Aarón quedó confirmado en el sacerdocio. En la vara de Aarón aparece una figura profética de María, que, sin la humedad de la tierra, produjo un fruto suavísimo; ella, en efecto, sin semilla de varón dio a luz a su Hijo, que ha venido a ser el verdadero fruto de salvación para la humanidad, al estar unido, como una almendra, al leño de la Pasión. Él ha adornado su fruto con la cuádruple predicación evangélica, por medio de la cual el verdadero y eterno sacerdocio de la Iglesia ha sido confirmado. Por eso en aquella maravillosa vara se reconoce a María, que no ha conocido la unión con el varón. Esta vara, pues, es designada como sacerdotal, porque Santa María desciende no sólo de una estirpe regia, sino también de una tribu sacerdotal» (Cromacio de Aquileya).

«Tenemos a la Santa Virgen y Madre de Dios, María, que intercede por nosotros. En efecto, si una simple mujer (Débora) alcanzó la victoria, ¿cuánto más la Madre de Cristo no humillará acaso a los enemigos de la verdad? Armado hasta los dientes el enemigo juzgó a la mujer merecedora de burla, pero resultó ser valerosa y aguerrida. No pensaba hallarse cerca de la tumba y se le preparó el sepulcro; creía que estaba muerta y sucedió que ella le mató. ¡Nosotros tenemos a nuestra Señora, Santa María Madre de Dios!» (Severiano de Gábala).

Llegamos al siglo VI, y vemos que, con pleno acierto, **Severo de Antioquía** *(† 538), en su «Octoekos», ve prefigurada a la Madre de Dios en la tienda del testimonio, que se veneraba en el lugar más sagrado de Israel: María y la tienda fueron elegidas para ser morada de Dios entre los hombres:*

«¡Oh Virgen y Madre de Dios!, con razón puedes ser considerada y designada como la tienda del testimonio (cf. Nm 17, 7-8; 18, 2) que permanece oculta tras el segundo velo, en el lugar llamado el Santo de los santos (cf. Hb 9, 3-5). En efecto, de acuerdo con esta comparación, el Emmanuel permaneció y tuvo su morada en ti. Como el arca fabricada con oro puro y con maderas incorruptibles, está él constituido de la purísima divinidad y de una humanidad que es inmaculada, incorrupta y sin semilla de varón; es como el pan que bajó del cielo, prefigurado en la vasija de oro y en el maná que en ella se guardaba (...). El Verbo de Dios, que descendió sobre la alta montaña del Sinaí, a fin de dar la ley al pueblo, y que cubrió aquella cima con humo, niebla, oscuridad y nubarrones, con el resplandor de potentes y terribles rayos y con el retumbar de los truenos, causando el estupor de cuantos se hallaban en las cercanías, a través de tales miedos y terrores les manifestó su venida pacífica, benigna y misericordiosa, en ti, oh María, que eres la montaña espiritual. Por eso él bendijo esta montaña y la santificó con el descenso del Espíritu Santo. Así él tomó carne de ella, sin cambio alguno: una carne que es la de nuestra naturaleza, dotada de un alma viviente, racional e inteligente, y se hizo hombre perfecto, permaneciendo, sin embargo, aquello que él es, es decir: Dios. Todo esto lo hizo él, según las riquezas de su gran misericordia, a fin de cancelar la ofensa de nuestro primer padre Adán y liberar y restaurar al hombre que estaba perdido.»

IV

LOS PRIMEROS AÑOS DE MARÍA

La verdadera irrupción de María en la historia de la humanidad tuvo lugar en Nazaret, cuando le llegó del cielo, por medio del ángel Gabriel, la mejor noticia de todos los siglos: Que Dios había decidido poner fin al dominio del pecado y de la muerte por medio de la encarnación del Verbo, y se había fijado en la pequeñez de su sierva María para que fuera su Madre. Con la Anunciación y la Encarnación, María entra en la historia por la puerta más grande.

Pero María era ya una joven cuando recibió la embajada celestial. Aunque ni los libros sagrados ni la historia atestigüen los precedentes de la protagonista de aquel acontecimiento inicial de la redención, los Padres, en el siglo VIII, recogiendo el sentir de una tradición oral, hablan de Joaquín y Ana como padres de María, y de su presentación en el templo de Jerusalén.

NATIVIDAD DE MARÍA INMACULADA

San Andrés de Creta, *en los primeros años del siglo VIII, canta las glorias de María, la hija de Ana, también digna de alabanza por ser la madre de la Virgen. Lo leemos en el «Ser-*

món II sobre la Navidad» *y en* «La concepción de Santa Ana, la abuela divina»:

«Me refiero a María, cuyo nombre y cuyo ser son excelsos y dignos de toda veneración, y que es retoño de David, vara de Jesé y brote siempre floreciente de Judá; de ella procede, según la carne, el excelso Hijo de Dios, que, eterno como el Padre, existe desde siempre (...). Digámosle con la Sagrada Escritura: ¡Oh cuán feliz es la casa de David, de la que tú procedes! ¡Oh cuán bienaventurado es tu vientre en el que Dios fabricó el arca de santificación, o sea aquella que le concibió sin mancilla! En verdad eres dichosa y tres veces bienaventurada, tú que has dado a luz a una criatura llena de las divinas bendiciones, que es María, cuyo nombre es digno de toda veneración, de la cual brotó Cristo, la flor de la vida; ella ha tenido un camino glorioso y una maternidad excelsa y sobrenatural. Nos congratulamos contigo, oh muy dichosa Ana, pues has dado a luz a la que es la esperanza de todos nosotros y el cumplimiento de las divinas promesas.»

«Oh Virgen Madre de Dios, tabernáculo sin mancilla, ya que estoy manchado por el pecado, purifícame ahora con el agua purísima de tu compasión y dame tu mano protectora, para que yo pueda exclamar: ¡Gloria a ti, oh purísima y por Dios glorificada! De la raíz de David y de Jesé, Ana ha dado a luz a aquella que es el excelso tallo del cual brotará la mística flor: Cristo el creador de todos.

»Ana exclama: "Los pueblos me contemplarán convertida en madre y se llenarán de admiración, pues he concebido por beneplácito de aquel que me ha librado de las ataduras de la esterilidad". Ana dice con inefable gozo: "La niña que he concebido es aquella que fue anunciada por los antiguos profetas como monte y como puerta por la que nadie ha de pasar".

»¡Oh purísima Madre de Dios! Te reconocemos como nube, huerto, puerta de la luz, mesa y vellocino; vasija que contienes el maná y dulzura para el mundo. En tu seno, oh Ana, empezó a tejerse aquella púrpura regia, con la que se vistió el Señor, rey del universo, cuando se hizo visible a los hombres, para humillar a los adversarios que nos combatían. En tu vientre, Ana, concebiste un delicioso aroma, que es aquella que de un modo admirable llevó en su seno al Señor, bálsamo de vida, que había de perfumar nuestras almas con la fragancia de la gracia.»

Por los mismos años, **San Juan Damasceno,** *en su preciosa* «Homilía I sobre la Natividad de María», *atestigua, contra lo que afirmaba el Sabio, que sí hay algo nuevo bajo el sol: lo nunca visto, la Virgen Madre, en quien la Santa Trinidad ha puesto sus ojos. Y bendice a Dios por Joaquín y Ana, dignos padres de la inmaculada Madre de Dios:*

«Calle el sabio Salomón y no diga: *"Nada nuevo bajo el sol"* (Qo 1, 9). ¡Oh Virgen llena de la gracia divina, templo santo de Dios, que Salomón, inspirado por el Espíritu, el príncipe de la paz ha construido para habitarlo; no son el oro y las piedras inánimes las que te embellecen, sino que brillas por el Espíritu más que el oro; más que las piedras preciosas, tú tienes la joya más valiosa que es Cristo, carbón ardiente de la divinidad (Is 6, 6-7): suplícale que toque nuestros labios, para que, purificados éstos, a viva voz le cantemos junto con el Padre y el Espíritu: "Santo, Santo, Santo el Señor Dios de los ejércitos", a la única naturaleza de la divinidad en tres personas.

»Santo el Dios y Padre, a quien bien pareció que en ti y por ti se cumpliese el misterio predeterminado desde antes de los siglos (1 Co 2, 7).

»Santo y poderoso el Hijo de Dios y Dios Unigénito, que hoy te hace nacer como primogénita de una madre estéril; para que él mismo, el Unigénito del Padre y *Primogénito de toda criatura* (Col 1, 15), naciese también como unigénito de ti, su Madre Virgen, primogénito *de entre muchos hermanos* (Rm 8, 29), semejante a nosotros, que de ti participa en la carne y en la sangre (Hb 2, 14). Sin embargo él no te hizo nacer o de sólo un padre, o de sólo una madre, para que sólo al Unigénito quedase reservado el ser el Unigénito entre todos: porque sólo él ha nacido único Unigénito de Padre y único Unigénito de Madre.

»Santo e inmortal, Espíritu santísimo, que por el rocío de su divinidad te ha conservado indemne del fuego divino. Porque eso presignificaba la zarza de Moisés (...)

»Era conveniente que naciera como primogénita aquella de la que había de nacer el *Primogénito de toda creatura, en quien subsisten todas las cosas* (Col 1, 15-17). ¡Oh venturosa pareja, a vosotros os está obligada toda la creación! Por medio de vosotros, en efecto, ofreció al Creador el mejor de todos los dones, o sea: aquella augusta Madre, la única que fue digna del Creador. ¡Oh felices entrañas de Joaquín, de las que salió una descendencia absolutamente sin mancha! ¡Oh seno glorioso de Ana, en el que poco a poco fue creciendo y desarrollándose una niña completamente pura y, después que estuvo formada, fue dada a luz! (...) ¡Oh castísima pareja de tórtolas racionales, Joaquín y Ana! Vosotros, observando la castidad que prescribe la ley natural, habéis sido agraciados con unos dones que están muy por encima de la naturaleza, ya que habéis puesto en el mundo a aquella que, sin obra de varón, fue Madre de Dios. Vosotros, llevando una vida humana, piadosa y santa, tuvisteis una hija superior a los ángeles y ahora es Señora de los ángeles. ¡Oh niña preciosísima y llena de dulzura! ¡Oh lirio entre espinas, procreado de la nobilísima y regia estirpe de David! Por medio de ti la dignidad real se ha acrecentado con la del sacerdocio. Por ti la ley ha sido transformada y se ha manifestado el espíritu que antes estaba oculto bajo de la letra, pasando la dignidad sacerdotal de la tribu de Leví a la de David. ¡Oh rosa, que, salida de entre las espinas de los judíos, has esparcido por todas partes el buen olor de la divinidad! ¡Oh hija de Adán y Madre de Dios! ¡Bienaventurados sean las entrañas y el vientre de donde saliste; bienaventurados los brazos que te sostuvieron y los labios que se gozaron dándote castos besos, o sea, los de tus padres únicamente, de modo que siempre guardaras perfecta virginidad! Hoy se ha iniciado la salvación del mundo. Ensalce al Señor toda la tierra. Cantad, alegraos y entonad salmos. Levantad vuestra voz. Levantad vuestra voz, exultad de júbilo, no temáis, porque hoy nos ha nacido, en la santa Probática, la Madre de Dios, de la cual quiso nacer el Cordero de Dios que quita el pecado del mundo.»

NOMBRE DE MARÍA, PRESENTACIÓN, DESPOSORIOS

*Dos Padres del siglo IV –***San Ambrosio** *(«De la formación de la Virgen») y* **San Epifanio** *(«Panarion»)–, nos hablan del nombre de María, y ambos coinciden en que sin el apelativo de «la Virgen», el nombre no está completo:*

«Muchas llevaron antes también el nombre de María. Así resulta que se llamó María la hermana de Aarón (cf. Ex 15, 20); pero esa María significaba: "amargura del mar". Vino, pues, el Señor revestido con la amargura de la fragilidad humana, para endulzar el amargor de nuestra condición, suavizada con la gracia y el encanto del Verbo celeste. No otra cosa simbolizó la fuente de Mara, endulzada con el madero, sino que la multitud de las naciones, amargas antes por el pecado, o nuestra misma carne habían de cambiar sus costumbres, atemperándose con la pasión del Señor. ¡Excelsa es, por tanto, María que levantó la enseña de la santa virginidad, la bandera de la integridad inmaculada!» (San Ambrosio).

«¿Cuándo y en qué época se ha atrevido alguien a pronunciar el nombre de Santa María sin añadir al punto, si es preguntado, el título de Virgen? De tales denominaciones, en efecto, provienen las pruebas de la virtud. Todos los justos han recibido apelativos que corresponden a la respectiva dignidad de cada cual. A Abrahán se le dio el título de amigo de Dios y jamás le fue quitado. Jacob fue llamado Israel, nombre que nunca ha sido cambiado. A unos apóstoles se les dio el nombre de Boanerges, o sea, hijos del trueno, y este nombre no se les retirará nunca. Así también Santa María recibió el nombre de Virgen, nombre que jamás será cambiado. La Santa Virgen, en efecto, permaneció incorrupta» (San Epifanio).

La tradición, recogida por la liturgia, habla de la Presentación de María, siendo niña, en el Templo de Jerusalén. **San Germán de Constantinopla** *(«Homilía I sobre el Ingreso de la Madre de Dios»), a principios del siglo VIII, habla de este acontecimiento de la infancia de María:*

(Joaquín y Ana) «conduciendo a su hija, llegan al templo y sus puertas se abren para recibir a la que es la puerta espiritual de Dios, el Emmanuel, y el umbral queda santificado por las huellas de María. El templo brilla por la luz de las lámparas, pero resplandece mucho más por el fulgor de esta luz singular y, al entrar ella, la belleza del templo se acrecienta de un modo extraordinario. Las colgaduras de los ángulos del altar son ya de púrpura, en razón del vestido purpúreo y virginal de María. Se goza Zacarías, al corresponderle el honor de recibir a la Madre de Dios. Se alegra Joaquín que, al presentar su ofrenda, pone de manifiesto que se han cumplido los vaticinios. Se llena de júbilo Ana con la consagración de su hija. Saltan de gozo los primeros padres al verse libres de la sentencia de condenación. Exultan los profetas y, junto con ellos, todas las generaciones, al recibir la gracia, sienten una alegría desbordante.»

El Evangelio de Lucas habla de «una virgen desposada con un hombre llamado José» (Lc 1, 27). Entre los primeros Padres –siglo IV– en comentar esta circunstancia está **San Basilio** *(«Homilía sobre la santa generación de Cristo»), y lo hace aludiendo a la misión de José de ser testigo de la pureza virginal de María:*

«Una virgen, pero entregada como esposa a un hombre, fue considerada idónea para la realización de este misterio, a fin de que así fuese honrada la virginidad y no fuese despreciado el matrimonio. La virginidad fue, en efecto, escogida como apta para la santificación, pero mediante los esponsales, quedan incluidos también los inicios del matrimonio. María, además, tuvo así un esposo custodio, de manera que él fuese un testimonio doméstico de su pureza y no se diera ocasión a los calumniadores para acusarla de que hubiese violado la virginidad.»

Mateo (1,18) es el primer evangelista que afirma el matrimonio de María, cuando dice: «Su madre, María, estaba desposada con José». Veamos cómo lo comenta **San Juan Crisóstomo,** *en su «IV Homilía sobre San Mateo», y cómo* **San**

Agustín («Sermón 51») *aclara que se trata de un matrimonio virginal, en el que San José ejercería de padre de Jesús.* Es más, en *«Sobre las nupcias y la concupiscencia»*, el obispo de Hipona afirma que María y José son padres de Jesús:

«No dice "la Virgen", sino su *madre,* a fin de que su relato sea fácilmente aceptado. El evangelista prepara primero al oyente, haciendo esperar que va a escuchar un hombre ordinario, y así le retiene; pero luego le descarga el golpe, añadiendo la cosa maravillosa: *Antes de estar ellos juntos, se halló que había concebido del Espíritu Santo.* No dijo "antes de ser la Virgen llevada a casa de su esposo", pues ya estaba en ella. Tal era, en efecto, la costumbre de los antiguos, que tenían, por lo general, a sus prometidas en su casa, hecho que puede aún observarse. Los yernos de Lot estaban también con él en su casa. Luego también María estaba en casa con José. Mas ¿por qué razón no concibió la Virgen antes del desposorio con José? Primero, como antes dije, porque el milagro tenía que quedar por entonces oculto; luego, porque la Virgen estuviera a cubierto de toda mala sospecha» (San Juan Crisóstomo).

«¿Cómo es que era padre? Porque su paternidad era tanto más auténtica cuando más casta. Ciertamente era considerado como padre de nuestro Señor Jesucristo, pero de otra manera, es decir, como los demás padres que engendran en la carne y reciben hijos por cauce distinto al solo afecto espiritual. Pues dice Lucas también: *Se le creía padre de Jesús* (Lc 3, 23). ¿Por qué se le creía tal? Porque la opinión y juicio de los hombres se deja llevar de lo que suele suceder entre los hombres. Pero el Señor no nació de la sangre de José, aunque así se pensase; sin embargo, a la piedad y caridad de José le nació de la Virgen María un hijo, Hijo a la vez de Dios.»

(María y José) «por su fiel matrimonio merecieron ser llamados padres de Cristo, y no sólo ella mereció ser llamada madre, sino él también padre, como cónyuge de su madre; uno y otro por el afecto, no por la carne; es decir: él es padre solamente por el afecto; ella lo es también por la carne; los dos, sin embargo, son padres» (San Agustín).

Ya en el siglo III, **Orígenes** *(† 254), en su* «Homilía VI sobre el Evangelio de San Lucas», *se había detenido a expresar su reflexión personal –seguramente era lo que se pensaba en la comunidad cristiana– sobre la conveniencia de que María estuviera desposada:*

«Reflexionando dentro de mí, yo me pregunto por qué Dios, habiendo determinado de un modo definitivo que el Salvador debía nacer de una virgen, no escogió a una doncella que no estuviera desposada, sino que eligió precisamente a María que ya había sido desposada. Si no me equivoco, la razón es ésta: el Salvador debía nacer de una virgen que no sólo estuviera desposada, sino que, como dice Mateo (cf. Mt 1, 25), había ya sido entregada al varón, si bien aquel varón no la conociera. Esto fue así con la finalidad de evitar la deshonra en que habría incurrido la virgen al ponerse de manifiesto que estaba encinta.»

V

ANUNCIACIÓN Y ENCARNACIÓN

El relato de la Anunciación, que tan bellamente ofrece Lucas, ha sido comentado infinidad de veces a lo largo de los siglos. También los Padres, especialmente del siglo V, nos han dejado sus comentarios sobre diversos aspectos del relato lucano.

ALÉGRATE, MARÍA, LLENA DE GRACIA

En los últimos años del siglo IV, **Tito de Bostra** (*«*Comentario a San Lucas*»*) *y* **San Ambrosio** (*«*Sobre las vírgenes*»*) *abordan dos aspectos de la narración. San Ambrosio intenta dejar de lado suposiciones sobre el lado oscuro de la infancia de María, cuando está tan clara su grandeza al aparecer en escena en la Anunciación, y* Tito de Bostra *comenta la pregunta de María: ¿Cómo será esto?, distinta de la de Zacarías, que pide una señal:*

«¿Para qué detenernos en detalles particulares de cómo la amaron sus padres, la alabaron los extraños, siendo así que la juzgó Dios digna de concebir a su divino Hijo? El ángel la sorprendió sola en el aposento de su casa, sin que nadie interrumpiera o perturbara su recogimiento. ¿Qué necesidad podía sentir de verse acompañada por otras jóvenes quien se gozaba con la compañía de sus santos pensamientos? Tanto menos sola se creía cuanto más sola se hallaba. ¿Cómo considerarse sola cuando se veía rodeada por tantos libros sagrados, tantos arcángeles y tantos profetas?» (San Ambrosio).

«María hace una pregunta oportuna, no presentando objeciones de incrédula, ni inquiriendo por curiosidad, sino que su actitud pone de manifiesto su sabiduría, tratando de informarse acerca del modo cómo se ha de realizar lo anunciado; por eso no es castigada, sino instruida acerca de la manera como ha de acontecer el maravilloso nacimiento. Zacarías había dicho: *¿Cómo sabré yo esto?* (Lc 1, 18). Pedía un signo para creer, a pesar de que contaba con muchos ejemplos antiguos, como los de Sara, Rebeca, Raquel y Ana, que habían concebido por el poder de Dios. La Virgen, en cambio, dice: *¿Cómo acontecerá esto?* (Lc 1, 34). Tu palabra es muy digna de crédito, pero el modo resulta inaccesible. La naturaleza no tiene conocimiento de eso que tú dices. En vista de todo ello, María es tratada con benevolencia, pues nunca había acontencido algo semejante en el pasado, ni sucederá en el futuro, a saber: que una virgen dé a luz» (Tito de Bostra).

Ya en el siglo V, el paisano de Tito, **San Antipatro de Bostra,** *continúa el paralelismo entre María y Zacarías al que aludía Tito:*

«El mismo arcángel es el que lleva la embajada tanto del nacimiento de Juan como de la concepción del Salvador. En el primer caso, sin embargo, es el marido de una mujer estéril el que recibe el anuncio; en el segundo es una virgen la que es informada. El arcángel ya no es enviado al templo, como cuando se trataba de Juan, sino que se dirige al templo vivo que es la Virgen. Allí el sacerdote Zacarías entró para ofrecer perfumes y escuchó del ángel palabras de consuelo, palabras de suave olor; aquí el templo es la Virgen y ya no hay otro templo. El ángel ya no se encamina al encuentro de un gran sacerdote, sino que va hacia la Madre del sumo sacerdote celeste. El arcángel descendió allí durante el sacrificio; aquí ya no, porque el que había de nacer abrogaría el culto material. Allí el arcángel se dirige al padre de Juan; aquí, en cambio, no se dirige a José, que no había de ser padre, sino a la Virgen que será madre, sin intervención de padre. Allí estaban Isabel y Zacarías; aquí solamente María. José, en efecto, fue esposo, pero custodió la virginidad de la Virgen. Por eso el arcángel no va a encontrarse con él, sino con la Virgen» *(Homilía sobre la Madre de Dios)*.

Por su parte, **Basilio de Seleucia** *y* **Crísipo de Jerusalén,** *coetáneos, en sus respectivas «Homilía sobre la Madre de Dios», se fijan y comentan las palabras de saludo del ángel:*

«Alégrate, llena de gracia (Lc 1, 28)*;* que se manifieste el gozo en tu rostro, pues de ti ha de nacer la alegría de todos, que pondrá fin a la antigua maldición, aniquilando el poder de la muerte y proporcionando a todos la esperanza de la resurrección. *Alégrate, llena de gracia,* paraíso inmarcesible de castidad, en el que será plantado el árbol de la vida, que producirá para todos frutos de salvación; paraíso desde el cual el manantial del Evangelio, a través de cuatro aberturas, hará fluir, para los creyentes, ríos de misericordia. *Alégrate, llena de gracia,* que eres mediadora entre Dios y los hombres, con el fin de que sea eliminado el fuerte muro de la enemistad (cf. Ef 2, 14) y las cosas terrenas se unan a las celestiales. *El Señor está contigo:* puesto que eres un templo verdaderamente digno de Dios, perfumado con aromas de castidad, en ti mora el gran Pontífice según el orden de Melquisedec, sin madre y sin padre (cf. Hb 7, 3): sin madre en cuanto que es Hijo de Dios Padre; sin padre por lo que respecta a ti, que eres su Madre.»

Y continúa con estas palabras de María a Jesús, que lleva en sus entrañas:

«¿Qué nombre podré hallar que sea adecuado para ti, oh niño? ¿El de hombre? Pero tu concepción es divina. ¿El de Dios?

Pero tú, encarnándote, has asumido lo que es humano. ¿Qué es lo que haré por ti? ¿Te nutriré con mi leche o te ensalzaré como Dios? ¿Cuidaré de ti como madre o te adoraré como sierva? ¿Te abrazaré como a hijo o te imploraré como a Dios? ¿Te ofreceré la leche o te presentaré aromas? ¿Qué prodigio es éste tan inefable y sublime? El cielo es tu trono, pero yo te llevo en mi regazo. Estás realmente presente entre los seres terrestres, pero ciertamente no estás lejos de los celestiales. Tu descenso, sin embargo, no ha sido un cambio de lugar, sino una condescendencia divina. Yo canto himnos a tu amor por nosotros, pero no escudriño tu Encarnación» (Basilio de Seleucia).

«*Alégrate, llena de gracia, el Señor es contigo* (Lc 1, 28). Alégrate ha dicho; a ti, en efecto, te corresponde la verdadera alegría, a ti que has merecido escuchar que eres la *llena de gracia,* puesto que contigo está el íntegro tesoro de la alegría, del gozo perfecto y de la gracia. El rey está con la esclava; *el más bello de los hijos de los hombres* (Sal 44, 3) está con la más hermosa de las mujeres; el que santifica todas las cosas está con la doncella inmaculada. Contigo está el Creador del universo; contigo está a fin de poder nacer de ti; contigo está en la concepción para ser por ti dado a luz; contigo está como Dios, para poder nacer de ti como Dios y hombre (...). Alégrate, pues, por siempre; alégrate, oh llena de gracia. Alégrate porque has recibido de la naturaleza un seno más amplio que los mismos cielos, desde el momento en que en tu seno has albergado a aquel que los cielos no pueden abarcar. Alégrate, oh fuente de la luz, que iluminas a todo hombre (cf. Jn 1, 19). Alégrate, oh aurora del sol que no conoce ocaso. Alégrate, depósito de la vida. Alégrate, jardín del Padre. Alégrate, prado del que emana toda la fragancia del Espíritu. Alégrate, raíz de todos los bienes, perla que supera todo valor. Alégrate, oh vid cargada de bellos racimos. Alégrate, oh nube de aquella lluvia que proporciona bebida a todas las almas de los santos. Alégrate, pozo del agua siempre viva. Alégrate, oh arbusto ardiente de fuego espiritual y que, sin embargo, no se consume. Alégrate, oh puerta sellada que se abre sólo para el rey. Alégrate, oh monte del que, sin obra de manos, se desprende la piedra angular. Allá arriba está él con aquella naturaleza divina que se halla por encima de los querubines y que tiene su morada en el seno del Padre; aquí abajo permanece él, gracias a la naturaleza humana que yace en el pesebre y que es estrechada entre los brazos maternales. Éstos son un trono verdaderamente real, un trono glorioso, santo, único, digno de sostener en este mundo al Santo de los santos» (Crísipo de Jerusalén).

Dos Santos Padres del mismo siglo V interpretan el relato evangélico: **San Paulino de Nola** *(«Poema 6»), ampliando por libre las palabras del ángel, y* **San León Magno** *(«Sermón I»), profundizando en la actitud de fe y de confianza de María:*

«Cuando se apareció (a María) el mensajero, radiante de celestial belleza y decoro, inclinó ella su inocente mirada y sus mejillas se tiñeron de purpúreo resplandor. El ángel le dijo: Bendita tú en todo lugar donde el sol derrama su luz, oh doncella afortunada; bendita más que todas las doncellas que han sido, que son y que serán; tú eres la escogida por el Altísimo para ser la Madre de su Hijo. Bendita tú que, libre de todo contacto carnal, concebirás fecundada por la palabra de Dios. En tu seno se formará el cuerpo de aquel que ha hecho el cielo, la tierra, el mar, las estrellas, aquel que siempre ha existido y existe y por siempre será Señor del mundo y artífice de la luz» (San Paulino de Nola).

«Una virgen de la estirpe regia de David es elegida; y esta virgen, destinada a albergar en su seno al fruto de una sagrada fecundación, había de concebir en su mente antes que en su cuerpo al hijo que era a la vez Dios y hombre. Y a fin de que, por ignorar los designios divinos, no se asustara al experimentar unos cambios inesperados, conoce, por la conversación con el ángel, lo que el Espíritu Santo había de realizar en ella. Y la que va a ser Madre de Dios queda bien asegurada de que su virginidad no experimentará ningún detrimento. ¿Cómo podría dudar de este nuevo género de concepción aquella a quien se promete la actuación del poder del Altísimo? Su fe y su confianza quedan además confirmadas con el testimonio de un milagro que con antelación se va a realizar: se concede a Isabel una inesperada fecundidad, para que no haya duda de que quien otorga a una estéril el don de concebir, también se lo dará a una virgen» (San León Magno).

VIRGEN Y MADRE

Algo que todos los Padres defienden es la virginidad de la Madre de Dios. Es Madre sin dejar de ser Virgen. Y esto, por designio de Dios. El primero de los Padres, el gran **San Ignacio de Antioquía** *(† 115), que fue prácticamente coetáneo de San Juan Evangelista, lo expresa así en su famosa «Carta a los Efesios»:*

«Nuestro Dios Jesús, el Ungido, fue llevado por María en su seno conforme al designio de Dios; *del linaje, cierto, de David* (Rm 1, 3); por obra, empero, del Espíritu Santo. El cual nació y fue bautizado, a fin de purificar el agua con su pasión. Y quedó oculta al príncipe de este mundo la virginidad de María y el parto de ella, del mismo modo que la muerte del Señor: tres misterios sonoros que se cumplieron en el silencio de Dios. Ahora bien, ¿cómo fueron manifestados a los siglos? Brilló en el cielo un astro más resplandeciente que los otros astros. Su luz era inexplicable y su novedad produjo extrañeza. Y todos los demás astros, juntamente con el sol y la luna, hicieron coro a esta nueva estrella; pero ella, con su luz, los sobrepujaba a todos. Se sorprendieron las gentes, preguntándose de dónde pudiera venir aquella novedad tan distinta de las demás estrellas. Desde aquel punto, quedó destruida toda hechicería y desapareció toda iniquidad. Derribada quedó la ignorancia, deshecho el antiguo imperio, desde el momento en que se mostró Dios hecho hombre para llevarnos *a la novedad de la vida perdurable* (Rm 6, 4), y empezó a cumplirse desde el instante en que se tramaba el aniquilamiento de la muerte.»

El historiador **Eusebio de Cesarea** *(† 340), en su* «Discurso de Constantino» *y en* «Demostración evangélica», *lo dice con estas palabras:*

«Al llegar el momento de acercarse al cuerpo terrenal y morar por cierto tiempo sobre la tierra, puesto que la necesidad así lo requería (el Verbo) ideó para sí un nuevo modo de nacer: una concepción sin nupcias, el alumbramiento operado en una virgen casta, una jovencita que es Madre de Dios, el principio de una naturaleza eterna, el sentido de una substancia inteligible, la materia de un resplandor incorpóreo. Todas las cosas que siguieron después están dentro de este mismo orden. Una paloma esplendorosísima, volando desde el arca de Noé, bajó sobre el seno de la Virgen. Pertenece igualmente a ese mismo orden lo que aconteció después: un himen inviolado y más puro que toda castidad, más excelente incluso que la misma continencia.»

«El retoño que se nutre de la leche materna significa con claridad el nacimiento de Cristo. La tierra árida e inaccesible, en cambio, hace referencia a la Virgen que le dio a luz, es decir: aquella a la que ningún hombre se acercó y de la cual, a pesar de su aridez, brota aquella raíz famosa y aquel retoño nutrido con la leche materna. Aunque de estas cosas habla el profeta de un modo bastante oscuro, él mismo explica más adelante su pensamiento, diciendo: *He aquí que la virgen concebirá y dará a luz a un hijo, al que llamará Dios con nosotros* (Is 7, 14)...»

En el mismo siglo IV, otros tres grandes Padres reafirman la virginidad de María, la Madre de Dios: **San Basilio** («Homilía sobre la santa generación de Cristo»), **San Cirilo de Jerusalén** («Catequesis») *y* **San Gregorio Nacianceno** («Carta 101 a Cledonio», y «Poemas morales»):

«Dios se ha encarnado porque era necesario que fuese santificada esa carne, antes maldita; que fuese robustecida esa carne enflaquecida; que fuese reconducida a la amistad con Dios esa carne enemiga suya y que fuera conducida al cielo la carne que había sido derribada del paraíso. ¿Y cuál es el taller en donde se realiza esta obra salvadora? Es el cuerpo de una santa virgen. ¿Y cuáles son los principios activos de esa generación? Son el Espíritu Santo y el poder del Altísimo que cobija a la Virgen con su sombra» (San Basilio).

«De una virgen nació aquel que hace vírgenes a las almas (...). Tú te maravillas de lo acontecido. También se maravillaba la propia madre, que dijo a Gabriel: *¿Cómo ocurrirá esto, pues no conozco varón?* (Lc 1, 34); y el ángel respondió: *El Espíritu Santo vendrá sobre ti y el poder del Altísimo te cubrirá con su sombra; por eso el nacido santo será llamado Hijo de Dios* (Lc 1, 35). Incontaminada y sin mancha es esta generación. En efecto, donde sopla el Espíritu Santo allí queda eliminada toda contaminación; por tanto, el nacimiento humano del unigénito de la Virgen está inmune de impureza. Si los herejes contradicen la verdad les confundirá el Espíritu Santo; se indignará en contra de ellos el poder del Altísimo que cobijó con su sombra a la Virgen; en el día del juicio Gabriel se levantará contra ellos con severidad; les refutará el pesebre que acogió al Señor (...). Cree, además, que el Hijo unigénito de Dios, por razón de nuestros pecados, ha bajado del cielo a la tierra, haciéndose hombre semejante a nosotros en el padecer y naciendo de la Virgen María y del Espíritu Santo. El hacerse hombre se realizó no en apariencia o imaginariamente, sino con toda verdad. No pasó (Cristo) por la Virgen, como por un canal, sino que verdaderamente tomó carne de ella y en verdad fue por ella alimentado con su leche; como nosotros comió y como nosotros bebió. En efecto, si la encarnación hubiera sido una simple apariencia, hubiera resultado también aparente la salvación» (San Cirilo de Jerusalén).

«Si alguno no cree que Santa María es Madre de Dios, se separa de la divinidad. Si alguno afirma que Cristo solamente pasó a través de la Virgen, como a través de un canal, y niega que él haya sido formado dentro de ella de un modo divino, pues fue sin intervención del hombre, y de un modo humano, o sea, según las leyes de la gestación, ese tal es asimismo impío. Si alguno afirma que se formó primero el hombre y que sólo después éste se revistió de la divinidad, también éste ha de ser condenado. Ello, efectivamente, no sería una generación de Dios, sino una negación de la generación. Si alguno introduce el concepto de dos hijos, uno de Dios Padre y otro de la madre, y no el de un solo e idéntico Hijo, sea ese tal privado de la adopción filial prometida a quienes profesan la fe ortodoxa» (San Gregorio Nacianceno, Carta 101).

«Una vez que Cristo nació de una madre casta y virgen, no vinculada con ataduras carnales y semejante a Dios (era, en efecto, necesario que Cristo viniera sin padre y sin la intervención de relaciones matrimoniales), entonces la virginidad comenzó a santificar a las mujeres y a rechazar a la amarga Eva. Eliminadas las leyes de la carne y gracias a la predicación del Evangelio, la ley dio paso al espíritu e hizo su entrada la gracia. Entonces la virginidad apareció brillante ante los mortales, se manifestó libre del mundo y liberadora del mundo impotente» (San Gregorio Nacianceno, Poemas).

Y ya en el siglo VII, **San Isidoro de Sevilla** *(† 636), en su obra* «Del nacimiento y de la muerte de los Padres», *recoge la tradición patrística con estas palabras:*

«María (que significa Señora o Iluminadora) es descendencia famosa de David, retoño de Jesé, huerto cerrado, fuente sellada, Madre del Señor, templo de Dios, sagrario del Espíritu Santo. Ella es virgen santa, virgen que da a luz, virgen antes del parto y virgen después del parto; ella ha recibido el saludo del ángel y ha conocido el misterio inefable de la concepción.»

A lo largo de toda la Patrística es una constante la defensa de la virginidad de la Madre de Dios. Lo había expuesto, prácticamente en la era apostólica como vimos, San Ignacio de Antioquía, y sigue la línea hasta San Isidoro, en el siglo VII; lo afirma rotundamente **Orígenes** *(† 254) en sus* «Comentarios al Evangelio de San Mateo», *y, en el siglo V, lo expresan* **San Máximo de Turín,** *en sus* «Sermones» (5 y 50), *y* **San Jerónimo** («Contra Helvidio»), *que defiende también la virginidad de José:*

«Aquel cuerpo que fue escogido para prestar un servicio al Verbo y acerca del cual se dice: *El Espíritu Santo descenderá sobre ti y la virtud del Altísimo te cubrirá con su sombra* (Lc 1, 35) no conoció unión alguna con varón por haber descendido sobre él el Espíritu Santo y haber sido cobijado por la virtud de lo alto. Yo sostengo razonablemente que la primicia de la pureza y castidad de los varones sea Jesús y que la de las mujeres sea María. No concordaría, efectivamente, con la piedad el atribuir a alguna otra persona distinta de ella la primicia de la virginidad» (Orígenes).

«La Virgen concibe sin la intervención de varón; el vientre se llena sin el contacto de ningún abrazo; y el casto seno acogió al Espíritu Santo, que los miembros puros custodiaron y el cuerpo inocente albergó. Contemplad el milagro de la Madre del Señor: es virgen cuando concibe, virgen cuando da a luz, virgen después del parto. ¡Gloriosa virginidad y preclara fecundidad! Adán nació de la tierra virgen; Cristo fue dado a luz por la Virgen María. La tierra, madre del primero, no había sido aún rasgada por los arados; las entrañas de la Madre de Dios jamás han sido violadas por la concupiscencia. Adán fue plasmado con barro por las manos de Dios; Cristo fue formado por el Espíritu Santo en el seno materno. Ambos tienen como padre a Dios; ambos tienen una madre virgen; ambos, como dice el evangelista, son hijos de Dios. Pero Adán es hijo por creación; Cristo, en cambio, lo es por la sustancia» (San Máximo de Turín).

«Tú (Evidio) dices que María no permaneció virgen; yo digo más: que incluso el mismo José fue virgen por María, de tal modo que de unas nupcias virginales nació un hijo virgen. En efecto, si la fornicación es inadmisible en un varón santo y no está escrito que él haya tenido otra esposa, resulta que fue más bien custodio que marido de María, de la cual él era tenido por esposo. Queda, pues, como conclusión que permaneció virgen con María aquel que mereció ser llamado padre del Señor» (San Jerónimo).

Y EL VERBO SE HIZO CARNE

Uno de los puntos más destacados a lo largo de la trayectoria doctrinal de los Padres, refrendada solemnemente por los primeros concilios ecuménicos, es la verdadera Encarnación del Verbo de Dios, cuando María aceptó la palabra de Dios: Hágase en mí... **San Efrén** *(† 373), en su obra* «Carmina Soghita», *lo expresa así:*

«Gabriel, cuando fue enviado a María, preparó en ella una morada para su Señor. En ella la raza de los hombres viles e insignificantes se unió con la raza divina que está por encima de todas las pasiones (...). Por la prole de María ha sido bendecida aquella madre que fue maldecida en sus hijos (cf. Gn 3, 16), penetrando las bendiciones hasta lo más profundo de esta mujer, gracias a aquella prole que mató a la muerte y a Satanás. En el seno de María se hizo niño aquel que es igual a su Padre desde la eternidad; nos dio su grandeza y asumió nuestra pequeñez: con nosotros se hizo mortal y nos infundió su vida a fin de librarnos de la muerte (...). María es el jardín al cual descendió, desde el Padre, la lluvia de bendición. Esta aspersión llegó hasta el rostro de Adán: así éste recobró la vida y se levantó del sepulcro, ya que por sus enemigos había sido sepultado en el Sheol.»

En el siglo V, hallamos estas consideraciones de **San Pedro Crisólogo** («Sermón 140») *y de* **Isidoro de Pelusio** («Carta I»):

«El Señor envía a la Virgen un ángel; éste, que lleva la gracia, entrega las arras y recibe la dote; acepta la fe prestada a sus palabras, entrega los dones que corresponden a la virtud y al punto presenta a Dios la promesa del consentimiento dado por la Virgen. El intérprete acude inmediatamente junto a la Virgen, para alejar de la esposa de Dios el afecto de un matrimonio humano; no para separar a María de José, sino para entregarle a Cristo, para el que estaba destinada ya desde que fue concebida. Cristo recibe, pues, a su esposa; no la arrebata a otro, ni impone ninguna separación, antes bien une a sí enteramente a su creatura en un solo cuerpo» (San Pedro Crisólogo).

«El hombre fue sacado de la tierra y la mujer fue sacada de Adán, en ambos casos sin que se produjera unión sexual. Así, puesto que la mujer, en cierto modo, estaba en deuda con el hombre, de cuya costilla había sido sacada, sin que interviniera inseminación alguna, la Madre del Señor ha extinguido esta deuda al dar a luz al segundo Adán, concebido sin semilla. Esto no resulta, pues, del todo imposible para la naturaleza. Lo que en un principio ocurrió con los primeros padres se realizó también en la Encarnación del Señor, si bien en este nacimiento se agregaron unos modos y circunstancias todavía más extraordinarios» (Isidoro de Pelusio).

A finales del siglo VI, **San Anastasio de Antioquía** *pone en boca de Cristo estas palabras:* «Yo, el Creador, me dejo plasmar, a fin de reconduciros a la vida primordial por medio de esta carne mía que ahora mismo es modelada, saliendo al encuentro de la muerte y destruyéndola» («Homilía I sobre la Anunciación»). *Y* **Modesto de Jerusalén,** *a principios del siglo VII, cuando habla sobre la Dormición de María* («Sermón sobre la Dormición»), *hace referencia a la Encarnación de Dios en la Virgen, origen de todas sus prerrogativas:*

«Aquella urna preciosa y sacratísima, más santa que cualquier persona u objeto sagrado, resplandeció con una excelsa y singular belleza, al quedar constituida Madre de Dios y tener en su seno aquella *perla preciosísima* (Mt 13, 46) que es Cristo, *a quien pertenecen el oro y la plata* (Ag 2, 8) y por quien *reinan los reyes* (Pr 8, 15). En efecto, descendiendo Cristo desde el cielo, como un rayo de luz, reverberó sobre María, que estaba sumergida en el mar inmenso de la vida, y se encarnó en sus virginales entrañas, ofreciéndose como precio para rescatar al mundo de la esclavitud. Habiendo recorrido la Virgen de un modo admirable el camino de esta vida temporal, llegó a la presencia de aquel que es el verdadero gozo del universo, al cual ella inefablemente había llevado en su seno, y que, siendo por naturaleza Dios de Dios desde antes de los siglos, al llegar la plenitud de los tiempos, a través de ella, apareció visiblemente sobre la tierra y, habiendo ahuyentado la aflicción de Eva, llenó los cielos y la tierra con la plenitud de su júbilo divino» (Modesto de Jerusalén).

VI

LA VISITACIÓN.
LAS DUDAS DE JOSÉ

Dos consecuencias inmediatas de la Anunciación fueron la visita que María hizo a su prima Isabel, al enterarse por el ángel de que esperaba un hijo en su ancianidad, y las dudas que surgieron en José al darse cuenta del incomprensible embarazo de su esposa, que era una santa y no había cohabitado con él.

Sobre la Visitación, he aquí lo que comentan bellamente **San Paulino de Nola** («Poema 6») *y* **Santiago de Sarug** («Homilía sobre la Virgen María Madre de Dios»):

«La Palabra divina, aunque recóndita todavía en el fecundo seno, impulsó a Santa María a ponerse en camino para visitar a Isabel que, venerable ya por su edad avanzada, iba a dar a luz al niño a quien tanto amaba el Señor. La madre santa presta atención a lo que le dice el hijo concebido en su seno y, movida por la fuerza de una fe tan grande, se dirige hacia el lugar que le ha sido indicado. Juan, exultante de gozo, mueve el vientre de la madre y siente que su pecho se llena de espíritu divino. Encerrado en las entrañas maternas, aún no ha nacido, pero, profeta ya, con inteligencia de vidente, contempla con antelación los acontecimientos futuros. Isabel ve, como desde lejos, a María brillante de resplandor por la luz que ha concebido, y profundamente conmovida va a su encuentro con paso veloz y, elevando hacia el cielo sus brazos venerables, exclama: Salve, oh Madre del Señor; salve, oh virgen inviolada, tú que, inmune del tálamo nupcial y sin haber tenido relaciones carnales, vas a dar a luz a Dios. Tu pureza ha merecido que poseyeras la corona de virgen intacta y, a la vez, de madre fecunda» (San Paulino de Nola).

«Se encontraron la jovencita y la anciana; la aurora y el anochecer se hallaron frente a frente para besarse. María es el amanecer que lleva consigo el sol de justicia, Isabel es el crepúsculo vespertino que alberga la estrella luciente. Llegó la aurora y saludó a su compañera vespertina; el atardecer se conmovió profundamente, al ver que le besaba la aurora. La joven virgen era prudente y humilde y la anciana, al recibirla, la honró como a madre. Puesto que la estrella no podía acoger en sí al sol, empezó a moverse y a querer salir a fin de participar en el gozo» (Santiago de Sarug).

El gran **San Agustín,** *que tantas luces encendió para la recta comprensión de los Evangelios, cuando llega a las dudas de José, según refiere el primer capítulo de Mateo, dice en su* «Sermón 343»:

«El mismo que libró a Susana, mujer casta y esposa fiel, del falso testimonio de los viejos, libró también a la Virgen María de la falsa sospecha de su marido. Aquella virgen a la que no se había acercado ningún varón fue hallada en estado. Su vientre se había abultado con la criatura, pero la integridad virginal permanecía. Había concebido, mediante la fe, al sembrador de la misma fe. Había acogido en su cuerpo al Señor; no había permitido que su cuerpo fuera violado. Pero el marido, hombre al fin y al cabo, comenzó a sospechar. Creía que procedía de otra parte lo que sabía que no procedía de él, y ese «de otra parte» sospechaba que era un adulterio. Un ángel le corrige. ¿Por qué mereció ser corregido por un ángel? Porque su sospecha no era maliciosa, sino de las que dice el apóstol que surgen entre hermanos. Las sospechas maliciosas son las de los calumniadores; las benévolas, las de los superiores. Es lícito sospechar mal del hijo, pero no es lícito calumniarle. Sospechas el mal en él, pero deseas hallar el bien. Quien sospecha benévolamente, desea ser vencido, pues encuentra gozo precisamente cuando descubre que era falso lo que sospechaba. De éstos era José respecto a su esposa, a la que no se había unido corporalmente, aunque ya lo hubiese hecho mediante la fe. Cayó, pues, también la Virgen bajo la falsa sospecha. Mas del mismo modo que el espíritu de Daniel se hizo presente en favor de Susana, así también el ángel se apareció a José en favor de María: *No temas acoger a María como tu esposa, pues lo que de ella va a nacer es del Espíritu Santo* (Mt 1, 20). Se eliminó la sospecha, puesto que se descubrió la redención.»

San Zenón de Verona, *en sus «Tratados» (2,8), traza el paralelismo y las diferencias entre María e Isabel, mientras que* **Orígenes** *se fija en los efectos salvíficos que Juan, el futuro precursor del Señor, recibió al tener tan cerca a Jesús y a María* («Comentarios al Evangelio según San Juan y según San Lucas»):

«El vientre estéril de Isabel se abulta felizmente porque se ha vuelto fecundo; el de María, porque encierra la majestad. Aquélla lleva al heraldo; ésta al juez. Exultad, oh mujeres; reconoced la promoción que ha conseguido vuestro sexo. Cancelada ya vuestra culpa, he aquí que, por vuestra mediación, nosotros nos unimos con el cielo. La anciana, en efecto, ha dado a luz a un ángel y la Virgen a Dios» (San Zenón de Verona).

«La voz del saludo de María, al llegar a los oídos de Isabel, penetró hasta el propio Juan, por lo cual él dio saltos y la madre, hablando como por boca del hijo y como profetisa, exclamó a grandes voces: *Bendita tú entre las mujeres y bendito el fruto de tu vientre* (Lc 1, 42). Ahora podemos comprender en plenitud el significado del presuroso viaje de María hacia la región montañosa, así como el de su entrada en casa de Zacarías y de su saludo a Isabel. Todo esto sucedió a fin de que María hiciera a Juan (aunque estuviera todavía en el seno materno) partícipe del poder que ella había recibido de aquel a quien había concebido; Juan, a su vez, haría partícipe a su madre del don de profecía que él había recibido.»

«Si el que María llegara a casa de Isabel y la saludara fue suficiente para que el niño *saltara de gozo* (Lc 1, 44) *e Isabel, llena del Espíritu Santo* (Lc 1, 41), profiriera aquellas profecías narradas en el Evangelio, y si en una sola hora se realizaron en ella tantos progresos, podemos imaginar qué grandes progresos no debió hacer Juan durante aquellos tres meses que María pasó con Isabel. Si en un momento, e incluso en un instante, el niño ya saltó y en cierto sentido enloqueció de gozo y si Isabel se llenó del Espíritu Santo, es verdaderamente inconcebible el que durante tres meses ni Juan, ni Isabel hicieran progresos, hallándose cerca de la Madre del Señor y del Salvador mismo. Durante estos tres meses, pues, Juan se estaba ejercitando y en cierto modo era ungido en la arena, como los atletas, y preparado en el seno materno, a fin de crecer de un modo aún más maravilloso, después de haber nacido de una manera tan admirable» (Orígenes).

Finalmente, **Tito de Bostra,** *en su* «Comentario a San Lucas», *pone sus ojos en María, que, llena del Espíritu Santo, proclamó la grandeza del Señor en ese bello y valiente cántico del* Magnificat:

«La Virgen, oyéndose llamar constantemente Madre de Dios, no tiene dudas, sino que espera el cumplimiento de cuanto le ha sido anunciado por el ángel y por Isabel. No puede, sin embargo, estar callada, antes bien, con las palabras que pronuncia ofrece una pregustación y una primicia del Espíritu Santo que ha descendido sobre ella. Porque el Espíritu a un mismo tiempo y en un mismo lugar actuó en las dos mujeres, o sea, tanto en la estéril como en la virgen. La estéril, porque había concebido al Precursor, toma la delantera y proclama bienaventurada a la

Madre de Dios; la Virgen, en cambio, va a la zaga de ella, porque ha concebido al que es proclamado. Escuchemos, pues, lo que dice esta Virgen, que no tiene precedentes, y oigamos cuáles son sus palabras. Como ella, en efecto, es virgen y madre, cosa que supera la naturaleza, pone de manifiesto su condición de profetisa y de iniciada en los divinos misterios. Dice, pues: *Proclama mi alma la grandeza del Señor* (Lc 1, 46).»

VII

DIO A LUZ A SU HIJO PRIMOGÉNITO

Y llegó el momento supremo del nacimiento del Hijo de Dios. Si grande fue el día en que el hombre puso el pie en la luna, infinitamente más trascendental fue la noche en que Dios puso el pie en la tierra. Y, sin embargo, casi nadie se enteró aquella noche santa. María sí: *dio a luz a su Hijo primogénito.* Y José, su esposo virginal, el que acogió a Jesús como hijo. Y unos pobres pastores a quienes el ángel se lo anunció.

Siguiendo cronológicamente la doctrina de los Padres sobre la Navidad, nos encontramos ante un cuadro perfecto con las distintas facetas del gran acontecimiento: la Virgen Madre nos da al Salvador.

En el siglo III contamos con el testimonio de **Tertuliano** («Apologético», «La carne de Cristo»)*, y de* **San Hipólito** («De Cristo y del Anticristo» *y* «Comentario al salmo 22»):

«El divino rayo (de luz), como había sido profetizado con anterioridad, habiendo descendido a una virgen y habiéndose hecho carne humana en su seno, nació, siendo a la vez hombre y Dios; la carne, unida a un alma espiritual, se nutre, crece, habla, enseña y actúa: es Cristo.»

«Ante todo será preciso apuntar el motivo por el cual el Hijo de Dios debía nacer de una virgen: debía nacer de un modo nuevo el iniciador de un nuevo nacimiento, acerca del cual el Señor había dado una señal anunciada de antemano por Isaías. ¿Cuál es esta señal? *He aquí que la Virgen concebirá y dará a luz a un hijo* (Is 7, 14). Concibió, pues, la Virgen y dio a luz al Emmanuel, que significa Dios con nosotros» (Tertuliano).

(Jacob), «hablando de un cachorro de león, designó al Hijo de Dios, nacido, según la carne, de Judá y de David. Diciendo a continuación: *De un retoño has salido, hijo mío,* da a conocer aquel fruto que brotó de la Virgen Santa, no engendrado de semilla, sino concebido del Espíritu Santo: fruto que, como de un retoño santo, surgió de la tierra. Dice, en efecto, Isaías: *Brotará un renuevo de la raíz de Jesé y aparecerá en él una flor.* Lo que Isaías designa como *flor,* Jacob lo denomina *brote.* El Verbo, efectivamente, primero germinó en el seno (de María) y después floreció en el mundo.»

«El Señor no podía pecar, pues había sido formado, en cuanto a su naturaleza humana, de maderas incorruptibles, es decir: con la intervención de la Virgen y del Espíritu Santo, y estaba revestido por dentro y por fuera del Verbo de Dios, a modo de oro purísimo» (San Hipólito).

Los siglos IV y V, llamados «la Edad de Oro de los Padres», son singularmente ricos en doctrina patrística sobre el Nacimiento virginal de Jesús. En la primera mitad del siglo IV, **Alejandro de Alejandría** (*«Carta de San Atanasio a las vírgenes»*) *y* **San Hilario de Poitiers** (*«La Trinidad» y «Tratado sobre los Salmos»*) *hacen hincapié en la verdadera naturaleza humana de Jesús, nacido de la Virgen Madre:*

«El Verbo, al fin de los tiempos, para abolir el pecado, nació de la Virgen María, tomando carne de ella, y se hizo hombre (...). No os debe causar ningún temor el escuchar que fue hombre, porque, al hacerse hombre, no ha quedado disminuido en nada, sino que es verdaderamente Dios. Con la carne nos mostraba las cosas propias de la carne: en efecto, pasó hambre, tuvo sed, durmió, sufrió, lloró y murió; por otra parte, con la divinidad se manifestó tal como era, al resucitar a Lázaro (...), al transformar el agua en vino, ya que estas cosas no demostraban que era hombre, sino que nos enseñan que es Dios» (Alejandro de Alejandría).

(María) «no ha concebido por obra de varón al que ha dado a luz, sino que de su propia carne se ha formado la carne (del hijo), que se ha desarrollado sin contar con la humillación de la unión carnal de nuestra naturaleza. Ha sido madre de un ser perfecto, sin experimentar quebranto alguno en su integridad (...). También el bienaventurado apóstol expresa perfectamente su pensamiento acerca del inefable misterio del nacimiento del cuerpo (de Cristo), cuando dice: *El primer hombre sacado de la tierra es terreno, el segundo hombre viene del cielo* (1Co 15, 47). Ahora bien, cuando lo llama hombre quiere indicar su nacimiento de la Virgen que, desempeñando aquello que es propio de una madre en la concepción y el nacimiento de un hombre, ha respetado la ley natural propia de su sexo. Cuando después el apóstol dice: *El segundo hombre viene del cielo,* atestigua su origen, pues él bajó al seno de la Virgen cuando hubo descendido sobre ella el Espíritu Santo. Por eso (Cristo), ya que es hombre y puesto que proviene del cielo, tiene su nacimiento de la Virgen y su concepción del Espíritu (...). Podemos afirmar que el Unigénito, Dios y hombre, ha hecho todas las cosas con el poder divino y las ha realizado todas con la plena posesión de éste su divino poder, por medio de una verdadera naturaleza humana. Cristo, en efecto, cuando realiza sus obras tiene en sí la naturaleza omnipotente de Dios y tiene una completa y perfecta naturaleza humana, porque ha nacido de la Virgen.»

«Ahora, pues, el fruto del vientre es el Señor, que la Virgen, al darlo a luz, ha producido como fruto de nuestra vida. Y ésta es su gracia: él, naciendo de la Virgen, ha querido hacerse fruto del vientre, a fin de tener como heredad los hijos engendrados por él, mediante la fe» (San Hilario).

Dos grandes santos iluminan la segunda mitad del siglo IV: **San Atanasio** *(«Carta a Epicteto» y «Carta a Adelfio») y* **San Ambrosio** *(«De la formación de la Virgen»). El obispo de Milán, que ve cumplido en María el oráculo de Ezequiel: la «Puerta cerrada», escribe:*

«¿Qué puerta es ésta, sino María, que permanece cerrada por ser virgen? Por tanto esta puerta fue María, a través de la cual Cristo vino a este mundo cuando salió a la luz gracias a un parto virginal, sin romper los claustros fecundos de la pureza. Permaneció íntegro el seto del pudor y se conservaron intactos los sellos de la virginidad, mientras se desprendía Cristo de una virgen cuya grandeza no podría sostener el mundo entero. Esta puerta, dijo el Señor, ha de permanecer cerrada y no se abrirá. ¡Bella puerta, María, que siempre se mantuvo cerrada y no se abrió! Pasó Cristo a través de ella, pero no la abrió» (San Ambrosio).

«Esto no sucedió en ficción como algunos pensaron, ¡Dios nos libre! El Salvador se hizo verdaderamente hombre y se realizó la salvación de todo el hombre. En efecto, si el Verbo tenía un cuerpo aparente, como dicen algunos, y la apariencia es considerada pura fantasía, también se sigue que la salvación y la resurrección del hombre, según los impíos maniqueos, es pura ilusión. Pero nuestra salvación no es pura fantasía ni sólo del cuerpo. Todo el hombre, alma y cuerpo, encuentra su salvación en el Verbo. Era, pues, de naturaleza humana el que procede de María según las divinas Escrituras y el cuerpo del Señor era real y verdadero. Era verdadero, pues es idéntico al nuestro. María, en efecto, es nuestra hermana, pues todos procedemos de Adán. Y nadie dudaría de esto acordándose de lo que escribió Lucas. En efecto, después de resucitar de entre los muertos, como algunos pensasen que estaban viendo al Señor en otro cuerpo distinto al nacido de María, y que en lugar de éste contemplaban un fantasma, dijo: *Ved mis manos y mis pies y las señales de los clavos. Soy yo mismo. Tocad y ved que un espíritu no tiene carne ni huesos. Y, habiendo dicho esto, les mostró las manos y los pies* (Lc 24, 39-40).»

«Si Dios envió a su Hijo nacido de mujer, eso ciertamente no nos deshonra; al contrario, resulta para nosotros un motivo de gloria y de gran honor. Se hizo hombre, en efecto, a fin de deificarnos en él. Fue hecho de mujer y nació de la Virgen a fin de tomar sobre sí nuestro desdichado nacimiento» (San Atanasio).

Es sugestiva la aplicación que **Dídimo el Ciego** *(† 389) hace del salmo 21 al nacimiento virginal de Cristo, en su* «Comentario al salmo 21»:

«*Tú eres el que me sacaste del vientre* (Sal 21, 10). En la historia se diría algo muy persuasivo: María concibió, bajando sobre ella el Espíritu Santo y cubriéndola con su sombra el poder del Altísimo. El mismo Dios que forma los cuerpos en el vientre materno, como dice Jeremías, formó también ese cuerpo en el seno de María. Y, puesto que ese cuerpo era enteramente casto y puro, él mismo lo sacó del seno. No le costó eso gran esfuerzo, pues, así como plasmando a Adán lo hizo hombre, así, habiendo formado a Cristo, lo extrajo del seno. *Tú eres mi esperanza desde el vientre de mi madre* (Sal 21, 11): Cuando era yo un niño de pecho, manifestaste que tú eras mi esperanza, llamando a los Magos.»

Los santos Jerónimo y Agustín, ambos del siglo V, son elocuentes al comentar la Natividad del Señor. **San Jerónimo** («Contra Helvidio»), *tan cercano a la letra y los lugares de la Biblia, habla así del nacimiento de Jesús:*

«Allí no hubo ninguna comadrona; allí no medió diligencia alguna de mujercitas. Ella misma (María) envolvió al niño en pañales. Ella fue a la vez madre y comadrona. *Y lo colocó en un pesebre, pues para él no había lugar en el albergue* (Lc 2, 7).»

De **San Agustín** *son muchas las referencias a la Navidad, en muchos de sus* Sermones *y en su obra* «Sobre la santa virginidad». *Con la elocuencia que le caracteriza, ofrece explicaciones y aplicaciones del acontecimiento salvador de Belén:*

«Regocíjese el mundo en las personas de los creyentes, por cuya salvación vino el salvador del mundo. El creador de María nació de María; es hijo de David el señor de David; del linaje de Abrahán quien existe antes que Abrahán. El creador de la tierra fue hecho en la tierra; el creador del cielo fue creado bajo el cielo. Él es el día que hizo el Señor, y el Señor mismo es el día de nuestro corazón. Caminemos en su luz, exultemos y gocémonos en él (...). Celebremos con gozo el día en que María dio a luz al Salvador; la casada, al creador del matrimonio; la virgen, al príncipe de las vírgenes; ella virgen antes del matrimonio, virgen en el matrimonio, virgen durante el embarazo, virgen cuando amamantaba. En efecto, de ningún modo quitó, al nacer, el Hijo todopoderoso la virginidad de su santa Madre, elegida por él. Buena es la fecundidad en el matrimonio, pero mejor es la virginidad consagrada. Era ya hijo único del Padre quien nació como hijo único de la madre; fue hecho en la madre quien se había hecho para sí la madre; siempre eterno junto al Padre, se hace hodierno naciendo de una madre; fue hecho de una madre después de ella, quien, sin haber sido hecho, nació del Padre antes de todas las cosas; el Padre nunca existió sin él, y sin él nunca hubiese existido su madre.

»Ha nacido Cristo: como Dios, del Padre; como hombre, de la madre; de la inmortalidad del Padre y de la virginidad de la madre. Del Padre, sin madre, y de la madre, sin padre; del Padre, sin tiempo; de la madre, sin semen; en el nacimiento del Padre es principio de la vida; en el de la madre, fin de la muerte; nacido del Padre, ordena todos los días; nacido de la madre, consagra este día. ¿Qué hay más maravilloso que el parto de una virgen? Concibe y es virgen; da a luz y sigue siendo virgen. Fue hecho de aquella a la que él hizo; le aportó la fecundidad sin quitarle la integridad. ¿De dónde procede María? De Adán. Y Adán ¿de dónde? De la tierra. Si Adán procede de la tierra y María de Adán, también María procede de la tierra. Si María es tierra, reconozcamos lo que cantamos: La verdad ha brotado de la tierra.

»Solamente la virginidad ha podido dar a luz dignamente a quien no tuvo igual en su nacimiento. Pero este alumbramiento de una santa virgen es el honor de todas las santas vírgenes. También ellas son, con María, madres de Cristo si es que hacen la voluntad de su Padre. Por esto es por lo que María es más laudable y más dichosa madre de Cristo, según la citada sentencia: *Quien hace la voluntad de mi Padre, que está en los cielos, ése es mi hermano, y mi hermana, y mi madre* (Mt 12, 50). Este parentesco es el que ostenta espiritualmente Cristo en el pueblo que redimió; tiene por hermanos y hermanas a los varones santos y a las mujeres santas, porque le son coherederos en la heredad celeste. Su madre es toda la Iglesia porque da a luz, por la gracia de Dios, a todos los miembros, es decir, a todos los fieles. También es madre suya toda alma piadosa que, cumpliendo la voluntad del Padre con fecundísima caridad, engendra hijos espirituales y los alumbra hasta que en ellos se forme Cristo. María, por tanto, haciendo la voluntad de Dios, es sólo madre de Cristo corporalmente, pero espiritualmente es también madre y hermana.»

Dentro del mismo siglo V, hay dos Padres que aportan nuevos matices a la consideración de la Natividad del Señor: **San Proclo de Constantinopla** *(† 446), (en su obra* «Sobre la Natividad del Señor», *y en sus* «Homilías 23 y 37 sobre la Encarnación»*), y* **San León Magno,** *en sus* «Sermones (1 y 2) en la Navidad del Señor»:

«Alégrense los cielos, y las nubes destilen la justicia, porque el Señor se ha apiadado de su pueblo. Alégrense los cielos, porque al ser creado en el principio, también Adán fue formado de la tierra virgen por el Creador, mostrándose como amigo y familiar de Dios. Alégrense los cielos, porque ahora, de acuerdo con el plan divino, la tierra ha sido santificada por la encarnación de nuestro Señor, y el género humano ha sido liberado del culto idolátrico. Las nubes destilen la justicia porque hoy el antiguo extravío de Eva ha sido reparado y destruido por la pureza de la Virgen María y por el que de ella ha nacido, Dios y hombre juntamente. Hoy el hombre, cancelada la antigua condena, ha sido liberado de la horrenda noche que sobre él pesaba.

»Cristo ha nacido de la Virgen, ya que de ella ha tomado carne, según la libre disposición del plan divino: *La Palabra se hizo carne, y acampó entre nosotros* (Jn 1, 14): por esto la Virgen ha venido a ser Madre de Dios. Y es Virgen y Madre al mismo tiempo, porque ha dado a luz a la Palabra encarnada, sin concurso de varón; y así, ha conservado su virginidad por la acción milagrosa de aquel que de este modo quiso nacer. Ella es Madre con toda verdad de la naturaleza humana de aquel que es la Palabra divina, ya que en ella se encarnó, de ella salió a la luz del mundo, identificado con nuestra naturaleza, según su sabiduría y voluntad, con las que obra semejantes prodigios. *De ellos, según lo humano, nació Cristo,* como dice San Pablo (Rm 9, 5). En efecto, él fue, es y será siempre el mismo; mas por vosotros se hizo hombre; el amigo de los hombres se hizo hombre, sin sufrir por eso menoscabo alguno en su divinidad. Por mí se hizo semejante a mí, se hizo lo que no era, aunque conservando lo que era. Finalmente, se hizo hombre para cargar sobre sí el castigo por nosotros merecido y hacernos de esta manera capaces de la adopción filial y otorgarnos aquel reino, del cual pedimos que nos haga dignos la gracia y misericordia del Señor Jesucristo» (San Proclo).

«La solemnidad eclesial, nos ha hecho a todos partícipes de los beneficios que provienen del intercambio de dones que nos ofrece el Salvador. Ahora, en efecto, se intercambian dones terrestres y celestiales, se realiza un nacimiento sin semilla humana y se da el caso de una madre sin previas nupcias. La Virgen es un cielo. El seno de la Virgen queda convertido en templo de Dios; la cueva se transforma en altar, el pesebre en trono del Rey celestial y los pañales en remisión de nuestros pecados...» (San Proclo).

«En el caso de que yo me atreviese a interrogar a la Madre de Dios y le dijese: Explícame de qué modo has sido madre sin experimentar las nupcias, ella, sin duda, me respondería así: Primero un ángel incorruptible y purísimo se aventuró a presentarse ante mí. Yo oí la Palabra, concebí la Palabra y di a luz a la Palabra. Parí la luz, pero desconozco la manera cómo se realizó esto; tengo un hijo, pero no conozco las nupcias; tengo en mí·un manantial de leche, pero conservo intactos los sellos de mi virginidad; llevo en brazos a un niño, pero no puedo explicar de qué modo he sido madre. Yo lo reconozco como hijo mío y al propio tiempo como mi Creador y Señor; es un niño pequeño, pero anterior a todos los siglos» (San Proclo).

«Dios elige a una virgen de la descendencia real de David; y esta virgen, destinada a llevar en su seno el fruto de una sagrada fecundación, antes de concebir corporalmente a su prole, divina y humana a la vez, la concibió en su espíritu. Y, para que no se espantara, ignorando los designios divinos, al observar en su cuerpo unos cambios inesperados, conoce, por la conversación con el ángel, lo que el Espíritu Santo ha de operar en ella. Y la que ha de ser Madre de Dios confía en que su virginidad ha de permanecer sin detrimento. ¿Por qué había de dudar de este nuevo género de concepción, si se le promete que el Altísimo pondrá en juego su poder? Su fe y su confianza quedan, además, confirmadas cuando el ángel le da una prueba de la eficacia maravillosa de este poder divino, haciéndole saber que Isabel ha obtenido también una inesperada fecundidad: el que es capaz de hacer concebir a una mujer estéril puede hacer lo mismo con una mujer virgen. Así, pues, el Verbo de Dios, que es Dios, el Hijo de Dios, que *en el principio estaba junto a Dios, por medio del cual se hizo todo, y sin el cual no se hizo nada,* se hace hombre para librar al hombre de la muerte eterna; se abaja hasta asumir nuestra pequeñez, sin menguar por ello su majestad, de tal modo que, permaneciendo lo que era y asumiendo lo que no era, une la auténtica condición de esclavo a su condición divina, por la que es igual al Padre; la unión que establece entre ambas naturalezas es tan admirable, que ni la gloria de la divinidad absorbe la humanidad, ni la humanidad disminuye en nada la divinidad (...). De este modo, tal como convenía para nuestro remedio, el *único* y mismo *mediador entre Dios y los hombres* pudo a la vez morir y resucitar, por la conjunción en él de esta doble condición. Con razón, pues, este nacimiento salvador había de dejar intacta la virginidad de la madre, ya que fue a la vez salvaguarda del pudor y alumbramiento de la verdad» (San León).

«El Espíritu Santo sobrevendrá sobre ti y la virtud del Altísimo te cubrirá con su sombra, y por lo mismo, lo santo que nazca de ti será llamado Hijo de Dios (Lc 1, 35). Diferente en el origen, pero semejante en la naturaleza, está fuera de todo uso y costumbre humana consiguiendo únicamente el poder divino que una virgen conciba, que dé a luz y que permanezca virgen... Ya esto mismo, amadísimos, de que Cristo eligiera el nacer de una virgen, ¿no parece que fue por altísimas razones? A saber: para que el diablo ignorara que había nacido la salvación del género humano, y, desconociendo la espiritual concepción, no viendo en él cosa distinta de los demás, no sospechase que hubiese nacido de modo diferente que los otros hombres... Para conseguir esto, Cristo fue concebido de una virgen sin intervención humana, siendo fecundada no por contacto de varón, sino por el Espíritu Santo»* (San León).

Finalmente, en el siglo VI, **Santiago de Sarug** *canta esta bella plegaria al Cristo nacido de la Virgen Madre, para salvación de cielos y tierra, que exultan de gozo:*

«Oh Señor de tu madre, ordena que tu sierva entable conversación contigo. Haz que las legiones de los ángeles no lleven a mal regresar a su propio lugar; los que hacen guardia junto a ti váyanse al cielo, donde tú estás. Manda a los espíritus ígneos que se aparten para que yo me acerque a ti (...). Otorga a mis brazos la fuerza y el poder de los querubines, a fin de que yo te lleve dignamente entre los miserables. Haz que mis manos sean como veloces alas llenas de plumas, a fin de que mi pequeñez te alce con los dedos, como si fueran alas. Pon sobre mi lengua la refulgente santidad de los serafines, para que de mi boca lleguen hasta ti palabras santas. Exulte hoy la tierra con cuanto en ella existe y, en lugar de espinas, produzca buenos frutos, gracias a tu natividad. Exulte hoy Adán, cabeza de pueblos, puesto que adquirió la divinidad por medio de tu nacimiento, tal como él había deseado. Que Eva dé gracias, incluso más que Adán, puesto que de su descendencia ha nacido un niño que pone en fuga los dolores de sus tristezas. Alégrese hoy el jardín del paraíso con sus árboles, ya que por medio de ti, oh María, el heredero exiliado vuelve al Edén que es su morada. Entonen hoy alabanzas los pueblos de todos los confines de la tierra, que, al dispersarse, han conocido muchos temores y, gracias a ti, han vuelto a reunirse. Alégrese hoy el cielo y exulte la tierra, porque ha descendido su Señor y ha puesto paz entre las dos regiones. Hoy ha brotado el tallo que ha de sostener al mundo envejecido, que había sido arruinado por la prolongada idolatría (...).

»Con estas palabras cantó hoy María, la avecilla virginal, su himno gozoso al niño que permanecía callado. Su canción de cuna se unió a los cánticos celestiales; su voz se sumó al elocuente son de los serafines; su cántico sustituyó con ventaja los gozosos himnos de los hijos del cielo, porque ella cantó con amable audacia para su Hijo. La cítara virginal resonó entre los ángeles y a las voces de la inviolada se unieron las de otras vírgenes.»

VIII

DE BELÉN A JERUSALÉN

Los relatos de la infancia de Jesús, hasta su aparición en la vida pública, ocupan pocas páginas de los Evangelios. Así es también escaso el eco en la época patrística. Únicamente a modo de ejemplo, traemos aquí unos pocos textos, en los que, desde lo más inmediato al nacimiento, avanzamos hacia la edad adulta de Jesús, en lo que se refiere a la participación de su Madre.

Sobre la huida a Egipto es **Proba Faltonia** (*«Centón»*), *del siglo IV, quien describe con fuertes rasgos sangrientos la matanza de los inocentes y la huida de la Madre con Jesús en sus brazos, mientras que* **San Jerónimo** (*«Comentario sobre el profeta Isaías»*) *descubre en la llegada de Jesús a Egipto, símbolo de la humanidad caída, un triunfo sobre la idolatría:*

«Se comportan (los verdugos) exactamente según las órdenes recibidas; se mueven con pasos rápidos y llenan la ciudad de un inmenso terror. En seguida se oyen gritos, grandes gemidos y los lloros de los tiernos infantes; los cuerpos de los pequeños son despedazados junto a las puertas de las casas ante los ojos de los progenitores. Aterrorizada la Madre por tantos alaridos, llevando al niño junto al pecho con sus propias manos, emprende la huida en medio de aquel desbarajuste y se refugia en el establo que está repleto de animales. Allí, escondida en aquella reducida cabaña, alimenta a su Hijo, que aplica a los pechos maternos sus tiernos labios. Para ti, oh niño, se esparcirán flores junto a tu primera cuna y a su alrededor en la tierra, recubierta de esplendorosos nardos, se mezclarán las colocasias y el delicado acanto» (Proba Faltonia).

«Subió el Señor a una nube leve, o sea, el cuerpo de la santa Virgen María, que no sintió el peso de una semilla humana. También se trata del propio cuerpo (del Salvador), concebido por obra del Espíritu Santo. Y entró en Egipto, o sea, en este mundo. Y al punto se estremecieron los ídolos, advirtiendo que llegaba la ruina para los engaños de la adivinación y de la idolatría, que habían sumido en el error a todo el orbe» (San Jerónimo).

Pasan los años de la niñez y Jesús, ya de doce años, acompaña a sus padres a Jerusalén, con motivo de la Pascua. En el siglo V, **San Agustín** *(«Sermón 51»), y en el siglo VI,* **Timoteo de Jerusalén** *(«Homilía sobre Simeón») intentan penetrar en el corazón de la Madre, afligida por la pérdida de Jesús que iba creciendo en edad, estatura, sabiduría y gracia; de este crecimiento habla* **San Cirilo de Alejandría** *(«Comentario al Evangelio de San Lucas»).*

«Los padres (de Jesús), al regresar de Jerusalén, lo buscaron en la caravana, es decir, entre los que caminaban con ellos; al no encontrarlo, llenos de preocupación, volvieron a Jerusalén, donde lo hallaron discutiendo en el templo con los ancianos. Y esto ocurrió, cuando tenía doce años. ¿Por qué extrañarse de ello? El Verbo de Dios nunca calla, aunque no siempre se le escuche. Es hallado en el templo y su madre le dice: ¿Por qué nos has hecho esto? Tu padre y yo, angustiados, te andábamos buscando. Él les respondió: ¿No sabíais que conviene que yo me ocupe en las cosas de mi Padre? Esto lo dijo porque, como Hijo de Dios, estaba en el templo de Dios. Aquel templo, en efecto, no era de José, sino de Dios» (San Agustín).

«Ella sintió el dolor, como suele sentirlo una madre por su hijo. Por eso la Virgen, creyendo haber perdido a su Hijo, lo buscaba profundamente angustiada y hacía estas exclamaciones: ¡Oh infortunada de mí! Yo que esperaba grandes cosas, he aquí que he experimentado la desgracia. ¡Oh desgraciada de mí! ¿Quién es el que me ha arrebatado el tesoro? ¿Quién me ha quitado lo que me era tan querido? ¿Quién ha ocultado mi esperanza? ¡Pobre de mí! Desde ahora ya no se me dice: Bendita tú entre las mujeres. Las mujeres ya no me dicen: Bienaventurado el vientre que te llevó. Ahora soy desventurada, en vez de bienaventurada. ¿Quién me ha privado de mi tesoro? Mientras Isabel se alegra, yo estoy consumida de dolor; mientras ella tiene consigo al soldado, yo he perdido al rey; mientras el siervo está a salvo, el Señor no aparece. ¿Dónde queda el saludo de Gabriel? ¿Dónde la adoración de los Magos? ¿Dónde el alborozo de los pastores? Mientras yo esperaba reinar, he aquí que he quedado sumida en la miseria» (Timoteo de Jerusalén).

«Cuando dice que el niño crecía y se robustecía, lleno de sabiduría y adornado con la gracia de Dios, esto se refiere a la naturaleza humana. Mira la altura de la dispensación. Aunque el Verbo, en el principio carece de tiempo como Dios, tiene la naturaleza humana, crece en el tiempo, incorpóreo y con la madurez de sus miembros; se llena de sabiduría aquel en quien está toda la sabiduría» (San Cirilo de Alejandría).

También **Orígenes,** *tres siglos antes, se había referido a ese mismo acontecimiento* («Homilías sobre el Evangelio de San Lucas»), *y supone que María intuyó entonces que lo que ocurría en torno a Jesús escapaba a los criterios puramente humanos. Más adelante, pasa ya a lo que podemos considerar el inicio de la vida pública de Jesús* («Comentario al Evangelio de San Juan»). *Éstas son las palabras de Orígenes:*

«Ella sospechaba que había algo que sobrepasaba lo puramente humano. Por eso todas las palabras de él las conservaba en su corazón, no como palabras de un niño de doce años, sino como las de quien había sido concebido por obra del Espíritu Santo y al que ella veía *progresar en sabiduría y en gracia ante los ojos de Dios y de los hombres* (Lc 2, 52).»

«En las bodas de Caná de Galilea, el Salvador bajó con su Madre, con sus hermanos y con sus discípulos a Cafarnaún, que se interpreta "campo de consolación". En efecto, después del don espléndido del vino, era conveniente que el Salvador llegase también al campo de consolación con su Madre y con sus discípulos, para invitarles a que gustaran los frutos existentes en aquel campo fecundo, aquellos que recibían sus enseñanzas y aquella que le había concebido por obra del Espíritu Santo, es decir, quienes habían de recibir dones y beneficios.»

Las últimas palabras de María recogidas en los Evangelios son las de las bodas de Caná. Cuando Jesús, la Palabra de Dios, comienza a hablar, María calla y se retira a un discreto segundo plano, viendo de cuando en cuando a su hijo, oyendo sus palabras llenas de vida. Incluso, escuchando seguramente el doble elogio: el de una mujer de entre la muchedumbre que proclama dichosa a la madre que dio el ser al Maestro, y el de Jesús, que alaba más la profunda fe de su madre que el hecho físico de su maternidad. Dos gigantes del siglo V, **San Juan Crisóstomo** *(«Comentario al Evangelio de San Juan») y* **San Agustín** *(«Sermón 72»), enfocan así este episodio evangélico:*

«Cuando escuches que una mujer dijo: *Dichoso el vientre que te llevó y los pechos que te alimentaron,* y oigas que él respondió: *Dichosos más bien los que cumplen la voluntad de mi Padre,* piensa también que tales expresiones fueron dichas con la misma intención. No era la respuesta de uno que rechaza a su madre, sino la de quien afirma que el alumbramiento no le habría servido de nada, de no haber sido ella muy virtuosa y fiel. Si a María, pues, no le hubiera servido de nada el haber dado a luz a Cristo, si no hubiese estado provista de virtud interior, mucho menos a nosotros, que estamos desprovistos de la virtud de María, nos podrá aprovechar el tener un padre, un hermano o un hijo que sean buenos y virtuosos» (San Juan Crisóstomo).

«Preocupaos más, hermanos míos, preocupaos más, os ruego, de lo que dijo el Señor, extendiendo la mano sobre sus discípulos: Ésta es mi Madre y mis hermanos; y quien hiciere la voluntad de mi Padre, que me envió, es para mí hermano, hermana y madre. ¿Acaso no hacía la voluntad del Padre la Virgen María, que en la fe creyó, en la fe concibió, elegida para que de ella nos naciera la salvación entre los hombres, creada por Cristo antes de que Cristo fuese en ella creado? Hizo sin duda Santa María la voluntad del Padre; por eso más es para María ser discípula de Cristo que haber sido Madre de Cristo. Más dicha le aporta el haber sido discípula de Cristo que el haber sido su Madre» (San Agustín).

IX

AL PIE DE LA CRUZ
DE CRISTO

Como ya advertíamos al hablar de la infancia de Jesús, hay Padres que unen el vaticinio de Simeón a María, cuando presentó a Jesús en el Templo, con su cumplimiento, que encuentra su plenitud en el Calvario, al pie de la cruz de Cristo. Seguramente, María acompañó a Jesús en gran parte de la pasión, desde que supo que lo habían prendido y condenado. Pero el evangelista Juan, testigo presencial, sólo da testimonio de su presencia en la agonía del Señor, y los otros evangelistas ni lo mencionan.

Siguiendo un orden cronológico, vemos que **Orígenes** («Homilías sobre el Evangelio de Lucas»), **San Basilio** («Carta 260»), **Abrahán de Éfeso** («Homilía de la Hipapanté»), *y* **San Ambrosio** («Homilía de la Presentación del Señor», «Tratado sobre el Evangelio de Lucas»), *unen vaticinio con realidad: la espada que se clavaría en el pecho de María –que suele aparecer en las imágenes de la Virgen Dolorosa–, hirió profundamente el corazón de la Madre cuando Cristo moría para destruir el pecado y aniquilar la muerte del hombre. Éstos son los* *textos de los cuatro Padres de la Iglesia, de la «Edad de Oro» de la Patrística (siglos IV y V):*

«¿Qué espada es ésta, que traspasó no sólo el corazón de otro, sino también el de María? Con claridad está escrito que en el tiempo de la Pasión todos los discípulos se escandalizaron, pues el mismo Señor dice: *Todos vosotros os escandalizaréis de mí esta noche* (Mt 26, 31). Todos, pues, se escandalizaron, tanto que el mismo Pedro le negó tres veces. Y bien, ¿pensamos que, habiéndose escandalizado todos los apóstoles, la Madre del Señor quedó inmune de escándalo? Si no sufrió en la Pasión del Señor, Jesús no murió por sus pecados. Pero si todos pecaron y han menester de la gloria de Dios, para ser justificados y redimidos por su gracia (Rm 3, 23-24), también María se escandalizó en aquella ocasión. Y esto es lo que profetiza Simeón cuando dice: "A tu alma –tú que sabes que diste a luz siendo virgen, oíste de Gabriel que el Espíritu Santo vendrá sobre ti y te cubrirá con su sombra (Lc 1, 35)–, *a tu alma atravesará la espada* (Lc 2, 35) de la incredulidad y será herida con el puñal de la duda y tus pensamientos te zarandearán desgarradoramente de un lado para otro, cuando veas a aquel a quien oíste llamar Hijo de Dios y que sabías engendrado sin semen humano, morir y ser crucificado y ser sometido a tormentos humanos y quejarse al fin lastimosamente diciendo: *Padre, si es posible pase de mí este cáliz* (Mt 26, 39)» (Orígenes).

«Con la espada se significa la palabra que prueba, que discierne los pensamientos, que llega hasta la división del alma y del espíritu, hasta las articulaciones y la médula (Hb 4, 12). Puesto que toda alma en tiempo de la Pasión de Cristo estuvo sujeta a algún género de duda conforme a la palabra del Señor: *Todos os escandalizaréis de mí* (Mt 26, 31), por eso Simeón profetizó (Lc 2, 35) también de María que está junto a la cruz viendo lo que sucedía y oyendo lo que se decía, después del testimonio de Gabriel, del inefable conocimiento de la concepción divina, de la gran manifestación de maravillas, y habrá, dice, en tu alma fluctuación. Pues convenía que el Señor gustase la muerte por todos, y, hecho propiciación por el mundo, justificase a todos con su sangre. También a ti, que aprendiste de lo alto lo concerniente al Señor, te alcanzará la duda. Ésta es la espada. La frase *para que se descubran los pensamientos de muchos corazones* (Lc 2, 35) hace alusión a que, después del escándalo sufrido por la cruz de Cristo, vendría del Señor una rápida curación para los apóstoles y María, afirmando sus corazones en su fe» (San Basilio).

«Una espada te traspasará el alma: es evidente que anuncia con antelación las cosas que le ocurrieron a María, junto a la cruz. Allí su alma quedó dividida como por una espada, mientras consideraba en su mente las palabras del ángel en la anunciación, mientras pensaba en la concepción realizada sin semilla alguna, en el alumbramiento ocurrido sin mengua alguna de su virginidad, mientras recordaba los milagros por él realizados, de los cuales ella se sentía orgullosa como madre. La Virgen renovaba dentro de sí el recuerdo de todo esto, como en una visión de su mente. Pero bien distinto era entonces lo que veía, contemplándole (a Jesús) como hombre lleno de injurias, abofeteado, flagelado, herido en la cabeza con una caña, coronado de espinas, conducido a la crucifixión, traspasado con clavos, colgado de la cruz, sufriendo entre malhechores, atravesado por una lanza en el costado, habiéndole dado a beber hiel y vinagre, y depositado en el sepulcro. Una y otra visión eran causa suficiente para que el alma de la Purísima se sintiera como atravesada por una espada» (Abrahán de Éfeso).

«El corazón de la Virgen misma estuvo colmado de dolor ante el signo de la cruz. Por eso ella exclama: ¿Por qué no he muerto antes? ¿Por qué he llegado hasta este día? He permanecido virgen y por esto siento una mayor angustia en mi seno maternal. Estos múltiples pensamientos de la Virgen son lo que Simeón llamó espada, por razón de que hirieron sus entrañas y provocaron el escándalo. Lo mismo había predicho el Señor, diciendo: *Todos padeceréis escándalo por mí esta noche* (Mt 26, 31). Por eso Simeón añadió: También a ti una espada te traspasará el alma, a fin de que sean descubiertos los pensamientos de muchos corazones (Lc 2, 35). Como ves, Simeón llama espada a los muchos pensamientos que hieren las entrañas y llegan hasta los riñones y la médula. Tales pensamientos albergó la Virgen María, porque aún no conocía la fuerza de la resurrección e ignoraba que ésta habría de realizarse pronto. Para ella después de la resurrección ya no existe la espada de dos filos, sino que todo es alegría y exultación. Por eso Simeón al signo de la cruz lo llamó signo de contradicción, refiriéndose al tiempo en que la espada de los pensamientos atravesó a la Virgen» (San Ambrosio).

«Y tu alma será atravesada por una espada. Ni la Escritura ni la historia nos enseñan que María haya emigrado de esta vida padeciendo el martirio en su cuerpo; pues no el alma, sino el cuerpo es el que puede ser traspasado por una espada material. Esto nos muestra, pues, la sabiduría de María, que no ignora el misterio celeste; ya que la palabra de Dios es viva, eficaz y tajante más que una espada de dos filos, y penetra hasta la división del alma y el espíritu, hasta las coyunturas y la médula, y discierne los pensamientos y las intenciones del corazón (Hb 4, 12); pues todo en las almas está desnudo y descubierto para el Hijo, al cual no escapan los secretos de la conciencia (...).

»María no aparecía indigna de ser Madre de Cristo ya que, cuando los apóstoles huyeron, ella permaneció al pie de la cruz, contemplando con sus piadosos ojos las heridas de su Hijo, aunque no atendía tanto a la muerte de su Hijo cuanto a la salvación del mundo. Tal vez porque sabía que de la muerte de su Hijo brotaba la redención del mundo, ella, que era "la morada del Rey", pensaba que con su propia muerte podría ayudar en algo a la gracia que se derramaba sobre todos. Pero Jesús no necesitaba ayuda para redimir a todo el universo, pues él mismo dijo: *Me he constituido como un hombre que no tiene ayuda y libre entre los muertos* (Sal 87, 6). Él recibió ciertamente el cariño de su madre, pero no buscó su ayuda humana. En él, pues, tenemos un maestro de piedad» (San Ambrosio).

En el siglo VI, **San Romano el Cantor** («María junto a la Cruz»)*, intenta descubrir los sentimientos de María, al pie de la* *cruz, y de Jesús, en su agonía. Según San Romano, esto le preguntaría María a Jesús:*

«¿Adónde vas, hijo mío?

¿Por qué tan pronto te pones en camino?

¿Acaso hay otras bodas en Caná y tú te apresuras para transformarles el agua en vino?

¿Qué debo hacer yo?

¿Iré contigo, hijo, o más bien te esperaré?

¡Dime una palabra, oh Verbo, no me dejes en el silencio, tú que me conservaste pura, oh hijo mío y Dios mío!» (...)

Y Jesús le contestaría:

«¿Por qué lloras, oh Madre?

¿Por qué, junto con las otras mujeres, te abandonas al dolor?

¿Acaso no debo sufrir y morir?

¿Cómo podría entonces salvar a Adán?

¿No he de bajar al sepulcro?

¿Cómo entonces llevaré a la vida a quienes están en el Hades?

Como tú bien sabes, estoy injustamente crucificado. ¿Por qué lloras, oh Madre? Proclama más bien que voluntariamente sufro yo, que soy tu hijo y tu Dios. Deja, oh Madre, deja la tristeza. No está bien que llores tú, que eres llamada la llena de gracia; no empañes con el llanto ese nombre tuyo...»

Y llegó el momento de dar sepultura al Autor de la vida. Y allí estaba María. En la primera mitad del siglo V, **San Máximo de Turín** *(«Sermones 38 y 42») y* **Quodvultdeus** *(«Explicación del Símbolo a los catecúmenos») logran cerrar el ciclo terreno y temporal de María junto a Jesús por donde había comenzado: evocan la encarnación virginal del Verbo en la Mujer que aplastó la cabeza a la serpiente:*

«¡Bienaventurado el cuerpo de Cristo el Señor, que antes de nacer fue concebido en el seno de la Virgen y después de morir fue depositado en el sepulcro del justo! ¡Bienaventurado en verdad aquel cuerpo que fue dado a luz por la virginidad y custodiado por la justicia! La tumba de José lo guardó incorrupto, así como también lo había guardado incólume el seno de María. En este caso no se contaminó con la impureza del hombre, en el otro no fue atacado por la corrupción de la muerte; siempre este cuerpo bienaventurado ha tenido garantizada la santidad y siempre también la virginidad» (San Máximo).

«¿Qué es el arca sino Santa María? Pues si el arca contenía las tablas del testamento, María llevó en su seno al heredero del testamento. Aquélla cerraba en su interior la ley, ésta guardaba el Evangelio. Aquélla tenía la palabra de Dios, ésta el Verbo mismo. Además, si el arca resplandecía por dentro y por fuera por el color del oro, Santa María brillaba interior y exteriormente por el resplandor de la virginidad. Aquélla estaba adornada con oro terrenal, ésta con el oro celestial» (San Máximo).

«El santo Evangelio habla del sepelio de Cristo crucificado. Refiere que José se lo llevó envuelto en una sábana y lo colocó en un sepulcro nuevo después de cubrirlo con perfumes. Un hombre nuevo, que la Virgen había dado a luz sin experimentar ninguna corrupción, fue puesto en un sepulcro nuevo, en el que antes no había sido enterrado ningún muerto. Esto aconteció a fin de que la santidad del seno virginal fuese honrada en toda circunstancia, incluso con la oportunidad de un sepulcro inviolable (...). En el *Apocalipsis* del apóstol Juan está escrito que el dragón se hallaba ante la mujer que estaba a punto de dar a luz, a fin de devorar el niño que ella iba a parir (cf. Ap 12, 4). Ninguno de vosotros ignora que el dragón es el diablo. En cuanto a la mujer, ella es figura de la Virgen María, la cual, permaneciendo inviolada, ha dado a luz, sin lesión alguna, al que es nuestra cabeza. Ella es personalmente una imagen de la santa Iglesia. Así como María dando a luz al Hijo permaneció virgen, así la Iglesia no pierde la virginidad cuando da a luz a los miembros (de Cristo) a través de los tiempos...» (Quodvultdeus).

X

RESUCITÓ, ALELUYA

No podía terminar todo para Jesucristo y para María en el sepulcro del Señor. Ella sabía que, como todas sus palabras, también ésta se cumpliría: *Y resucitaré al tercer día.* No fue a ver el sepulcro, como las buenas mujeres que le habían acompañado al pie de la cruz. Ni se preguntó quién le removería la piedra del sepulcro. Sabía que para el poder de Dios no hay muerte que no pueda ser vencida, ni hay piedra que no pueda ser removida. Y esperó al hijo en casa.

San Romano el Cantor («María junto a la Cruz») *pone en boca de Jesús, desde la cruz, estas palabras dirigidas a su madre, asegurándole que sería la primera testigo de su resurrección:*

«Ten confianza, oh Madre. Tú serás la primera que me contemplarás cuando salga del sepulcro. Yo vendré a mostrarte de cuántos dolores a Adán liberé y cuánto por él padecí; daré a mis amigos la prueba, presentándoles mis manos, y entonces, oh Madre, tú verás a Eva, como antes, viviente, y exclamarás con gozo: Ha salvado a mis padres mi hijo y mi Dios.»

San Efrén («Comentarios al Diatessaron», «Himnos sobre la Navidad») *y* **San Jerónimo** («Carta 48», Apologético a Panmaquio) *establecen un paralelismo entre el Resucitado, que sale del sepulcro sellado, y entra por las puertas cerradas, con la virginidad de María antes y después del parto:*

«Cristo hizo salir su cuerpo del sepulcro, a pesar de que éste estuviera sellado; el sello del sepulcro es un testimonio a favor del sello de la virginidad de aquella que había llevado su cuerpo. En efecto, por más que la virginidad de su Madre estuviera provista de sellos, el Hijo de Dios salió vivo de su seno, primogénito entonces como siempre...» (San Efrén).

«El vientre de la Madre y los infiernos anunciaron con gozo tu resurrección: el vientre te concibió estando cerrado, el sepulcro te ha dejado salir estando sellado. En contra de las leyes naturales el vientre te ha concebido y el sepulcro te ha restituido» (San Efrén).

«Cristo es virgen; la madre de nuestro Mesías, virgen perpetua, madre y virgen. Y así Jesús entró a puertas cerradas. En su sepulcro, que era nuevo y había sido cavado en la roca durísima, ni antes ni después de él fue puesto nadie. *Es huerto cerrado y fuente sellada* (Ct 4, 12), de donde mana aquel río que, según Amós, riega el torrente de las cuerdas o de las espinas (la alusión corresponde a Joel 3, 18): las cuerdas serían los pecados con los que antes estábamos atados; las espinas aquellas que ahogan la semilla del padre de familia. Ésta es la puerta oriental de *Ezequiel* (44, 1-3), que oculta en sí o saca fuera al Santo de los santos y por la que entra y sale el sol de justicia y sumo sacerdote nuestro según el orden de Melquisedec. Respóndeme cómo entró Jesús a puertas cerradas, cuando mostró sus manos para que las palpasen los discípulos, y quiso que observaran su costado y sus huesos y carne y no tuvieran por fantasma la verdad de su cuerpo, y yo responderé cómo Santa María sea a la par madre y virgen; virgen después del parto, madre antes de casada» (San Jerónimo).

En unas sugestivas consignas de Jesús a los apóstoles Pedro y Juan, que ofrece **Teodosio de Alejandría,** *en su* «Homilía sobre la Asunción de María», *el Señor confía su madre a los cuidados de ambos apóstoles. Éstas serían las supuestas palabras del Resucitado:*

«"Pedro, mi obispo, ¿no recuerdas aquel día en que yo te llamé Simón Bar Jona, o sea que te constituí hijo de la paloma, que es mi madre bendita? Permanece, pues, junto a ella hasta que llegue, para vosotros, el momento de su muerte". Después se dirige a Juan y le dice: "Mi querido Juan, recuerda el amor que te tengo. Por eso te he hecho puro y he eliminado en ti el veneno de la serpiente. Pues bien, del mismo modo que ahora tú estás conmigo, permanece también con mi madre hasta el fin, para que puedas recibir su bendición. Acuérdate de que te la entregué cuando yo estaba pendiente en la cruz, a fin de que tú fueras para ella su hijo, en lugar mío".»

La presencia de María en Pentecostés, tan destacada por Lucas en los Hechos de los Apóstoles, lleva a **Cromacio de Aquileya** («Sermón 30») *(† 407) a una afirmación rotunda: donde no está María no está la Iglesia. Por su parte,* **Severo de Antioquía** *(† 538) no duda en apelar a la misión de María como* apóstol de las naciones, *en su* «Homilía XIV en memoria de la Santa Madre de Dios»:

«Cuando Jesucristo nuestro Señor y Salvador, después de haber vencido a la muerte, resucitó y subió al cielo, su Iglesia, que se componía de un centenar de personas (...), se reunió en la sala del piso alto, junto con María la Madre de Jesús y con sus hermanos. Así pues, la Iglesia no puede llamarse así, si no está presente la Madre del Señor, junto con sus hermanos. En efecto, la Iglesia de Cristo existe allí donde se predica la encarnación de Cristo, nacido de la Virgen; y allí donde predican los apóstoles que son los hermanos del Señor, allí es escuchado el Evangelio. No se puede hablar de Iglesia allí donde está la sinagoga de los judíos, porque ésta no ha querido creer en la encarnación de Cristo nacido de la Virgen, ni escucha la interpretación espiritual de la Escritura» (Cromacio).

(María) «puede ser llamada apóstol y con toda razón se dice que ella supera a todos los apóstoles, porque desde un principio ella ha sido contada entre los apóstoles, tal como se lee en el libro de los Hechos que dice: *Ellos estaban reunidos y perseveraban en la oración con María la madre de Jesús* (Hch 1, 14). Además, si aquellas palabras que escucharon de Nuestro Señor: *Id y enseñad a todas las naciones* (Mt 28, 19), les transformaron en apóstoles, ¿cuál es la nación que la Virgen no haya enseñado y conducido al conocimiento de Dios? Y lo ha realizado, incluso permaneciendo silenciosa, mediante su alumbramiento singular y excepcional y por tanto copioso en sus consecuencias; lo ha realizado mediante su concepción incomparable, que la ha constituido madre y raíz de la predicación evangélica» (Severo).

XI

DORMICIÓN, ASUNCIÓN Y GLORIFICACIÓN DE MARÍA

María conoció la muerte, como la conoció Jesucristo. Es lo que los Padres, y la Iglesia de Oriente, llaman desde los primeros siglos la «dormición de María». Pero no fue abandonada en poder de la muerte, sino que fue rescatada del sepulcro y llevada en cuerpo y alma a los cielos: la Asunción de María. Es, sobre todo, en los últimos tiempos de la época patrística, cuando los Padres abordan los temas del final de la vida terrena de la Virgen y su glorificación.

Entre el estilo de los apócrifos y el de las representaciones medievales (Misterio de Elche), **Juan de Tesalónica** (*«Homilía de la Dormición de la Santa Virgen María»*), *en el siglo VII, describe cómo los apóstoles van acudiendo a la casa de María, antes de que se durmiera en el Señor. Y, en el siglo VIII,* **San Juan Damasceno,** *en las* «Homilías I y II de la Dormición» *de la Virgen, relata* la dormición y el entierro de la Madre de Dios:

«Los apóstoles entraron muy de mañana en casa de María y dijeron a una voz: Bienaventurada María, Madre de todos los que se salvan, la gracia está contigo. María, por su parte, les dice: ¿De qué modo habéis entrado hasta aquí o quién os ha anunciado que estoy a punto de salir del cuerpo? ¿Y cómo os habéis reunido en este lugar? Os veo a todos juntos y me alegro. Y cada uno le fue diciendo desde qué país habían sido trasladados y cómo habían sido arrebatados mediante nubes y se habían juntado en aquel lugar. Entonces todos la glorificaron, diciendo: Que te bendiga el Señor que a todos salva. María se regocijó en espíritu y dijo: Te bendigo a ti, de quien todos han recibido las bendiciones; bendigo la morada de tu gloria; te bendigo a ti, dador de la luz, que viniste a morar en mi seno; bendigo todas las obras de tus manos, las cuales te obedecen con todo rendimiento; te bendigo a ti que nos has bendecido a nosotros; bendigo las palabras de vida que salen de tu boca y que nos han sido dadas en verdad» (Juan de Tesalónica).

«Hoy el tesoro de la vida y el abismo de la gracia (no sé con qué otras palabras podría expresarme) queda encubierto por una muerte vivificante y, sin temor alguno, se somete a la muerte la que ha dado a luz al vencedor de la muerte, aunque no sé hasta qué punto puede aplicarse el nombre de muerte a este sagrado tránsito hacia la vida, pues ¿cómo podría sujetarse a la muerte aquella que nos ha proporcionado la verdadera vida? Acepta, sin embargo, la ley establecida por el mismo que de ella nació y, como hija del primer Adán, se sujeta a la sentencia que había recaído sobre su padre. Efectivamente, si su Hijo, que es la vida, no rehusó la muerte, así también, a través de la muerte, la Madre del Dios vivo es conducida a la presencia divina. Dios ciertamente había dicho: *Que el primer hombre que ha sido creado no extienda la mano y tome el fruto del árbol de la vida y, comiendo de él, viva para siempre* (Gn 3, 22); pero ¿cómo era posible que aquella que había recibido en su seno al que es la vida sempiterna e indeficiente y que no tiene principio ni tendrá fin, no hubiera también ella de vivir por todos los siglos? (...). María no conoció las tenebrosas rutas de la bajada a los infiernos, sino que para ella se dispuso un camino recto, llano y seguro hacia el cielo. En efecto, si Cristo, que es la verdad y la vida, dijo: *Donde yo estoy, allí estará también mi servidor* (Jn 12, 26), ¿con mucha más razón no había acaso de morar junto a él su propia madre? Así como ella lo dio a luz sin dolor, así también su muerte estuvo exenta de dolores. *Funestísima es la muerte de los pecadores* (Sal 34, 22); de aquella, en cambio, en quien ha sido vencido el pecado, que es el aguijón de la muerte, ¿no habremos de decir que es el principio de una vida superior e indefectible? Si en verdad es preciosa la muerte de los santos del Señor Dios de los ejércitos, mucho más lo es el glorioso tránsito de la Madre de Dios» (San Juan Damasceno. Homilía II).

«¡Oh cómo la fuente de la vida es conducida a la vida a través de la muerte! ¡Cómo aquella que al parir había sobrepasado los límites de la naturaleza, hoy acata sus leyes, y somete su cuerpo inmaculado a la muerte!... ¿Pero cómo llamaremos este misterio respecto a ti?, ¿muerte?, ¡pero si naturalmente tu sacratísima y beatísima alma se separa de tu cuerpo, y el cuerpo es colocado en una tumba normal; sin embargo no persevera en la muerte, ni la corrupción lo consume... Por eso no llamaremos muerte a tu tránsito, sino dormición o emigración» (Id. Homilía I).

Pero la permanencia en el sepulcro del cuerpo sin vida de María fue sólo temporal. La que no conoció pecado, no podía ser víctima de la consecuencia del pecado. El Señor de la vida no podía abandonar a su madre en el sepulcro. Lo expresa así **San Andrés de Creta,** *en el* «Sermón II sobre la Dormición»:

«Ella, siendo virgen, con el milagro de su divina maternidad había superado la naturaleza de los serafines y había entrado en la intimidad de Dios, creador de todas las cosas, y, siendo madre del que es la vida, le correspondió un tránsito en consonancia con dicha maternidad y que es una maravilla de la fe, digna de la divina majestad. Así como, al dar a luz, su seno no perdió la integridad, así también, al morir, no pereció su carne. ¡Oh qué gran maravilla! No aparece la corrupción en su parto, ni tampoco en su sepultura. ¿Queréis que os lo demuestre? Yo, por parte mía, os pido que ninguno de los presentes deje de tomar en consideración el sepulcro vacío. Os pregunto, en efecto: ¿Cómo desapareció el cuerpo de la difunta? ¿Por qué no quedan restos funerarios en el sepulcro? Ello es debido a que el cuerpo enterrado no experimentó la corrupción y a que este tesoro fue cambiado de lugar.»

«¡Oh qué gran maravilla! La que de un modo admirable pudo contener, en la pequeñez de su seno, a Dios que es ilimitado en su grandeza, hoy tendida sobre un lecho delimitado y pequeño, al celebrarse sus exequias, es transportada por manos de santos. Aquella cuyo seno sirvió de trono al que se sienta sobre querubines, es depositada en una tumba excavada en la piedra, y la que en su parto causó admiración a los ángeles, hoy es conducida en triunfo por el coro de los apóstoles que transportan este tabernáculo, que es su cuerpo.»

En sus «Homilías (I y III) sobre la Dormición», **San Germán de Constantinopla** *habla directamente a la Virgen y pone en boca de Jesús unas inspiradas palabras:*

«No es admisible que tú, el receptáculo de Dios, quedaras reducida al polvo, tal como los cadáveres que se descomponen. Ya que aquel que, estando en tu seno, se anonadó, era Dios desde un principio y era la vida desde antes de los siglos, fue conveniente que la madre de la vida cohabitara con la vida, que su muerte viniera a ser como un sueño y que su tránsito fuera como un despertar. Así como un hijo desea y procura estar con su propia madre y una madre anhela habitar con su hijo, así fue del todo congruente que tú, que tienes un corazón lleno de amor al que es tu hijo y tu Dios, retornaras hacia él y que Dios, que manifiesta hacia ti un afecto filial, te hiciera estar en su compañía y participar de su propia vida.»

María escucharía estas palabras de Jesús:

«La muerte no se gloriará a costa de ti, pues tú llevaste la vida en tu seno. Tú fuiste mi albergue, que no será devastado por el poder destructor de la muerte, ni oscurecido por las sombras del reino de las tinieblas. Ven de buen grado hacia el que ha nacido de ti. Como corresponde a un hijo, yo quiero regocijarte; quiero recompensarte por haberme albergado en tu seno, retribuirte por haberme amamantado, remunerarte por haberme cuidado; quiero llenar tu corazón de seguridad y confianza. Tú, oh madre, que me has tenido como hijo único, preferirás venir a habitar conmigo, pues bien sé que no hay en ti inclinación alguna hacia otro hijo que pueda separarte de mí. Yo te constituí madre virginal y haré que, como madre, te alegres de tu hijo. Yo haré que todo el mundo tenga que estarte agradecido y acrecentaré tu fama en el tiempo de tu glorioso tránsito. Yo te estableceré como plaza fuerte en medio del mundo, como puente donde se amparan los que son arrastrados por la corriente, como arca de salvación, como báculo para los caminantes, como abogada de los pecadores y como escalera que puede hacer subir a los hombres al cielo.»

Y llegó la hora bendita en que aquel sagrado cuerpo, primer sagrario de la Iglesia, fue rescatado del sepulcro. Ya en el siglo IV, **San Epifanio de Salamina,** *en su* «Paranion», *trata de la Asunción-Dormición de la Virgen:*

«Aquella que engendró para todos la vida, hoy parte hacia aquella vida nacida del Padre antes de los siglos, a la vida que es Dios, el Dios Verbo, al cual ella engendró en la carne, y amamantó con la leche de sus pechos, al mismo que había hecho de la nada todas las cosas para que fuesen y les dio vida; pues bien, ella recibió tal vida en herencia, y como madre gozaba de ella por sobre todos los santos órdenes tanto del cielo como de la tierra: esa vida es la luz de los hombres, la fuente universal que brota divinamente para el mundo; pues está escrito que "la vida era la luz de los hombres" (Jn 1, 3-4). María emigró a esa luz verdadera y subsistente que es "resplandor de la gloria del Dios y Padre" (Hb 1, 3), que se encarnó de ella y del Espíritu Santo, "e ilumina a todo hombre que viene a este mundo" (Jn 1, 9). Y cuando Cristo nuestro Dios decidió y decretó, según el parecer coeterno con su Padre y con el Espíritu, asumir hasta donde él, para glorificar con su propia gloria, a su beatísima Madre, la más digna de todos, alegres se dirigieron los ángeles y arcángeles corriendo por los aires, bajando a este mundo, enviados desde los cielos para servirla en su dormición augustísima. Al saber el misterio se regocijan todas las santas potestades celestes, y aprueban y glorifican al santísimo Cristo el Salvador nacido de ella, por haberla llamado, y por haberla hecho superior a las estrellas, como está escrito, y por haberla mostrado más gloriosa que el cielo, el cielo de su propia divinidad. Aquel que había dicho: *Vosotros sois la luz del mundo* (Mt 5, 14), hizo que las luces espirituales terrenas brillasen por la gloria de su gracia divina, sobre el sol, la luna y las estrellas. Y entre todas las criaturas racionales y espirituales, la escogió para que fuese su santísima Madre, y le dio la gracia de ser superior a todos (...).

»Fue elevada, hasta el Señor de la gloria, aquella nube brillantísima que lo llevó en el seno, y que hizo fulgurar en su cuerpo la perfecta divinidad del Hijo, y que hizo llover de parte de él todos los bienes y dones sobre todo cuanto está bajo el cielo. Y ahí se cumple, según el profeta, el curso celeste de la luna espiritual, de la cual nació el único sol del triple sol de la consustancial Trinidad, como nos dice la enseñanza de los Padres. La verdadera Madre de Dios *permaneció en el orden* (Ha 3, 11) de su virginidad, y así mostró su esplendor para que todos conociesen a Dios. En la casa del Dios y Padre fue recibida con alegría y gozo, ella que había sido escogida como casa divina de su Hijo, el cual sin circunscribirse habitó en ella; y hecho de ella carne por el Espíritu Santo, al encarnarse, permaneció en su vientre durante nueve meses, aquel mismo que era Dios inseparable del Padre y del Espíritu. Ella llegó a ser la morada más digna que cualquier otra, de la Trinidad consustancial, la única indestructible, según escuchó de parte del arcángel Gabriel: *El Espíritu Santo descenderá sobre ti, y el poder del Altísimo te cubrirá con su sombra; por tanto lo que nacerá de ti será llamado santo e Hijo de Dios* (Lc 1, 35), de modo que fue glorificada sobre todos los santos del cielo y de la tierra. Así pues, la zarza ardiente de la divinidad fue trasplantada a la tierra de los vivientes, en carne mortal, como de gloria a gloria; para brillar primero en la luz de la persona de Cristo Dios, al cual real y verdaderamente gestó en su seno, y él la conservó incombustible, como la madre virgen bendita entre todas las mujeres (...).

»¡Oh beatísima dormición de la gloriosísima Madre de Dios, siempre Virgen después del parto, que no sufrió en el sepulcro ninguna corrupción del cuerpo portador de vida, protegida por aquel que de ella nació, el todopoderoso Salvador Jesucristo! ¡Oh beatísima dormición de la gloriosísima Madre de Dios, por la cual *los espíritus y las almas de los justos* (Dn 3, 86) que han terminado el curso de su vida, fueron tenidos por dignos de la divina y eterna consolación que proviene de Cristo! ¡Oh beatísima dormición de la gloriosísima Madre de Dios, por la cual somos de nuevo creados místicamente, y hechos templo de Dios! ¡Oh beatísima dormición de la gloriosísima Madre de Dios, de la cual nos viene una doble y universal curación: curados en el cuerpo y en el alma, para la más amplia salud de toda la tierra! ¡Oh beatísima dormición de la gloriosísima Madre de Dios, por la cual nuestro género humano se predica y hace bienaventurado en Cristo Dios, como si fuese su propio cuerpo inseparable, y al cual alaban y veneran, como está escrito, *los seres todos del cielo, de la tierra y de los infiernos* (Fl 2, 10)! ¡Oh beatísima dormición de la gloriosísima Madre de Dios, por la que recibimos *la remisión de nuestros pecados* (Ef 1, 7), y somos redimidos de la tiranía del demonio! ¡Oh beatísima dormición de la gloriosísima Madre de Dios, por la cual todo se renueva, en la que se unen los cielos y la tierra, y a una proclaman: *Gloria a Dios en los cielos, y paz en la tierra a los hombres de buena voluntad* (Lc 2, 14)!

»¡Oh beatísima dormición de la gloriosísima Madre de Dios, por la cual se nos manifestó la infinita y extraordinaria clemencia hacia nosotros, de la divinidad una y trina, que llena de admiración a las santas potestades de los cielos, y nos inclina a la confesión y a la perpetua alabanza de su inefable bondad y entrañas de misericordia! ¡Oh beatísima dormición de la gloriosísima Madre de Dios, acerca de la cual los profetas y justos aclamaron con la trompeta de divina voz, deseando vivir hasta aquel día en el cual el Salvador nació de ella para liberarlos de las irrompibles cadenas del infierno! ¡Oh beatísima dormición de la gloriosísima Madre de Dios, por medio de la cual él mismo se hizo Dios sobre la tierra y hombre en el cielo, de modo inmutable e inseparable, por su misericordia y para nuestra salud. Porque había escuchado en otro tiempo: *Polvo eres y al polvo tornarás* (Gn 3, 19), pero el Cristo Dios que de ella se revistió, está sentado a la diestra del Padre, sobre los querubines y serafines, tronos y potestades, señoríos y potencias, principados, arcángeles y ángeles! ¡Oh beatísima dormición de la gloriosísima Madre de Dios, por la cual *nos revestimos de Cristo, y somos juzgados dignos de llegar a ser hijos de Dios!* (Ga 3, 27; Jn 1, 12)

»¡Oh beatísima dormición de la gloriosísima Madre de Dios, de la cual procedió *la verdadera vid* (Jn 15, 1), de la cual brotaron como sarmientos los gloriosísimos apóstoles, los cuales, extendiéndose hasta los confines de la tierra, llenaron todo el orbe con el laudable fruto de su piedad y milagros! ¡Oh beatísima dormición de la gloriosísima Madre de Dios, por la cual Cristo brilló con la luz divina y esplendente, de la cual se encendieron en el mundo las antorchas de los mártires, configurados con su pasión, y que por confesar hasta la sangre que ella es Madre de Dios, recibieron de él la corona de justicia! ¡Oh beatísima dormición de la gloriosísima Madre de Dios, por la cual descienden los ángeles y arcángeles desde la altura del cielo, los divinos apóstoles se reúnen de todos los confines de la tierra, de un modo arcano que sólo conoce Dios, quien los convocó a la fiesta sacratísima de la dormición de su Madre divina, cumpliendo así lo que en otro tiempo él mismo había ordenado por Moisés: *Honra a tus padres* (Ex 20, 12), pues por naturaleza nuestro Señor es bueno y generoso con nosotros!»

Es en los siglos VI-VIII cuando más testimonios hay sobre la Asunción de María. En el siglo VI, **San Gregorio de Tours** («De la gloria de los mártires»), **Timoteo de Jerusalén** («Homilía sobre Simeón»), *y* **Teotecno de Livia** («Homilía sobre la Asunción de la Santa Madre de Dios»):

«Cuando la bienaventurada María, habiendo completado el curso de su existencia en la tierra, estaba a punto de ser llamada a salir de este mundo, todos los apóstoles, proviniendo de sus diversas regiones, se reunieron en la mansión de ella. Habiendo entendido que María iba a dejar este mundo, permanecían en vela junto a ella. He aquí que entonces el Señor Jesús vino con sus ángeles y, tomando su alma, la entregó al ángel Miguel y se retiró. Al amanecer, los apóstoles se llevaron en un féretro su cuerpo y lo depositaron en el sepulcro. Permanecieron allí, custodiándolo, en espera de la venida del Señor. He aquí que de nuevo se apareció el Señor y dispuso que el cuerpo fuese alzado y trasladado al paraíso sobre una nube. Allí, habiéndosele unido de nuevo el alma, exulta ahora con los elegidos y goza de los bienes de la eternidad que nunca se acabarán» (San Gregorio de Tours).

«Por razón de las palabras de Simeón, que dicen: *Y también a ti una espada te traspasará el alma* (Lc 2, 35), creyeron algunos que la Madre del Señor habría muerto como mártir, atravesada a golpe de espada. En realidad no fue así. En efecto, la espada fabricada por un artífice puede cortar un cuerpo, pero no un alma. Por eso actualmente la Virgen permanece inmortal, gracias a aquel que moró en ella, el cual, tomándola consigo, la llevó a las mansiones celestiales» (Timoteo de Jerusalén).

«Era conveniente que María fuese asistida por los santos apóstoles. Ella, en efecto, es la madre de todos, puesto que el Hijo único y Verbo de Dios llama hermanos a sus discípulos. Era conveniente que su cuerpo santísimo, que había llevado y contenido dentro de sí a Dios, cuerpo divinizado, incorruptible, iluminado por la luz divina y lleno de gloria, fuese transportado por los apóstoles, en compañía de los ángeles, y puesto por poco tiempo en la tierra, fuese alzado gloriosamente al cielo, junto con su alma agradable a Dios. Efectivamente, si el Señor, al ver que los apóstoles estaban afligidos por causa de su pasión, les dijo: *Me voy para prepararos un lugar* (Jn 14, 2), con más razón habrá preparado un lugar para aquella que le dio a luz y un lugar tanto más excelente, cuanto mayor era la confianza con la que ella estaba unida a él. Así pues, el cuerpo inmaculado de la Virgen Santísima y su alma pura y amada de Dios fueron llevados juntamente al cielo, con escolta de ángeles (...). Ensalcemos, pues, todos nosotros a Cristo, demos gloria al Padre y al Espíritu Santo. Felicitemos a la Madre de Dios. Formemos parte del coro de los ángeles y celebremos esta fiesta de las fiestas: la Asunción de la siempre Virgen. Ella ha resplandecido sobre la tierra y ha venido a ser el tesoro y la enseñanza de las vírgenes. Ella se ha ido al cielo como embajadora de todos (...). También a la Madre de Dios el profeta la designó como paz, cuando dijo: *La justicia y la paz se besarán. La verdad germinará de la tierra* (Sal 84, 11). La paz es María. La justicia es Cristo y la fidelidad es Cristo. La tierra es la Madre de Dios. De esta tierra ha brotado el Señor Jesucristo, nuestro Dios, que dijo: *Yo soy el camino y la verdad* (Jn 14, 6). El mismo profeta dijo: *Nuestra tierra dará su fruto* (Sal 84, 13). Nuestra tierra es María, que es nuestra hermana y nuestra reina. Ella ha dado fruto en sazón (cf. Sal 1, 3): el pan que no ha de faltar nunca, o sea Cristo, que dijo: *Yo soy el pan de vida. El que come mi carne y bebe mi sangre tiene la vida eterna. Mi carne, efectivamente, es verdadera comida y mi sangre verdadera bebida* (Jn 6, 48.54-55). Éste es el fruto que ha producido para nosotros la Madre de Dios. Nuestra tierra, la Madre de Dios y siempre Virgen ha florecido. Cuando ella estaba en la tierra velaba por todos; era como una providencia para todos sus súbditos. Después de haber subido al cielo ha venido a ser, para el género humano, una fortaleza inexpugnable, intercediendo por nosotros ante su divino Hijo» (Teotecno de Livia).

San Germán de Constantinopla («En la Dormición de la Bienaventurada María») *y* **San Juan Damasceno** («Homilías I y II de la Dormición»)*, en el siglo VIII, aportan nuevas perspectivas en torno a la Asunción de la Madre de Dios:*

«Un hijo busca y desea a su madre. A la madre le gusta vivir con su hijo. Hecha de entrañas maternales, amante de tu Hijo y de Dios, convenía que subieses con tu Hijo. Era justo también que Dios, en su amor filial por su madre, la llamase cerca de él, para que viviese con él. Muerta a las cosas caducas, has emigrado a las moradas eternas donde Dios habita. Ya, Madre de Dios, no abandonarás su dulce compañía. Has sido la morada de su carne donde él ha reposado, el lugar de su descanso: *éste es mi descanso por los siglos de los siglos* (Sal 132, 14): la carne de la que él se revistió, Madre de Dios. Creemos que Cristo apareció con esa carne en el mundo presente y que se mostrará también con ella en el mundo futuro, al venir a juzgar a los vivos y los muertos. Tú eres su descanso eterno. Liberada de la corrupción, te acoge, por decirlo así, para tenerte junto a sus labios y a su corazón. Por eso, todo lo que buscas te lo concede y todo lo que le pides lo realiza con su divino poder» (San Germán de Constantinopla).

«¡He aquí que el Creador de todas las cosas recibe en sus manos el alma sacrosanta que emigra de aquel cuerpo, que es el receptáculo en que habitó el Señor! Con razón quiso él prestar este honor a aquella que, si bien por naturaleza era su esclava, por una altísima e inefable decisión de su bondad, al asumir verdaderamente nuestra carne, la hizo madre suya, sin que por ello dejara de pertenecer al linaje humano. Los coros de los ángeles, según creemos, contemplaron, oh Virgen, tu salida de este mundo, por ellos anhelada. ¡Oh gloriosísima emigración que te proporciona la dicha de ir a habitar junto a Dios! (...) ¡Oh sagrado, insigne y venerable sepulcro al que los ángeles rinden culto con profunda devoción, ante el cual se estremecen los demonios y al que acuden los hombres con sentimientos de fe, para postrarse ante él, contemplarlo con sus ojos, besarlo con sus labios y venerarlo con todo el fervor de su espíritu, obteniendo de ahí copiosos beneficios! Si alguien pone un perfume de gran calidad sobre unos vestidos o lo deja en un lugar determinado, aunque después lo quite de allí, perdura el buen olor, por efecto de dicho ungüento aromático; del mismo modo tu sagrado cuerpo, inmaculado, lleno de divina fragancia y fuente inagotable de gracia, fue depositado en el sepulcro y poco después conducido a un lugar más principal y excelso, pero entonces tu sepultura no quedó privada de honor, sino colmada de gracia y llena de perfume divino y se ha convertido en un manantial de favores y curaciones, en favor de aquellos que con fe se acercaron a este sagrado monumento».

«La que fue para todos fuente de la verdadera vida, ¿cómo caería en poder de la muerte? Pero obedece a la ley establecida por su Hijo. Como hija del viejo Adán, paga la deuda paterna, puesto que incluso su Hijo, que es la misma vida, no la rehuyó. Pero, como Madre del Dios vivo, es justo que sea llevada junto a él. Pues si Dios dijo: *No sea que el hombre,* el primer creado, *extienda la mano y coja del árbol de la vida, coma de él y viva para siempre* (Gn 3, 21), ¿cómo ella que ha recibido la vida en persona, sin principio y sin fin, liberada de los límites del comienzo y del final, no va a vivir para siempre?... Eva prestó atención al mensaje de la serpiente, escuchó la sugestión del enemigo. Sus sentidos gustaron el encanto del placer mentiroso y engañoso. Por eso lleva una sentencia de tristeza y de aflicción, sufre los dolores del alumbramiento, es condenada a muerte con Adán y relegada a las profundidades del Hades. Pero ésta, la verdaderamente bienaventurada, se inclinó dócil a la palabra de Dios, fue llena del Espíritu y recibió en su seno, con la promesa del arcángel, al que era la bondad del Padre. Sin placer y sin unión humana, concibió a la Persona del Verbo de Dios que lo llena todo. Dio a luz sin los dolores naturales. Estuvo unida a Dios con todo su ser. ¿Cómo va a poder devorarla la muerte, o el Hades cerrarse tras ella? ¿Cómo la corrupción se atreverá con el cuerpo portador de la vida? Son cosas que repugnan y son totalmente ajenas al alma y al cuerpo que han llevado a Dios. A su sola presencia, la muerte tiembla. Aleccionada por su derrota cuando atacó a su Hijo, el escarmiento de la experiencia le ha vuelto prudente. No, ésta no ha conocido las oscuras sendas del Hades. La vía hacia el cielo, derecha, llana y fácil le estaba preparada. Si Cristo, que es la vida y la verdad, dice: *Donde yo estoy, allí estará también mi servidor* (Jn 12, 26), ¿cómo no va a morar con él, con mucha mayor razón, su propia Madre? El parto se anticipó a los dolores (Is 66, 7), sin dolores fue también su salida de esta vida (...). Era preciso que aquella que, al ser madre, había conservado intacta su virginidad, obtuviera la incorrupción de su cuerpo después de morir. Era preciso que quien llevó en su seno al Creador hecho niño, habitara en los divinos tabernáculos. Era preciso que la novia que el Padre había desposado, residiera en la cámara nupcial de los cielos. Era preciso que la que había visto a su Hijo en la cruz, con lo cual atravesó su corazón la espada del dolor, que no había conocido en el parto, contemplara después a su Hijo sentado junto a Dios Padre. Era preciso que la Madre de Dios poseyera las cosas de su Hijo y que por todas las criaturas fuera ella venerada como sierva del Señor y Madre de Dios. En efecto, las herencias pasan siempre de padres a hijos; en este caso, sin embargo, usando las palabras de un sabio, diré que las fuentes de los ríos sagrados lanzan el agua desde abajo hacia arriba, es decir: que el Hijo dio a su Madre el dominio sobre todo lo creado» (San Juan Damasceno).

Como Jesús, el Señor, que está continuamente intercediendo ante el Padre por los hombres, la Asunción de María no significó para la Virgen un desentenderse de los problemas de sus hijos: subió al cielo sin olvidar la tierra, continúa siendo la madre activa y solícita de los creyentes. Así lo ven **San Modesto de Jerusalén** *(«Sermón sobre la Dormición»), y* **San Germán de Constantinopla** *(«Homilías –I y II– sobre la Dormición»):*

«El que asumió de María, para siempre, la naturaleza humana, santificó a su propia madre, a fin de que ella fuese como un campo al que Dios pudiera descender, en el cual el Padre, por su beneplácito, se hiciera labrador y el Espíritu Santo fuera cultivador. El fruto producido en este campo es Cristo, el Hijo unigénito del Padre y vid verdadera, para el gozo de las santas potestades celestiales y para la salvación de los hombres que habitan sobre la tierra. En efecto, según leemos en el Evangelio, el Señor dijo: *Yo soy la vid verdadera y mi Padre es el labrador* (Jn 15, 1). La Madre de Dios se acerca a esta vid verdadera, que ella misma hizo fructificar, y se aproxima con el fin de cosechar racimos de incorrupción y de inmortalidad, alegrándose con estos frutos nuevos en el reino de los cielos (...). Así pues, esta zarza ardiente de la divinidad, que estaba entre los mortales, pasando como de gloria en gloria, ha sido trasplantada a la tierra de los vivientes, para que resplandezca junto a la persona de Cristo Dios, al que real y verdaderamente llevó en su seno y por el cual ella, la bienaventurada Virgen y Madre de Dios, como caso único entre todas las mujeres, fue preservada de la combustión (...). El tabernáculo espiritual que maravillosamente albergó a Dios, Señor del cielo y de la tierra, cuando asumió nuestra carne, hoy es trasladado e instalado gloriosamente en una eterna incorruptibilidad y en estrecha unión con Cristo, siendo protección segura, salvación y defensa de todos nosotros los cristianos. ¡Oh bienaventurada dormición de la gloriosísima Madre de Dios, que por siempre permaneció virgen después del parto y cuyo cuerpo, que había dado albergue a la vida, no padeció la corrupción del sepulcro, pues Cristo, el Salvador todopoderoso que nació de ella, preservó su carne de la disolución! Tal como correspondía a la gloriosísima Madre de aquel que es dador de vida y de inmortalidad, le fue concedida la vida eterna y la participación en la incorruptibilidad de su Hijo. Cristo, en efecto, nuestro Dios y Salvador, la resucitó de la muerte, haciéndola salir del sepulcro, y la elevó junto a sí en los cielos, del modo que sólo él conoce (...). Salve, oh refugio de los mortales, que eres nuestro amparo junto a Dios, el cual, habiendo nacido de ti, nos ha protegido y se ha hecho nuestro refugio y fortaleza y asimismo, por medio de nosotros, ha realizado en el mundo grandes curaciones y milagros, a fin de que aumentara el número de los llamados a la fe cristiana. Él te llamó a ti, oh bienaventurada Madre de Dios, para eterna memoria de su inefable compasión y amor que, a través de ti, se nos ha comunicado» (San Modesto de Jerusalén).

«Ya que por medio de ti, oh santísima Madre de Dios, han cobrado esplendor los cielos y la tierra, ¿acaso es posible que, con tu tránsito, dejes a los hombres privados de tu asistencia?

En modo alguno podemos pensarlo. Puesto que cuando habitabas en el mundo no eras ajena a las costumbres celestiales, de igual modo, después de haber emigrado de entre nosotros, no te has distanciado en espíritu del tenor de vida de los seres humanos. Albergando a Dios en tu seno, te has manifestado como cielo en que habita el Altísimo y también has sido para él como tierra espiritual, al ofrecerle el servicio de darle tu carne. Acertadamente, pues, creemos que así como cuando habitabas en el mundo estabas totalmente unida con Dios, igualmente, al emigrar de entre los hombres, no has abandonado a los que moran en la tierra.»

«Si tú no fueras nuestra guía, nadie llevaría vida espiritual y nadie adoraría a Dios en espíritu. El hombre, efectivamente, se volvió espiritual cuando tú, oh Madre de Dios, quedaste constituida como morada del Espíritu Santo. De no ser así, oh Santísima, nadie estaría lleno del conocimiento de Dios; nadie está a salvo, si no es por ti, oh Madre de Dios; nadie se encuentra libre de peligros sin tu ayuda, oh Virgen Madre; nadie ha sido redimido sin tu intervención, oh Madre de Dios; nadie ha sido socorrido misericordiosamente, si no es por medio de ti, que eres Madre de Dios.

»¿Por qué, santísima Madre de Dios, el cielo, o por mejor decir también la tierra, fueron más adornados todavía por tu causa, o cómo fue posible que con tu partida hayas dejado a los hombres huérfanos de tu mirada? ¡Pero no pensemos así! Porque así como mientras fuiste huésped de este mundo, no eras ajena al tenor de vida celestial, así tampoco, al partir, te has alejado de la convivencia en espíritu con los hombres; porque por una parte mostraste que eras un cielo del Dios altísimo cuando lo portabas, por motivo de tu amplísimo seno que lo cargaba; y por otra eras para él una tierra espiritual, por el grandísimo servicio de proporcionarle tu carne. Por eso es fácil persuadirse de que, mientras vivías en este mundo, fuiste completamente familiar a Dios; así también ahora, emigrada de entre los hombres, no abandonas jamás a quienes estamos en el mundo. De todas maneras, quienes estamos habituados a venerarte fielmente, nos preguntamos: ¿Por qué no somos dignos de gozar de ti, aun en tu presencia corpórea? Por eso también llamamos tres veces dichosos a quienes fueron alimentados con la visión de tu presencia, porque te tuvieron a ti, madre de la vida, como compañera de su vida. De todas maneras, como si aún convivieses con nosotros corporalmente, los ojos de nuestras almas cada día se vuelven a mirarte en espíritu. Verdaderamente no te apartaste al emigrar de la gente cristiana. No te alejaste de este mundo corruptible, tú que eres la vida incorruptible, sino estás cercana de aquellos que te invocan. Te haces encontradiza de aquellos que con fe te buscan: signos estos indicativos de la vida y de la actividad de espíritu que siempre inspira, y de un cuerpo no deshecho. Porque ¿cómo te habría podido aprisionar la disolución de la carne para reducirte a polvo y ceniza, cuando has liberado al hombre de la corrupción de la muerte, mediante la encarnación de tu Hijo?» (San Germán de Constantinopla).

XII

MARÍA Y LA IGLESIA

Desde el gesto de Cristo de entregar a su madre al discípulo amado, que la acogió en su casa, los discípulos de Jesús compartimos madre con Jesús. Desde que María presidía la oración y la esperanza de la Iglesia naciente, la vida de la Iglesia camina indisolublemente unida a la Virgen, que, desde el cielo en cuerpo y alma, alienta el peregrinar de la Iglesia de este valle de lágrimas hacia la patria.

María es hija de Dios y discípula de Cristo, y por tanto, hermana y condiscípula de los cristianos. María es miembro de la Iglesia, miembro preeminente, y es madre de la Iglesia. Entre María y la Iglesia hay diversas relaciones, que los Padres han ido destacando en sus homilías y escritos.

Dada la gran capacidad de **San Agustín** *para relacionar, encontrar paralelismos sugestivos, ver en qué coinciden y en qué son diferentes personas y acontecimientos, no es extraño que sea él quien destaque en esta relación múltiple de María y la Iglesia: ambas* **vírgenes y madres,** *fecundas, madres de Cristo... Lo encontramos en sus* «Sermones» (25, 195), *y* «Sobre la virginidad»:

«Éstos son mi madre y mis hermanos. Y el que hiciere la voluntad de mi Padre, que me ha enviado, ése es mi hermano, y mi hermana, y mi madre. ¿Por ventura no hizo la voluntad del Padre la Virgen María, que dio fe a las palabras del ángel y por la fe concibió y fue escogida para que, por su medio, naciera entre los hombres nuestra Salud, y fue creada por Cristo antes de nacer Cristo de ella? Hizo, hizo por todo extremo la voluntad del Padre la Santa Virgen María, y mayor merecimiento de María es haber sido discípula de Cristo que Madre de Cristo. Mayor ventura es haber sido discípula de Cristo que Madre de Cristo. María es bienaventurada porque antes de parirle llevó en su seno al Maestro. Mira si no es verdad lo que digo. Pasando el Señor seguido de las turbas y haciendo milagros, una mujer exclama: *Bienaventurado el vientre que te llevó;* y el Señor, para que la ventura no se pusiera en la carne, responde: *Bienaventurados más bien los que oyen la palabra de Dios y la ponen en práctica.* María es bienaventurada, porque oyó la palabra de Dios y la puso en práctica; porque más guardó la verdad en la mente que la carne en el vientre. Verdad es Cristo, carne es Cristo; verdad en la mente de María, carne en el vientre de María, y vale más lo que se lleva en la mente que lo que se lleva en el vientre. Santa es María, bienaventurada es María, pero aún es mejor la Iglesia que la Virgen María. ¿Por qué? Porque María es una porción de la Iglesia, un miembro santo, un miembro supereminentísimo; mas, al fin, un miembro de todo el cuerpo, y es más el cuerpo que un miembro. La cabeza es el Señor, y el Cristo total es la cabeza y el cuerpo. ¿Qué diré? Tenemos una cabeza divina; tenemos a Dios por cabeza.

»Así, pues, hermanos míos, reparad en vosotros mismos. También vosotros sois miembros de Cristo, también vosotros sois el cuerpo de Cristo; y mirad en qué modo sois lo que dice: *He ahí a mi madre y a mis hermanos.* ¿Cómo seréis madre de Cristo? *Cualquiera que oye y cualquiera que hace la voluntad de mi Padre, que está en los cielos, ése es mi hermano, y mi hermana, y mi madre.* Comprendo que diga *hermanos y hermanas,* porque una es la herencia por la misericordia de Cristo, que, siendo único, no quiso ser solo, antes le plugo fuésemos herederos del Padre y coherederos suyos. Comprendo, pues, que seamos nosotros hermanos de Cristo, y que las hermanas sean las mujeres santas y fieles; pero ¿cómo entender seamos también *madres* de Cristo? Nos ha llamado a todos hermanos y hermanas de Cristo, y, ¿no me atreveré yo a llamarnos *madres de Cristo*? Sí, por cierto. Pero ¿cómo, aun habiéndonos llamado a todos hermanos de Cristo, me atreveré a llamaros *madres de Cristo*? Pues aún me atrevo menos a negar lo que dijo Cristo. Ea, carísimos, entended cómo la Iglesia, que es cosa averiguada que es esposa de Cristo, es también *madre de Cristo*. La Virgen María la precedió figurativamente. ¿Por qué, decidme, María es madre de Cristo, sino por haber dado a luz a los miembros de Cristo? Vosotros, a quienes estoy hablando, sois los miembros de Cristo. ¿Quién os dio a luz? Escucho la voz de vuestro corazón: la madre Iglesia. Esta santa y honrada madre, de modo semejante al de María, da a luz y es virgen. Que da a luz, lo pruebo por vosotros mismos: habéis nacido de ella; y alumbra también a Cristo, porque vosotros sois miembros de Cristo. He probado su calidad de madre; os demostraré su condición de virgen; no me falta el testimonio divino; no me falta. Adelántate hacia el pueblo, ¡oh bienaventurado Pablo! Sé testigo de mi aserción. Levanta la voz y di lo que yo quiero decir: *Os tengo desposados con este único esposo, Cristo, para presentaros a él como una casta virgen.* ¿Dónde está esta virginidad? ¿En qué se teme la violación? *Os tengo desposados con este único esposo, Cristo, para presentaros a él como una casta virgen; pero temo,* dice, *que así como la serpiente engañó a Eva con su astucia, así sean maleados vuestros espíritus y degeneren "de la castidad" que hay en Cristo* (2Co 11, 2-3). Conservad en la mente la virginidad de la mente. La virginidad es la integridad de la fe católica. Donde fue corrompida Eva por la astucia de la serpiente, allí debe ser virgen la Iglesia por don del Omnipotente. Luego dad a luz en la mente de los miembros de Cristo, como la Virgen María alumbró de su vientre a Cristo, y así seréis miembros de Cristo. No es cosa difícil para vosotros, no es cosa sobre vuestras fuerzas, no es cosa de imposible alcance para vosotros. Fuisteis hijos, sed también madres; hijos, cuando fuisteis bautizados; entonces nacisteis en cuanto miembros de Cristo. Llevad al baño del bautismo a los que podéis, para que, así como fuisteis hijos cuando nacisteis por este modo, así, llevando a otros a nacer, seáis también madres de Cristo.»

«Él es el más hermoso de los hijos de los hombres, hijo de Santa María, esposo de la santa Iglesia, a la que hizo semejante a su madre. En efecto, para nosotros la hizo madre y para sí la conservó virgen. A ella se refiere el apóstol: *Os he unido con un solo varón para presentaros a Cristo como virgen casta* (2Co 11, 2). Refiriéndose a ella dice también que nuestra madre no es la esclava, sino la libre, la abandonada que tiene más hijos que la casada. También como María la Iglesia goza de perenne integridad virginal y de incorrupta fecundidad. Lo que María mereció tener en la carne, la Iglesia lo conservó en el espíritu; pero con una diferencia: María dio a luz a uno solo; la Iglesia alumbra a muchos, que han de ser congregados en la unidad por aquel único.»

«Solamente esta mujer (María), es madre y virgen, no sólo en el espíritu, sino también en el cuerpo. No es madre según el espíritu de nuestra Cabeza, el Salvador, de quien más bien es espiritualmente hija, porque también ella está entre los que creyeron en él y que son llamados con razón hijos del esposo; pero ciertamente es madre de sus miembros, que somos nosotros, porque cooperó con su caridad a que nacieran en la Iglesia los fieles, miembros de aquella Cabeza de la que es efectivamente madre según el cuerpo. Convenía que nuestra cabeza por extraordinario milagro naciera, según la carne, de una virgen, para significarnos que sus miembros habían de nacer según el espíritu de la Iglesia virgen. Solamente María es, por tanto, madre de Cristo y virgen también de Cristo. Mas la Iglesia, en los santos que han de poseer el reino de Dios, es, según el espíritu, toda ella madre y toda ella virgen de Cristo; pero no es toda ella según el cuerpo, pues en algunos miembros es virgen de Cristo y en otros es madre, pero no de Cristo.»

*Son varios los Padres que aluden a la semejanza entre María y la Iglesia, en cuanto conjugan en sí mismas **la maternidad con la virginidad.** Así,* **San Ambrosio** («Comentario de San Lucas»), **San Cesáreo de Arlés** («Homilía 3») *y* **San León Magno** («Sermón 25»):

«Con razón se dice (de María) que estaba desposada, y era virgen, pues ella es tipo de la Iglesia, la cual es inmaculada, aunque es desposada. Una virgen (la Iglesia) nos concibió del Espíritu, una virgen nos da a luz sin dolor. Y tal vez por eso Santa María estuvo desposada con uno (José), pero fue fecundada por otro (el Espíritu Santo), pues también cada una de las Iglesias es fecundada por el Espíritu y la gracia, pero se unen externamente con un sacerdote (obispo) temporal» (San Ambrosio).

«Alégrese la Iglesia de Cristo que, a semejanza de la bienaventurada María, se enriquece por obra del Espíritu Santo y viene a ser madre del divino Hijo. Demos una amable acogida a estas dos madres; la descendencia de ambas reforzará nuestra fe en cada una de ellas. La acción fecunda del Espíritu Santo, con un oculto descenso, hizo que María concibiera; la bajada del Espíritu Santo sobre la fuente bendecida ha sido el desposorio con la Iglesia. María ha dado a luz a un hijo sin pecado; la Iglesia ha destruido el pecado en aquellos que ha alumbrado. Por medio de María ha nacido el que ya existía en el principio; por medio de la Iglesia ha renacido lo que en el principio había perecido. María ha hecho nacer a muchos; la Iglesia a pueblos enteros. María, como sabemos, permaneciendo virgen, ha dado a luz una sola vez; la Iglesia no cesa de dar a luz, por medio de su esposo virgen. Lo que tú consideras como un prodigio único y singular a través de los siglos, considéralo ahora como un don que se te da cada año» (San Cesáreo de Arlés).

(Cristo) «se hizo hombre de nuestra raza para que podamos participar de la naturaleza divina (2P 1, 4). El principio de vida que tomó en el seno de la Virgen lo ha colocado en la fuente bautismal. *Ha dado al agua lo que había dado a su Madre,* pues el poder del Altísimo y la sombra del Espíritu Santo (Lc 1,

35), que hicieron que María diese al mundo un Salvador, hacen también que el agua regenere al creyente» (San León Magno).

*María es **Madre de los creyentes,** de los discípulos de Jesús. Lo afirma con meridiana claridad* **Orígenes** (*«Comentario al Evangelio de San Juan»*) *y* **San Atanasio** (*«Tratado de la virginidad»*):

«Se debe afirmar que los Evangelios ocupan el primer lugar entre todas las escrituras y que, entre los Evangelios, la primacía corresponde al de Juan. Nadie puede comprender su sentido, si no ha reclinado su cabeza sobre el pecho de Jesús y no ha recibido de él a María como madre. De una tal categoría deberá llegar a ser aquel que quiera ser otro Juan, de manera que, igual que Juan, de él también Jesús pueda declarar que es Jesús. En efecto, de acuerdo con los que piensan rectamente acerca de él, ningún otro es hijo de María más que Jesús, y Jesús dice a su Madre: *Ahí tienes a tu hijo,* como si dijese: "He aquí que éste es Jesús al que tú has dado a luz". Esto es así en razón de que todo el que ha alcanzado la perfección ya no vive, sino que es Cristo quien vive en él (cf. Ga 2, 20). Acerca de éste se dice a María: "He aquí a Cristo tu hijo"» (Orígenes).

«María permaneció virgen hasta el fin. En efecto, cuando levantado sobre la cruz encomienda a Juan a su Madre, diciendo: *Mujer, he ahí a tu hijo, y al discípulo: He ahí a tu madre, y desde aquel momento el discípulo la recibió en su casa* (Jn 19, 26-27), con esas palabras afirma él que María no dio a luz a ningún otro hijo, más que al Salvador. Efectivamente, si hubiera tenido algún otro hijo, el Salvador lo habría tenido en cuenta, sin necesidad de encomendar a su madre a otro y menos aún consentir que ella se constituyera en madre de otros y abandonara la casa de los suyos, considerando que abandonar al marido o al hijo es algo que provoca sufrimientos. Mas, puesto que ella permaneció virgen después de su nacimiento, el Señor, en razón de la insigne pureza del alma de Juan y de la intacta virginidad de María, la encomendó al discípulo como madre, a pesar de que no fuera la madre de éste» (San Atanasio).

Y, como madre, María nos ofrece a los discípulos de Jesús el verdadero maná, el alimento más perfecto, según **San Máximo de Turín** *(«Sermones», 29), aunque partiendo de principios biológicos que hoy no serían admisibles. Más aún, según* **Cromacio de Aquileya** *(«Sermón 29») y* **San Ambrosio** *(«Sermón de Navidad»), también* ***de María nos viene la libertad:***

«Los gusanos son procreados única y solamente por la tierra, sin ninguna unión externa de otro cuerpo. Por eso es objeto de una comparación con el Señor, ya que el Salvador fue concebido sólo por María, la inviolada. En los libros de Moisés leemos también que del maná nacieron unos gusanos (cf. Ex 16, 20). Ésta es una comparación digna y exacta, porque del maná es procreado un gusanito y de la Virgen nace Cristo el Señor. Más aún, yo denominaría maná a la Virgen misma, por ser ella inocente, radiante, hermosa y virginal. Viniendo como del cielo, ella ha proporcionado a todas las comunidades de la Iglesia una comida más dulce que la miel; y todo el que no procure tomar este alimento no podrá tener consigo la vida...» (San Máximo de Turín).

«Nosotros no podemos evadirnos de la cárcel, o sea, del error de este mundo, si no recibimos la visita del Señor por medio de su ángel. Se abrirá para nuestra liberación el portón de hierro, es decir, la puerta de la muerte y del suplicio, que el Hijo de Dios ha quebrantado con el poder de su Pasión. Sólo entonces llegaremos a la casa de María, o sea, a la Iglesia de Cristo, donde habita María, la Madre del Señor, y allí saldrá a nuestro encuentro una muchacha llamada Rode. Este nombre es muy apropiado para expresar el misterio de nuestra salvación. Rode, en efecto, en griego significa rosa. Cuando lleguemos, pues, a la casa de María, ¿quién nos saldrá al encuentro sino Rode, es decir, el coro de los santos, que, con la sangre gloriosa de los mártires, resplandece como una bellísima rosa?» (Cromacio).

«El mundo que un día había caído bajo el poder del pecado por causa de una virgen, es ahora devuelto a la libertad gracias a la Virgen. Mediante el parto virginal un gran número de demonios invisibles ha sido precipitado en el infierno. El Señor se ha hecho visible a los siervos, a fin de que ellos recobren su semejanza con Dios (...). ¡Oh María, oh María, tú has tenido como primogénito al creador de todas las cosas! ¡Oh humanidad, tú has venido a ser sustancia corpórea del Verbo y por este motivo gozas de un honor que supera al de las potestades celestes y espirituales!» (San Ambrosio).

XIII

LAS VIRTUDES
DE LA VIRGEN

La «llena de gracia» y «bendita entre todas las mujeres» es el modelo perfecto de todas las virtudes. Pero hay algunas virtudes que brillan con luz propia en la vida de María, como la fe, la humildad, la obediencia a Dios, la pureza, el amor...

Dichosa tú, que has creído: *era la primera bienaventuranza del Evangelio. Antes de que Cristo hablara, se lo dice Isabel a María. La actitud de la Virgen ante la embajada del ángel es de **fe,** de confianza en Dios, de dejar su vida en manos del Señor que la elige para madre de su Hijo. Es la virgen creyente, frente a Eva que no se fía de Dios* (**Tertuliano,** «Sobre la carne de Cristo»), *es el modelo de fe, no como Zacarías que dudó de la palabra del ángel* (**San Ambrosio,** «Tratado sobre el Evangelio de Lucas»), *es la que escucha la palabra de Dios y la guarda en su corazón, y esto la hizo más dichosa que recibir la carne de Cristo, como afirma* **San Agustín.** *Entre otros tantos lugares, habla Agustín de la fe de María en los «Sermones» 25, 229 y 291, y en su obra «Sobre la santa virginidad»:*

«Dios restauró al hombre a su imagen y semejanza, que había sido arrebatado por el diablo, por una operación paralela.

Porque la palabra del diablo, artífice de la muerte, se metió dentro de Eva, cuando ésta era todavía virgen. Paralelamente la palabra de Dios, constructora de la vida, tenía que meterse dentro de la Virgen para que se restableciese la salvación del hombre por el mismo sexo por el cual había venido al hombre la perdición. Eva creyó a la serpiente: María creyó a Gabriel. Lo que aquella pecó creyendo, ésta lo corrigió creyendo» (Tertuliano).

«¡Cómo ha estado dispuesta María a creer, aun en condiciones anormales! Pues ¿hay cosas más dispares que el Espíritu Santo y un cuerpo? ¿Qué más inaudito que una virgen sea fecundada fuera de la ley, fuera de la costumbre, fuera del pudor, que es lo más estimado de una virgen? En Zacarías no hay disparidad de condiciones, sino la edad avanzada lo que impidió creer; pues las condiciones eran normales: la fecundación de una mujer por el hombre es cosa ordinaria, y no debe parecer increíble lo que es conforme a la naturaleza... Abrahán y Sara tuvieron un hijo en su vejez y José es el *hijo de la ancianidad* (Gn 37, 3). Luego, si Sara fue reprendida por haberse reído, más justa es aún la condenación de aquel que no creyó ni al mensaje ni al procedimiento. María, por el contrario, al decir: *¿Cómo se hará esto, pues no conozco varón?*, no parece que ha dudado del acontecimiento, sino que ha preguntado cómo se realizaría; es claro que ella creía en su realización, pues ha preguntado cómo había de realizarse. Por eso ella mereció escuchar: *Bienaventurada tú que has creído* (Lc 1, 45). Verdaderamente bienaventurada porque es más excelente que el sacerdote. Cuando el sacerdote negó, la virgen corrigió el error. No extraña que el Señor, al rescatar el mundo haya comenzado su obra por María; de tal forma, que aquella por la cual se preparaba la salvación de todos fuese también la primera en recibir de su Hijo el fruto de la salvación...

»Observas que María no dudó, sino que creyó, y por eso ha conseguido el fruto de la fe: *Bienaventurada tú,* dice, *que has creído.* ¡Mas también sois bienaventurados vosotros que habéis oído y creído!, pues toda alma que cree, concibe y engendra la palabra de Dios y reconoce sus obras. Que en todos resida el alma de María para glorificar al Señor; que en todos resida el espíritu de María para exultar en Dios. Si corporalmente no hay más que una Madre de Cristo, por la fe Cristo es fruto de todos: pues toda alma recibe al Verbo de Dios a condición de que, sin tacha, preservada de vicios, guarde castidad en una pureza sin detrimento» (San Ambrosio).

«¿Por ventura no hizo la voluntad del Padre la Virgen María, la cual creyó por la fe, concibió por la fe y fue elegida para que de ella naciera entre los hombres nuestra salvación, y fue creada por Cristo antes que Cristo naciera de ella? Sí, cumplió perfectamente Santa María la voluntad del Padre, por lo cual más importante es para María el haber sido discípula de Cristo que el haber sido madre de Cristo» (San Agustín).

«Poned los ojos en su nacimiento humano. Quiso nacer sin pecado aquel a quien concibió una virgen, y a quien no lo deseó la concupiscencia carnal. La concepción del hijo fue resultado de la fe de la madre» (San Agustín).

«¿Cómo sucederá esto? ¿De qué manera tendrá lugar tal acontecimiento? Me anuncias un hijo y me dejas en vilo; dime, pues, el modo. Pudo, en efecto, la santa virgen temer o ignorar los designios de Dios, como si el querer que tuviera un hijo significase desaprobar su voto de virginidad. ¿Qué pasaría si le hubiese dicho: Cásate y únete con tu esposo? Dios no hablaría nunca así, pues en cuanto Dios había aceptado el voto de la virgen. Y recibió de ella lo que él le había donado. Dime, pues, mensajero de Dios: ¿Cómo sucederá eso? Advierte que el ángel lo sabe y ella le pregunta sin dudar lo más mínimo. Como vio que ella preguntaba sin dudar del hecho, no rehusó instruirla. Escucha cómo. Tu virginidad se mantendrá; tú no tienes más que creer la verdad; guarda la virginidad y recibe la integridad. Puesto que tu fe es íntegra, intacta quedará también tu integridad. Finalmente escucha cómo sucederá eso: el Espíritu Santo vendrá sobre ti y el poder del Altísimo te cubrirá con su sombra, porque concibes mediante la fe, creyendo, no yaciendo con varón, quedarás encinta: Por eso lo que nacerá de ti será santo y será llamado Hijo de Dios» (San Agustín).

«María fue más dichosa recibiendo la fe de Cristo que concibiendo la carne de Cristo (...), pues a quien le decía: *Bienaventurado el vientre que te llevó,* el Señor le respondió: *Dichosos más bien los que escuchan la palabra de Dios y la cumplen* (Lc 11, 27-28)» (San Agustín).

Paralela a la fe está la **obediencia** *de María: cree lo que le dice el ángel y muestra su disponibilidad a la voluntad de Dios:* Aquí está la esclava del Señor, hágase en mí según tu palabra. *Fe y obediencia, que ya subrayan en el siglo II* **San Justino** («Diálogo con Trifón») *y* **San Ireneo de Lyon** («Contra los herejes»):

«La Virgen María, habiendo concebido fe y alegría, cuando el ángel Gabriel le dio la buena noticia de que el Espíritu del Señor vendría sobre ella y la fuerza del Altísimo la cubriría con su sombra, por lo cual el que nacería de ella sería santo, sería Hijo de Dios, respondió: *Hágase en mí según tu palabra.* Y de ella nació aquel de quien tanto hablan las Escrituras. Por él, Dios destruye la serpiente y a los ángeles y hombres que a ella se asemejan y libra de la muerte a quienes se arrepienten de sus malas obras y creen en él» (San Justino).

«María Virgen se mostró obediente al responder: "He aquí la esclava del Señor; hágase en mí según tu palabra". Eva se mostró desobediente: no obedeció cuando era todavía virgen. Pues así como Eva, teniendo ya por esposo a Adán, pero todavía virgen..., fue desobediente y por este motivo fue causa de muerte para sí misma y para todo el género humano, así María, teniendo ya prometido un esposo, pero todavía virgen, fue la causa de salvación para sí y para todo el género humano. Por eso la Ley, a aquella que estaba desposada con un hombre, aunque todavía era virgen, le da el nombre de esposa *(uxor),* para manifestar el principio de recirculación que desde María asciende hasta Eva: pues las ataduras de la culpa no podían ser desligadas más que por un proceso inverso al que siguió el pecado... Por eso San Lucas comienza la genealogía por el Señor y se remonta hasta Adán, mostrando con ello que no son los antepasados según la carne quienes han engendrado al Señor, sino el Señor quien los ha regenerado para el Evangelio de la vida. Del mismo modo el nudo formado por la desobediencia de Eva no podía ser desatado más que por la obediencia de María. Lo que Eva virgen ató por su incredulidad, María virgen lo desató por su fe» (...).

»La Virgen María recibió maravillosamente del ángel su anuncio según la verdad, estando ya bajo el dominio de su marido. Porque así como Eva fue seducida por las palabras de un ángel para escapar al dominio de Dios y despreciar su palabra, así María recibió el anuncio de las palabras de un ángel para llevar a Dios haciéndose obediente a su palabra. Y si aquélla desobedeció a Dios, ésta aceptó obedecer a Dios, a fin de que la Virgen María se convirtiera en abogada de Eva. Y así como el género humano fue sometido a la muerte por obra de aquella virgen, así recibe la salvación por obra de esta virgen. En el platillo equilibrado de la balanza están la desobediencia de una virgen y la obediencia de otra virgen. El pecado del primer padre queda borrado con el castigo del primogénito y la astucia de la serpiente con la simplicidad de la paloma, quedando rotas aquellas cadenas con las que estábamos atados a la muerte» (San Ireneo).

La fe y la obediencia de María suponen una actitud de **humildad y mansedumbre.** *Fue la que primero aprendió de Jesús, que en eso quiso que le imitaran sus discípulos. Dice* **Sofronio de Jerusalén** («Homilía sobre la Asunción»):

«La Virgen Madre de Dios creyó al ángel y, confiando en que se cumplirían las cosas que le habían sido dichas de parte del Señor, contestó con humildad y mansedumbre. Convenía, en efecto, que estuviese adornada de esa humildad y mansedumbre la que iba a dar a luz a Cristo, manso y humilde de corazón (cf. Mt 11, 29). Con humildad y mansedumbre, más aún, con la disposición interior propia del estado virginal, ella respondió: *He aquí la esclava del Señor; hágase en mí según tu palabra* (Lc 1, 38).»

Como modelo de humildad la propone **San Agustín** («Sermones» 51 y 290). *Por su parte,* **Afraates** («Demostraciones») *y* **Antioco Estrategio** («Homilía 21») *añaden otras obras y virtudes que adornan la humildad de María: ayuno, oración, amor, virginidad...*

«Aunque había merecido alumbrar al Hijo del Altísimo, era muy humilde; ni siquiera se antepuso al marido en el modo de hablar. No dice: Yo y tu padre, sino: *Tu padre y yo*. No tuvo en cuenta la dignidad de su seno, sino la jerarquía conyugal. Nunca Cristo humilde hubiese enseñado a su madre a ensoberbecerse. *Tu padre y yo con dolor te estábamos buscando* (Lc 2, 48). Tu padre, dijo, y yo, porque la cabeza de la mujer es el varón. ¡Cuánto menos deben envanecerse las demás mujeres!»

«Mas ved lo que dice Santa María llena de fe y de gracia, que había de ser madre permaneciendo virgen. ¿Qué dice entre otras cosas, pues hablar de todo sería demasiado? ¿Qué dijo? *A los hambrientos los llenó de bienes y a los ricos los despidió vacíos* (Lc 1, 53). ¿Quiénes son los hambrientos? Los humildes, los indigentes. ¿Quiénes son los ricos? Los soberbios e hinchados» (San Agustín).

(Gabriel) «presentó a Dios las plegarias de María y le trajo a ella el anuncio de la buena nueva del nacimiento de Cristo, diciéndole: *Has encontrado gracia delante de Dios* (Lc 1, 30). María no hubiera podido hallar gracia delante de Dios, a no ser mediante su ayuno y su plegaria (...). Los humildes son hijos del Altísimo y hermanos de Cristo, el cual, después de haber sido anunciado, vino a nosotros por motivos de paz y María fue la que le acogió, gracias a su humildad. En efecto, cuando Gabriel anunció a María le dijo: "La paz sea contigo, oh bendita entre las mujeres". Gabriel recibió la paz y trajo el fruto bendito; y el Hijo amado fue implantado en el seno de María. Ésta, por su parte, ensalzó y alabó al Señor, el cual se fijó en la humildad de su sierva y no le agradan los soberbios y poderosos, ya que el Altísimo ensalza a los humildes. Observa, pues, oh carísimo, cómo la paz sale al encuentro de los humildes» (Afraates).

«A los que de veras aman a Dios se les otorga un feliz resultado y unos dones aún mayores, de acuerdo con su promesa. Nadie, sin embargo, puede alcanzar la cumbre de una virtud tan excelsa, si no tiene amor y si no posee la humildad debida, como lo atestigua aquella que es totalmente inmaculada, la siempre alabada y gloriosísima Madre de Dios, al entonar su cántico de alabanza, en el que dice: *Mi alma proclama la grandeza del Señor y mi espíritu exulta de gozo en Dios mi salvador* (Lc 1, 46-47); con esto pone de manifiesto su amor a Dios, y al punto añade: *Porque él ha mirado la humildad de su esclava* (Lc 1, 48) y también dice: *Ha derribado a los poderosos de sus tronos y ha enaltecido a los humildes* (Lc 1, 52), etc. La Virgen antes había dicho a Gabriel: *Aquí está la esclava del Señor, hágase en mí según tu palabra* (Lc 1, 38). Con estas expresiones, pues, se demuestra de un modo clarísimo que mediante esta humildad tan grande y el intensísimo amor que tenía a Dios, la toda llena de gracia tejió para sí el perfecto manto de la virginidad, poniendo de relieve, al propio tiempo, cuán grande y excelsa es la virtud de la virginidad» (Antioco Estrategio).

*El nombre de María está indisolublemente unido al de Virgen. Y es precisamente por su **virginidad** y su **pureza**. En este punto coinciden varios Padres de la Iglesia. En el siglo IV,* **San Atanasio** («Tratado sobre la virginidad»), **San Gregorio de Nisa** («Tratado sobre la virginidad») *y* **San Ambrosio** («De la formación de la Virgen»):

«Si una mujer desea permanecer virgen y ser esposa de Cristo, puede tomar en consideración la vida de María e imitarla (...). María era una virgen casta, poseía en su alma todas las cualidades requeridas y su anhelo de hacer siempre lo mejor se manifiesta de dos maneras: se complacía en actuar debidamente cuando cumplía sus deberes y mantenía incontaminado el sentido de la fe y de la castidad. No deseaba ser vista de los hombres y rogaba a Dios que él mismo se constituyera en juez de sus actos. No tenía deseos de salir de casa, ni frecuentaba los lugares públicos, sino que permanecía asiduamente en su morada, prefiriendo estar retirada, como el insecto que se complace en estar pegado a la miel. El tiempo que le quedaba libre, después de atender a sus ocupaciones, lo dedicaba al servicio de los pobres. No tenía interés en asomarse a la ventana, sino que se dedicaba a leer las Sagradas Escrituras.

»Pablo probablemente conoció la vida de María y de ella debió tomar el modelo para propagar la doctrina acerca de la virginidad. Considerad por qué escribió a los corintios, diciendo: *En cuanto a las vírgenes no tengo precepto del Señor, pero os doy un consejo, como quien ha obtenido la misericordia del Señor y merece confianza* (1Co 7, 25). Pienso que habéis comprendido también eso que tan claramente ha sido manifestado, teniendo en cuenta especialmente lo que llevamos dicho, o sea, que la virginidad está por encima de la naturaleza humana y en María se nos manifiesta su modelo.

»¡Oh cuántas vírgenes hallará él en torno a María! ¡Estarán allí para ser conducidas hacia los pies del Señor! ¡Qué grande será la exultación de los ángeles cuando consideren el ejemplo de su castidad! He aquí que el Señor las ofrecerá a su Padre, diciendo: Todas éstas fueron y son como María, mi madre» (San Atanasio).

«En el cuerpo virginal se interrumpe la larga y continua serie de ruinas y de muerte, que ha transcurrido desde el primer hombre hasta que se puso en práctica la vida virginal (...). En tiempos de María, la Madre de Dios, la muerte, que había reinado desde Adán hasta ella, después de haberse aproximado a ella y haberse lanzado contra el fruto de la virginidad, topó como contra una roca y quedó hecha trizas (cf. Mt 21, 44). Del mismo modo en toda alma que recorre esta vida corporal poniéndose bajo la protección de la virginidad, la fuerza de la muerte queda de alguna manera destruida y aniquilada, porque no halla ocasión o pretexto para poder clavar su aguijón (...).

La muerte, que caminaba con todas las generaciones anteriores y acompaña en su travesía a los que llegan a cada instante a la vida, ha encontrado en la virginidad un límite a su acción, imposible de superar. De la misma manera que en el caso de María, Madre de Dios, cuando *la muerte, después de haber reinado desde Adán* (Rm 5, 14) hasta ella, se acercó también a ella y, chocando contra el fruto de su virginidad como sobre una roca, se rompió sobre ella, así en toda alma que supera la vida carnal por la virginidad, el poder de la muerte se quiebra y se disuelve de alguna manera al no tener dónde hundir su aguijón (...). Por eso, creo que la fuente de la incorruptibilidad, nuestro Señor Jesucristo en persona, no entró en el mundo mediante el matrimonio, para mostrar por el modo de su encarnación este gran misterio: sólo la pureza es capaz de acoger a Dios, cuando se presenta para entrar. Sólo se llega a practicarla con perfecta exactitud si se ha vuelto uno totalmente ajeno a las pasiones de la carne. Así lo que se realizó corporalmente en María inmaculada cuando la plenitud de la divinidad brilló en Cristo por la virginidad, eso mismo se realiza también en el alma que permanece virgen siguiendo la razón. No que el Señor se haga presente corporalmente, puesto que *ya no conocemos a Cristo según la carne* (2Co 5, 16), sino que viene a habitar espiritualmente e introduce con él al Padre, como lo dice en algún sitio el Evangelio (Jn 14, 23)» (San Gregorio de Nisa).

«Visitó a Juan Bautista y éste dio saltos de contento en el seno materno antes de nacer. Al oír la voz de María se estremeció el niño de gozo, mostrando su complacencia antes de salir a la luz. Y no sin razón se conservó virgen en el cuerpo el que durante tres meses fue ungido por la Madre del Señor con el óleo de su presencia y de su virginidad. Del mismo modo, más tarde, María es entregada a Juan Evangelista, que no conoció lo que era matrimonio. Por eso no me admira que declarase mejor que nadie los misterios divinos quien tenía junto a sí el tabernáculo de los celestes sacramentos.

»¿Qué más pudiste hacer para animarles a la imitación de los ideales vírgíneos, para confirmarlas en sus virtudes o para ensalzar la gloria de la virginidad, que el que un Dios naciese de una virgen? En verdad que más nos aprovechó, que nos dañó la culpa, pues gracias a ella encontró nuestra redención un don tan divino. Es más: tu mismo unigénito Hijo, al venir a la tierra para recobrar lo que se había perdido, no pudo hallar modo más puro para que fuese engendrada su carne, que el de reservarse como morada para sí el seno de una virgen celestial, en la que pudiera constituirse juntamente un sagrario de la castidad inmaculada y un templo de Dios» (San Ambrosio).

Y, entre los últimos testimonios patrísticos, precisamente en tierras de Hispania, tenemos **San Ildefonso de Toledo** («La virginidad perpetua de Santa María», *y el de uno de los cuatro hermanos santos de Cartagena,* **San Leandro,** *obispo de Sevilla, en la* Regla *que escribió para su hermana Florentina:*

(María) «es virgen de Dios, virgen del hombre, virgen atestiguándolo el ángel, virgen juzgándolo así su esposo, virgen antes de tener esposo, virgen con su esposo, virgen, sin duda alguna, aun en el tiempo en que lo dudaba su esposo. Virgen antes de la venida del Hijo, virgen después de la generación del Hijo, virgen en el nacimiento del Hijo, virgen después de nacido el Hijo (...).

»Por divino obsequio, por divino favor, por colación divina, por divino hallazgo, por don divino, por divino consentimiento, por nueva obra, por eficacia divina, por nuevo modo, por nuevo efecto, por nuevo parto, virgen con la concepción, virgen después de la concepción, virgen durante el parto, virgen en el parto, virgen con el parto, virgen después del parto. Virgen con el que había de nacer, virgen con el que nace, virgen después del nacimiento del Hijo. Llamada esposa y virgen, tomada como esposa y virgen, tenida por esposa y por virgen, con esposo y con descendencia virgen perdurable. Nunca conociste varón, ni contacto carnal, ni abrazo, ni compañía marital. Y entonces ciertamente, entonces sin ninguna duda, con verdad y veracidad eres virgen santa, virgen feliz, gloriosa y buena virgen. Pero después de la generación del Verbo hecho carne, después del nacimiento de Dios hecho hombre, después de la generación de la humanidad en Dios, después del nacimiento del hombre unido a Dios, eres más santa y santísima virgen, más bienaventurada y muy bienaventurada virgen, más gloriosa y gloriosísima virgen, más noble y nobilísima virgen, más honesta y honestísima virgen, más augusta y augustísima virgen» (San Ildefonso).

«Se inunda de gozo a la par María, madre del Señor, cima y modelo de la virginidad, madre de incorrupción, que os engendró con su ejemplo sin perder su integridad, os alumbró con su enseñanza y no conoció el dolor. Concibió al Esposo, y es virgen. Todos los días da a luz nuevas esposas, y es virgen. Dichoso el vientre que pudo engendrar sin perder su integridad. Bienaventurada la fecundidad que con su alumbramiento pobló el mundo, adquirió en herencia los cielos sin despojarse del velo de la virginidad. Ha de arder tu corazón, hermana mía, con el fuego que Cristo envió a la tierra. Inflámete la llama de su fuego y dirige la mirada de tu espíritu a los coros de vírgenes que siguen a María; entra y júntate a la compañía de estos coros con tus deseos. Corre hacia allá, apresúrate a llegar; allí está reservada la corona de justicia con que te recompensará en aquel día el Señor, como justo juez (...).

»Pon tus ojos en la virginidad y pobreza de María, que fue tan rica ante el Señor, que mereció ser madre de él; y tan pobrecita en bienes, que en su alumbramiento no tuvo la ayuda de una comadrona ni de una sirvienta; y hasta el mismo albergue fue tan estrecho, que se sirvieron del pesebre para cuna. También José, su esposo, a la vez que justo, era pobre, de modo que debía ganar su alimento y vestido con su artesanía» (San Leandro).

Todas las virtudes adornan a María. Ningún bien moral es ajeno a ella. María es como el cielo viviente: sin mezcla de mal alguno. Por eso, los Padres, deslumbrados por esta o aquella virtud, hablan de la perfección de la Virgen Madre de Dios. Así, **San Máximo el Confesor** («Vida de María»), **Teodosio de Alejandría** («Homilía sobre la Asunción de María») y **San Ambrosio** («Sobre las vírgenes»):

«Han puesto la reina a tu derecha (Sal 44, 10) (...). El profeta recuerda después el cúmulo de sus gracias: cuán extraordinaria era su belleza y que estaba adornada con vestidos multicolores fabricados con oro. También pone de manifiesto la hermosura de sus atavíos multicolores, cada uno de los cuales son de por sí graciosos y celestiales, pero que cuando se suman y se juntan todos, su gracia resulta aún más intensa y sublime, puesto que se congregan y se unen precisamente en el alma bienaventurada de la Virgen inmaculada. Por eso la llama: hermosa y multicolor, o sea, dotada de belleza de obras buenas, de palabras divinas y plasmada enteramente según la voluntad de Dios su Salvador. Como el arco iris que se divisa entre las nubes y que, siendo uno por su naturaleza y por su nombre, aparece ante la vista hermoso y multicolor, así la Virgen, inmaculada desde su infancia, fue embellecida con el adorno inefable de gracias de diversos colores y cuanto más avanzaba en edad, tanto más crecía el adorno de su gentileza. Por eso su belleza agradó al rey y éste habitó en ella» (San Máximo el Confesor).

«Tú estás revestida de celo y adornada con la ciencia. Por medio de ti, oh Madre de Dios, hemos podido adquirir el celo veraz, puesto que se nos ha concedido recibir la verdadera ciencia de la luz, que gracias a ti ha surgido en nosotros.

»Tú estás revestida de la plegaria y adornada con el ayuno. Por tu mediación, oh Virgen, hemos sido amaestrados a fin de saber suplicar debidamente y rezar al Padre que está en los cielos por la mediación de tu verdadero Hijo, el cual ayunó para nuestro bien hasta lograr reconducirnos a nuestro origen.

»Tú estás revestida del amor fraterno y adornada con la comprensión. Por tu medio, oh verdaderamente fiel, nosotros hemos experimentado el amor de nuestros hermanos, gracias a la condescendencia que tu Hijo ha tenido con nosotros.

»Tú estás revestida de esperanza y adornada con la caridad. Por ti, oh María Virgen digna de veneración, hemos adquirido la esperanza de retorno, después de haber perdido la vida bienaventurada por culpa de Eva nuestra primera madre. Tú nos has reconducido al paraíso, gracias al amor que nos tienes» (Teodosio de Alejandría).

«Virgen fue no sólo en su carne, sino también en su alma, sin que la menor doblez de malicia corrompiese la pureza de sus afectos: humilde en su corazón, prudente en las palabras, madura en el consejo, parca en su conversación, diligente en sus lecturas piadosas, confiada no en el valor efímero de la riqueza, sino en las oraciones de los pobres; solícita en sus labores, modesta en sus dichos, firme en poner a Dios y no a los hombres por guía de sus acciones (...).

»Os sirva la vida de María de modelo de virginidad, cual imagen que se hubiese trasladado a un lienzo; en ella, como en un espejo, brilla la hermosura de la castidad y la belleza de toda virtud. De aquí podéis tomar ejemplos de vida, ya que en ella, como en un dechado, se muestra con las enseñanzas manifiestas de su santidad qué es lo que habéis de corregir, qué es lo que habéis de reformar, qué es lo que habéis de retener» (San Ambrosio).

Terminamos este apartado con los testimonios de dos Padres, distantes en el tiempo y en el espacio, pero unidos en una misma admiración a la Virgen perfecta. **San Ildefonso** *(«La* virginidad perpetua de Santa María») *dirige a la Virgen una encendida plegaria. También* **San Efrén** *(«Himnos») eleva a la Madre perfecta una súplica desde la pequeñez, la impotencia y la miseria de la vida cotidiana. Pero luego pone en labios de María un soliloquio a su Hijo, el Señor que da sentido a toda su existencia. De ella dice San Efrén que es* santa en el cuerpo, bella en el espíritu, pura en sus pensamientos, clarísima en su inteligencia, perfecta en sus sentidos, casta, firme en sus propósitos, inmaculada en su corazón, excelente y colmada de virtudes en todo su ser (Himno I).

«Dichosa tú para mi fe, dichosa tú para mi alma, dichosa tú para mi amor, dichosa tú para mis predicciones y predicaciones. Te predicaré cuanto debes ser predicada, te amaré cuanto debes ser amada, te alabaré cuanto debes ser alabada, te serviré cuanto hay que servir a tu gloria. Tú, al recibir sólo a Dios, eres posterior al Hijo de Dios; tú, al engendrar a un tiempo a

Dios y al hombre, eres antes que el hombre hijo, al cual, al recibirle solamente al venir, recibiste a Dios por huésped, y al concebirle tuviste por morador, al mismo tiempo, al hombre y a Dios. En el pasado eres limpia para Dios, en el presente tuviste en ti al hombre y a Dios, en el futuro serías madre del hombre y de Dios; alegre por tu concepción y tu virginidad, contenta por tu descendencia y por tu pureza y fiel a tu Hijo y a tu esposo. Conservas la fidelidad de tu Hijo, de modo que ni él mismo tenga quien le engendre; y de tal modo conservas fidelidad a tu esposo, que él mismo te conozca como madre sin concurso de varón. Tanto eres digna de gloria en tu Hijo, cuanto desconoces todo concurso de varón, habiendo sabido lo que debías conocer, docta en lo que debías creer, cierta en lo que debías esperar y confirmada en lo que tendrías sin pérdida alguna» (San Ildefonso).

«Santísima Señora, Madre de Dios; tú que eres la más pura de alma y cuerpo, que vives más allá de toda pureza, de toda castidad, de toda virginidad; la única morada de toda la gracia del Espíritu Santo; que sobrepasas incomparablemente a las potencias espirituales en pureza, en santidad de alma y cuerpo: mírame culpable, impuro, manchado en el alma y en el cuerpo por los vicios de mi vida impura y llena de pecado; purifica mi espíritu de sus pasiones; santifica y encamina mis pensamientos errantes y ciegos; regula y dirige mis sentidos; líbrame de la detestable e infame tiranía de las inclinaciones y pasiones impuras; anula en mí el imperio del pecado, da la sabiduría y el discernimiento a mi espíritu en tinieblas, miserable, para que me corrija de mis faltas y de mis caídas, y así, libre de las tinieblas del pecado, sea hallado digno de glorificarte, de cantarte libremente, verdadera madre de la verdadera luz, Cristo Dios nuestro. Pues sólo con él y por él eres bendita y glorificada por toda criatura» (San Efrén).

Palabras que María diría a Jesús:

«Mi boca está en dudas acerca de cómo debo llamarte, oh Hijo de Dios vivo. Si me atreviera a designarte como hijo de

José, yo quedaría llena de espanto, porque tú no procedes de su semilla. Sin embargo, no me atrevo a rechazar su nombre, porque él es quien me ha desposado. Tú eres el Hijo del único Dios. ¿Podría acaso llamarte hijo de muchos? Mil nombres no serían suficientes para expresar quién eres. Tú, en efecto, eres el Hijo de Dios y el Hijo del hombre, el hijo de José, el hijo de David y el hijo de María. ¿Quién ha constituido señor de todas las lenguas al que no tiene lengua? A causa de tu concepción purísima me calumnian los malvados. Tú, el Santo, sé el defensor de tu Madre. Da a conocer el prodigio, a fin de que sepan el origen de tu concepción. Me odian por causa de ti que a todos amas, me persiguen porque he concebido y he dado a luz al único refugio de los hombres. Alégrese Adán, porque tú eres la llave del paraíso.

»He aquí que el mar murmura contra tu Madre, como lo hizo contra Jonás. He aquí que Herodes, a modo de una ola embravecida, intenta arrebatar al Señor del mar. ¿Dónde puedo encontrar refugio? Dímelo tú que eres el maestro de tu propia Madre.

»Contigo quiero huir a donde sea, con tal de guardar la vida junto a ti. Si estoy contigo la prisión deja de ser una cárcel, porque contigo se sube al cielo. Contigo el sepulcro deja de ser una tumba, porque tú eres la resurrección» (San Efrén).

XIV

LAS GLORIAS DE MARÍA

Aunque se cumplió el vaticinio de María –*me felicitarán todas las generaciones*–, desde el siglo V son abundantes los testimonios patrísticos sobre las excelencias de María. Vamos a dejar que hablen los Padres, en un orden que se acerca al cronológico.

Sedulio, *en su* «Cántico pascual», *dice:*

«Y así como la tierna rosa que brota entre punzantes espinas no tiene nada que pueda causar una herida y su belleza oscurece el tallo del que brotó; así Santa María, nacida de la estirpe de Eva, como nueva virgen, elimina la culpa de la virgen antigua. Y así como la naturaleza anterior yacía corrompida bajo el poder de la muerte; con el nacimiento de Cristo el hombre pudo renacer y librarse de la mancha de la vetusta carne.

»Habiendo transcurrido nueve meses, al inicio del décimo mes, brilló el día santo en que la Virgen fecundada llevó a término la realización de la promesa: el Verbo se hizo carne, queriendo habitar entre nosotros. Entonces el infante excelso, conservando intactas las entrañas de su templo, dejó ilesas las vías de su nacimiento. El mismo que ha nacido da testimonio de que es virgen aquella cuyo seno él dejó cerrado tanto en su ingreso como en su salida.

»Salve, oh Madre Santa, que has dado a luz al Rey que gobierna el cielo y la tierra por todos los siglos y cuya divinidad y señorío, desde siempre, se extienden a todas las cosas y perdurará sin fin. Tú posees en tu seno bienaventurado los gozos de la maternidad y, al mismo tiempo, el honor de la virginidad. Ninguna otra mujer, ni antes ni después de ti, ha sido semejante a ti. Tú, mujer única y sin parangón con ninguna otra, has sido la complacencia de Cristo».

En pleno Concilio de Éfeso, **San Cirilo de Alejandría** *cantó las excelencias de María, que luego amplía en su* «Encomio a la Santa Madre de Dios»:

«Salve, oh María, Madre de Dios, tesoro digno de ser venerado por todo el orbe, lámpara inextinguible, corona de la virginidad, trono de la recta doctrina, templo indestructible, lugar propio de aquel que no puede ser contenido en lugar alguno, madre y virgen, por quien es llamado bendito, en los santos Evangelios, el que viene en nombre del Señor. Salve, tú que encerraste en tu seno virginal a aquel que es inmenso e inabarcable; tú, por quien la Santa Trinidad es adorada y glorificada; por quien la cruz preciosa es celebrada y adorada en todo el orbe; por quien exulta el cielo; por quien se alegran los ángeles y arcángeles; por quien son puestos en fuga los demonios; por quien el diablo tentador cayó del cielo; por quien la criatura, caída en pecado, es elevada al cielo; por quien toda la creación, sujeta a la insensatez de la idolatría, llega al conocimiento de la verdad; por quien los creyentes obtienen la gracia del bautismo y el óleo de la alegría; por quien han sido fundamentadas las iglesias en todo el orbe de la tierra; por quien todos los hombres son llamados a la conversión. Por ti, el Hijo unigénito de Dios ha iluminado a los que vivían en tinieblas y en sombra de muerte; por ti, los profetas anunciaron las cosas futuras; por ti, los apóstoles predicaron la salvación a los gentiles; por ti, los muertos resucitan; por ti, reinan los reyes, por la Santísima Trinidad. ¿Quién habrá que sea capaz de cantar como es debido las alabanzas de María? Ella es madre y virgen a la vez; ¡qué cosa tan admirable! Es una maravilla que me llena de estupor. ¿Quién ha oído jamás decir que le esté prohibido al constructor habitar en el mismo templo que él ha construido? ¿Quién podrá tachar de ignominia el hecho de que la sirviente sea adoptada como madre?» (Homilía en Éfeso).

«Alégrate tú, María Madre de Dios, Madre Virgen, portadora de la luz, vaso sin mancha. Alégrate, Virgen María, madre y sierva: Virgen por razón de aquel que de ti nació como de Virgen; Madre por razón de aquel que se gestó en tus entrañas y se alimentó con tu leche; sierva por aquel que tomó la forma de siervo. Porque el Rey entró en tu ciudad, o mejor en tu seno, y de nuevo salió como él quiso, y tu puerta se cerró de nuevo. Porque concebiste sin semen, engendraste de modo divino.

»Alégrate, María, templo acogedor, o mejor santo, como te proclamó el profeta David diciendo: *Santo es tu templo, admirable en su justicia* (Sal 45 [44], 6). Alégrate, María, joya del universo; alégrate, María, paloma sin mancha; alégrate, María, lámpara inextinguible, porque de ti nació el sol de la justicia. Alégrate, María, el lugar del incontenible, la que contuvo en sí al unigénito Dios Verbo, la que sin arado ni semilla hizo germinar la espiga. Alégrate, María Madre de Dios, por la cual claman los profetas, por la cual los pastores glorifican, diciendo con los ángeles aquel himno formidable: *Gloria a Dios en las alturas, y paz en la tierra a los hombres de buena voluntad* (Lc 2, 14).

»Alégrate, María Madre de Dios, por la cual cantan los coros angélicos, los arcángeles exultan elevando sus himnos magníficos. Alégrate, María Madre de Dios, por la cual los magos adoran, guiados por la estrella luminosa. Alégrate, María Madre de Dios, por la cual es elegida la hermosa docena de apóstoles. Alégrate, María Madre de Dios, por la cual Juan exultó, estando aún en el seno de su madre, y como lámpara adoró la luz interminable. Salve, María Madre de Dios, por quien nos llegó la gracia inefable, por la cual el apóstol proclamó diciendo: *Apa-*

reció la gracia de Dios Salvador a todos los hombres (Tt 2, 11). Alégrate, María Madre de Dios, de la cual provino la luz verdadera, el Señor nuestro Jesucristo, que dice en los Evangelios: *Yo soy la luz del mundo* (Jn 8, 12). Alégrate, María Madre de Dios, por la cual brilló la luz para los que están sentados en tinieblas y sombras de muerte. Porque *el pueblo que estaba sentado en las tinieblas vio una luz grande* (Is 9, 12). ¿Y cuál es esta luz, sino el Señor nuestro Jesucristo, la luz verdadera que ilumina a todo hombre que viene a este mundo (Jn 1, 29)?

»Alégrate, María Madre de Dios, por la cual se proclama en los Evangelios: *Bendito el que viene en nombre del Señor* (Mt 21, 9); por la cual las iglesias ortodoxas se fundaron en las ciudades, aldeas e islas. Alégrate, María Madre de Dios, de la cual nació el vencedor de la muerte y exterminador del infierno. Salve, María Madre de Dios, de la cual provino el Creador de la primera criatura, y el reparador de su caída, y la guía hacia el reino de los cielos. Alégrate, María Madre de Dios, por la cual floreció y brilló el resplandor de la resurrección. Alégrate, María Madre de Dios, por la cual fluyó en el Jordán el tremendo bautismo de santificación. Alégrate, María Madre de Dios, por la cual son santificados Juan y el Jordán, y el diablo infamado. Alégrate, María Madre de Dios, por la cual se salva todo espíritu creyente» (Encomio).

Por los mismos años, **San Proclo de Constantinopla,** *en su «Homilía V» y en su «Encomio a la Santísima Virgen y Madre de Dios María», ensalza a la Virgen Madre:*

«Aunque todas las memorias de los santos son admirables, ninguna solemnidad iguala en gloria a la que hoy celebramos. A Abel se le recuerda por el sacrificio (Gn 4, 4); a Enoc se le conmemora porque fue agradable a Dios (Qo 44, 16); a Melquisedec se le predica como figura de Cristo (Hb 7, 3); a Abrahán se le encomia por su fe; a Isaac se le elogia por ser tipo; a Jacob se le declara dichoso por la lucha que sostuvo; a José se le honra por su prudencia. (...) Pero a ninguno de éstos como a María Madre de Dios; porque ella llevó en su seno a quien todos aquéllos habían visto en enigma; y nada podía compararse a la inefable economía del Dios Verbo. ¿El peso? ¡Pero si éste es una pasión material, y el Verbo es ajeno a toda pasión y peso! ¿La magnitud de su hacerse pequeño? ¡Pero si el que en ella fue plasmado no sufrió nada que fuese sucio, ni lo contrajo de aquella de la cual fue concebido; sino más bien el haberlo hecho por amor a los hombres, es una gloria para el Rey! ¿El parto? ¡Mas si el parto no disminuyó en nada al que es sin principio! ¿La humanización? ¡La naturaleza divina no sufre mutación! ¿Tuvo una madre según la carne? ¡Sin embargo no dejó de ser sin madre según su divinidad! ¿El pesebre? ¡Nunca dejó vacío el seno del Padre! ¿Una cueva? ¡Jamás dejó de estar presente en el trono de la Trinidad!

»Nada hay en este mundo, pues, como la Madre de Dios María. Recorre, oh hombre, con tu pensamiento la creación, y mira si hay algo igual o mejor a la Santa Virgen Madre de Dios. Investiga toda la tierra, busca en torno al mar, examina atentamente los aires, investiga con la mente los cielos, evalúa todas las potencias invisibles, y mira si hay maravilla semejante en toda la creación (...).

»Veneramos a María, que fue madre, y sierva, y nube, y tálamo, y arca del Señor. Como madre, engendró a aquel que quería nacer. Como sierva, confesó la naturaleza y proclamó la gracia. Como nube, concibió del Espíritu Santo al que dio a luz sin dolor. Como tálamo, en ella habitó como en cámara nupcial el Dios Verbo. Como arca, no llevó dentro de sí la ley, sino que gestó al legislador. Por eso digámosle: "Bendita tú entre las mujeres", porque sólo tú curaste el sufrimiento de Eva; sólo tú secaste las lágrimas de la que sufría; sólo tú llevaste el rescate del mundo; a ti sola se confió el tesoro de la perla preciosa; sólo tú quedaste preñada sin placer; sólo tú diste a luz al Emmanuel, del modo como él dispuso. *Bendita tú entre las mujeres y bendito el fruto de tu vientre* (Lc 1, 42): un fruto, no una semilla; una flor, no una pasión; al resplandor, no a la criatura; al que está sentado en el trono con el Padre, no al siervo; al sol, no la arena; al que es adorado, no a la creatura; al precio del rescate, no al deudor. "Bendita tú entre las mujeres, y bendito el fruto de tu vientre".

»Baste por todos los elogios que pueden decirse en tu honor, aquello que por ti predicó el profeta: *He aquí que la virgen concebirá en su seno* (Is 7, 14). Proclamó el milagro, calló el modo. "Y dará a luz un hijo". Anunció el parto, no falsificó la manera. "Y le pondrán por nombre Emmanuel". Dijo el misterio, pero gritó el título. "Que se traduce: Dios con nosotros". Proclamó Dios al concebido, y cerró la boca a los judíos».

Teodoto de Ancira, *que moría el mismo año que San Proclo (446), había dicho de la Virgen* («Homilía IV sobre la Madre de Dios»):

«Salve, oh llena de gracia, el Señor es contigo (Lc 1, 28). Juntos con él continuemos diciendo: Salve, oh deseable gozo nuestro; salve, exultación de las iglesias; salve, nombre que inspira dulzura; salve, rostro encantador divinamente fúlgido; salve, venerabilísimo recuerdo; salve, vellocino salvador y espiritual; salve, madre del resplandor indefectible, radiante de luz; salve, purísima madre de santidad; salve, limpísima fuente del agua que da la vida; salve, nueva madre en quien se realiza un nacimiento nuevo; salve, madre inefable de inalcanzable misterio; salve, libro nuevo de la nueva Escritura, según dice Isaías, de lo cual son fieles testimonios tanto los ángeles como los hombres (cf. Is 8, 1-2); salve, alabastro del sagrado ungüento; salve, óptima administradora del caudal de la virginidad; salve, creatura que te uniste a tu Creador; salve, pequeña morada que albergaste al inabarcable.»*

El «Sermón 143» *del llamado* «Boca de oro», **San Pedro Crisólogo,** *está dedicado a cantar las excelencias de María:*

«Salve, oh llena de gracia: ésta es la gracia que ha dado la gloria a los cielos, Dios a la tierra, la fe a los gentiles, el fin a los vicios, el orden a la vida, la disciplina a las costumbres. El ángel ha llevado esta gracia; la Virgen la ha acogido para dar la salvación al mundo. *Salve, oh llena de gracia;* mientras que a los otros la gracia se les ha conferido parcialmente, a María, en cambio, se le ha dado la plenitud de la gracia toda entera. Dice,

en efecto, el evangelista: *De su plenitud todos nosotros hemos recibido, y gracia por gracia* (Jn 1, 16) (...). *Bendita tú entre las mujeres* (Lc 1, 42). Es verdaderamente bendita aquella que ha poseído el don de la virginidad y ha conseguido la dignidad de madre. Es verdaderamente bendita porque ha merecido la gracia de la concepción celeste y porque ha obtenido la corona de la integridad. Es verdaderamente bendita porque ha recibido la gloria del Hijo divino y porque es la reina de todas las personas castas. Es verdaderamente bendita aquella que ha venido a ser más grande que el cielo, más fuerte que la tierra, más grande que el mundo; solamente ella ha podido albergar a aquel a quien el mundo no puede abarcar. Ella ha llevado a aquel que sostiene el mundo, ha dado a luz a su creador, ha alimentado a aquel que alimenta a todo viviente.»

Hesiquio de Jerusalén, *por los mismos años de la primera mitad del siglo V, hablaba así de las maravillas de María, en su* «Homilía II de Santa María Madre de Dios»:

«Toda lengua reconocida saluda como es digno a la Virgen Madre de Dios, y según su capacidad imita a Gabriel, príncipe de los ángeles. Éste se dirige a ella diciéndole: *Alégrate, el Señor viene de ti* (Lc 1, 28), en razón del Señor que nació de ella, y en la carne se manifestó a la raza humana. Éste la denomina "Madre de la luz"; aquél, "Estrella de la vida"; el otro la proclama "Trono de Dios"; y aquél, "Templo mejor que el cielo"; uno, "Sede no inferior a los querubines"; alguno más, "Huerto sin semilla, fértil, no cultivado", "Vid floreciente de uvas excelentes", "Intacta", "Tórtola pura", "Paloma sin mancha", "Nube incorrupta preñada de lluvia", "Ejemplar más esplendente que la joya del sol", *Mina de la que procede la piedra que esconde toda la tierra, y que de aquélla procede sin que ninguno la hubiese cortado* (Dn 2, 45), "Nave cargada de mercaderías, que no necesita timonel alguno", "Tesoro riquísimo". Otros también la llaman "Lámpara sin mecha" que arde por sí sola, "Arca más ancha, más larga y más gloriosa que la de

Noé". Ésta, en efecto, era un arca para los animales, aquélla es arca de vida; ésta, de vivientes corruptibles; aquélla, de vida incorruptible; ésta portó a Noé, aquélla llevó al Hacedor de Noé; ésta constaba de dos o tres bodegas, aquélla contiene toda la plenitud de la divinidad. Puesto que el Espíritu Santo descendió sobre ella, el Padre la cubrió con su sombra y el Hijo levantó en ella su tienda mientras era gestante en su seno. Pues (el ángel le) dijo: *El Espíritu Santo descenderá sobre ti, y el poder del Altísimo te cubrirá con su sombra. Por eso el que nacerá, santo, será llamado Hijo de Dios* (Lc 1, 35). ¿Ves cuán grande y de qué calidad es la dignidad de la Virgen Madre de Dios? Porque el Unigénito Hijo de Dios, el Hacedor del mundo, fue por ella criado como un niño, para reformar a Adán, santificar a Eva, condenar al dragón y abrir el paraíso, protegiendo el sello del vientre.

»El Hijo era nutrido, y no se le encontraba padre; el campo fructificaba, pero el fruto ocultaba sembrador; la mies producía la semilla que no había recibido; el río corría, pero la fuente estaba por todas partes cerrada, para mostrar que la madre había tenido un hijo, pero no había sufrido lo que las madres experimentan. Diste a luz como mujer, pero no te corrompiste como mujer; según la ley natural, lo gestabas en tu seno, pues aguardabas el tiempo determinado para el parto. Pero concebiste de modo no común a la ley de la naturaleza. Otro más te llamó *Puerta cerrada colocada al Oriente* (Ez 44, 2), por donde se introdujo el Rey de las puertas cerradas; y también te llamó "Puerta de salida", pues fuiste para el unigénito la puerta que lo trajo a la vida; puerta colocada al Oriente, porque al venir a este mundo la luz verdadera que ilumina todas las cosas (Jn 1, 9) provino de tu vientre como de tálamo regio. Tú introdujiste al Rey de las puertas cerradas, y de nuevo lo hiciste salir. Y el Rey de la gloria no abrió las puertas de tu matriz, ni al ser concebido ni al ser parido, ni desató los lazos de tu virginidad.»

Sin dejar el siglo V, tan fecundo en doctrina patrística mariana, escuchamos, en esta «Homilía sobre el Precursor», *lo que dice de María* **San Antipatro de Bostra:**

«¿Quién fue aquella madre que indujo al Verbo de Dios a habitar visiblemente entre nosotros? ¿Quién envió la embajada e hizo venir desde el seno del Padre a aquel que no tiene madre? ¿Quién es esta virgen a la que Dios consideró más digna de honor que a todas las potestades celestiales? ¿Quién es esta que albergó al inabarcable? ¿Quién es esta que hizo de intermediaria, a fin de que el heno de la humanidad pudiera acercarse al fuego de la divinidad? ¿Quién anunciará a la esposa del primer padre Adán el misterio que ahora se ha realizado? ¿Quién le dirá que precisamente la mujer, antes objeto de condena, haya llegado a ser la que ha acogido al juez en su propio seno y que aquella que había escuchado: *Parirás con dolor los hijos* (Gn 3, 16) haya sido la que incluso ha llevado en su seno a aquel que nos hace conocer la liberación del dolor?»

En las postrimerías del siglo VI, **San Anastasio de Antioquía** *decía de la Virgen en su* «Homilía sobre la Anunciación»:

«Con toda razón llenémonos de gozo por aquella que ha acogido la alegría y, juntamente con Gabriel, saludemos a la Madre de nuestro Dios, diciéndole: *Alégrate, oh llena de gracia, el Señor es contigo* (Lc 1, 28). Tú has venido a ser para nosotros el camino de la salvación, la subida hacia el cielo, el lugar de reposo, la tienda del descanso en la que habitó el Señor. Por eso, junto con todas las generaciones te proclamamos a ti sola bienaventurada entre las mujeres. En efecto, ni el sol te ha quemado con sus llamas de voluptuosidad, ni te ha dañado la luna con la fuerza que de ella emana por la noche, puesto que *tú no has dejado que resbalara tu pie* (Sal 120, 3), o sea, tu alma; antes bien, apoyándote firmemente sobre la piedra, has permanecido invicta. Te ha guardado el Señor, ya que es el único que ha entrado dentro de ti y de ti ha salido, dejándote cerrada y sellada perpetuamente. Te saludo, pues, a ti que eres a la vez madre y virgen, alimento de vida y fuente de inmortalidad, pues de ti ha venido aquel que ha aniquilado la corrupción y ha destruido la muerte (...).

»Todos nosotros morimos a causa de aquella mujer que fue engañada por el placer; en cambio, gracias a esta otra mujer hemos sido restituidos a la vida y hemos recibido no sólo aquellos bienes que habíamos perdido, sino también otros muy superiores y de mucho más valor, de tal modo que la mente humana no puede comprenderlos, los ojos son incapaces de contemplar su belleza y los oídos no alcanzan a percibirla.»

Son coetáneos de Anastasio de Antioquía, **Venancio Fortunato** («En alabanza de Santa María») *que canta las excelencias de María, y* **San Gregorio Magno** («Comentario al libro I de los Reyes»), *que la denomina «templo» y «monte», por su santidad y su altura sobre todos los santos:*

«Tu nombre es digno de honor, oh María bendecida en todo tiempo y obra de arte que rinde alabanza a su experto artífice. Oh amable doncella que has recibido el egregio mensaje angélico, tú posees unos dones de belleza que sobrepasan los de cualquier otra persona. Eres la más hermosa de las rosas y tu candor es muy superior al de los lirios. Tú eres la nueva flor de la tierra que el cielo cultiva desde lo alto. Cristal, ámbar, oro, púrpura, esmeralda, cándida perla, allí a donde llega el resplandor de tu hermosura quedan envilecidos los más preciosos metales. La nieve es vencida por tu blancura inmaculada, el sol sobrepujado por la hermosura de tu cabellera; sus rayos, oh Virgen, palidecen frente a tu belleza; el brillo del rubí se apaga y el resplandor del lucero del alba queda oscurecido ante ti que en todo momento aventajas a los astros del firmamento» (Venancio Fortunato).

«Con el nombre de este monte se puede designar a la bienaventurada siempre Virgen María Madre de Dios. Monte, sí, porque con la dignidad de su elección ha superado completamente las alturas de toda criatura elegida. María es monte sublime, pues para llegar a la concepción del Verbo eterno, se han elevado sus méritos por encima de los coros angélicos, hasta llegar a las cumbres de la divinidad. Isaías, vaticinando la excelsa dignidad de este monte, dice: *Al final de los tiempos el monte del templo del Señor se elevará sobre la cima de los montes* (Is 2, 2). El monte se ha elevado sobre la cima de los montes, porque la excelsitud de María ha resplandecido por encima de todos los santos. Así como el monte designa la altura, el templo significa la morada. En efecto, es llamada monte y templo aquella que, refulgente por incomparables méritos, preparó para el Unigénito de Dios un santo seno para que en él se alojara» (San Gregorio).

En los primeros años del siglo VII destaca **Sofronio de Jerusalén** *en el coro de quienes alaban a la Madre de Dios. Lo hace en* «Oración II», *en la* «Carta sinodal a Sergio» *y en la* «Homilía sobre la Anunciación»:

«*Alégrate, llena de gracia, el Señor está contigo* (Lc 1, 28). ¿Y qué es lo que pueda ser más sublime que este gozo, oh Virgen Madre? ¿O qué cosa puede ser más excelente que esta gracia de Dios que, viniendo de Dios, tú sólo has obtenido? ¿O acaso se puede imaginar una gracia más agradable o más espléndida? Todas las demás no se pueden comparar a las maravillas que se realizan en ti; todas las demás son inferiores a tu gracia; todas, incluso las más excelsas, son secundarias y gozan de una claridad muy inferior.

»*El Señor está contigo.* ¿Y quién es el que puede competir contigo? Dios proviene de ti. ¿Y quién no te cederá el paso, y quién habrá que no te conceda con gozo la primacía y la precedencia? Por todo ello, contemplando tus excelsas prerrogativas, que destacan sobre las de todas las criaturas, te aclamo con el máximo entusiasmo. *Alégrate, llena de gracia, el Señor está contigo.* Pues tú eres la fuente del gozo no sólo para los hombres, sino también para los ángeles del cielo.

»Verdaderamente *bendita eres tú entre las mujeres,* pues has cambiado la maldición de Eva en bendición; pues has hecho que Adán, que yacía herido por su pecado, por medio de ti sea bendecido.

»Verdaderamente *bendita eres tú entre las mujeres,* pues por medio de ti la bendición del Padre ha brillado para los hombres y los ha liberado de la antigua maldición.

»Verdaderamente *bendita eres tú entre las mujeres,* pues por medio de ti encuentran la salvación tus antepasados, pues tú has engendrado al Salvador que les concederá la salvación eterna.

»Verdaderamente *bendita eres tú entre las mujeres,* pues sin concurso de varón has dado a luz aquel fruto que es bendición para todo el mundo, al que ha redimido de la maldición que no producía sino espinas.

»Verdaderamente *bendita eres tú entre las mujeres,* pues a pesar de ser una mujer, criatura de Dios como las demás, has llegado a ser, de verdad, Madre de Dios. Pues lo que nacerá de ti es, con toda verdad, el Dios hecho hombre, y, por tanto, con toda justicia y con toda razón, te llamas Madre de Dios, pues de verdad das a luz a Dios.

»Tú tienes en tu seno al mismo Dios, hecho hombre en tus entrañas, quien, como un esposo, saldrá de ti para conceder a todos los hombres el gozo y la luz divina.

»Dios ha puesto en ti, oh Virgen, su tabernáculo como en un cielo puro y resplandeciente. Saldrá de ti como un esposo de su cámara nupcial e imitando el recorrido del sol recorrerá en su vida el camino de la futura salvación para todos los vivientes, y, extendiéndose de un extremo a otro del cielo, llenará con calor divino y vivificante todas las cosas» (Oración II).

No temas, María, porque has encontrado gracia ante Dios (Lc 1, 30): una gracia inmortal; has encontrado ante Dios una gracia que brilla sobre todas las demás; has encontrado ante Dios la gracia más deseable; has encontrado ante Dios la gracia más luminosa; has encontrado ante Dios la gracia salvífica; has encontrado ante Dios la gracia inquebrantable; has encontrado ante Dios la gracia inamovible; has encontrado ante Dios la gracia invencible; has encontrado ante Dios la gracia eterna.

»Ciertamente antes de ti hubo muchos santos; pero ninguno de ellos fue dotado de gracia como tú; ninguno fue tan dichoso como tú; ninguno tan santificado; ninguno tan engrandecido; ninguno tan purificado; ninguno tan refulgente; ninguno tan luminoso; ninguno tan exaltado; porque ninguno como tú estuvo tan cerca de Dios; ninguno como tú recibió la gracia de Dios. Tú vences todas las cosas que resaltan en todos los hombres; tú superas todos los dones que Dios haya concedido a todos los demás» (Carta sinodal a Sergio).

«¿Qué gozo y qué dicha pueden hallarse que no queden superados a gran distancia por el anuncio hecho a la Virgen bienaventurada, la Madre del gozo? ¡Alégrate, oh Madre del gozo sobrenatural! ¡Alégrate, tú que nutres el gozo excelso! ¡Alégrate, oh cooperadora del gozo inmortal! ¡Alégrate, oh mística morada del gozo inefable! ¡Alégrate, oh tesoro del gozo eterno, tú que eres portadora de Dios! ¡Alégrate, oh frondosísimo árbol del gozo vivificante! ¡Alégrate, oh Madre de Dios, que no has conocido las nupcias! ¡Alégrate, tú que eres la más extraordinaria de todas las maravillas! ¿Quién será capaz de expresar tu esplendor? ¿Quién podrá dar a conocer con palabras tu extraordinaria belleza? ¿Quién se atreverá a proclamar tus grandezas? Tú has otorgado la belleza al género humano. Tú estás situada por encima de los coros angélicos...» (Homilía sobre la Anunciación).

Ya en el siglo VIII, **San Germán de Constantinopla** *y* **San Andrés de Creta,** *en sus homilías sobre la Anunciación, exclaman:*

«Salve, llena de gracia, rúbea púrpura real, de la que se ha revestido, al encarnarse, el Rey de cielos y tierra. Salve, llena de gracia, tierra fecunda en aromas, arca portadora de vida y nuevo vaso oloroso del Espíritu, que has llenado el mundo entero de suave perfume. Salve, llena de gracia, verdadero incensario de oro e incontaminado tesoro de pureza, sacratísimo y sin mancha alguna. Salve, llena de gracia, colmada de hermosura y de pureza, soberana y maravillosa morada del Verbo. Salve, llena de gracia, que has hecho que surgiera, en carne humana, el sol espléndido que con su bondad llena toda la creación. Salve, llena de gracia, nube resplandeciente del Espíritu vivificante, que traes la lluvia de la misericordia que empapa todo lo creado. Salve, llena de gracia, esperanza de los nacidos en la tierra, que has transformado el dolor en gozo, has unido los seres terrestres con los celestiales y has destruido el muro de la enemistad que los separaba» (San Germán).

«¡Salve, llena de gracia, el Señor está contigo! (Lc 1, 28). ¡Salve, oh procuradora del gozo, por medio de ti ha desaparecido la sentencia de nuestra ruina y, en su lugar, se ha proclamado el decreto de nuestra felicidad! ¡Salve, verdaderamente bendita! ¡Salve, esclarecida! ¡Salve, magnífico templo de la gloria divina! ¡Salve, palacio sagrado del Rey! ¡Salve, tálamo en que Cristo se desposó con la humana naturaleza! ¡Salve, elegida por Dios desde el principio! ¡Salve, reconciliación de Dios con los hombres! ¡Salve, tesoro de vida inmaculada! ¡Salve, cielo altísimo, en que habita la gloria del sol eterno! ¡Salve, tú que eres la única que has llevado dentro de ti al Dios que es del todo inabarcable! ¡Salve, tierra santa y virginal, de la cual, de un modo inefable, ha sido formado por Dios el nuevo Adán, que salvó al antiguo! ¡Salve, levadura sagrada, destinada por Dios a fermentar de nuevo toda la masa humana, para que, convertida en pan, por el cuerpo de Cristo, alcanzara una maravillosa cohesión! *¡Salve, llena de gracia, el Señor está contigo!*, el mismo que dijo: *Hágase la luz, hágase el firmamento* (Gn 1, 3.6) y las demás obras magníficas de su poder creador»* (San Andrés de Creta).

Como colofón de esta galería de loores a la elegida por Dios para madre del Verbo encarnado, ofrecemos largos párrafos del famoso himno **Akathistos.** *De autor desconocido, aunque se ha atribuido a varios Padres de los siglos V y VI, es parte de la liturgia bizantina. La traducción castellana que ofrecemos se debe al padre Jesús Castellano (Roma, 1979), que logra unir a la fidelidad al texto original griego la belleza del castellano:*

Un arcángel excelso / fue enviado del cielo / a decir «Dios te salve» a María. / Contemplándote, oh Dios, hecho hombre / por virtud de su angélico anuncio, extasiado / quedó ante la Virgen, / y así le cantaba:

Salve, por ti resplandece la dicha; / salve, por ti se eclipsa la pena.

Salve, levantas a Adán, el caído; / salve, rescatas el llanto de Eva.

Salve, oh cima encumbrada a la mente del hombre; / salve, abismo insondable a los ojos del ángel.

Salve, tú eres de veras el trono del Rey; / salve, tú llevas en ti al que todo sostiene.

Salve, lucero que el Sol nos anuncia; / salve, regazo del Dios que se encarna.

Salve, por ti la creación se renueva; / salve, por ti el Creador nace niño.

Salve, ¡Virgen y esposa! (...).

Salve, tú guía al eterno consejo; / salve, tú prenda de arcano misterio.

Salve, milagro primero de Cristo; / salve, compendio de todos sus dogmas.

Salve, celeste escalera que Dios ha bajado; / salve, oh puente que llevas los hombres al cielo.

Salve, de angélicos coros solemne portento; / salve, de turba infernal lastimero flagelo.

Salve, inefable, la luz alumbraste; / salve, a ninguno dijiste el secreto.

Salve, del docto rebasas la ciencia; / salve, del fiel iluminas la mente.

Salve, ¡Virgen y esposa! (...).

Con el niño en su seno, / presurosa María, a su prima Isabel visitaba. / El pequeño en el seno materno exultó al oír el saludo, / y con saltos, cual cantos de gozo, / a la madre aclamaba:

Salve, oh tallo del verde Retoño; / salve, oh rama del fruto incorrupto.

Salve, al pío arador tú cultivas; / salve, tú plantas quien planta la vida.

Salve, oh campo fecundo de gracias copiosas; / salve, oh mesa repleta de dones divinos.

Salve, un prado germinas de toda delicia; / salve, el alma preparas asilo seguro.

Salve, incienso de grata plegaria; / salve, ofrenda que el mundo concilia.

Salve, clemencia de Dios para el hombre; / salve, del hombre con Dios confianza.

Salve, ¡Virgen y esposa! (...).

Los pastores oyeron los angélicos coros / que al Señor hecho hombre cantaban. / Para ver al pastor van corriendo; / un cordero inocente contemplan / que del pecho materno se nutre, / y a la Virgen le cantan:

Salve, Nutriz del pastor y cordero; / salve, aprisco de fieles rebaños.

Salve, barrera a las fieras hostiles; / salve, ingreso que da al paraíso.

Salve, por ti con la tierra exultan los cielos; / salve, por ti con los cielos se alegra la tierra.

Salve, de apóstoles boca que nunca enmudece; / salve, de mártires fuerza que nadie somete.

Salve, de fe inconcuso cimiento; / salve, fulgente estandarte de gracia.

Salve, por ti es despojado el averno; / salve, por ti revestimos la gloria.

Salve, ¡Virgen y esposa! (...).

Contemplaron los magos / entre brazos maternos / al que al hombre plasmó con sus manos. / Comprendieron que era él su Señor, / a pesar de su forma de esclavo; / presurosos le ofrecen sus dones / y a la madre proclaman:

Salve, oh Madre del sol, sin ocaso; / salve, aurora del místico día.

Salve, tú apagas hogueras de errores; / salve, Dios trino al creyente revelas.

Salve, derribas del trono al tirano enemigo; / salve, nos muestras a Cristo el Señor y el amigo.

Salve, nos has liberado de bárbaros ritos; / salve, nos has redimido de acciones de barro.

Salve, destruyes el culto del fuego; / salve, extingues las llamas del vicio.

Salve, camino a la santa templanza; / salve, alegría de todas las gentes.

Salve, ¡Virgen y esposa!

El Egipto eliminas / con luz verdadera / persiguiendo el error tenebroso. / A tu paso caían los dioses, / no pudiendo, Señor, soportarte; / y los hombres, salvados de engaño, / a la Virgen aclaman:

Salve, levantas al género humano; / salve, humillas a todo el infierno.

Salve, conculcas engaños y errores; / salve, impugnas del ídolo el fraude.

Salve, oh mar que sumerge al cruel enemigo; / salve, oh roca do beben sedientos de vida.

Salve, columna de fuego que guía en tinieblas; / salve, amplísima nube que cubres el mundo.

Salve, nos diste el maná verdadero; / salve, nos sirves manjar de delicias.

Salve, oh tierra por Dios prometida; / salve, en ti fluyen la miel y la leche.

Salve, ¡Virgen y esposa! (...).

Renovó el excelso / de este mundo las leyes / cuando vino a habitar en la tierra. / Germinando en su seno incorrupto / lo conserva intacto cual era. / Asombrados por este prodigio / a la santa cantamos:

Salve, azucena de intacta belleza; / salve, corona de noble firmeza.

Salve, la suerte futura revelas; / salve, la angélica vida desvelas.

Salve, frutal exquisito que nutre a los fieles; / salve, ramaje frondoso que a todos cobija.

Salve, llevaste en el seno quien guía al errante; / salve, al mundo entregaste quien libra al esclavo.

Salve, plegaria ante el juez verdadero; / salve, perdón del que tuerce el sendero.

Salve, atavío que cubre al desnudo; / salve, del hombre supremo deseo.

Salve, ¡Virgen y esposa! (...).

Salve, mansión que contiene el inmenso; / salve, dintel del augusto misterio.

Salve, de incrédulo equívoco anuncio; / salve, del fiel inequívoco orgullo.

Salve, carroza del santo que portan querubes; / salve, sitial del que adoran sin fin serafines.

Salve, tú sólo has unido dos cosas opuestas; / salve, tú sola a la vez eres Virgen y Madre.

Salve, por ti fue borrada la culpa; / salve, por ti Dios abrió el paraíso.

Salve, tú llave del Reino de Cristo; / salve, esperanza de bienes eternos.

Salve, ¡Virgen y esposa! (...).

Salve, sagrario de arcana Sapiencia; / salve, despensa de la Providencia.

Salve, por ti se confunden los sabios; / salve, por ti el orador enmudece.

Salve, por ti se aturden sutiles doctores; / salve, por ti desfallecen autores de mitos.

Salve, disuelves enredos de agudos sofistas; / salve, rellenas las redes de los pescadores.

Salve, levantas de honda ignorancia; / salve, nos llenas de ciencia suprema.

Salve, navío del que ama salvarse; / salve, oh puerto en el mar de la vida.

Salve, ¡Virgen y esposa! (...).

Salve, columna de sacra pureza; / salve, umbral de la vida perfecta.

Salve, tú inicias la nueva progenie; / salve, dispensas bondades divinas.

Salve, de nuevo engendraste al nacido en deshonra; / salve, talento infundiste al hombre insensato.

Salve, anulaste a Satán seductor de las almas; / salve, nos diste al Señor sembrador de los castos.

Salve, regazo de nupcias divinas; / salve, unión de los fieles con Cristo.

Salve, de vírgenes madre y maestra; / salve, al esposo conduces las almas.

Salve, ¡Virgen y esposa! (...).

Salve, oh rayo del sol verdadero; / salve, destello de luz sin ocaso.

Salve, fulgor que iluminas las mentes; / salve, cual trueno enemigos aterras.

Salve, surgieron de ti luminosos misterios; / salve, brotaron en ti caudalosos arroyos.

Salve, figura eres tú de salubre piscina; / salve, tú limpias las manchas de nuestros pecados.

Salve, oh fuente que lavas las almas; / salve, oh copa que vierte alegría.

Salve, fragancia de ungüento de Cristo; / salve, oh vida del sacro banquete.

Salve, ¡Virgen y esposa! (...).

Salve, oh tienda del Verbo divino; / salve, más grande que el gran santuario.

Salve, oh arca que Espíritu dora; / salve, tesoro inexhausto de vida.

Salve, diadema preciosa de reyes devotos; / salve, orgullo glorioso de sacros ministros.

Salve, firmísimo alcázar de toda la Iglesia; / salve, muralla invencible de todo el imperio.

Salve, por ti enarbolamos trofeos; / salve, por ti sucumbió el adversario.

Salve, remedio eficaz de mi carne; / salve, inmortal salvación de mi alma.

Salve, ¡Virgen y esposa!

Digna de toda loa, / Madre santa del Verbo, / el más santo entre todos los santos. / Nuestra ofrenda recibe en el canto; / salva al mundo de todo peligro; / del castigo inminente libera / a quien canta: ¡Aleluya!»

XV

RUEGA POR NOSOTROS, PECADORES

Las grandezas de María, su poder de intercesión ante el Dios Todopoderoso, el ejemplo de María en las bodas de Caná y la conciencia de que es madre que quiere lo mejor para sus hijos, pronto hicieron brotar en la Iglesia la oración, de alabanza y de petición, a María. Fue siempre un culto que no se confundía con la adoración que sólo a Dios se tributa, y María misma tributó en su vida mortal. Esto lo tenían muy claro los Padres: *Téngase en veneración a María, pero únicamente al Padre, al Hijo y al Espíritu Santo se debe rendir adoración* (San Epifanio); *María es el templo de Dios, pero no el Dios del templo* (San Ambrosio).

San Ildefonso *se adelanta a lo que siglos después se llamaría* la esclavitud mariana, *cuando dice en* «La virginidad perpetua de Santa María»:

«Yo soy tu siervo, porque mi Señor es tu Hijo. Por eso tú eres mi señora, porque eres esclava de mi Señor. Por eso yo soy esclavo de la esclava de mi Señor, porque tú, mi señora, has sido hecha Madre de mi Señor. Por esto yo he sido hecho esclavo, porque tú has sido hecha Madre de mi Hacedor (...). Pues yo, como siervo de Dios, deseo que ella sea mi señora; para que su Hijo sea mi Señor, me propongo servirle; para probar que soy siervo de Dios, deseo para mí el testimonio del Señor de su Madre; para ser siervo devoto del Hijo del Padre, deseo fielmente el servicio de la Madre. Pues así se refiere al Señor lo que sirve a la esclava, así redunda en honor del Hijo lo que se tributa a la Madre, así alterna en el Hijo lo que se emplea en la Madre, así pasa al rey el honor que se emplea en el servicio de la reina.»

A mediados del siglo V, **Basilio de Seleucia** *dirige a María la súplica confiada de quien es pobre y pecador y sabe que la Madre puede ayudarle:*

«¡Oh santísima Virgen, quien te atribuye todo lo que sea venerable y glorioso ciertamente no se aparta de la verdad, pero se queda muy por debajo de la dignidad! ¡Ay, pobre de mí! ¡Míranos propicia desde el cielo! Guíanos ahora en la paz y condúcenos después, sin que experimentemos confusión, delante del trono del juez; haznos partícipes del estar sentados a su derecha, a fin de ser arrebatados al cielo y llegar a ser, junto con los ángeles, cantores de la increada y sustancial Trinidad, conocida y glorificada en el Padre, en el Hijo y en el Espíritu Santo, ahora y siempre y por todos los siglos de los siglos. Amén.»

Y, finalmente, **San Germán de Constantinopla** *(† 733) dirige a María palabras llenas de confianza en su intercesión desde el cielo, y termina con una convicción que sigue siendo tan orientadora en el siglo XXI como lo fue en el VIII: María es camino seguro para llegar a Dios:*

«Como vivías antiguamente con los hombres con tu cuerpo, habitas ahora espiritualmente entre nosotros. La incesante y gran protección con que nos rodeas es la prueba de esta comunidad de vida. Todos escuchamos tu voz y todas nuestras voces llegan a tus oídos. Nos conoces para protegernos y te reconocemos en tu ayuda y en tu auxilio. La separación del alma y del cuerpo no interrumpió las relaciones entre tú y tus servidores. No has abandonado a los que salvaste. No los has dejado reunidos sin tu presencia. Tu espíritu está vivo para siempre. Tu carne no ha sufrido la corrupción del sepulcro. Velas sobre cada uno de nosotros, Madre de Dios, y tu mirada se posa sobre todos. Nuestros ojos están impedidos para verte, Virgen Santísima, pero tú vives en medio de nosotros. Te manifiestas de diferentes formas a los que consideras dignos. La carne no es obstáculo al poder y a la fuerza de tu espíritu. Tu espíritu sopla donde quiere, pues es puro e inmaterial, incorrupto e incontaminado, compañero del Espíritu Santo y predilecto del Unigénito de Dios» (Sermón I de la Dormición).

«¿Quién combate tanto como tú en favor de los pecadores? ¿Quién como tú defiende con sus alegaciones a los que no obran rectamente? Cualquiera de los que hubieran podido auxiliarnos, temiendo que fuera cortada la higuera de la parábola, se retraían de interceder por nosotros ante Dios, no fuera cosa que, a causa de la sentencia contra la esterilidad y el incumplimiento de las promesas, hubiera de verse desatendida su defensa. Tú, que gozas de una autoridad maternal en relación a Dios, obtienes la gracia de un generoso perdón, incluso para quienes han pecado muy gravemente. No es posible, en efecto, que tú no seas escuchada, puesto que Dios en todo y por todo te obedece, como a su verdadera e inmaculada Madre (...).

»¿Quién no se llenará de admiración ante ti? Tú eres firme protección, refugio seguro, intercesión vigilante, salvación perenne, auxilio indeficiente, socorro inmutable, sólida muralla, tesoro de delicias, paraíso irreprensible, fortaleza inexpugnable, trinchera protegida, fuerte torre de defensa, puerto de refugio en la tempestad, sosiego para los que están agitados, garantía de perdón para los pecadores, confianza de los desesperados, acogida de los exiliados, retorno de los desterrados, reconciliación de los enemistados, ayuda para los que han sido condenados, bendición de quienes han sufrido una maldición, rocío para la aridez del alma, gota de agua para la hierba marchita, pues, según está escrito, por medio de ti nuestros huesos florecerán como un prado» (Homilía II de la Dormición).

«Oh Señora mía, sé tú mi refugio, mi vida y amparo, armadura y alabanza, esperanza y fuerza; concédeme gozar en el reino celestial de los dones inefables e incorruptibles de tu Hijo, Dios tuyo y nuestro. Yo sé, en efecto, que tienes un poder que es equivalente a tu querer, puesto que eres la Madre del Altísimo. Por eso, oh purísima Señora, te suplico que yo no quede defraudado en mi esperanza» (Homilía sobre la Anunciación).

«Oh toda pura y digna de gran veneración y alabanza, ofrenda consagrada a Dios y superior a todo lo creado. Oh tierra no labrada, vid frondosísima, copa que proporciona una suma felicidad, fuente que mana sin cesar, virgen fecunda y madre intacta, joya de pureza y ornamento de santidad, mediante tus preces maternales y siempre bien acogidas y persuasivas, dirigidas a tu Hijo que de ti ha nacido sin concurso de varón y que es Dios y creador de todas las cosas, cuida de regir el timón de la Iglesia y condúcela hacia el puerto seguro, que se halla preservado de las agitaciones en herejías y escándalos. Reviste a los sacerdotes con el esplendor de la justicia y del gozo de una fe probada, incontaminada y esclarecida. Conduce en paz y seguridad el gobierno de los emperadores ortodoxos, que, por encima de todo color de púrpura y oro y de las perlas y piedras preciosas, han conseguido tenerte a ti por diadema, manto, adorno y amparo de su reino» (Homilía I sobre la Entrada de la Madre de Dios).

«Nosotros, alejados de Dios por la multitud de los pecados, a través de ti hemos buscado a Dios y lo hemos hallado y, hallándolo, hemos sido salvados. Poderosa es tu ayuda para la salvación, oh Madre de Dios, y no necesita de otro mediador delante de él. Sabiendo esto y habiendo experimentado muchas veces tu bondadoso auxilio, cuando te hemos invocado y hemos obtenido de ti generosamente la realización de nuestras peticiones, buscamos ahora refugio junto a ti nosotros que somos tu pueblo, tu heredad, tu rebaño y estamos adornados con el nombre de tu Hijo. Verdaderamente no hay límite en tu grandeza, ni hay saciedad en tu ayuda, ni hay número en tus beneficios. Nadie es salvado, sino a través de ti, oh toda santa; nadie recibe un don, sino por medio de ti, oh castísima; a nadie se otorga la gracia de ser compadecido, sino a través de ti, oh venerabilísima. Por todo esto ¿quién no te proclamará bienaventurada?, ¿quién no te enaltecerá? Aunque estas alabanzas no correspondan a lo que tú mereces, se te dirigen, sin embargo, con gran fervor del espíritu a ti la glorificada, a ti la enaltecida, a ti que has recibido del que es tu Hijo y tu Dios unos magníficos dones, grandes y maravillosos, por lo cual te honrarán todas las generaciones» (Homilía sobre el cíngulo y los santos pañales).

BIBLIOGRAFÍA

Entre las obras consultadas para la selección de textos patrísticos sobre María, son especialmente destacables las siguientes de los últimos años:

AMIGO, Lorenzo: *Los más bellos textos sobre la Virgen.* PPC, Madrid, 1983.

GONZÁLEZ, Carlos Ignacio: *María en los Padres griegos.* México D.F., 1993.

LOARTE, José A.: *El tesoro de los Padres.* Rialp, Madrid, 1998.

MARTÍN, Teodoro H.: *Textos cristianos primitivos.* Sígueme, Salamanca, 1991.

MARTÍNEZ PUCHE, José A.: *Encarnación 2000.* Edibesa, Madrid, 1999.

MARTÍNEZ PUCHE, José A.: *Navidad 2000.* Edibesa, Madrid, 1999.

MARTÍNEZ PUCHE, José A.: *Redención 2000.* Edibesa, Madrid, 2000.

MARTÍNEZ PUCHE, J. A. - DE LA MOTA, I. - DEL OLMO, R.: *Enciclopedia de la Virgen.* Edibesa, Madrid, 2003.

MISIÓN ABIERTA: *María del Evangelio.* N.º 2, abril, 1976.

OBREGÓN BARREDA, Luis: *María en los Padres de la Iglesia.* Ciudad Nueva, Madrid, 1988.

PONS, Guillermo: *Textos marianos de los primeros siglos.* Ciudad Nueva, Madrid, 1994.

REGAMEY, P.: *Los mejores textos sobre la Virgen María.* Rialp, Madrid, 1975.

VIVES, José: *Los Padres de la Iglesia.* Herder, Barcelona, 1998.

APÉNDICE

PADRES DE LA IGLESIA MENCIONADOS EN ESTA OBRA

ABRAHÁN DE ÉFESO. Obispo de Éfeso en la segunda mitad del siglo VI y, entre los pocos escritos que nos han llegado de él, está la homilía conocida como *Hipapanté*, sobre la Presentación del Señor.

AFRAATES. Nacido en Siria hacia el año 270, es el primer Padre de la Iglesia siriaca. Se dice que murió mártir en la persecución del rey Sapor, después del año 345.

AGUSTÍN, San. Obispo y Doctor de la Iglesia, es el Padre de la Iglesia de mayor influencia desde el siglo V hasta nuestros días. Nacido en Tagaste en el año 354, su madre fue Santa Mónica. Después de una juventud descarriada, moral y doctrinalmente, se convirtió a la Iglesia católica y fue bautizado por San Ambrosio. Obispo de Hipona, durante cuarenta y cuatro años adoctrinó a sus fieles con tal acierto que sus sermones, tratados y cartas siguen siendo doctrina actual después de quince siglos. Murió el 28 de agosto (día de su memoria litúrgica) del año 430.

AKATHISTOS, Himno. Himno mariano de la liturgia bizantina, de gran valor teológico, espiritual y literario. Originalmente fue escrito en griego a finales del siglo V o principios del VI, para ser cantado o recitado de pie. Aunque se ha atribuido a varios Padres, no se conoce su verdadero autor.

ALEJANDRO DE ALEJANDRÍA. Predecesor de San Atanasio en la sede de Alejandría (312-318), tomó parte activa en las sesiones del Concilio de Éfeso, contra la herejía arriana.

AMBROSIO DE MILÁN, San. Obispo de Milán y Doctor de la Iglesia. Cuando era gobernador de Milán, el pueblo cristiano lo aclamó como obispo de aquella Iglesia. Había nacido en Tréveris, en el año 339, y murió en Milán el 4 de abril del año 397, aunque su memoria litúrgica se celebra el 7 de diciembre. Por su doctrina mariológica se le ha llamado el «Doctor Mariano». Acogió en el seno de la Iglesia y bautizó a San Agustín.

ANASTASIO DE ANTIOQUÍA, San. Obispo de Antioquía durante los últimos cuarenta años del siglo VI, murió mártir en el año 609, a manos de los sicarios. Su elogio se encuentra en el Martirologio el día 20 de abril.

ANDRÉS DE CRETA, San. Natural de Damasco, nació a mediados del siglo VII, y fue monje de San Sabas de Jerusalén. Intervino en el III Concilio de Constantinopla y fue elegido obispo de Creta. Murió en la isla de Lesbos en el año 740, y su elogio en el Martirologio (4 de julio) destaca la defensa que hizo el santo de la *Inmaculada Virgen Madre de Dios y de su Asunción a los cielos*.

ANTIOCO ESTRATEGIO. Monje en la laura de San Sabas, cerca de Jerusalén, había nacido en Galacia, no lejos de Ancira, a mediados del siglo VI. Murió hacia el año 620.

ANTIPATRO DE BOSTRA, San. Obispo de Bostra, en Arabia, en los años siguientes al Concilio de Calcedonia (451), murió después del año 457.

ATANASIO, San. «Obispo de Alejandría y Doctor de la Iglesia, famosísimo por su santidad y su doctrina», según elogio del Martirologio en su memoria litúrgica (2 de mayo). Había nacido en el año 295, y murió en el 373, tras una vida dedicada a trabajar incansablemente por la ortodoxia de la doctrina católica. Fue llamado «martirio de herejes».

BASILIO DE SELEUCIA. Obispo de Seleucia de Isauria, en Asia Menor, murió después del año 468. De él nos quedan medio centenar de homilías, y consta que en el Concilio de Calcedonia, celebrado en el año 451, tuvo un papel relevante.

BASILIO MAGNO, San. Obispo y Doctor de la Iglesia. De una familia de santos (abuela, padres, hermanos: entre ellos San

Gregorio de Nisa), Basilio nació en Cesarea de Capadocia en el año 330 y murió en el 379. Obispo de Cesarea, su memoria se celebra el día 2 de enero.

CESÁREO DE ARLÉS, San. Clérigo primero y abad después, fue nombrado obispo de Arlés hacia el año 500. Durante las cuatro décadas que rigió la diócesis, renovó espiritualmente la vida cristiana y la alimentó con la Palabra de Dios. Murió en el año 542, según el Martirologio, el 27 de agosto.

CIRILO DE JERUSALÉN, San. Obispo y Doctor de la Iglesia. Admirable expositor de la doctrina ortodoxa, especialmente frente a los arrianos, en sus oraciones y famosas Catequesis, nació en el año 313 y murió siendo obispo de Jerusalén hacia el año 386. Su memoria se celebra el 18 de marzo.

CRÍSIPO DE JERUSALÉN. Presbítero natural de Capadocia, marchó a Jerusalén, para llevar una vida cenobítica, con sus hermanos Gabriel y Cosme, al que sucedió como custodio de la basílica del Santo Sepulcro *(Anastasis)*. Murió en el año 479.

CROMACIO DE AQUILEYA, San. Clérigo en su ciudad de Aquileya primero, y obispo desde el año 387, sufrió a causa de la invasión de los godos. Amigo de San Jerónimo, murió en el año 407.

DÍDIMO EL CIEGO. A pesar de su ceguera, desde los cuatro años, este laico de Alejandría llegó a dirigir la escuela de catequistas de Alejandría, y tuvo entre sus discípulos a San Jerónimo. Murió a finales del siglo IV (398).

EFRÉN EL SIRIO, San. Diácono y Doctor de la Iglesia, nació en el año 306 en Nisibe, y, según indica el Martyrologium Romanum del año 2001, murió en el año 378.

EPIFANIO DE SALAMINA, San. Obispo de Salamis (luego Constancia, en Chipre), era oriundo de Judea, donde nació en el año 315. Dedicó gran parte de su vida a la vida anacoreta en Egipto y en su tierra natal, hasta su elección episcopal. El Martirologio presenta su elogio el 12 de mayo, destacando la ejemplaridad de sus virtudes y la excelencia de su doctrina. Murió en el año 403.

EUSEBIO DE CESAREA. Obispo de Cesarea en el año 313, su actitud ante la herejía arriana fue de condescendencia, por lo que su prestigio decayó en el ámbito eclesial. Es el primer gran historiador de la Iglesia, y destaca también por su teología y exégesis. Murió en el año 340.

FULGENCIO DE RUSPE, San. Víctima de las persecuciones de los vándalos en el Norte de África, siendo monje y, desde 507, obispo de Ruspe, hubo de cambiar de residencia para escapar de los perseguidores. Había nacido en el año 467, y el 1 de enero de 533 descansaba en el Señor. Su memoria litúrgica coincide con el día de su tránsito al cielo.

GERMÁN DE CONSTANTINOPLA, San. Natural y patriarca de Constantinopla, nació hacia el año 635, y se distinguió por su defensa a ultranza del culto a las imágenes sagradas frente a los iconoclastas, encabezados por el emperador León Isaurico. Murió hacia el año 733, y su *dies natalis* viene en el Martirologio el 12 de mayo.

GREGORIO DE NISA, San. Obispo, hermano y discípulo de San Basilio Magno, de familia de santos, destacó en la Teología mística más que en la oratoria. Nació en Cesarea de Capadocia en el año 335 y murió en el destierro, por defender la doctrina católica frente a la arriana, antes del año 400. Su memoria litúrgica se celebra el 10 de enero.

GREGORIO DE TOURS, San. Nacido en Clermont-Ferrand, hacia el año 538, en la tercera parte del siglo estaba al frente de la Iglesia de Tours, como sucesor de Eufronio. Su elogio en el Martirologio (17 de noviembre) destaca su labor de historiador de los francos. Murió en el año 594.

GREGORIO MAGNO, San. Papa y Doctor de la Iglesia, nació en el año 540, en el seno de una familia noble de Roma, de la que fue prefecto. Lo dejó todo y abrazó la vida monástica, pero el papa lo envió a Constantinopla como nuncio, y fue elegido papa en el año 590. Impulsó la evangelización de Inglaterra, y adoctrinó a la Iglesia con su doctrina, que sigue con el mismo vigor que en el siglo VI. Murió el 12 de marzo de 604, y su memoria litúrgica se celebra el 3 de septiembre.

GREGORIO NACIANCENO, San. Obispo y Doctor de la Iglesia. Su memoria litúrgica se celebra, junto con la de San Basilio Magno, el 2 de enero: «Con tal ardor defendió la divinidad del Verbo, que fue aclamado como *el Teólogo*». Había nacido en Capadocia, en la ciudad de Arianzo, en 330 y murió hacia el año 389.

HESIQUIO DE JERUSALÉN. Nacido a finales del siglo IV, fue presbítero de la Iglesia madre de Jerusalén. Murió en el año 451.

HILARIO DE POITIERS, San. Obispo por aclamación, después de contraer matrimonio, su cultura era vastísima, y grande su dominio de las lenguas clásicas y de la Escritura. Nacido en el año 315, murió en el 367, y su memoria litúrgica se celebra el 13 de enero.

HIPÓLITO DE ROMA, San. Presbítero de la Iglesia de Roma, murió hacia el año 236. En el elogio que el *Martyrologium Romanum* (2001) ofrece en su memoria litúrgica (13 de agosto), lo asocia en el destierro a Cerdeña y en el martirio al papa Ponciano. Seguramente oriundo de Oriente y discípulo de San Ireneo, tuvo una vasta cultura y personalidad literaria y doctrinal.

IGNACIO DE ANTIOQUÍA, San. Tercer obispo de Antioquía, murió mártir en el Coliseo de Roma, en el año 107. Su memoria litúrgica se celebra el 17 de octubre.

ILDEFONSO DE TOLEDO, San. Monje y abad del monasterio de Agali, a mediados del siglo VII fue elegido arzobispo para la sede primada de Toledo. Su vida y su pluma estuvieron siempre marcadas por la devoción y las enseñanzas marianas: *Con admirable celo enseñó sobre la Bienaventurada Madre de Dios y siempre Virgen María*, dice su elogio en el Martirologio, en el día de su muerte y de su memoria litúrgica, 23 de enero (667).

IRENEO DE LYON, San. Considerado como el primer mariólogo, nació en Esmirna en el año 130 y fue discípulo del obispo mártir San Policarpo. Fue obispo de Lyon, donde sufrió el martirio. Su memoria litúrgica se celebra el 28 de junio.

ISIDORO DE PELUSIO. Presbítero egipcio y monje, fue discípulo de San Juan Crisóstomo. Murió hacia el año 435.

ISIDORO DE SEVILLA, San. Obispo y Doctor de la Iglesia, es el más célebre de los cuatro santos hermanos de Cartagena, que se establecieron en Sevilla. De esta Iglesia fue arzobispo Isidoro, sucesor de su hermano Leandro, que se hizo cargo de su formación al quedar huérfanos. Había nacido en el año 560, y murió el 4 de abril de 636. Su obra más conocida son las *Etimologías*.

JERÓNIMO, San. Presbítero y Doctor de la Iglesia, había nacido en el seno de una familia acomodada de Stridon, en Dalmacia, en el año 347. Adquirió una buena preparación literaria en Roma y luego la completó como cristiano en Antioquía, Tréveris y Aquileya. Es el gran maestro de Sagrada Escritura. Secretario del papa San Dámaso, se retiró a Belén –donde llevó vida monástica y dirigió a Santa Paula y Santa Eustoquia– para el estudio y cultivo de la Palabra de Dios, hasta su muerte, en el año 420. Su memoria la celebra la liturgia católica el 30 de septiembre.

JUAN CRISÓSTOMO, San. Obispo de Constantinopla y Doctor de la Iglesia, había nacido en Antioquía en el año 344 y murió en el destierro, en el Ponto, el 14 de septiembre del año 407, aunque su memoria litúrgica se celebra el 13 de septiembre.

JUAN DAMASCENO, San. Presbítero y Doctor de la Iglesia, nacido en Damasco en el año 675 y muerto hacia el 749 en el monasterio de San Sabas, cerca de Jerusalén. Brillante orador y dominador de la doctrina católica, la expuso con gran valentía. Su defensa del culto de las imágenes sagradas le llevó a enfrentarse frontalmente con el emperador iconoclasta León Isáurico.

JUAN DE TESALÓNICA. Nacido en la segunda mitad del siglo VI, en el año 605, fue designado arzobispo de Tesalónica. Murió hacia el año 630.

JUSTINO, San. Nacido en Palestina a principios del siglo II (105), se dedicó al estudio de la filosofía, destacó entre los primeros apologistas del cristianismo y sufrió martirio en Roma hacia el año 165.

LEANDRO, San. El mayor de cuatro hermanos santos (Isidoro, Fulgencio y Florentina) nació en Cartagena hacia el año 540, y se encargó de la educación de sus hermanos, al morir sus padres, establecidos en Sevilla. Fue decisiva su actuación en la conversión de los visigodos, con la ayuda de su rey Recaredo. Murió el 13 de marzo hacia el año 600.

LEÓN MAGNO, San. Papa y Doctor de la Iglesia, natural de Etruria, el 29 de septiembre del año 440 fue elegido obispo de Roma, y durante los veintiún años de su pontificado defendió la Urbe y la Iglesia de los ataques enemigos, especialmente de Atila, rey de los Hunos, y expuso la doctrina cristiana con gran sentido de la ortodoxia y de la pastoral. Su memoria litúrgica se celebra el 10 de noviembre.

MÁXIMO DE TURÍN, San. Primer obispo de Turín, aunque no era natural de esa ciudad, en el año 398 ya ocupaba la sede turinense, desde la que evangelizó con sumo celo a su pueblo. Su muerte ocurrió un 25 de junio entre los años 408 y 423.

MODESTO DE JERUSALÉN, San. Abad del monasterio de San Teodosio de Jerusalén, fue deportado cuando los persas invadieron la ciudad, en el año 614. Vuelta la normalidad, en el año 630 fue elegido obispo de Jerusalén, y murió en 614. Su elogio se encuentra en el Martirologio el 17 de diciembre.

ORÍGENES (185-253). Uno de los más grandes sabios de la antigüedad cristiana, fue hijo de San Leónidas, mártir de Alejandría en el año 204, cuyo elogio aparece en el Martirologio el 22 de abril.

PAULINO DE NOLA, San. Nacido en el seno de una familia patricia de Burdeos, en el año 355, ocupó diversos cargos públicos en distintas ciudades. Casado con la hispana Terasia, recibió la ordenación sacerdotal en Barcelona, y se retiró, con su esposa, junto al sepulcro de San Félix en Nola (Campania) para hacer penitencia. Fue elegido obispo de Nola, donde murió el 22 de junio del año 431.

PEDRO CRISÓLOGO, San. Nació en Imola, en la italiana Emilia Romaña, provincia de Bolonia, hacia el año 380. La elegancia de su predicación mereció que en el siglo IX se le diera el sobrenombre de *Crisólogo, palabra de oro.* A los cincuenta años fue elegido obispo metropolitano de la Rávena imperial. Muchos de los 180 sermones que se conservan de él están dedicados a la Anunciación, con una amplia teología sobre la Encarnación) y a otros temas relacionados con María, la *Esposa de Dios* (fue el primero en Occidente que dio este nombre a la Virgen), la *siempre Virgen.*

PROBA FALTONIA. Ilustre matrona romana, convertida al cristianismo, compositora de poemas sobre temas de la Sagrada Escritura. Era esposa de Claudio Adelfio, prefecto de Roma en el año 351.

PROCLO DE CONSTANTINOPLA, San. Obispo de Constantinopla, nacido hacia el año 390. Ante Nestorio pronunció el famoso «Encomio de María Madre de Dios». Murió en el año 446. Y el Martirologio dice, en su *dies natalis,* 24 de octubre, que proclamó ardientemente a la Virgen María Madre de Dios y logró llevar solemnemente los restos de San Juan Crisóstomo a Constantinopla, y mereció ser aclamado como «Magno» en el Concilio de Calcedonia.

QUODVULTDEUS, diácono, según parece, amigo de San Agustín, que fue luego obispo de Cartago y se vio obligado a huir a Nápoles, donde murió hacia el año 454.

RÁBULA DE EDESA. Obispo de Edesa hacia el año 415, era hijo de sacerdote pagano y madre cristiana. Murió hacia el año 435.

ROMANO EL CANTOR, San. Diácono en Beirut, Romano había nacido en Emesa de Siria a finales del siglo V. En Constantinopla destacó como himnógrafo. El más famoso de los himnógrafos bizantinos murió hacia el año 560.

SANTIAGO DE SARUG. Cerca de Edesa nacía este santo hacia el año 450, que al final de su vida (519) fue consagrado obispo de Sarug. Moría el 29 de octubre del año 521, dejando obras doctrinales en prosa y, sobre todo, en verso: en su *dies natalis,* el Martirologio lo define como columna de la Iglesia en Siria, junto con San Efrén.

SEDULIO, poeta italiano del siglo V, algunas de cuyas composiciones religiosas siguen sonando a lo largo de los siglos: *Salve, Sancta Parens; Carmine paschale...*

SEVERIANO DE GÁBALA. Obispo de Gábala, en Siria, destacó como buen orador, durante el reinado de Teodosio II. Murió antes del año 430.

SEVERO DE ANTIOQUÍA. Aunque cercano a las ideas monofisitas, llegó a ser, en el año 512, obispo de Antioquía, cargo que hubo de abandonar a los seis años. Natural de Sozópolis (Pisidia), cursó estudios en Alejandría y Beirut, se bautizó en el año 488 y abrazó la vida monástica cerca de Gaza. Murió hacia el año 538.

SOFRONIO DE JERUSALÉN. Natural de Damasco, donde nació en el año 550, fue monje del monasterio de San Teodosio de Jerusalén, sede de la que fue elegido obispo. Murió hacia el año 638.

TEODOSIO DE ALEJANDRÍA. Como Severo de Antioquía, seguía un monofisismo moderado, lo que no impidió que fuera consagrado obispo de la sede patriarcal de Alejandría en el año 535, que hubo de abandonar y retirarse a Constantinopla, hasta su muerte en el año 566.

TEODOTO DE ANCIRA. Amigo inicialmente de Nestorio, a raíz del Concilio de Éfeso (431) se distanció de él para defender la doctrina católica, especialmente en su «Exposición del Símbolo de Éfeso». Murió en el año 446.

TEOTECNO DE LIVIA. Cerca del mar Muerto, en la Transjordania, estaba Livia, de la que fue obispo Teotecno a principios del siglo VII. Es uno de los que primero hablan claramente de la Asunción de María.

TERTULIANO. San Cipriano lo llama «El Maestro», por su gran cultura e influencia doctrinal. Nacido en Cartago, en el año 160, murió en el 220, tras una vida de fecunda labor como escritor y apologista.

TIMOTEO DE JERUSALÉN. Entre los pocos datos que hay de él, están unas homilías del siglo VI, atribuidas al «presbítero Timoteo de Jerusalén».

TITO DE BOSTRA. Hay datos sueltos sobre este obispo de Bostra, capital de la provincia romana de Arabia, en el siglo IV. Por una parte, el emperador Juliano el Apóstata incitaba a los habitantes de Bostra a expulsar a su obispo, en el año 362. Por otra, San Jerónimo fija la muerte de Tito entre los años 364 y 378, durante el reinado de Valente.

VENANCIO FORTUNATO. Maestro de espiritualidad y poeta del siglo VI, compuso bellos cánticos litúrgicos. Fue consagrado obispo de Poitiers poco antes de su muerte, en el año 600.

ZENÓN DE VERONA, San. Nació en Mauritania, vivió en Italia y fue obispo de Verona, donde murió hacia el año 372. Su memoria litúrgica se celebra el 12 de abril.

FONDO EDITORIAL EDIBESA • 2007

* **ENSEÑANZAS DE BENEDICTO XVI (1-2005; 2-2006)** Temas y nombres del magisterio del Papa cada año, por orden alfabético: auténtico DICCIONARIO PAPAL de cada año, preparado por José A. Martínez Puche, O.P.
  Tomo 1 (2005): 572 págs. 19,50 €. (*)
  Tomo 2 (2006): aparece en febrero de 2007.
* **Benedicto XVI/Ratzinger habla de Juan Pablo II/Wojtyla.** La opinión más autorizada, los dos Papas del siglo XXI en un mismo libro, con espléndidas fotos. 112 págs., 13,75 €.
* **Juan Pablo II y los grandes de la tierra.** Una obra excepcional, en la que 125 personajes mundiales (reyes, jefes de estado o de gobierno, líderes políticos y religiosos, hablan del personaje de nuestro tiempo: Juan Pablo II. 255 págs. a todo color, gran formato. 28,75 €.
* **JUAN PABLO II. ¡SANTO SÚBITO!** Nuevo Pentecostés, en sus últimos días, su muerte y el clamor multitudinario que lo quiere «santo, ya», por Alberto J. González Chaves, Pbro. 335 págs., 6,50 €.

DICCIONARIOS EDIBESA

* **Diccionario social de los Padres de la Iglesia.** La impresionante doctrina social de los Santos Padres, en un diccionario, por Restituto Sierra Bravo, 420 págs., 17,50 €.
* **Diccionario doctrinal de San Agustín**, por Pedro J. Lasanta y Rafael del Olmo, O.S.A. 960 págs., 29,50 €.
* **Diccionario teológico de Santo Tomás.** Textos selectos y ordenados de la *Suma de Teología*, por José A. Martínez Puche, O.P. 892 págs., 28,75 €.
* **Diccionario de espiritualidad de Santa Teresita.** La doctrina espiritual de Santa Teresa del Niño Jesús, en un millar de textos, por Vicente Martínez-Blat, O.C.D. 365 págs., 11,50 €.
* **Diccionario teológico-espiritual de San Juan de Ávila**, preparado por Pedro J. Lasanta. 551 págs., 15 €.
* **Diccionario social y moral de Juan Pablo II.** Pedro J. Lasanta. Enseñanzas del Papa, sobre política, trabajo, familia, vida humana, valores, en 2.210 textos. 734 págs., 23,50 €.
* **Diccionario de teología y espiritualidad de Juan Pablo II.** Por Pedro J. Lasanta. La doctrina teológico-espiritual del Papa en 1.268 págs. con 5.000 textos, 32 €.
* **Diccionario de Pablo VI.** El rico magisterio del Papa del Vaticano II, por Pedro J. Lasanta. 870 págs., 32 €.
* **Diccionario de valores. Juan Pablo II a los jóvenes del mundo**, por Ricardo Cuadrado Tapia. 524 págs., 9,80 €.
* **Enciclopedia de la Virgen.** Todo sobre María, por José A. Martínez Puche, O.P., Rafael del Olmo, O.S.A, e Ignacio H. de la Mota. 1.950 págs., 59,50 €.

COLECCIONES

1.ª NUEVO AÑO CRISTIANO

12 tomos, uno por mes, dirigido por José A. Martínez Puche: liturgia, santoral actualizado (santos, beatos, venerables, siervos de Dios), jornadas eclesiales.
  1. Enero (5.ª ed). 636 págs., 20,25 €.*(cartoné: 22,25 €).*
  2. Febrero (4.ª ed.). 489 págs., 15,65 €.*(cartoné: 17,65 €).*
  3. Marzo (4.ª ed.). 422 págs., 13,50 €.*(cartoné: 15,50 €).*
  4. Abril (5.ª ed.). 446 págs., 14,00 €.*(cartoné: 16,00 €).*
  5. Mayo (4.ª ed.). 590 págs., 18,50 €.*(cartoné: 20,50 €).*
  6. Junio (4.ª ed.). 559 págs., 17,50 €.*(cartoné: 19,50 €).*
  7. Julio (4.ª ed.). 671 págs., 21,00 €. *(cartoné: 23,00 €).*
  8. Agosto. (4.ª ed.). 748 págs., 23,75 €.*(cartoné: 25,75 €).*
  9. Septiembre (4.ª ed.). 640 págs., 20,45 €.*(cartoné: 22,45€).*
  10. Octubre (5.ª ed.). 635 págs., 20,30 €.*(cartoné: 22,30 €).*

---

11. Noviembre (4.ª ed.). 564 págs., 18,25 € *(cartoné: 20,25 €)*.

12. Diciembre (4.ª ed.). 598 págs., 20,25 € *(cartoné: 22,25 €)*.

* **Precio de la colección: en rústica, 210 €** *(no 223,90)*; **en cartoné: 230 €** *(no 247,60)*.

2.ª DOCE VIDAS DE JESÚS

1. **Vida de Jesucristo según el Evangelio** (2.ª ed.), del P. LAGRANGE, O.P. Obra capital entre las grandes Vidas de Jesús. XII + 545 págs., 17,45 €.
2. **La más antigua Vida de Jesús. Diatessaron de Taciano** (2.ª ed.). Los 4 Evangelios, en un solo relato en el siglo II. 259 págs., 10,50 €.
3. **Vida de Cristo** (2.ª ed.), de FRAY LUIS DE GRANADA. Profundidad, claridad, unción y la elegancia del Siglo de Oro. 370 págs., 13,25 €.
4. **Jesucristo** (2.ª ed.), de L. DE GRANDMAISON, S.J. Erudición, belleza literaria, grandes intuiciones. 638 págs., 21 €.
5. **Vida de Jesús según los Evangelios sinópticos** (2.ª ed.), de JOSÉ SALGUERO, O.P. Una obra de nuestros días. 356 págs., 13,85 €.
6. **Nuestro Señor Jesucristo según los Evangelios** (2.ª ed.), de L.-Cl. FILLION. Quizá «la Vida de Jesús más completa que se ha escrito». 447 págs., 14,45 €.
7. **Memorias de un reportero de los tiempos de Cristo**, del P. CARLOS M.ª DE HEREDIA, S. J. Fiel al Evangelio, se lee como una novela. 1.010 págs., 23,45 €.
8. **Vida de Nuestro Señor Jesucristo** (2.ª ed.), del P. REMIGIO VILARIÑO, S. J. La más popular en España en el siglo XX. 645 págs., 21 €.
9. **La vida de Jesús, en el país y pueblo de Israel** (2.ª ed.), de F. M. WILLAM. Seriedad del sabio sacerdote alemán, piedad, elegancia. 493 págs., 17,45 €.
10. **Vida de Jesús** de FRANÇOIS MAURIAC. Joya literaria del novelista francés, Académico y Premio Nobel. 224 págs., 10,50 €.
11. **Historia de Cristo** (2.ª ed.), de GIOVANNI PAPINI. Obra cumbre de Papini, el convertido deslumbrado por Jesús. 383 págs., 14,45 €.
12. **Vida de Jesucristo** (2.ª ed.), de GIUSEPPE RICCIOTTI. Para conocer con claridad todo sobre la vida del Señor. 590 págs., 19,25 €.

* **Precio especial de las 12 Vidas de Jesús***: 179 €* *(no 196,50 €)*.

3.ª BIBLIOTECA MARIANA

Para saber todo sobre la Virgen: doctrina, espiritualidad, historia, devoción:

1. **María, en la Biblia y en los Padres de la Iglesia** (3.ª ed.). J. R. Flecha, Klemens Stock, S.J., J. A. Martínez Puche, O.P., ofrecen lo mejor que la Biblia y los Padres dicen de la Virgen. 391 págs. 13,25 €.
2. **Documentos Pontificios Marianos** (3.ª ed.). Selección de los documentos de los Papas y Concilios, del año 268 al 2002. 467 págs., 16,50 €.
3. **San Bernardo y San Alberto hablan de María** (2.ª ed.). Las *Homilías Marianas* de San Bernardo, y una selección del *Marial* de San Alberto Magno. 321 págs., 11,30 €.
4. **San Luis Mª G. de Montfort y San Alfonso hablan de María** (2.ª ed.). *Tratado de la verdadera devoción a la Santísima Virgen* y *El Secreto de María*, de Montfort, y *Las Glorias de María* (Salve Regina y Virtudes de María) de San Alfonso M.ª de Ligorio. 490 págs., 17,25 €.
5. **Antología Mariana. 100 autores hablan de María** (2.ª ed.). Selección de textos de 100 autores, cristianos y no cristianos: una sinfonía de 100 voces de todas las generaciones que proclaman dichosa a la Virgen. 421 págs., 14,90 €.
6. **María, en la literatura y en el arte** (2.ª ed.). Vida de María, de Fray Luis de Granada. Un centenar de poetas y de artistas honran a la Virgen: *a todo color*. 369 págs., 19,50 €.
7. **Año Mariano. María, en la liturgia y en la piedad** (2.ª ed.). Cada día con María, por José A. Martínez Puche, O.P. 599 págs., 23,50 €.
8. **María, Madre de la Hispanidad** (2.ª ed.). Vírgenes Patronas de España y de América. 635 págs. + 80 color. 24,50 €.
9-12. **Enciclopedia de la Virgen**. Por J. A. Martínez Puche, Ignacio H. de la Mota, Rafael del Olmo ofrecen, por orden alfabético casi todo sobre la Virgen: doctrina y devoción, historia y leyenda, fiestas y advocaciones, personajes, países, poblaciones, patronazgos marianos. 1.950 págs., 59,50 €.

* **Precio especial de toda la colección: 179 €.**

4.ª DOCUMENTOS Y TEXTOS

Doce libros bellamente encuadernados con lo mejor del Magisterio de la Iglesia desde el Vaticano II, Santos Padres, San Agustín y Santo Tomás.

1. **Encíclicas de Juan Pablo II** (5ª ed.). Las 14 Encíclicas. Prácticos índices, 1.875 págs., 42,50 €.
2. **Diccionario social y moral de Juan Pablo II,** por Pedro J. Lasanta. 2.210 textos. 734 págs. 23,50 €.
3. **Diccionario de teología y espiritualidad de Juan Pablo II,** por Pedro J. Lasanta. 5.000 textos, 1.268 págs., 32 €.
4. **Encíclicas de Pablo VI.** Y la exhortación «Evangelii nuntiandi». 450 págs., 22,50 €.
5. **Diccionario de Pablo VI,** por Pedro J. Lasanta. 870 págs., 32 €.
6. **Encíclicas del Beato Juan XXIII.** Y mensajes a España y Latinoamérica. 648 págs., 21 €.

7-8. **Documentos sinodales.** Las siete Exhortaciones Apostólicas, (Pablo VI y Juan Pablo II) y textos del Sínodo de los Obispos. Dos tomos. 1.720 págs., 46,50 €.

9. **Cardenal Rouco.** Magisterio del arzobispo de Madrid y Presidente de la Conferencia Episcopal. 1.450 págs., 33 €.
10. **Diccionario social de los Padres de la Iglesia.** La impresionante doctrina social de los Santos Padres, por R. Sierra Bravo. 420 págs., 17,50 €
11. **Diccionario doctrinal de San Agustín,** por Pedro J. Lasanta y Rafael del Olmo, O.S.A. 960 págs., 29,50 €.
12. **Diccionario Teológico de Santo Tomás**, por José A. Martínez Puche, O.P. Textos de la «Suma» por orden alfabético. 892 págs., 28,75 €.

* **Precio especial de toda la colección: 245** € (La suma de los precios de los 12 es de 328,75 €).

5.ª DOCE MAESTROS DEL ARTE CRISTIANO

• **12 libros a todo color, con la trayectoria vital y artística y sus mejores obras, de: FRAY ANGÉLICO, RAFAEL, BELLINI, BOTICELLI, CARAVAGGIO, GHIRLANDAIO, GIOTTO, LEONARDO DA VINCI, MANTEGNA, MIGUEL ÁNGEL, TIZIANO y FILIPPO LIPPI.**

Con la garantía de Scala, de Florencia. Cada libro: 12 €. Los 12, 120 € (no 144).

6.º OBRAS DE JOSÉ LUIS MARTÍN DESCALZO

* **María de Nazaret** (2.ª ed.). Comentarios y poemas marianos. 140 págs., 7,85 €.

* **Yo amo a la Iglesia** (2.ª ed.). La Iglesia y sus miembros. 290 págs., 11,75 €.

* **Días grandes de Jesús,** (Navidad, Semana Santa, Pascua...). 300 págs., 11,75 €.

* **Para mí la vida es Cristo** (2.ª ed.). La vida cristiana, hoy. 299 págs., 11,75 €.

* **Relatos de un cura joven. Folletos del joven Martín Descalzo: 1.** Al filo de la Palabra, de tema bíblico. 196 págs. **2.** Cristianos para nuestro tiempo, sobre los estados de la vida cristiana. 204 págs. Cada libro: 9 €.

• **Precio especial de la colección: 49** € *(no 61 €).*

TEMAS

1. LA BIBLIA, PALABRA DE DIOS

* **NUEVA BIBLIA DE JERUSALÉN.** Uno de los mayores logros editoriales bíblicos de todos los tiempos, realizada por los dominicos de la École Biblique de Jerusalén, en edición especial de Desclée para Edibesa. 1.895 págs., 23,20 €.

* **LA BIBLIA. Dios habla hoy. Edición manual de la Biblia, por especialistas de distintas confesiones cristianas. 17,75 €.**

* **EVANGELIO 2007.** Texto evangélico de la misa diaria y oración, calendario litúrgico, santoral, oraciones y vida cristiana. Domingos, las 3 Lecturas. 416 págs. a 2 colores: 1,90 €.

* **EVANGELIO 2007, EN LETRA GRANDE.** Contenido del anterior. 3,25 €.

* **El Evangelio.** Textos de los Cuatro Evangelios para cada día del año. 186 págs., 1 €. ¡Un millón y medio de ejemplares! (En cartoné, 3 €).

* **El Evangelio. Con «oraciones y vida cristiana».** Textos de los Cuatro Evangelios para cada día del año. 218 págs., 1,25 €.
* **El Evangelio. Recuerdo de la Primera Comunión.** Texto evangélico diario, oraciones y vida cristiana. 218 págs., 1,25 €.
* **El Evangelio. Recuerdo de la Confirmación.** Texto evangélico diario, oraciones y vida cristiana. 218 págs., 1,25 €.
* **Evangelio para cada día, (y Vocabulario evangélico popular).** Los Evangelios a lo largo del año, con abundantes índices y santoral. 326 págs., 5,75 €.
* **Evangelio para nuestros mayores** (3.ª ed.), por J. A. Martínez Puche, O.P, en letra grande, con reflexión diaria, tapa dura, dos colores. 500 págs., 13,25 €.
* **El Evangelio en crucigramas**, por Lucía Caram: crucigramas, sopas de letras, test, ejercicios, etc. 614 págs., 15 €.
* **Ejercicios y pasatiempos de «El Evangelio en crucigramas».** 310 págs., con todos los ejercicios. 2.ª ed. 310 págs., 3,75 €.
* **La infancia de Jesús en pasatiempos.** Por Rosa Mac Mahón. 141 págs., 11 €.
* **Introducción al estudio de los Salmos.** Por Jesús García Trapiello. 190 págs., 12 €.
* **Evangelio según San Juan.** Introducción y comentario, por José Luis Espinel. 284 págs., 14,50 €.
* **El Pentateuco.** Historia y sentido, por Ángel García Santos. 292 págs., 15 €.
* **Claves para leer los Evangelios Sinópticos.** Por Gerardo Sánchez Mielgo. 280 págs., 14 €.
* **El otro Evangelio. Relectura de las Cartas Apostólicas**, por R. de Andrés. 372 págs., 11,50 €.
* **Tu Palabra me da vida. 1.000 pensamientos de la Biblia** (2.ª ed.), por Julio Sainz Torres, CMF. Antología bíblica en mil puntos. 240 págs., 4 €.
* **Personajes bíblicos del Antiguo Testamento.** Una visión sugestiva y ejemplar, por M.ª Benedicta Baiber. 415 págs., 14,50 €.
* **La Biblia, comentada por ella misma,** por Jesús Cantera Ortiz de Urbina. Comenta la Biblia con textos paralelos más Tradición y Magisterio. 363 págs., 11,50 €.
* **NUEVO TESTAMENTO, COMENTADO E ILUSTRADO.** Trad. Luis Alonso Schökel, S.J. 618 págs., a todo color. ¡Sólo 16 €!
* **AUDIOVISUAL: «EL EVANGELIO EN LOS MISTERIOS DEL ROSARIO». 216 diapositivas** (16 para cada Misterio), **3 casetes** explicativos, **1 folleto** con el guión. En un estuche: 45 €.
* *Ver CD, casetes, VHS y DVD bíblicos, más adelante.*

2. DIOS, TRINIDAD, JESUCRISTO

* **TRINIDAD, PADRE, ESPÍRITU SANTO**

* **Para encontrar a Dios,** por Martín Gelabert, O.P. Madurez humana y vida teologal. 288 págs., 15 €.
* **Dios mío, ¿quién eres?** Respuestas desde la fe, por Jesús Álvarez Maestro, O.A.R. 311 págs., 11,25 €.
* **Padre, Hijo y Espíritu Santo.** Encíclicas de Juan Pablo II sobre Dios, Padre-Hijo Espíritu Santo. 432 págs., 5,50 €.
* **Misterio trinitario.** Dios, silencio y cercanía, por Sebastián Fuster. 298 págs., 15 €.
* **A la sombra de la Trinidad.** Una espiritualidad para el siglo XXI, por Antonia M. Mora, T.M. 119 págs., 5,15 €.
* **Más que Padre. El Dios de todos los días** (2.ª ed.). 500 textos sobre Dios Padre para los 365 días del año, por Rafael de Andrés, S.J. 386 págs. 11,50 €.
* **Dios Padre. Vocabulario de Juan Pablo II.** Enseñanzas del Papa sobre el Padre, y la «Dives in misericordia», con índices. 230 págs., 3 €.
* **Amor y misericordia de Dios nuestro Padre.** Por Pedro J. Lasanta, según Juan Pablo II. 170 págs., 5,15 €.
* **Padre mío y Padre vuestro** (2.ª ed.). 12 catequesis, por Sebastián Fuster, O.P. 125 págs., 3,25 €.
* **El Espíritu Santo.** 12 catequesis, por Sebastián Fuster, O.P. 120 págs., 3 €.
* **El Espíritu que ungió a Jesús,** por Armando Bandera, O.P. La teología del Espíritu Santo. 374 págs., 17,45 €.
* **Al Dios desconocido. Oraciones al Espíritu Santo,** por Rafael de Andrés, S.J. 267 págs., 9,50 €.
* **Tratado del Amor de Dios,** obra cumbre de San Francisco de Sales (2.ª ed.). 774 págs., 9,75 €.
* **Odas de la Santísima Trinidad**, por Vassula Rydén. 48 págs., 4,50 €.

JESUCRISTO

Ver al principio de este Fondo: Colección «DOCE VIDAS DE JESÚS» (pág. 2)
* **JESÚS DE NAZARET**. Albert Hari, con espléndidos dibujos y fotos a color, logra que los niños del siglo XXI descubran al mejor amigo, Jesús. 227 págs., 18 €.
* **Navidad 2000**. (224 págs.,) y **Redención 2000**. (228 págs.,) 2 libros: veinte siglos de doctrina, espiritualidad, poesía y arte sobre el *Nacimiento e infancia de Jesús* y la *Redención*, por José A. Martínez Puche, O.P. Poemas y de cuadros a todo color, edición de lujo. 23,50 € cada libro.
* **Jesucristo, revelación del misterio del hombre**. Ensayo de antropología teológica. Por Martín Gelabert, O.P. 266 págs., 13,50 €.
* **Dios escribe y se escribe con trazo humano**. Esbozo de cristología fundamental. Por Vicente Botella Cubells, O.P. 226 págs., 13 €.
* **La Cristíada,** de fray Diego de Hojeda, O.P. Edición de lujo, con 32 láminas a todo color de la vida de Cristo. 528 páginas, con dibujos originales. 41 €.
* **Jesús, siempre y más** (2.ª ed.). Rafael de Andrés, S.J., ofrece 1.000 opiniones de autores de todo tiempo y nación, sobre Cristo. 525 págs., 11, 50 €.
* **Jesús, cara a cara. 100 entrevistas con Cristo** (2.ª ed.), por Rafael de Andrés, S.J. Para llegar a Cristo y saber lo que piensa. 302 págs., 11,50 €.
* **Jesús, el dinero y los negocios**. Un libro luminoso sobre un tema capital, por J. Salvador y Conde, O.P. 256 págs., 10,50 €.
* **El lado humano de Jesús de Nazaret**, un tema apasionante, por J. Salvador y Conde, O.P. Láminas color. 415 págs., 10,50 €.
* **Jesús. He aquí el Hombre**. Semblanzas de Jesús, por Maximiliano G. Cordero, O.P. Cómo era Jesús: su alma, su cuerpo, psicología, actitudes. 220 págs., 8,75 €.
* **Memorias de Jesús,** por Francisco de Mier, C.P. Jesús habla con los personajes de la Biblia: sus raíces, sus encuentros, sus memorias. 426 págs., 15 €.
* **Memorias de María, memorias de Juan,** por Samuel Valero: la vida de Jesús, contada por la Madre y el Discípulo. 252 págs., 11,45 €.
* **La extraña historia de un tal Jesús**. El Evangelio en lenguaje actual, por Vicente García, S.J. 256 págs., 9 €.
* **El poema de Jesús. El Evangelio en verso**, por María Teresa Reyero, clarisa. 357 págs., con láminas en color. 11,45 €.
* **El Evangelio de los Hebreos**, una vida de Jesús, por Pseudo Leví Hispano. 276 págs., 8,50 €.
* **Con Cristo al tercer milenio,** por Rafael Palmero, obispo. 221 págs., 9 €.
* **Imitación de Cristo, por Tomás de Kempis** (2.ª ed.). La traducción española clásica de fray Luis de Granada. Bellamente encuadernado. 491 págs., 9 €.
* **Emaús.** Era necesaria la Pasión y Glorificación de Cristo, por Ignacio Domínguez. 156 págs., 5,75 €.
* **Infancia de Jesús, en pasatiempos,** por Rosa Mac Mahón. Crucigramas, sopas de letras, rompecabezas..., para que los más jóvenes conozcan los misterios de la infancia de Jesús. 142 págs., 11 €.
* **MI CRISTO ROTO**, del P. Ramón Cué, S.J. Texto de sus famosas conferencias. 161 págs., 4,50 €. (Disponible en casetes, CD y vídeo).
* **MI CRISTO ROTO, DE CASA EN CASA,** del P. Ramón Cué, S.J. Segunda parte de «Mi Cristo Roto», con los sabrosos diálogos con Cristo. 5,50 €.
* **LA SÁBANA SANTA DE TURÍN: su autenticidad**, por el P. Jorge Loring, S.J. 253 págs., 9,50 €.

JESÚS-EUCARISTÍA

* **Quédate con nosotros**, carta apostólica de Juan Pablo II sobre la Eucaristía (5ª ed.), 32 págs., 1,25 €.
* **Ecclesia de Eucharistia**, encíclica eucarística de Juan Pablo II (7.ª ed.). 79 págs., 2,50 €.
* **El Sacramento de la Redención**, instrucción vaticana "Redemptionis Sacramentum", 70 págs., 2,50 €.
* **Eucaristía. Misterio, vida y fraternidad,** por Mons. Rafael Palmero, obispo de Palencia. 123 págs., 5,50 €.
* **La Eucaristía en el Nuevo Testamento**, por José L. Espinel, O.P. "Una obra que honra a la exégesis española". 304 págs., 15 €.
* **Jesús en la Eucaristía, ¿Comprendéis lo que he hecho con vosotros?,** por Alberto J. González Chaves: biblia, teología, celebración. 377 págs., 12,50 €.

- **De la Eucaristía a la Trinidad**, por Vincent Mª Bernadot, O.P. Un clásico de la espiritualidad. (2ª ed.), 227 págs., 5,15 €.
- **Tu Cuerpo y Sangre, Señor. Homilías y meditaciones eucarísticas**, por Gonzalo Aparicio, Pbro. 480 págs., 10,50 €.
- **La Eucaristía, la mejor escuela de oración, santidad y apostolado**, por Gonzalo Aparicio, Pbro., 322 págs., 8,50 €.
- **Celebrar la Eucaristía, en espíritu y en verdad**, por Gonzalo Aparicio, Pbro. La misa, paso a paso. 352 págs., 8,75 €.
- **Para tratar de amistad con Jesús-Eucaristía**, por Gonzalo Aparicio. Oración y adoración eucarísticas, 240 págs., 6,25 €.
- **Vivencias de Eucaristía. 10 celebraciones eucarísticas vivas, fuera de la misa**, por Ricardo Cuadrado Tapia. 101 págs., 3,50 €.
- **Eucaristía y Trinidad para el siglo XXI** (2ª ed.). Doce catequesis de Sebastián Fuster, O.P. Excelente síntesis. 179 págs., 3,75 €.
- **Para vivir la misa en comunión con Cristo,** por Gonzalo Aparicio. Hacia lo esencial y más vivo de la Eucaristía. 180 págs., 6,75 €.
- **Eucaristía.** Palabras para una síntesis histórica, por Ignacio Domínguez. 144 págs., 5,50 €.
- **Catecismo popular de la Eucaristía**, por Diego Muñoz, S. J. 10 temas eucarísticos en 100 preguntas y respuestas. 94 págs., 2,75 €.
- **Sedienta de Eucaristía**, por M. Teresa Mª Ortega, O.P. (2ª ed.), 96 págs., 5,25 €.
- **San Tarsicio, mártir de la Eucaristía**, por Ignacio Domínguez, Pbro. 120 págs., 5,25 €.
- **Vida de Santa María Micaela del Santísimo Sacramento. La Santa de la Eucaristía**, por Alberto J. González Chaves, Pbro. 308 págs., 13,50 €.
- **ANTE EL SAGRARIO. Con mi vida ante Dios**, por el P. Valentín Vigueras, SDB.

3. LA VIRGEN MARÍA. ROSARIO

Ver al principio de este FONDO EDITORIAL: BIBLIOTECA MARIANA (pág. 2).
* **El libro de la Inmaculada,** por José A. Martínez Puche, O.P. Doctrina, historia, dogma, poesía y arte (color) sobre la Inmaculada Concepción. 208 págs., 10,25 €.
* **Catecismo popular de María, madre Inmaculada,** por Diego Muñoz, S.J. Síntesis sencilla de doctrina y piedad marianas. 108 págs., 2,75 €.
* **Mariam de Judá. Vida de María,** por Jaime Colomina Torner (9.ª ed.). Deliciosa lectura: con gran respeto a la verdad, presenta una biografía novelada con estilo ágil y apasionante. 278 págs., 11,50 €.
* **María, la Madre del Señor, en el Nuevo Testamento,** por Klemens Stock, S.J. La auténtica figura de María. 180 págs., 9 €.
* **La Virgen María.** Textos de los Santos Padres sobre María. 132 págs., 5 €.
* **La Iglesia habla de María.** 50 años de documentos marianos pontificios. Índices detallados. 500 págs., 5,75 €.
* **Vida de María, de Fray Luis de Granada.** 109 págs., 5.50 €.
* **El Avemaría.** Estudio bíblico, teológico y espiritual, por Luis López de las Heras, O.P. 82 págs., 5,25 €.
* **La belleza de María.** Ensayo de teología estética, por Miguel Iribertegui. 454 págs., 19,23 €.
* **La leyenda mariana,** por Carlos M.ª de Heredia, S.J. Igual estilo que *Memorias de un reportero de los tiempos de Cristo*. 273 págs.,11,45 €.
* **El Año Mariano.** Cada día con María, por José A. Martínez Puche, O.P. 599 págs., 17,50 €.
* **El alma de la Legión de María.** Delfín Castañón, O.P. Carisma y actualidad. 110 págs., 5,25 €.
* **Nueve días con la Virgen del Carmen.** 10 formularios, con textos marianos de Juan Pablo II, por Gregorio Cortázar, O.C.D.. 344 págs., 6,75 €.
* **Virgen de Guadalupe, Señora de Tepeyac,** por José A. Monjes Rajoy. 70 págs. 4,75 €.
* **Adorar con María,** por Marie-Benoîte Angot. María, modelo de la oración perfecta. 145 págs., 5,25 €.
* **Mes de mayo con María. Confidencias con la Madre,** de Pedro J. Agudo, Pbro. 31 encuentros entrañables con la Madre. 203 págs., 5,75 €.
* **María. Un itinerario dogmático,** por Dominique Cerbelaud. 384 págs., 19 €.

* **EL LIBRO DEL ROSARIO**, por José A. Martínez Puche, O.P. Origen, historia, doctrina pontificia, práctica y diccionario. 303 págs., 12,50 €.
* **La Virgen del Rosario y Santo Domingo, en el arte**, por Domingo Iturgaiz, O.P. 143 páginas, láminas color, cartoné. 11,50 €.
* **El Rosario, oración de un corazón en vela.** Por Emilio Cárdenas, marianista, conversa con un joven que no rezaba el rosario. 130 págs., 5,25 €.
* **El Rosario de Juan Pablo II** (7.ª ed.), por José A. Martínez Puche, O.P. 48 págs., color, 1,50 €.
* **El Rosario meditado** (6.ª ed.). Una invocación para cada Avemaría, por Pascual Meseguer, O.P. 48 págs., color, 1,25 €.
* **Rosario bíblico**, por Salvador Muñoz Iglesias. 178 págs., 5 €.
* **El Rosario de María**, hoja desplegable, color, 0,10 €.
* **El Rosario de la Virgen.** Hojita plastificada con los 20 Misterios y letanías. 0,07 €.

4. SANTOS, CRISTIANOS EJEMPLARES

* **NUEVO AÑO CRISTIANO.** La obra más completa y actual del santoral en español, con 1.000 biografías de santos, beatos, venerables y siervos de Dios (4.ª y 5.ª eds.). 12 tomos, 210 €; en cartoné, 230 €.
* **LOS SANTOS. Un amigo para cada día. El Año Cristiano de los niños**, por Miguel A. Requena, O.P. 130 imágenes a color. 400 págs., 22,50 €.
* **San Pablo cuenta su vida. Su persona, vida y cartas**, por Luis López de las Heras, O.P. 84 págs., 5,25 €.
* **Pablo, predicador del Evangelio.** Anuncio de salvación y gracia, por Miguel de Burgos. 370 págs., 19 €.
* **Santa María Magdalena, según San Vicente Ferrer, Fray Luis de Granada y el P. Lacordaire.** Presentación de Alfonso Esponera, O.P. Elocuencia, doctrina y, en epílogo, la auténtica figura de la Magdalena. 185 págs., 6,75 €.
* **Confesiones,** de San Agustín. Edición reducida, extractada. 135 págs., 2,50 €.
* **Santa Mónica cuenta su vida.** Francisco Javier Elía siguiendo las «Confesiones» de San Agustín, elabora 59 Cartas: Mónica relata su vida, sus sentimientos, su fe. 256 págs., 9,50 €.
* **HISTORIA DE SANTO DOMINGO,** de Humbert M. VICAIRE. La mejor biografía. 980 págs., láminas color, 25,50 €.
* **Santo Domingo y su Orden,** por el P. Lacordaire. La «Vida de Santo Domingo» y otros escritos 217 págs., 9 €.
* **Santo Domingo de Guzmán en la iconografía española**, por D. Iturgáiz. 486 págs., 27,25 €.
* **Santo Tomás de Aquino**, por Raimondo Spiazzi, O.P. Una vida documentada y amena, de un hombre bueno, inteligente, verdaderamente grande. 420 págs., 16,50 €.
* **Tomás de Aquino, el santo, el maestro.** Por Abelardo Lobato y J. A. Martínez Puche, O.P. 147 págs., 3,75 €.
* **Catalina de Siena, doctora de la Iglesia: vida y enseñanzas.** Por J. Salvador y Conde, O.P. Doctrina por orden alfabético. 376 págs., 9 €.
* **San Vicente Ferrer. Vida y escritos.** Lo mejor que se ha escrito del gran santo dominico valenciano, ayer y hoy, y lo mejor que escribió él. Preparado por Alfonso Esponera, O.P. 790 págs., láminas color. 25,75 €.
* **San Telmo. ¡Cómo hay que navegar!...** por Ignacio Domínguez, Pbro. Biografía y mensaje en rima poética del santo dominico. 99 págs., 5,50 €.
* **San Martín de Porres,** por fray Salvador Velasco. 9.ª edición. 390 págs., 7,75 €.
* **San Antonio de Padua. Vida, doctrina, devoción**, por Luis Pérez Simón, O.F.M. Con grabados color. 169 págs., 9,25 €.
* **Ignacio de Loyola.** Tras el rastro de Jesús, por William Hevett. Guía del CD y casetes «Ignacio de Loyola». 223 págs., 7,75 €.
* **San Pedro de Alcántara.** (1499-1999). Vida y mensaje, por Baldomero J. Duque. 104 págs., 3 €.
* **Véante mis ojos. Santa Teresa para el hombre de hoy,** por el Cardenal Marcelo González Martín. Fotos color, cartoné, 246 págs., 10,75 €.
* **Teresa de Jesús, la Santa, la Madre, la Maestra**, por Julio Rouco, O.C.D. 251 págs., 11,45 €.
* **Vida de madre Teresa de Jesús, fundadora de las Descalzas y Descalzos Carmelitas**, por el P. Francisco de Ribera, S.J. Primera y completa biografía. 677 págs., 21,30 €.
* **Vida del P. Maestro Juan de Ávila**, por Fray Luis de Granada, 173 págs., 5,75 €.

* **San Francisco de Sales**. Biografía, mensaje de Juan Pablo II. 91 págs., 2 €.
* **Santa Margarita María y el Corazón de Dios**. Vida y mensaje de Sta. Margarita M.ª Alacoque. 78 págs., 2,75 €. (Grabado en 2 CD's y 2 casetes).
* **El padre Pío. La madre Teresa**, por Francesco di Raimondo, colaborador médico de ambos. 214 págs., fotos color, 10,50 €.
* **Madre Teresa de Calcuta**. Librito ameno, para que todos la conozcan. 30 págs., 1,50 €.
* **Papa Pablo VI**, profeta de la Evangelización. 121 testimonios de obispos de América. 317 págs., 12,25 €.
* **Ángelo. Testimonio de fe de un joven con cáncer.** Por Domenico Mondrone, S. J., prólogo de Mario Pezzi. 175 págs., 7,50 €.
* **Si tú le dejas... Vida de la M. Maravillas de Jesús,** por las Carmelitas Descalzas del Cerro de los Ángeles y de la Aldehuela. 549 págs., con ilustraciones. 13,25 €.
* **Los frutos de la siembra de Madre Maravillas,** por Baldomero Jiménez Duque. 14 carmelitas ejemplares, hijas de Sta. Maravillas de Jesús,116 págs., con láminas. 5,25 €.
* **Maravillas. Nombre y vida.** Cantos a Santa Maravillas. 223 págs., 7,75 €.
* **Cartas de la Madre Maravillas.** Antología: ¿su autobiografía? 508 págs., 18 €.
* **Sor Teresita del Niño Jesús, O.P.:** alegría en el sufrimiento y la entrega, por Lorenzo Galmés. 120 págs. Láminas color. 5,25 €.
* **Teresita del Niño Jesús, monja dominica,** por Jesús López Medel y Lorenzo Galmés. Interesante biografía y ejemplar semblanza espiritual. 230 págs., 7,75 €.
* **El Padre Cadete.** Carmelita ermitaño en un alcornoque de las Batuecas, por Dámaso de la Presentación y Matías del Niño Jesús. 240 págs., 10,50 €.
* **Unidas hasta la muerte.** José Luis Gutiérrez García traza el perfil de las siete salesas mártires en 1936. 320 págs., con láminas en color. 13,75 €.
* **Mártires, testigos que nos comprometen,** por José Luis Irízar. Los 2.000 misioneros martirizados en los últimos 50 años. 491 págs., 11,45 €.
* **Balduino. De profesión: Rey de los Belgas,** por José M.ª Salaverri, S.M. Biografía de un rey, cristiano ejemplar. 176 págs., 9 €.
* **Cristina de la Cruz Arteaga y Falguera**, la gran escritora y ejemplar jerónima, por Crescencio Palomo, O.P. 64 págs., 3.90 €.
* **Práxedes Fernández**, esposa y madre asturiana, camino de los altares, por Jesús M.ª R. Arias. 37 págs., 1,50 €.
* **Ventana a la mujer. María Eugenia Milleret, pionera de la promoción femenina**, fundadora de las Religiosas de la Asunción, por Martina López, R.A. 143 págs., 5 €.
* **Don Marcelo, "amigo fuerte de Dios"**, por Alberto J. González Chaves.El gran arzobispo de Toledo y cardenal primado Marcelo González Martín. 334 págs., 14 €.
* **SANTA TERESITA:** 5 libros fundamentales, preparados por el gran especialista **Vicente Martínez-Blat, O.C.D.:**
1. **Santa Teresita, día a día.** Biografía actual y documentada. 215 págs., 9,50 €.
2. **Obras selectas de Teresa de Lisieux, Doctora de la Iglesia.** La «Historia de un alma», y antología de escritos, más un *glosario doctrinal.* 645 págs., 16,50 €.
3. **Diccionario de espiritualidad de Santa Teresita.** Un millar de textos antológicos, por orden alfabético. 365 págs., 11,50 €.
4. **Historia póstuma de Santa Teresa de Lisieux.** Las más bellas páginas que han escrito sobre ella los más famosos literatos, mujeres, papas, santos, teólogos, filósofos, artistas... 365 págs, 11,50 €.
5. **HISTORIA DE UN ALMA.** Texto íntegro y notas:
   – **Tamaño normal**, 260 págs., 4,75 €.
   – **Edición de bolsillo**, 333 págs., 2,50 €.
* **PEQUEÑAS HISTORIAS DE SANTIDAD:** *Deliciosos libritos de bolsillo, a todo color, de 32 páginas, con la vida y mensaje de:* **San Juan Bautista, San Pedro, San Francisco de Asís, San Antonio de Padua, San Juan Bosco, Santa María Goretti.** Cada uno: 1,80 €.

Pedidos a: EDIBESA. Madre de Dios, 35 bis. 28016 Madrid
Tel.: 91 345 19 92 - Fax: 91 350 50 99
E-mail: edibesa@planalfa.es
http: www.edibesa.com